사행의 국제정치

16~19세기 조천·연행록 분석

International Politics of Tributary Envoys

The Analysis of Cho'chŏnnok and Yŏnhaengnok 16C~19C

아연동북아 총서 _ 25

사행의 국제정치

16~19세기 조천·연행록 분석

| 하영선·이헌미 편저 |

아연출판부
고려대학교 아세아문제연구소

| Contents |

| 차 례 |

| 표 차례 |

아연동북아총서 발간에 부쳐

탈냉전 이후 동아시아의 역동적 발전은 역내의 정치-외교, 경제 질서뿐만 아니라 문화, 사상, 종교 등의 제 영역에서 새로운 변화를 추동하고 있다. 이런 변화는 일국적 차원의 고찰로는 해명될 수 없는 복잡하고도 민감한 초국가적(transnational) 현상을 낳고 있다. 특히 동북아시아는 지리적 인접성, 공통의 역사-문화적 경험, 협력과 공존의 필요성 등으로부터 연유하는 초국가적 사고와 움직임이 활성화되고 있다. 이런 동북아에 대한 이해를 심화, 확대하고 새로운 해석과 전망을 제공하기 위해서는 국가별 연구나 학문 분과의 분절적 연구를 넘어 동북아시아를 분석의 단위로 삼는 다학문적·학제적 연구가 요청된다.

동북아시아 연구가 갖는 실천적 의미는 매우 중요하다. 주지하듯이 동북아시아는 세계의 어느 지역보다도 급속한 변화와 발전상을 보여 주고 있음에도 불구하고, 여전히 근대성의 문제와 냉전의 구도에 얽매여 있는 곳이다. 20세기 전반기의 제국주의 침략과 식민 경험은 오늘에도 국가적·민중적 기억을 지배하고 있다. 냉전의 산물인 남북 분단과 북한의 핵 위협은 동북아시아의 커다란 불안 요소가 되고 있다. 국가 간 역사 및 영토 분쟁 또한 동북아의 평화로운 발전에 장애로 남아 있다. 그러나 우리는 불편한 역사적 경험과 현재의 불안정이 다른 한편으로 동북아시아의 여러 구성 요소들을 상호 긴밀히 연결시키고, 그로부터 문제 해결을 위한 공통의 기반이 마련될 수 있음에 주목한다. 동북아시아는 대립과 갈등의 무대이기도 하지만 평화와 공존의 모색을 위한 토대이기도 하다. 이제 동북아 연구는 동북아가 처한 현실을 객관적으로 진단하고, 평화로운 미래를 건설하는 시대의 요청에 부응하지 않으면 안 된다.

고려대학교 아세아문제연구소(이하 아연)는 대표적인 동북아시아 지역 종합 연구소로서 학제 간 연구를 통한 동북아 지역 연구를 이끌어 왔다. 1957년 설립된 이래 아연은 구한국 외교문서와 공산권 연구 총서 및 동아시아 연구 총서, 중국 연구 총서, 한일 공동 연구 총서, 민주주의 총서 등 연구 성과의 체계적 집성을 통해 학문적 차원에서 현실을 진단하고 바람직한 미래의 방향을 전망하는 대학 연구소의 역할을 충실히 수행해 왔다. 2008년부터는 한국연구재단의 '인문 한국'(HK) 사업 해외지역학 분야의 지원 기관으로 선정되어, '동북아시아의 초국가적 공간: 사상·사회·문화·제도의 교류와 재구성'이라는 연구 어젠다를 중심으로 10년 기간의 대규모 프로젝트를 진행하고 있다. 이제 아연은 지난 50여 년 동안 축적된 연구 경험과 현재 진행 중인 '인문 한국' 사업의 성과, 각종 동북아 지역 연구 지원, 국내외 소장 학자 교류 지원 프로그램 등을 기반으로 해 〈아연동북아총서〉를 발간한다. 이 총서의 성과가 동북아 공동의 문제를 해결하고 조율하며 바람직한 미래를 모색하는 장이 될 수 있기를 기대하면서, 관심 있는 분들의 격려와 질정을 바란다.

아세아문제연구소장 이종화

책머리에

이 책의 시작은 13년 전으로 거슬러 올라간다. 2003년 가을, 서울대 국제문제연구소 서지실에서 하나의 공부 모임이 조촐하게 시작되었다. '18세기 지성사 연구회'라는 이름으로 발족한 이 모임은, 1차 자료와 이론적 분석틀이 결합된 거시적 한국 외교사 연구를 목표로 삼았다. 그 배후에는 이용희 교수 이래 서울대 외교학과에서 면면히 이어진, '한국적 국제정치학'의 지적 전통이 존재했다. 21세기 세계 정치의 변화 속에서, 역사의 성찰을 통해 미래 전략을 발굴하려는 실천 의지의 산물이기도 했다. 그러나 내 나라의 경험과 시각에서 한국 외교사를 서술하기 위해 조선 시대 한문 사료와 씨름하는 작업은 지난했다. 무엇보다 시간 대비 생산성이 턱없이 낮았다. 연구 평가 기준이 가파르게 정량화되는 추세 속에서 어리석다면 어리석고, 무모하다면 무모한 도전이었다. 그러나 누군가는 해야 할 일이었다. 서울대 외교학과 교수진과 한국 외교사 전공 국내 박사들이 여기에 의기투합하였다. 수지 안 맞는 기나긴 공부가 시작된 것이다.

초창기 18세기 지성사 연구회는 토요일 오전에 세미나를 하고 때로는 점심도 생략한 채 바삐 헤어졌다. 모임의 주축인 한국 외교사 전공자들이 국책 연구원에 취직한 직장인이었기 때문이다. 예나 지금이나 해외 유학파가 우대받는 대한민국의 학문 풍토에서, 한국 외교사를 전공한 국내 박사들은 전공을 살리지 못하고 취직한 사례가 많다. 이들이 주말 시간을 쪼개어 공부 모임에 참석한 데에는, 못다 이룬 한국 외교사에 대한 열정과 공부에 대한 갈증이 컸다. 그런 점에서 이 모임은 18세기 후반, 출신 성분의 한계로 출셋길이 막힌 덕분에 시대적 주류 패러다임을 뛰어 넘어 '북학'의 새로운 길을 열어가게 된 백탑파와 닮은 것도 같다. 따라서 18세기 지성사 연구회의 본격적인 독회가 홍대용, 박지원, 박제가 등 북학파 인사들이 청나라에 다녀와 남긴 기록인 연행록에서 출발한 데에는 운명적인 구석이 있다.

조선 후기 사대교린 문서집 『동문휘고』를 함께 공부하면서, 연구회 멤버들은 외교사와 지성사를 매개할 중범위적 자료가 필요하다는 데에 의견을 모았다. 국제정치학자로서 우리의 관심이 구조적 격변기 국가 전략과 정책 결정자의 인식에 놓여 있었기 때문이다. 이를 위해서는 명청 교체기 조선 지식인과 관리들의 시무(時務) 인식을 1차 사료를 통해 살펴볼 필요가 있었다. 조선 시대 중국 사행(使行) 기록인 조천록과 연행록이 여기에 부합하였다.

그리하여 연구회에서는 2004~2006년에 걸쳐 민족문화추진회의 『연행록선집』과 박지원의 『열하일기』, 홍대용의 『연행기』를 일독하였다. 이어서 2007~2008년에는 동아시아 전통 질서와 조공체제에 관한 구미, 일본, 중국, 국내 연구 문헌을 읽었다. 이론적 서술과 가설 설정을 하는 데 필수적인 작업이었다. 이러한 기초 작업 뒤 2009~2011년에는 시기별로 대표성 있는 인물을 뽑아 당대의 한중 관계 인식을 사행 기록 중심으로 분석하는 개별 주제 프로포절이 진행되었다. 연구회를 2011년 '연행록 연구회'

로 개칭하였고, 2012년 11월, 한중 수교 20주년을 맞아 동북아역사재단의 후원으로 중국 학자 4명을 초대하여 국제 학술회의를 개최하였다. 이때 발표한 논문들이 수정 작업을 거쳐 이번에 고려대학교 아세아문제연구소 동북아연구총서로 결실을 보게 되었다. 이 책은, 이러한 긴 여정의 산물이다.

분기별로 연구 실적을 닦달하는 논문 대량 생산의 시대에, 우리 연구회의 느린 속도를 항변할 길은 없다. 다만, 우리는 사료에 나오는 지명을 직접 밟아보고자 부족한 연구회 살림을 쪼개고 각자 비용을 추렴하여 답사 여행을 다녔다. 2006년 북경, 열하, 심양 답사를 필두로, 2007년에는 사라진 유구(琉球) 왕국, 지금의 오키나와를 방문했고, 2009년에는 큐슈에 다녀왔다. 2013년에는 송대 이래 청에 이르기까지 세계 첨단 기술 산업의 꽃이었던 청화 백자의 본산 경덕진(景德鎭)을 찾았다. 그 시간에 연구에 매진하여 책을 한 권 더 쓰는 것도 좋은 일이었겠지만, 가난한 연구회가 끈끈하게 계속될 수 있었던 데에는 동아시아를 주유천하한 답사의 공로가 크다.

이 책은 3부 10장으로 이루어져 있다. 1장에서 거자오광은 20세기 역사학의 흐름 속에서 조선의 연행록이 주목받게 된 경위와 한중일 학계의 관련 연구사를 밝히고 있다. 그는 중국의 학자들이 중국 중심 역사 해석에서 탈피하여, 풍부하고 상호성 있는 동아시아사 연구로 나아갈 것을 촉구하였다. 나아가, 명청대 중국을 올바로 이해하기 위해서라도, 조선, 일본, 유구 등의 문헌을 중국 관련 방계 사료로만 취급하지 말고, 동아시아 공동체 구성원들 각각의 고유한 역사로 관심을 기울여야 한다고 역설하였다.

거자오광의 이러한 문제 제기가 한국 학계에 시사하는 바는 무엇인가? 그간 전통 시대 한국의 대외관계사는 중국, 일본, 미국 등 강대국의 역사 해석에 포섭되어 온 측면이 크다. 그에 대한 반발로 고대사와 중세사까지 민족주의로 재단하려는 부작용도 있었다. 그런 면에서, 더 많은 우리 측 사료를 발굴하고 새로운 시각으로 재검토하여 주류 담론을 상대화하는 작업이 요청된다. 나아가, 동아시아 관계사의 필수적인 일부로서 한국 외교사의 목소리와 지분을 확보해야 한다. 중국의 부상과 더불어 중국 학계는 동아시아 관계사를 중국 중심으로 서술하고 전유(專有)하는 동향을 일정하게 보여 왔다. 문화적 동질성과 제도의 공유를 근거로 전통 시대 중화체제 속 개별 행위자들의 주체성을 삭제하는 것이다. 역사 서술이 사실의 단순한 확정이 아니라 해석의 투쟁이라는 점에서, 중국의 담론 권력에 일방적으로 포획되지 않을 전략적 개입이 필요한 시점이다.

이 책에서 두 명의 중국인 학자들을 제외한 한국 학자들의 글은 이러한 문제의식을 공유하고 있다. 그러나 각자가 다룬 시기와 초점은 다르다. 1부 2장과 3장은 16세기 말과 17세기 초를 다루고 있다. 2장에서 전재성은 1570년대 허봉과 조헌의 조천록 분석을 통해 조선 성리학자들의 대명 인식을 살펴보았다. 그는 조명 관계에서 문화와 정체성이 중요했다는 기존 가설을 수용하면서도, 중요한 수정을 가한다. 성리학의 전성기이자 사대관계의 전형이라고 하는 16세기 후반에도 일정한 전략적 고려가 병존했으며, 명의 종주국으로서의 자격에 대한 비판과 소중화 의식이 작동했다는 것이다. 그가 제안한 이념적 사대와 전략적 사대, 이상적 중화와 실제적 중화의 개념적 구별은 매우 주목할 만한 가치가 있다.

3장에서 이헌미는 이정구의 사행 기록을 활용하여 1590~1620년대 명청 교체기 조명 관계를 다루었다. 이 논문은 이 시기 조명 간 군사 협력의 성격과 변수를 규명하는 데 초점을 맞추고 있다. 공통의 적에 맞선 전쟁이라는 비상 상황에서 각자의 전략적 고려가 1차적으로 중요했고, 양국의 이익은 때로 상충했다. 그러나 조선과 명은 동맹을 방기하거나 교체하는 대신, 문화적 동질성과 사행 제도를 매개로 대화와 타협을 통해 동맹을 유지하였다. 조명 관계를 힘이라는 객관적 변수 자체보다 위협-신뢰라는 주관적 인식 변수가 중요했던 동맹으로 해석한 논지는, 조선의 시각에서 중화체제를 모델화하려는 시도로서 의미를 가진다.

2부의 세 편의 논문은 18세기 대표적 연행록들을 다룬 글이다. 4장에서 김봉진은 1760년대 홍대용의 연행록을 중심으로 당대 조선과 청의 화이관을 살펴본다. 이 글에서는 유교 문명의 보편성에 기초하여 화이변태를 인정하는 열린 화이관과, 종족과 자국 문화 우월성을 강조하는 닫힌 화이관을 구별한다. 그는 이러한 화이관이 사회적으로 구성되는 측면에 주목하였다. 조선 소중화론은 원래 열린 화이관에서 도출되었지만, 조선 중기 양란(兩亂)과 명청 교체를 겪으면서 존주론, 북벌론 등과 결합하여 닫힌 화이관으로 변질되어 간다. 홍대용은 이를 비판하고, 연행 경험을 통해 청국의 중화화(中華化)를 인정하는 열린 화이관과 청국 안의 중화를 배우자는 북학론을 발전시키게 된다.

5장에서 하영선, 권민주, 정연은 18세기 청 제국 천하질서의 복합적 성격을 재조명한다. 특히 조선(『열하일기』), 청(『청실록』, 『열하지』), 티베트(판첸라마 전기 『육세반선백란익희전』) 사료의 비교 분석을 통해, 1780년 여름 열하에서 이루어진 건륭제, 판첸라마, 조선 사신의 만남을 입체적으로 그려 내었다. 건륭제 당시 청은 몽골에 대해서는 정복, 티베트는 회유, 조선에 대해서는 예치라는 상이한 정책을 시행하였다. 이에 박지원은 청 황제의 열하 피서의 실제 목적이 북방 오랑캐(몽골, 티베트)에 대한 변방 수호책이며, 판첸라마를 극진히 대접함도 청의 안위를 위한 포석임을 날카롭게 통찰하고 있다. 청 황제는 위신을 과시하고 티베트를 회유하기 위해 조선 사신을 판첸라마에게 인사시키지만, 조선의 소중화적 자존심은 판첸라마에 대한 예법과 예물을 놓고 청조와 갈등을 빚게 된다. 박지원은 청조의 지나친 티베트 불교 관용을 비판하는 한편, 비현실적 북벌론 대신 소프트파워 네트워크 외교론인 복합적 북학론을 제시하였다.

6장에서 김수암은 18세기 후반 박제가의 북학론을 국제교역과 지식 질서라는 측면에서 재조명하였다. 성리학적 통치 이념에 기반을 둔 북벌론이 득세한 국내정치 현실 속에서, 박제가는 오히려 '북벌을 위한 수단으로서의 북학'을 역설하였다. 특히 부국의 관점에서 북학을 강조, 청의 문물과 기술 습득 및 교역을 주장하였다. 그리하여, 조공무역을 통한 중국과의 우선적인 교역관계를 기초로 부를 축적한 뒤에, 점차 동아시아 전체 교역질서에 참여해 나가는 단계적 통상 확대 전략을 제시하였다. 박제가는 네 차례 연행에서 만난 청나라 인사들과의 지속적 교류를 통해 이러한 구상을 발전시켜 나갔다. 그는, 북학은 청을 배우는 것이 아니라 중원의 문명을 배우는 것이며, 오랑캐라는 이유로 청의 발달된 문명을 도외시하는 대신, 청의 도서 수입, 기술 전수단 파견, 만주어, 몽고어, 일본어 교육에 힘써야 한다고 주장하였다.

연행을 다녀온 대부분의 조선 유학자들은 한중 지식인들 사이의 초국적 네트워크를 형성하려고 했다는 점이 주목된다. 그 근저에는 한문과 유교를 공유한다는 문화적 동질감이 존재했다. 이렇게 볼 때, 조선 연행사와 청 인사들과의 교류는 개인적 우정을 넘어서 지식의 전파 수용이라는 측면에서 해석될 필요가 있다. 3부 7장과 8장 두 편의 논문은 이러한 문화·지식 질서의 관점에서 연행을 다루고 있다.

7장에서 쑨웨이궈는 18세기 말 청의 예부 상서 기효남과 조선 연행사 홍양호의 교분을 자세히 다루고 있다. 역사학자로서의 세밀함이 돋보이는 이 글은, 한중 양쪽 사료를 비교 분석하여 명망 있는 학자이자 고위 관리였던 두 인물의 관계를 재구성한다. 쑨웨이궈는 이러한 인적 교류의 기초에 공통의 유교 문화, '문장이라는 천하의 공리'가 존재했으며, 이들 사이에 반청 감정은 찾아볼 수 없다는 점에서 건륭 말년에 조청 사이에 천하일가의 관념이 있었던 것으로 해석하고 있다. 앞선 홍대용 때와는 달리 이 시기에 중국과 조선의 학문적·사상적 소통과 공감대가 점점 커졌다는 것이다. 나아가, 조선 사회에서 상대적 주변인이었던 홍대용, 박지원, 박제가와 달리 고위직 관리였던 홍양호가 귀국하여 올린 6개 북학 상소는 정조대에 정책으로 실현되었다는 점을 특기하고 있다.

8장에서 김준석은 19세기 전반 김정희의 학문과 예술 세계를 청의 영향이라는 측면에서 재해석하였다. 이 글은 추사의 학문·예술이 1809년 연행으로 그 우월성을 확인한 중국 문화 숭배에 기초하고 있다는 도발적인 지적에서 출발한다. 송명이학이 주류였던 조선 학계에서 추사는 이례적으로 전문 지식을 갖추고 청의 고증학계와 교류, 일방적 전파를 넘어선 대등한 상호 작용을 이루어냈다. 하지만 경화사족 출신으로서 북학파의 경세적 관심과 동떨어진 현학적 학문 추구 성향이 강했고, 청대 고증학을 보편적 표준으로 수용함으로써 그 자체를 상대화하여 비판하는 데까지 이르지는 못했다. 중국을 수용했으되 중국을 넘어서는 독창적 성취는 예술 방면에서 이루어졌다. 1840년대 제주 유배 시절 탄생한 추사체는 조선 서예계의 후진성에 대한 추사의 신랄한 비판에서 비롯되었다. 그러나 중국의 서체를 답습하는 대신 고유의 미학적 스타일을 만들어냈다. 이 글은 변방의 지식인으로서 선진 문화에 매몰되지 않고 자신의 독자적인 영역을 개척하는 일이 얼마나 어렵고 귀한 일인지 추사의 삶을 통해 보여 주며, 오늘날 학문하는 우리들을 깊이 반성하게 만든다.

이 책의 마지막 두 논문은 19세기 중후반의 연행록 분석을 통해 조선의 국제정치적 시각 변화를 읽어낸다. 9장에서 김현철은 1830년대 김경선의 연행 기록을 통해 당대 조선의 중국관을 세심하게 짚어 주었다. 이 시기는 조선에서 북학이 대세로 굳어지고 국제정세의 변화에 대응하기 위해 적극적으로 청을 분석한 때이다. 연행사의 주요 관심사는 첫째, 청을 비롯한 국제정세 파악, 둘째, 청 학술 및 지식인 동향, 셋째, 서학 수입과 그 병폐에 대한 논의로 수렴되는 모습을 보인다. 특히 조선은 건륭제 사망 이후 청 국운의 쇠퇴 현상에 주목하며 연행사를 통해 그 변화를 탐지하고자 하였다. 이 시기는 국내적으로 정조의 개혁 정치가 좌절되고 세도 정치가 득세한 혼란기이다. 김경선 또한 노론 출신으로 존명사상과 보수적 정치 성향을 가지고 있었다. 그러나 그의 연행 기록은 박지원의 북학론을 계승하고 북벌의 비현실성을 자각하는 한편, 청의 실체를 제대로 파악하려는 실용주의적 태도를 견지하는 모습을 보여 주고 있다.

10장에서 김성배는 1860~1870년대 박규수의 중국관과 국제정치 인식을 살펴본다. 박규수는 명분론적 의리보다 시무적 시세 판단을 중시하고, 척사론에 머물지 않고 해방론(海防論)을 수용했다는 점에서 개화파의 선구자적 인물이다. 그는 화이변태를 인정하는 조선 주자학적 화이관과 존명사상, 소중화 의식을 보여 주는 동시에, 청을 중화 문명으로 인정하고 청과의 사대관계를 중시했다. 나아가 조선이 유교 문명의 담지자로서 중국을 앞지를 수도 있다는 비전을 제시하였다. 그러나 1861년과 1872년 두 차례의 연행에서 쇠퇴기의 중국을 목격했음에도 문명 표준 자체가 서양으로 이동하고 있다는 냉철한 현실 인식에는 이르지 못했다는 한계를 가진다.

이 책은 국제정치 분야에서 조선 시대 사행 기록을 다룬 국내 최초의 단행본이다. 중국의 부상과 G2 시대의 도래 속에서 동아시아 전통 중화체제의 본질과 작동 방식에 대한 논쟁이 재점화되고 있다. 1960년대 페어뱅크의 조공체제론은 유교적 이념 변수를 강조하였고, 1980~1990년대 신청사 학자들은 청의 북방 민족 정체성과 힘의 변수를 강조하였다. 공교롭게도 전자는 냉전기, 후자는 탈냉전기를 배경으로 출현하였다. 연행록 연구회의 필자들은 영미 역사학계의 기존 연구 성과를 수용하는 한편, 중국이 아닌 조선이 바라보고 경험한 중화체제를 그려 내고자 하였다. 그러한 우리의 시도가 얼마나 성공적이었는지 판단은 독자의 몫이다.

그러나 국제정치의 거시적인 구조 변동 속에서 동아시아 전통 국제관계사를 정리, 해석하여 한국의 전략적 지식을 발굴하는 작업이 긴요하다는 사실에는 변함이 없다. 한중 수교 24주년을 맞는 올해, 한중 관계는 사드 배치 문제를 놓고 긴장이 높아지고 있다. 심화되어 가는 미중 패권 경쟁의 틈바구니 속에서 한국의 외교적 난제는 앞으로 더욱 늘어날 것이다. '북벌을 위한 북학'을 해야 한다는 조선 연행사들의 뼈아픈 충고는 오늘날 대한민국에도 절실하다. 그리하여 연구회는 2012년 '한국 외교사 연구회'로 진용을 재정비하고, 이 문제를 계속 천착해 나가고 있다.

우공이산(愚公移山)과 다름없는 학문적 작업이 지속될 수 있었던 데에는 연구회의 좌장이신 하영선 선생님의 공로가 가장 크다. 해결 가능한 작은 질문만을 던지는 데 익숙해진 후배 학자들에게 선생님은, 시대의 흐름을 읽고 국가적 방안을 제시해야 할 '시무'의 책무가 국제정치학자에게 있음을 끊임없이 일깨워 주신다. 기타큐슈 시립대학의 김봉진 교수님은 비행기 값도 보태드리지 못하는 가난한 연구회에 멀리 일본에서 매번 날아와 주셨다. 한국 외교사 전공 '3김(三金)'으로 통하는 통일연구원 김수암 박사님, 동북아역사재단 김현철 박사님, 국가안보전략연구원 김성배 박사님은 연구회 정체성의 핵심이자 대들보와 같은 분들이다. 서울대 외교학과의 전재성 교수님, 가톨릭대 김준석 교수님은 원래의 전공보다 한국 외교사를 더 사랑하게 된 것이 아닐까 의심스러울 만큼, 연구회에 대한 헌신과 열정을 보여 주셨다. 이 글을 쓰고 있는 필자는 연구회 시작부터 지금까지 조교로, 막내 박사로, 총무 간사로 함께 하고 있다. 영악하고 명석한 젊은이들이 많은 세상에서, 느려 터진 후배를 길이 참아 주신 연구회 선생님들께 경의를 표한다.

감사해야 할 분들이 많다. 고려대 아세아문제연구소, 동북아역사재단, 서울대 규장각의 후원에 깊이 감사한다. 오랜 기간 연구회를 지원해 준 한국고등교육재단 박인국 사무총장님께도 감사의 뜻을 표한다. 한중 수교 20

주년 학술회의에 함께 한 거자오광, 쑨웨이귀, 서동일, 양위례 선생에게도 지면을 빌어 안부를 전한다. 학술회의와 출판 지원 제반 업무에 애써 준 사랑하는 후배 서울대 석사 과정 정연, 노틀담대 박사 과정 권민주 양에게 고맙다.

2016년 8월
관악에서 이헌미

1장

주변인의 눈을 통해 새롭게 살펴본 동아시아와 중국

중국에서의 조선연행록 연구에 대한 평가와 고찰

거자오광

필자는 지속적으로 조선의 연행 문헌에 관심을 가지고 있었고 2000년부터 꾸준히 적지 않은 수의 연행록을 읽어 왔지만 연행 문헌의 전문가라고 하기 힘들다. 여기에서 필자는 그저 이제까지 읽어 왔던 각종 연구 논저들을 통해 연행 문헌에 대한 연구 영역에서 중국 대륙 학계의 새로운 상황을 함께 토론해 보고자 한다. 청컨대, 필자가 비교적 먼 학술사적 배경에서 논의를 시작하는 것을 양해해 주기 바란다.

1. 역사학의 현대적 변화

최근 1백 년 동안 역사학이 드러내 보인 현대적 변화는 동아시아 역사와 중국사를 막론하고 대체로 ① 시간의 단축 ② 공간의 확대 ③ 사료의 증가 ④ 문제의 복잡화 4가지 부분으로 종합할 수 있다.

'시간의 단축'이란 무엇인가? 이는 바로 전설 속에 존재하는 역사의 유구성과 신성성을 줄이는 것으로, 역사 고증의 방법을 통해 기존의 의견을 뒤집어 매우 많은 고대의 경전이 후대의 위조품임을 지적하면서 점점 역사학에서 '의고(疑古)'의 경향이 초래되었다. 환언하면, 가능한 한 신화적 요소를 삭제하고, 전설을 고증하며, 확고한 고증학적 증거를 통해 새롭게 고대 역사를 서술함으로써 삼황오제 이래의 기나긴 전설적, 신화적 역사를 깨끗이 정리한 것이다. 이러한 측면을 일컬어 학문의 현대화로 말하기도 하고, 혹자는 이를 학문의 과학화라고 표현하기도 한다. 즉, 중국의 삼황오제(三皇五帝)나 요순우(堯·舜·禹), 한국의 단군, 주몽, 기자, 일본의 천신천황(天神天皇)의 전설과 신화로 역사를 대체하는 것이 불가능해진 것이다. 그러나 다른 한편으로는 혁명적 성격의 수요로 인해 요-순-우-탕-문-무로 이어지는 역사 계통이 와해되고 심지어는 공자 이래의 도통(道統)의 신화조차 와해되었는데 이는 당시 고대 역사를 새롭게 세움으로써 현대 국가를 리모델링하기 위한 필수적인 과정이었다. 주지하는 바와 같이 이는 캉유웨이(康有爲: 1858~1927) 이래 계속되어 구제강(顧頡剛: 1893~1980)의 『고사변(古史辨)』까지 이어짐으로써 새로운 역사학의 전통을 만들었다. 이것이 소위 말하는 '시간의 단축'이라는 추세로, 실제 일본과 조선의 역사 영역에서도 동일한 양상이 존재한다. 19세기 말에서 20세기 초라는 시기 동안 동아시아 전체는 모두 역사에서 신화와 전설이 활동하는 것을 몰아내기 시작하였고 이는 당시 학술에 존재하는 하나의 추세였다.

'공간의 확대'란 무엇인가? 이는 나라별 역사 연구의 지리적 공간이 훨씬 더 넓어진 것을 의미한다. 예를 들어 말하자면, 중국을 연구하는 경우에 더 이상 중국 역사의 시야, 즉 삼황오제, 24사 등의 계통 속에 국한되어 관찰하지 않으며 전통적인 중국의 한족 왕조의 범위에 국한되지도 않는 것을 의미한다. 이는 학술에 현대성이 존재함을 의미하는데, 19~20세기 유럽의 동양학자들은 탐험, 식민, 무역 등의 활동을 통해서 중국 주변의 시장, 즉 티베트, 인도, 중앙아시아 및 동남아시아—미얀마와 베트남을 포괄하는—를 많이 연구하였다. 이러한 연구는 언어가 매우 다원적이고, 종교가 매우 복잡하며, 문화가 서로 달라 소위 유럽 동양학이라는 한 세트의 학술 전통으로 발전하였다. 서양의 학문 풍조가 동양을 잠식해 들어옴에 따라서 새로운 학술적 경향이 일어나기 시작했다. 이는 바로 언어, 역사, 문헌을 서로 비교하기 시작한 것이다. 따라서 종교학에서는 '비교종교학'이라고 불리는 새로운 분야가 시작되었다. 이를 잘 나타내는 명언이 바로 괴테가 말한 "하나만 아는 사람은 아무 것도 모르는 사람이다"라고 할 수 있다.

이러한 시대적 추세로 인해 서양인에게 나타났던 것과 마찬가지 현상이 동양인 사이에도 나타났다. 일본 학계에서는 시라토리 구라키치(白鳥庫吉), 나이토 코난(內藤湖南)과 더 앞선 시대의 나카 미치요(那珂通世)를 포괄한다. 그들은 모두 동일한 연구 경향을 나타냈는데, 이를 개괄하여 말하자면, "중국 주변 지역에 대한 주목과 아시아의 상호관계에 대한 중시"이다. 이는 현대 역사학자들이 역사적 사건과 현상을 점점 더 의식하는 가운데 점진적으로 생겨난 것으로, 결코 한 민족이나 한 왕조 안에서 생겨난 것이 아니다. 이는 현대 '민족(혹은 다민족) 국가'가 '전통적 제국'의 기초 위에서 새롭게 건설되면서 주변—전통 중국의 내부와 현대 중국의 외부를 포괄하는—지역과 관계를 가질 필요가 생긴 데서, 더 나아가 현대 동아시아의 국가, 민족, 영토, 강역, 문화에 대한 새로운 인식에서 연유한 것이다. 유럽 동양학의 자극을 받음에 따라 동아시아 학계에서는 중국의 주변부인 만주족, 몽고족, 회족, 장족, 묘족에 대해서, 조선과 마주하고 있는 동서 양단에 대해서, 내륙 아시아에 대해서, 이들의 역사, 문화, 민족 등에 대해 특별한 관심이 발생하였다. 일본에서 뿐만 아니라 중국의 역사학계도 점점 서역과 남해의 역사지리학, 동해의 한국 및 일본의 역사학을 개척하기 시작하였다. 이는 즉, 왕조와 국가의 역사에서, 서로 연관되고 접촉하는 구역의 역사로 변화하는 것이다. 이러한 학문적 추세의 배후에는 식민주의, 제국주의 등 각종 문제가 있지만, 이는 또한 국제 학술계에 일종의 새로운 조류를 등장시켰는데 그것은 중국의 외부에 있는 한족 지역의 민족, 역사, 지리와 문화 연구에 대한 열정을 고양시키는 것이었다.

'사료의 증대'란 무엇인가? 바로 다음과 같은 의미이다. 사람들 눈에 비치는 사료란 삼십경(十三經), 제자(諸子) 경전, 24사에 통감과 십통(十通)을 더한 것에 불과하고 기껏해야 거기에 각종 문집과 석각이 더해질 따름이다. 주지하는 바와 같이 20세기 중국에서는 소위 말하는 '4대 발견'이 이루어졌다. 그 첫 번째는 바로 은(상) 왕조의 갑골문이고, 두 번째는 둔황의 장경동(藏經洞)에서 나온 각종 언어로 쓰여진 고문서이며, 세 번째는 명·청 시대의 당안 자료이고, 네 번째는 서북 지역의 감숙 일대에서 발견된 거연한간(居延漢簡)이다. 4대 발견 외에도 각종 새로운 사료가 끊이지 않고 나타나고 있고 특히 역사학의 관념 변화에 따라서 사람들이 정치 이외에도 사회, 경제, 종교, 언어, 생활 등 각 방면의 역사에 점점 더 많은 관심을 보이고 있으며, 황제와 장상(將相)에게 집중되던 시선이 민중의 일상생활로 옮겨 감에 따라서 사료의 범주에 포함되는 것이 점점 더 많아지고 있다. 연구자들은 전통적인 사료의 굴레에서 벗어나 고고학, 현지 조사, 당안, 문물 등 대규모의 외부 자료를 도입하였다.

'문제의 복잡화'란 무엇인가? 이는 바로 다음과 같은 의미이다. 동아시아와 중국의 역사 인식에 있어서 전통적인 정치, 제도, 경제 등의 영역에 주의를 기울이는 데 그치지 않고 전통적 제국에서 현대 국가로의 거대한 변화 중에 발생하는 중외(中外), 민족, 종교, 강역, 언어, 인식, 중심과 주변부, 충격과 반응, 혁명과 개량, 사회 단계와 역사 분기, 보편 역사와 특수한 경험 등등에도 관심을 기울이는 것이다. 이 때문에 현대 동아시아 혹은 중국의 역사 연구는 점점 더 많은 입장, 각도, 방법과 이론 등이 출현하여 역사 자료를 수집, 역사 서술의 상세함과 간략함, 역사 관찰의 각도, 역사 평가의 기준 등 모든 분야에서 거대한 변화를 만들어 냈다.

그 중 최근에 일어나고 있는 일본과 조선의 한문 문헌에 대한 관심은 마땅히 세 번째 항목인 '사료의 증대'로 간주해야 하겠으나 앞서 필자가 이야기 했던 바와 같이 이는 비단 '사료'의 문제에만 국한된 것이 아니다. 우리가 "중국의 사료만을 사용해서 중국을 해석하는 것"이 충분하지 않다고 의식하는 것은 이 문제에 대한 역사적인 입장, 관념, 방법을 한층 더 높은 단계로 올려놓는 것이다.[1] 따라서 이러한 문서들에 대한 새로운 이해, 새로운 사용, 새로운 해석이 더욱 중점적으로 자극하는 요소는 오히려 네 번째 '문제의 복잡화'이다. 바로 이러한 입장, 관념, 방법의 변화는 "다른 민족의 역사와 다른 지역의 문화(異族之史, 殊方之文)"라는 천인커(陳寅恪)의 말에 새로운 의의를 부여한다.

2. 중국 역사학계의 인식 변화

중국 학계가 조선의 사료에 최초로 관심을 기울였던 계기는 결코 동아

1_葛兆光, "攬鏡自鑒 - 關於朝鮮, 日本文獻中的近世中國史料及其他", 『複旦學報』(社會科學版, 2008년 제2기).

시아 여러 나라의 역사와 문화를 연구하기 위한 것이 아니었다. 주요 목적은 중국 사료의 부족을 보충하는 것이었다. 1938년, 후스(胡適)가 중국을 대표하여 스위스 취리히에서 열린 제1차 국제 역사학 대회에 참가하여 발표한 『최근 발견된 중국 역사 관련 자료집(近年來所發現有關中國曆史的新資料: Recently Discovered Material for Chinese History)』의 영문 논문[2]은 이미 당시 중국사에 매우 중요한 새로운 사료를 언급하고 있다. 여기에는 훗날 '4대 발견'이라고 불리는 갑골문, 둔황 문서, 거연한간, 명청 당안이 포함되어 있고, 또한 일본과 조선에 존재하는 중국의 사료도 포함하고 있다. 그러나 중국에서 1934~1936년간에 진위푸(金毓黻)가 『요해총서(遼海叢書)』를 편찬할 때 유득공의 『난양록(灤陽錄)』, 『연대재유록(燕台再遊錄)』, 조선세자의 『심관록(沈館錄)』, 선약해의 『심양일기(沈陽日記)』 중의 동북 사료[3]에 주의를 기울인 것과 훗날 우한(吳晗)이 『조선왕조실록』 중에서 10여 책을 편집한 것에 명·청 시기 중국과 관련된 진귀한 사료[4]가 포함된 것을 제외하고 나면, 지난 긴 세월 동안 사람들이 주의를 기울인 조선의 문헌은 극히 일부분에 불과하다. 이는 주로 최부의 『표해록(漂海录)』, 박지원의 『열하일기(热河日记)』 등에 집중되어 있었고 조선 문인의 문집이라든가 대량의 한문 연행 문헌 등 명·청 시대 중국과 관련된 방대한 양의 조선 문헌이 특별히 잘 정리되거나 연구된 적은 전혀 없었다.[5]

2_『胡適致傅斯年』(1938年 9月 2日), 王汎森 輯, "史語所藏胡適與傅斯年來往函札", 『大陸雜志』 제93권 제3기(1996년 9월), p. 11.

3_金毓黻 編, 『遼海叢書』 제1집, 제8집(遼海書社 編纂, 大連右文閣, 1934~1936).

4_吳晗 編, 『朝鮮李朝實錄中的中國史料』(中華書局, 1962).

5_최근 들어 상황에 적지 않은 변화가 발생하였다. 趙興元 等編, 『〈同文彙考〉中朝史料』(吉林文史出版社, 2003)는 이미 3집이 출판되었다. 아래에서 계속해서 소개할 것이다.

그러나 최근 20년 동안 이러한 상황에는 매우 큰 변화가 발생하였다. 변화에는 두 가지 배경이 존재한다. 그 한 가지는 중·한 간의 교류가 점점 활발해 짐에 따라서 문헌 자료를 구하는 일이 매우 편리해졌다. 그 중에서 『한국역대문집총간(韓國曆代文集叢刊)』과 조선 연행사의 사행 문서—성균관대학교 대동문화연구원이 편찬한 『연행록선집(燕行錄選集)』, 『연행록선집보유(燕行錄選集補遺)』와 임기중이 편찬한 『연행록전집(燕行錄全集)』을 포괄하는—라는 두 종류의 방대한 문건이 한국에서 출판되었다. 이에 더하여 중국에서는 최근 내몽고사범대학 역사학과, 남경대학 역외한적연구소(外漢籍研究所)의 장보웨이(張伯偉) 교수 등의 학자들이 이 방면의 연구와 정리에 종사하기 시작하였고, 특히 광서사대(廣西師大) 출판사는 계속하여 연행록과 조선의 한문 사료 가운데 중국에 관련한 자료—현재 이미 명대 부분은 출판—를 정리, 출판하고 있다. 이는 중국 학계에서 세 부류의 학자들에게 관심을 끌고 있다. 첫 번째는 '역외의 한적(漢籍)'을 연구하는 문헌학자, 두 번째는 명·청 중국 사회와 사상, 역사를 연구하는 역사학자, 세 번째는 중국과 한국 혹은 동아시아의 교류를 연구하는 국제관계 사학자이다. 그들은 보편적으로 이 진귀한 문헌 자료에 대해 흥미를 보이고 있기 때문에 중국 학계에서는 이를 모두 매우 참신한 사료라고 여기고 있다.

다른 한 방면은 바로 중국과 동아시아, 세계의 역사 연구 관념의 변화이다. 새로운 학술적 조류의 자극 아래, 연구자들은 민족 국가 의식, 지역적 문화 인식, 동아시아 상호 간의 관점, 상상과 역사 기억 등 새로운 문제에 관심을 기울이기 시작하였다. 이는 소위 말하는 '역사의 방법과 관점'의 변화로, 특히 '중국'에 대한 인식의 각도, 입장과 시야가 전통 시대의 "중국을 통해 중국을 해석하는 것"과 근대 서세동점기 "서방의 시각으로 중국을 바라보는" 단계에서 넘어와 점차 "다양한 방면의 거울로 중국을 보는", 즉

"주변에서 중국을 바라보자"는 주장이 제창되기 시작하였다. 연행 문헌들은 이러한 새로운 역사적 관념과 관찰의 시각을 위해 상당히 생동감 넘치는 자료를 제공한다.

이것이 바로 그동안 중국 학계에서 주목을 받지 못하던 연행 문헌이 점차 주목을 받게 된 배경이다.

3. 조선 연행 문헌 연구 현황

이 연행 문헌이 중국 학계에서 점차 관심을 받게 되면서 중국 학자들의 조선 연행 문헌에 대한 연구는 점차 새로운 진전을 보이게 되었다. 필자는 아래에서 이를 세 가지 지점으로 나누어 설명하고자 한다.

우선, 연행록과 관련된 상당히 깊이 있는 문헌학과 역사학의 연구 성과가 점점 나타나기 시작하였다.

물론 매우 이른 시기부터 조선의 연행 문헌 연구자들이 있었다. 한국은 논외로 하더라도 대만과 일본에서도 지속적으로 여러 편의 총서와 목록이 편찬되었다. 그러나 자료의 총서[6]를 만드는 것이든 그 핵심적인 내용만을 짚어서 목록[7]으로 만드는 것이든 거기에는 적지 않은 문제가 있다.[8] 예를

6_예를 들면 1960년대 한국의 성균관대학교에서 편찬한『연행록선집』상·하권(서울, 1962); 1976년 한국의 민족문화추진위원회의 『국역 연행록선집』 12권(서울, 고전국역총서 95-106, 1976); 1978년 타이페이의 『朝天錄』 4권(『中韓關系史料輯要』, 珪庭出版社, 1978); 그 외 한국의 임기중 교수와 일본의 후마 스스무 교수가 나누어 편집한『연행록전집』100권과『연행록전집일본소장편(燕行錄全集日本所藏編)』6권(서울: 동국대학교출판부, 1990, 2001).

들어서, 20년 전 중국 학계의 한국 연행 문헌에 대한 이해는 많은 경우 여전히 『열하일기』와 『표해록』에 국한되었고 깊이 있는 문헌학적 연구와 역사학적 연구가 부족했다. 그러나 현재의 중국 학계는 상당히 많은 수의 대학과 연구 기관이 모두 임기중이 편찬한 『연행록전집』 100권을 구매하여 소장하고 있고, 중국 광서사범대학 출판사 역시 몇 종류의 연행 문헌 관련 역사 자료 선집과 홍화원(弘華文)이 주편한 『연행록전편(燕行錄全編)』(제1집)[9]을 출판하였고, 남경대학 역외한적연구소는 연행 문헌 안에 포괄된 조선 한문 문헌의 광범위한 수집과 깊이 있는 연구를 진행하였다. 특히 2011년 복단대학 문사연구원(復旦大學文史研究院)과 한국의 성균관대학 아시아 학술원이 합작하여 출판한 『한국한문연행문헌선편(韓國漢文燕行文獻選編)』

7_예를 들면 나카무라 히데다카(中村榮孝)가 1930년에 편찬한 『사대기행목록(事大紀行目錄)』(『青丘學叢』 제1호, 1930년 8월), pp. 177-184; 장춘우(張存武), "청대 중국 조선 문화의 영향(清代中國對朝鮮文化之影響)" 부록(張存武, 『清代中韓關系論文集』, 台北: 商務印書館, 1987), pp. 308-314; 후마 스스무(夫馬進), "일본 현존 조선연행록 해제(日本現存朝鮮燕行錄解題)"(『京都大學文學部研究紀要』 제42호, 2003), pp. 127-238 등이 있다.

8_예를 들어 후마 스스무 교수는 "일본 현존 조선연행록 해제"의 주석 7에서 임기중 선생이 편찬한 『연행록전집』에 문제가 매우 많다는 점을 이미 지적하고 있다. 권근(權近)의 『점마행록(點馬行錄)』(1권), 이정구(李廷龜)의 『동사록(東槎錄)』(11권), 정태화(鄭太和)의 『서행기(西行記)』(19권)는 기재된 모든 행로가 지금 북한의 경내이기 때문에 수록하지 않아도 되며, 홍경해(洪景海)의 『수사일록(隨槎日錄)』은 조선통신사를 따라가 일본에서 기록한 것이므로 또한 싣지 말아야 한다. 편찬자와 연대 역시 상당히 문제가 많은데 원작자와 시대 미상의 『연계기략(燕薊紀略)』(98권)의 작자는 전집 85권에 실려 있는 『연계기정(燕薊紀程)』과 동일한 박사호(樸思浩)이다(『京都大學文學部研究紀要』 제42호(2003), pp. 235-236). 필자는 이미 『연행록전집』에 존재하는 문제를 지적하였다. 첫 번째는 연대의 선후와 편차의 선후가 종종 착오를 보인다는 점이고, 두 번째는 기록상의 실수와 잘못된 수록, 세 번째는 중복의 문제이다. 葛兆光, "攬鏡自鑒-關於朝鮮, 日本文獻中的近世中國史料及其他".

9_弘華文 主編, 『燕行錄全編』 제1집(收錄共 12冊 147種, 廣西師大出版社, 2010).

30책은 판본, 해제, 연표의 측면에서 상당히 자세한 내용을 담고 있다. 이러한 기초 위에서 문헌학 쪽에서 연행록에 관한 일군의 깊이 있는 연구 논문이 출현하였다. 두 가지 사례를 들어보면, 쭤지앙(左江)의 "연행록전집고증(燕行錄全集考證)"[10]은 후마 스스무(夫馬進) 교수의 고증을 기초로 임기중이 편찬한 『연행록전집』에 존재하는 착오 10여 군데를 재검토하여 수정을 가하였다. 또 치융시앙(漆永祥)은 "연행록 정리와 연구의 제 문제에 관한 나의 의견(關於燕行錄整理與研究諸問題之我見)"에서 구체적인 예증을 통해서 연행록 문헌의 범위와 수량, 사용 및 정리 등 각 분야에 존재하는 문제를 따져서 몇 가지 방안[11]을 제시하였다. 이는 중국 학자들이 문헌의 파악과 고증의 방면에서 장족의 발전을 이루고 있음을 나타낸다. 중국 학자들은 고대 한문을 읽어내는 데에 아주 정통하므로 이러한 종류의 문헌학적 정리와 연구에 더욱 많은 발전을 기대할 수 있다.

다음으로, 연행 문헌을 이용하여 중국 역사를 연구하는 것은 최근 20년 동안 그 영역이 더욱 넓어졌다. 최초로 1999년에 산동대학 역사학원의 천상성(陳尚勝) 교수와 그의 학생이 연행 문헌에 초점을 맞춘 연구를 진행하여 『조선왕조의 중국관 변천: 조천록과 연행록 시론[朝鮮王朝(1392~1910)對華觀的演變: 朝天錄與燕行錄初探]』을 출판하였다. 이는 중국대륙에서 비교적 이른 시기에 진행된 연행 문헌 연구이다. 이 논저의 의의는 ① 한국의 조

10_左江, "燕行錄全集考訂", 原載載張伯偉 編, 『域外漢籍研究集刊』 제4집(中華書局, 2008), pp. 37-65; 이후 다시 張伯偉 編, 『風起雲揚-首屆南京大學域外漢籍研究國際學術研討會論文集』(中華書局, 2009), pp. 227-252에 수록하였다.

11_漆永祥, "關於燕行錄整理與研究諸問題之我見", 載張伯偉 編, 『域外漢籍研究集刊』 제7집(中華書局, 2011), pp. 37-66. 그 외, 예를 들면 劉順利는 李海應의 『薊山紀程』에 대해 연구하였는데 이 역시 언급할 만하다.

선시대(중국의 명·청 시대) 조천록과 연행록에 대해 기본적인 서술을 통해 사람들로 하여금 이들 문헌에 대한 대체적인 윤곽을 이해할 수 있게 하였다. ② 중국의 문헌 자료와 결합하여 명·청 시기 중국의 각종 사건, 인물 및 현상을 논하였다. ③ 조선이 중국을 바라보는 인식의 측면에서 이러한 문헌들의 사상사적 가치를 고찰하고, 상호 문화 인식이라는 하나의 연구 시각을 확립시켰다. 이와 같이 '중국'을 연구의 중심으로 삼아서 연행 문헌의 연구를 진행하는 경향은 치우루이쭝(邱瑞中), 쑨웨이궈(孫衛國), 양위레이(楊雨蕾), 서동일(徐東日) 등 학자들의 노력을 통해 이미 풍부한 성과를 내었고, 상당히 넓은 영역을 개척하였다.[12] 특히 일본 학자 후마 스스무 교수의 『조선연행사와 조선통신사』는 2010년 중국에서 번역·출판되었는데,[13] 연행 문헌의 연구에서 광범위한 주목을 받았다.

필자는 일찍이 이러한 문헌들이 중국의 명·청 시대 역사와 문화를 연구하는 데 있어서 가지는 의의를 종합하였는데, 그 내용을 개괄해서 말하자면, 첫 번째, 우리는 여기에서 중국의 문헌에서 삭제되거나 표현의 강도가 약해진 역사적 사실을 매우 많이 발견할 수 있다. 두 번째, 이는 매우 풍부한 역사적 디테일을 보충하여 우리에게 현장감이 풍부한 자료를 제공해 줄 수 있다. 세 번째, 명·청 사상과 문화에 관한 새로운 자료를 매우 풍부하게 제공하여 중국 학자들이 종종 가지고 있는 '사후평가(後見之明)' 습관을 바꿀 수 있다. 네 번째, 특히 중요한 것은 이 자료는 중국의 주변에 살고 있

12_邱瑞中, 『燕行錄研究』(廣西師大出版社, 2010); 孫衛國, 『大明旗號與小中華意識』(商務印書館, 2007); 徐東日, 『朝鮮朝使臣眼中的中國形象 - 以〈燕行錄〉〈朝天錄〉爲中心』(中華書局, 2010); 楊雨蕾, 『燕行與中朝文化關系』(上海辭書出版社, 2011).

13_夫馬進, 伍躍 譯, 『朝鲜燕行使与朝鲜通信使』(上海古籍出版社, 2010).

던 사람들의 눈에 중국이 어떤 모습으로 비추어지고 있는지를 담고 있으며, 당시 곳곳에서 거대한 변화를 겪고 있던 명·청 제국을 그들이 어떻게 관찰하고, 상상하고, 추측하였는지, 그들은 중국의 문화에 대해서 어떤 변화를 감지하고 있었는지를 반영하고 있다. 이 방면에서 중국 대륙의 학자들은 최근에 이미 적지 않은 성과를 거두고 있다.

마지막으로, '아시아(혹은 동아시아)', '인식', '민족', '강역'과 같은 현대적인 문제의 연구에서 이러한 연행 문헌들에 대한 관심이 촉진되고 있다. 필자는 "중국의 자료에만 의지해서 중국을 해석하는 행위는 이제 충분한 것이 아닌가?"라고 하여 이미 이와 같은 문제의식을 표출하였다. 아마 많은 사람들이 이러한 문제를 단순히 처리해야 하는 역사 자료의 범위와 기술, 방법적 측면에만 관련된 것으로 인식하고 있겠지만, 실제로 이 문제의 배후에는 오히려 어떻게 중국 역사와 문화를 '이해' 혹은 '해석'할 것인가라고 하는 큰 문제가 있다고 할 수 있다. 원칙적으로 봤을 때, 사람들은 모두 '타자'가 없다면 '자아'를 이해할 수 있는 방법이 없다는 사실을 알고 있지만, 만약 중국의 역사와 문화를 연구하는 가운데 이왕에 가지고 있던 "중국에 의해 중국을 해석한다"라고 하는 고집스러운 편견에서 진정으로 탈출할 수 있다면 "서양에 의해 중국을 분석한다"라는 단선적 패러다임에서도 벗어날 수 있을 것이다. 다만, 주변 지역의 풍부한 문헌 자료와 서로 다른 문화적 시각을 통해서 중국을 되돌아본다는 것은 결코 쉬운 일은 아닐 것이다. 바로 이러한 원인 때문에 한국과 일본에 남아 있던 중국 관련 자료들이 아직 충분하게 사용되지 못하였던 것 같다.

그러나 최근에 '동아시아', '인식', '강역' 등에 관한 화제가 활발히 논의되면서 여러 새로운 문제들이 제기되었다. 과연 '동아시아(혹은 동북아시아)'는 정치, 역사, 문화적으로 서로를 하나의 공동체—마치 유럽과 같은 형태의—로 인정한다고 할 수 있는 것인가? 혹자는 이와 같은 '공동체적' 공간을 설정하기 위해서는 각자의 역사와 문화를 검토하고 반성하는 것이 필요하지 않은가? 라고 말한다. 중국과 일본 그리고 조선은 지금에 이르기까지 문화가 여전히 마치 한·당 시대의 소위 '한자 문화권'과 마찬가지로 그렇게 가까운 것인가? 현재 혹은 미래에 정말로 동아시아 문화 공동체라는 개념을 통해 서로를 문화적으로 인식할 수 있는 것인가? 학술계와 사상계가 결코 피해 갈 수 없는 이러한 화두는 사람들에게 중국, 한국, 일본의 역사에 관한 새로운 사고를 불러 일으켰다. 현재 한국, 일본, 중국 대륙 및 대만의 학술·사상계에서 유행하고 있는 이 화두에 대답하기 위해서, 최근 중국 학자들은 점점 더 이 '동아시아'라고 불리는 연구 영역에 관심을 가지고 있다. 그러나 '동아시아'를 연구하기 위해서는 반드시 중국 외에 존재하고 있는 각종 문헌 자료를 살펴봐야 한다. 바로 이러한 문제, 방법, 관념의 변화 속에서 조선의 연행 문헌은 중국 학계에 점점 더 중요한 의의를 드러내기 시작하였다.[14]

4. 중국 학계에 던지는 문제 제기

마지막으로 필자가 논하고 싶은 부분은 현재 중국 대륙 학계가 연행 문헌의 연구에 관하여 가지고 있는 문제점이 어디에 있는가 하는 것이다. 의심의 여지없이 중국 학자들은 한 가지 장점을 가지고 있다. 한문으로 된 연

14_葛兆光, 『宅兹中國: 重建有關中國的曆史論述』(中華書局, 2011) 중 토론 부분 참고.

행 문헌을 읽는 데 있어서 아무런 언어적 장애가 없으며, 나아가 중국의 문헌을 충분히 조사하여 이를 통해 고증과 대조할 수 있다. 그러나 중국 학자들에게도 몇 가지 노력이 필요한 부분이 존재한다.

우선, 조선을 더욱 깊게 이해할 필요가 있으며, 더 나아가 명·청, 조선, 일본이 구성하고 있는 동아시아의 복잡한 역사, 제도, 문화를 더욱 깊게 이해할 필요가 있다. 연행 문헌을 당시 언어 환경 속에 두고, 연행사신, 즉 기록자의 심정과 사상을 이해해야 한다. 그러나 현재 중국의 연행 문헌 연구자들은 동아시아 혹은 조선에 관한 깊이 있는 연구가 여전히 부족하다. 이는 연행 문헌을 동아시아 혹은 조선의 역사가 아니라 시종일관 단지 '명·청 중국'과 관련된 사료로 보는 것이다.

다음으로, 조선, 일본, 중국이라는 세 방면—심지어 당시의 유구까지 포함하여—의 사료를 비교하고 종합해야 한다. 조선이 일본을 방문한 소위 통신사의 자료와 비교하고 참조함으로써 '사대'와 '교린' 속에 존재하는 복잡한 문제와, 더 나아가 양측이 교류할 때 잠재적으로 존재한 '제3자' 중국이 과연 어떤 영향을 끼쳤는지 이해해야 한다. 동시에 명·청 시기 조선으로 사행을 떠난 중국 측 사신의 각종 기록과 서로 대조할 필요가 있다. 예를 들면, 예겸(倪謙)의 『조선기사(朝鮮紀事)』(1450), 장녕(張寧)의 『봉사록(奉使錄)』(1460), 공용경(龔用卿)의 『사조선록(使朝鮮錄)』(1537), 주지번(朱之蕃)의 『봉사조선고(奉使朝鮮稿)』(1606), 강일광(薑日廣)의 『유헌기사(輶軒紀事)』(1626) 등에서 아극돈(阿克敦)이 남긴 그림 위주의 『봉사도(奉使圖)』(1724)에 이르기까지 이 부분에 속한 문헌 역시 상당히 많다. 피차의 기록을 살펴보는 가운데 어떤 입장과 관념, 시각의 차이가 있는가? 이러한 차이의 뒤에는 어떤 문화적인 배경이 존재하는 것인가? 등의 질문을 던질 수 있다. 만약 가능하다면 일본 측의 조선·중국의 사행 기록(공식 기록과 비공식 기록을 모두 포괄하는) 또한 서로 참조하면 좋을 것이다. 필자가 보기에 이는 중국, 일본, 한국이 구성하고 있는 동아시아의 역사 세계를 새롭게 이해하게 하는 중요한 의의가 있다(때문에 우리는 현재 『조선통신사문헌집성(朝鮮通信使文獻集成)』을 정리·출판하는 작업을 진행 중이다).

마지막으로, 푸쓰니엔(傅斯年), 천인커(陳寅恪) 등 학자들이 수차례 반복하여 강조했던 언어의 중요성이다. 현재 중국 대륙의 연구자 중에 비교적 자유롭게 일본어와 한국어를 구사할 수 있는 학자가 아직 부족하여 겨우 한문 연행 문헌을 읽을 수 있을 뿐, 그 당시 한국어와 일본어로 된 문헌을 참조할 방법이 없고, 또 한국어와 일본어로 된 현대의 연구 성과 역시 충분히 흡수할 수 없다. 필자가 매우 감탄하고 있는 것은 수십 년 동안 일본의 천리대학(天理大學)에서 출판한 『조선학보(朝鲜学报)』에 일본 학자—한국 학자도 포함하고 있다—들이 쓴 한국의 역사, 문헌, 종교, 문화 등의 논문이 대량으로 포함되어 있다는 점으로, 여기에는 연행 문헌에 관한 연구도 있다. 그들은 한국어를 학습하고 조선의 문헌을 연구하여 상당한 성과를 올렸다. 그러나 지난 몇 년 동안 극소수의 중국 학자들만이 여기에 참여하였다는 사실은 우리 중국 학자들이 반성하고 검토해 봐야 할 부분이다.

2012년 10월 14일 상해에서 급하게 고침

제1부

16~17세기 동아시아 질서 인식과 조명 관계

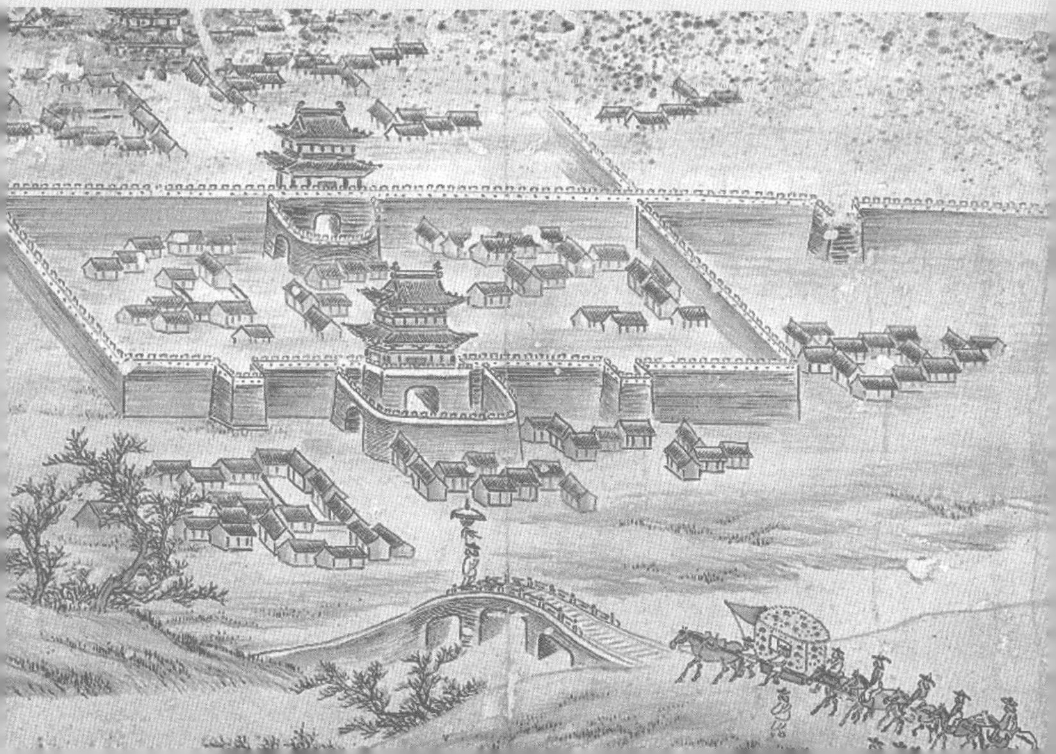

2장

조천록을 통해 본 허봉, 조헌의 조명 관계 인식

전재성

1. 들어가며

이 글은 조선 중기 허봉과 조헌의 연행록을 통해 사대의 관념과 한중 관계의 일면을 연구하는 것이 목적이다. 많은 연행록들이 명이 멸망하고 청이 들어선 이후의 조청 관계를 다루는 글들이지만, 허봉과 조헌의 연행록은 그 이전 조선이 인식한 명의 모습과 조명 관계를 볼 수 있는 좋은 텍스트이다. 선조 7년 1574년 성절사 박희립의 사행에 허봉은 서장관으로, 조헌은 질정관으로 북경에 다녀오게 되었다. 이 과정에서 허봉과 조헌은 연행록을 남기는데 중기의 조선과 중기의 명이 어떠한 관계를 유지하고 있었으며 조선의 대표적인 성리학자들인 허봉과 조헌이 중국을, 그리고 조명 관계를 어떻게 인식하고 있었는지를 엿볼 수 있다.

전통 시대 한중 관계는 소위 사대자소 관계로 특징져진다. 중국은 중화질서, 혹은 천하질서라는 담론을 개발하여 중국의 천자가 세상의 중심이며 주변의 왕조들은 동심원적으로 이적의 무리를 이루어 위계적인 질서를 이루어간다고 개념화하였다. 그러나 주변에서 본 중화질서가 반드시 중심의 시각을 무비판적으로 반영하고 있는가 하는 점은 비판적인 성찰을 필요로 한다. 한국 내에는 근대 이전 한반도 왕조들이 사대주의 사상에 물들어 있다고 하는 막연한 인식이 존재하는 것이 사실이다. 그러나 한반도의 왕조들은 다변하는 중원의 왕조들을 상대함에 있어 치열한 전략적 사고를 가지고 임해 왔다. 사대는 전략적 강대국 외교의 주요 구성 요소였으며, 이념으로서의 막연한 강대국 숭배사상인 사대주의와는 근본적으로 차별화된다. 전략적 사대와 이념적 사대의 구분이 필요하다고 볼 수 있다.

이러한 관점은 역사 속에서 인식 체계를 통하여 좀 더 구체화되어야 하는데 조명 관계 속 조선인들은 이미 자신들이 성리학의 이념을 구체화한 주체라는 소중화 의식을 가지고 있었다. 이를 기반으로 이상적 중화에 대한 문화적 관념과 실제적 중화에 대한 정치적, 비판적 관념을 구별하고 있었던 것으로 보인다. 눈으로 목격한 중화에 대한 비판의식이 존재하고 중화와 조선을 구별하여 실용적 관점에서 조선의 자율성과 조선의 발전을 도모하는 의식이 있었다. 문화적 차원에서 이상적 중화에 대한 인식과 이를 숭배하는 측면이 함께 공존한 것이다.

허봉과 조헌의 시대는 조선에서 훈구 세력이 물러나고 이후 중종 조 조광조의 혁신 이후 성리학이 시대정신으로 자리 잡고 있었던 시기이다. 허봉은 퇴계의 적통을 이어 성리학 순정주의를 대변하는 동인 세력의 핵심이었고 조헌은 율곡의 사상을 이어받아 실천주의적 성리학의 맥을 잇고 있었다. 중국 왕조 역시 중기 명나라로서 성리학이 국가의 핵심 사상이 되던 왕조였다. 16세기 중반 이후 양명학이 발전하면서 성리학과 양명학의 갈등이 심해지고 조선에도 양명학이 전개되는 변화를 겪기도 하였으나, 조명 관계는 성리학의 국가 이념을 매개로 전형적인 한중 관계를 이루던 시기였다.

흔히 이러한 시기에 한중 관계는 사대자소 질서의 원형을 보일 것이라고 생각할 수 있다. 한반도 왕조들은 성리학의 시원지, 주자의 나라인 중원을 동경하고 숭배하여 사대주의에 기반을 둔 이념적 외교를 해왔다고 볼 수 있는 것이다. 그러나 허봉과 조헌의 연행록을 주의 깊게 살펴보면 조선 성리학자들의 대명 인식은 이보다 훨씬 복잡했음을 알 수 있다.

이 글에서 보이고자 하는 주된 내용은 첫째, 사대자소의 동아시아 질서는 다양한 요소들, 즉 정치, 문화, 군사, 경제의 각 네트워크 속에서 만들어져 있는 것이기 때문에 이를 분석적으로 구별할 필요가 있다는 점, 둘째, 전형적인 성리학 질서로서 동아시아의 조명 관계는 정치와 문화적 요소가 가장 중요한 논리로 작용하고 있었다는 점, 셋째, 조선의 성리학을 대표하는 허봉의 경우에서 보이듯이 조선이 명을 강대국으로 숭상하는 것은 명이 성리학이라는 시대의 대표 이념을 온전히 담지하고 있어야 한다는 조건 하에서 가능했다는 점, 넷째, 문화적 사대관계를 기반으로 조선은 국내정치를 이끌어가기 위해 명의 정치적 승인을 중요한 요소로 고려하고 있었다는 점, 다섯째, 중화와 이적의 구분이 인종적이거나 지역질서의 권력 정치, 혹은 현대의 용어로 하드 파워에 의한 것이 아니라 사실 예의의 실현 여부에 달려 있었다는 점, 따라서 본성상으로는 동일한 인성동일론에 기초하고 있었다는 점, 여섯째, 명이 성리학 이념을 온전히 실현하지 못하면 조선의 성리학자들은 이상적 중화와 실제적 중화를 분리하여 인식하고 이상적 중화론을 사용하여 조선의 현실을 비판하는 데 사용했다는 점, 일곱째, 조헌의 경우에서 보이듯이 이상적 중화를 문화적 관점에서 상정하면서 소중화를 자처하되, 실제적 중화의 모습을 합리화하며 실용적 관점에서 중국의 문명을 취사선택하고 있었다는 점 등이다.

이러한 점들을 살펴보기 위해 이 글은 허봉의 『조천기』와 조헌의 『동환봉사』를 살펴본다. 양 학자는 같은 사행에서 서로 다른 측면을 강조한 차이점을 보여 주고 있기 때문에 비교적 시각에서도 매우 흥미로운 관점을 제공한다. 이 두 문헌에서 양 성리학자가 중국과의 관계를 논한 구절을 상세히 살펴보아 중화질서를 어떻게 인식하고 있었는지, 실제 중국의 문명에 대해 어떠한 관점을 견지하고 있었는지 알아보고자 한다.

2. 허봉과 조헌의 생애와 사상적 배경

허봉(1551~1588)은 16세기 후반의 동인 사상가로 짧은 인생이지만 많은 학문적 업적을 남긴 인물이다. 허봉은 당시 명문가에서 출생했으며 부친은 허엽이고 허준이 동생이다. 허봉의 시대를 살펴보면 16세기 전반 조선에 양명학이 전래되면서 도학이 심학화되어 조선 사상계가 혼란에 처하게 되었다. 을사사화와 보우의 불교 중흥 운동 등이 일어나자 성리학자들은 성학(聖學)을 수호하기 위해 이단(異端) 변척(辯斥)과 심성 논쟁을 전개하게 되는데 이황이 가장 대표적인 이단 변척론자였다.

양명학 변척과 수용에 따른 입장에서 동서 분당이 이루어지게 되는데 퇴계의 입장을 따른 허봉 부자는 사행을 통해 변척 활동을 활발하게 수행함으로써 동인의 영수가 되었다. 허봉의 대명 사행은 스스로가 자처한 것으로 사행의 과정에서 양명학 변척 활동을 벌였다. 허봉 조천록 대부분의 내용은 퇴계가 제시한 논점을 따라 진행되었고 독자적으로 양명의 공업, 도통론, 허형에 대한 평가의 문제를 제기하였다.

허봉은 부친인 허엽을 통해 서경덕의 학풍을 이어받았고 사림이 추구한 정통론적인 종법론의 입장을 고수하였다. 1572년에 등과한 허봉은 부친 허엽과 8년 넘게 관직에서 함께 활동하며 같은 정치적 입장을 견지했다. 허봉은 탁월한 재능을 가져 등과 후 예조 좌랑까지 출사하게 된다. 선조 7년(1574)년에 성절사 박희립의 사행에 질정관인 조헌과 함께 서장관으로 임명되어 성절사행을 떠나게 된다. 5월 11일에 출발하여 11월 3일에 귀국하였다. 허봉은 서장관으로 자청하여 명의 사대부들과 양명학의 문제를 논변하게 된다. 이후 돌아와 사행과 양명학 변척의 공로로 홍문관에 수찬이 되었다.

양명학이 조선에 전래된 것은 김안국(1478~1534)이 1518년 명에 사은사로 다녀오면서 상산집 6책을 가져온 것이 계기가 되었다. 왕수인의 전습록 초간본 역시 1518년 발간 직후인 1521년 이전에 전래된 것으로 여겨진다. 1558년에 이르러서는 양명집이 입수되기에 이른다. 조선은 기묘사화 이후 도학풍이 위축되었다가 소생되었으나 다시 을사사화로 위축되는 변화를 겪고 있었다. 보우의 불교 중흥 운동으로 성학의 위기의식을 체험한 도학자들은 이단 변척과 심성 논쟁을 펴나가면서 주자학적 성리학을 심화, 정착시키는 데 힘쓰게 된다.

퇴계의 이단 변척은 명종 초부터 진행되는데 애초 주 대상은 불교였다가 이후 양명학으로 바뀌게 된다. 명종 말 선조 초는 빈번한 사행 왕래가 있었던 시기로 명의 지적·풍토를 관찰하고 이를 토대로 조선의 성리학 기반을 다질 필요성이 대두되었던 시기였다. 퇴계가 양명학을 비판한 근거는 성현에 대한 모독, 객관적 사물세계와 그 원리에 대한 부정, 인간사회의 질서 및 도덕성의 근본인 인륜의 부정, 물리와 천리에 대한 공정하고 객관적인 탐구의 부정, 선학처럼 본심에 치중하는 것, 초월적이고 현묘한 경지를 직각적으로 추구하여 절차를 무시하는 공부 방법 등이었다.

이황은 윤근수, 유성룡 등이 명에 다녀와 양명학을 변척하고 돌아온 것을 읽고 이후 명에서의 적극적인 변척 활동을 주문하고 있었다. 허봉 역시 퇴계 하 문인으로서 양명학에 대한 변척 활동을 전개하게 된다.

허봉의 사행은 종계변무의 일을 주선하고 문묘종사 문제를 해결하는 것이었다. 전자는 이성계의 종계를 둘러싼 정통성 문제였고, 후자는 문묘에 배향하는 유현에 대한 시비였다. 양명의 종사 문제를 염두에 두고서 명의 문묘종사 문제 대한 관심을 표방한 것이었다. 조선의 도통과 관련된 것이었기 때문이다.

이와 같은 공식 임무와 더불어 사행 중 허봉이 집중적으로 관심을 가지고 제기한 논점은 대략 여섯 가지이다. 첫째, 대학장구의 개정의 문제, 석시설인가 선학인가의 문제, 양지설에 대한 문제, 문묘종사의 정당성 문제, 양명의 공업 문제, 그리고 도통론과 허형에 대한 평가의 문제 등이었다. 이 중 앞의 네 가지는 이전부터 논의되던 것이었고, 나머지 두 가지인 양명의 공업과 도통론, 허형에 대한 평가의 문제는 허봉이 새롭게 제기한 것이었다.

중봉 조헌(1544~1592)은 토정 이지함을 비롯하여 우계 성혼, 율곡 이이 등 세 사람을 평생 스승으로 섬기었다. 허봉과는 달리 빈한한 집안에서 태어나 자수성가한 조헌은 28세 때 율곡 이이와 파주에서 처음 만나 연을 맺었다. 학맥은 퇴계와 정암의 도학사상까지 이어진다. 조헌은 경전에 대한 이해 이외에도 고사와 금무에 정통하였고 경세에 뜻을 두었다. 22세 때(명종 20년) 조헌은 성균관에 입학하여 수학하였고, 이때 보우를 탄핵하는 글을 올렸다. 또한 29세 때(선조 5년) 왕의 불교식 봉향에 반대하는 상소를 올리기도 하였다. 이후 임진왜란이 발발하자 의병장으로 참전하여 순국하게 된다.

조헌은 송대의 도학사상을 기반으로 한 의리 정신을 강조하는 학풍을 보였다. 조헌은 31세 때(1574) 질정관으로 명에 사행하게 되는데 중국의 선진 문물을 보고 돌아와 조선의 개혁을 위한 자신의 생각을 구체화하여 기록으로 남기고 있다. 조헌은 조선에서 비교적 실행이 쉬운 시무팔조소와 뒤에 근본적인 개혁 방안을 제시한 의상십육조소 등의 상소문을 지었고 이는 모두 『동환봉사』에 실려 있다.

시무팔조소는 조선의 피폐된 현실에 대한 대책을 제시한 것으로 문묘 배향의 제도, 관리 임용 제도, 의관 제도, 음식 제도, 관리들의 읍양의 예, 사제 간의 예, 향당의 아름다운 풍속, 군사의 엄정한 기율 등을 논하였다.

조헌은 중국에서 조선 개혁의 모델을 보고자 하여 이를 기반으로 개혁안을 마련한 것이다. 그러나 선조는 팔조소를 받고 이를 행하지 않으려 했고, 이에 조헌은 십육조소를 올릴 생각을 거두게 된다. 조헌은 개혁안을 마련함에 있어 중국을 그대로 따르고자 했다기보다는 조선 개혁에 필요한 실마리를 찾고자 한 것으로 보인다. 조헌의 명 사행은 주로 실용적이고 실학적인 관심에 초점을 두고 있었던 것으로 후에 조헌의 생각은 실학으로까지 연결된다. 사실 조헌의 개혁안은 북학파에게 절대적인 영향을 미쳐 박제가는 그의 『북학의 서(北學議 序)』에서 최치원과 중봉의 경세지의(經世之志)를 높이 찬양하고, 자신의 저술 동기와 목적이 이들의 뜻을 계승하는 것이라고 밝히고 있다. 홍대용 역시 조헌을 오륜을 갖춘 실행과 학문을 겸비한 천고에 비할 데 없는 인물이라고 하였을 정도이다.

3. 허봉, 조헌의 조천록과 사대질서에 대한 이론적 논점들

허봉과 조천이 조명 관계를 어떻게 인식하였는가에 관해 우선 천하질서에 관한 이론적 관점을 살펴보자. 동아시아 전통 지역질서를 둘러싼 이론적 시각은 근래 신청사론의 발전으로 활발한 논쟁을 띠게 되었다. 그간 정통적 견해로 자리 잡아 온 페어뱅크의 중화질서론은 조공체제를 기반으로 한 동아시아 질서가 주나라에서 시작되어 이후 제도적으로 정비되어 지속되어 왔다고 주장한다. 주변 국가들로부터 조공을 받고 정치적 책봉을 하는 한편, 조공 사절과의 교류를 외교적 형식으로 삼아 주변 국가들을 다스렸다는 주장이다. 이 과정에서 중원 왕조가 경제적 이득을 얻기보다는 주변 국가들을 다스린다는 문화적 상황, 의례에 의한 정치질서 정당성 확보가 더욱 중요했다는 것이다. 중화질서가 오랜 역사를 통해 잘 정비되어 진화했고 이 과정에서 주변의 경제적 공헌이 사실상 필요하지 않은 자족적 질서가 유지되어 왔다는 견해이다.[1]

이러한 견해에 다르면 조선과 명의 관계는 전형적인 조공체제였다고 볼 수 있다. 조선 왕조는 시초부터 명의 책봉을 받아 개창되었고 이후 다양한 형태의 조공 사절을 명 조정에 보냈다. 명은 3년 1공을 선호하였으나 조선이 1년 3공을 주장할 정도로 중원과의 관계 강화를 필요로 한 것이 사실이다. 그러나 실제 조선의 사절과 사대부들이 명 중심의 동아시아 질서와 한중 관계를 어떻게 파악하였는지는 구체적인 조천사절의 글을 통해 파악해 볼 필요가 있다. 조선이 명을 중화질서의 중심으로 설정하였다는 것이

1_John K. Fairbank, ed., *The Chinese World Order* (Cambridge: Harvard University Press, 1970) 참조.

과연 중국 한족 중심의 질서에 대한 복속이었는지, 아니면 중국의 군사적, 경제적 힘에 의한 지배, 복속의 관계였는지, 혹은 문화적 선진성에서 비롯되는 정체성의 상호관계였는지, 이들이 조합되어 있는 것이었다면 과연 어떠한 형태의 조합이었는지가 중요한 논점이라 할 수 있다.

페어뱅크의 중화질서론을 비판하는 신청사론자들은 다양한 비판을 가하지만 그 중에서도 중화질서는 고대 로마제국처럼 잘 정비된 것이 아니었으며 주변 국가들이 중원 왕조에 대해 세금을 바쳤다는 비유는 전혀 성립되지 않는다는 점, 중원 왕조가 주변 왕조에 대해 시혜를 베푸는 관계였다는 것은 옳지 않고, 오히려 주변 왕조로부터 중원을 지키기 위한 방어적 측면이 매우 강했다는 점 등이 눈에 띄는 비판이다. 특히 청조에 관해서 청조하의 중원 왕조는 전통적인 중원 왕조의 특징을 가지기보다는 만주 왕조의 중원, 내륙 아시아에 대한 제국주의로 특징져진다는 점, 따라서 이민족 왕조로서 청조는 기존의 조공체제와는 매우 다른 모습을 띠었고 이를 확대해석하면 중원 왕조의 조공체제는 시간과 역사에 따라 모습을 매우 달리한다는 점 등을 부각시키고 있다.[2]

이러한 비판은 페어뱅크 류의 중화질서론을 비판적으로 보게 하는 장점은 있지만 오랜 기간 동안 중화질서를 유지시킨 근본 동력이 무엇이었는지에 대한 대안적 설명을 제시하는 데 한계를 가지고 있고, 청 이전의 왕조들의 사대자소 질서의 핵심이 무엇이었는지를 설명하지 못한다.

2_James H. Hevia, *Cherishing Men from Afar: Qing Quest Ritual and the Macartney Embassy of 1793* (Durham: Duke University Press, 1995); Michael Hunt, "Chinese Foreign Relations in Historical Perspective" pp. 1-42, in H. Harding, ed., *China's Foreign Relations in the 1980s* (New Haven and London: Yale University Press, 1984) 등 참조.

사대질서에 대한 기존의 시각들은 크게 정치 중심, 문화 중심, 군사 중심, 경제 중심의 시각으로 분석적으로 대별해 볼 수 있다. 정치 중심의 시각에서 보면 동아시아 질서의 계급적 질서가 봉건사회였다는 것이 가장 중요한 요소이다. 주변국들의 통치 계급은 자국의 민중 계급보다 중국의 통치 계급과의 정치적 연대를 더욱 중요하게 여겼을 가능성이 상당 부분 존재한다.[3] 문화 중심의 시각에서 본다면, 천하질서의 기반은 당시 봉건질서의 중심에 서있던 주변국의 지배계층이 중국의 문명을 수입하여, 중국과 강한 친화성을 바탕으로 자국의 정치질서를 형성함은 물론, 중국과의 관계를 형성하여 천하질서적 지역주의의 기초를 쌓았다고 볼 수 있다.[4]

군사 중심 시각에 따르면, 중원 왕조들의 강대한 군사력이 동아시아 천하질서의 기초가 되었으며, 주변 국가들은 중원에 대한 편승으로 중원으로부터의 침략을 막아 냄과 동시에, 자국과 여타 세력 간의 경쟁에서 중원의 군사적 도움을 받을 수 있었다는 것이다. 일례로, 임진왜란 당시 조선과 일본 간의 전쟁에 대해 명 왕조가 개입하고, 개입 이후 다시 원상 복귀하여 중국 중심 천하질서가 회복된 것은 군사 중심의 동아시아 질서관을 뒷받침해 주는 하나의 사례이다.[5]

경제 중심의 시각에서 보면 중원은 주변국과의 무역이 국가의 생존에 필수적이지 않은 경제상의 이점을 가지고 있을 뿐 아니라, 자급자족적 경

3_이용희·신일철, "사대주의(상·하) - 그 현대적 해석을 중심으로", 『知性』, 1972년 2·3월호; 정용화, "주변에서 본 조공체제", 백영서 외, 『동아시아의 지역질서』(서울: 창작과 비평사, 2005) 등 참조.

4_부남철, "조선 전기 군주권 유지를 위한 이념정책", 『한국정치학회보』 25집(1991) 참조.

5_한명기, 『임진왜란과 한중관계』(서울: 역사비평사, 2001); 한명기, 『광해군』(서울: 역사비평사, 2001) 참조.

제체제를 유지하면서 주변 국가들과의 제한된 공무역과 사무역을 통해 경제적 시혜를 베풀 수 있었다는 점이 눈에 띈다.[6]

허봉과 조헌의 조천록을 보면 한반도 왕조의 문명적 시원을 기자조선에서 찾고 있는 허봉의 경우처럼 중국 중심의 천하관을 가지고 있음을 부인할 수 없다. 허봉의 사행 목적이 종계변무와 문묘종사 문제였던 것을 보면 조선 왕가의 종계를 둘러싼 정통성 문제가 중요했으며 문묘에 배향하는 유현(儒賢)에 대한 시비를 해결하려 했던 점을 알 수 있다. 사대질서의 정치적 측면이 중요한 지점이다. 또한 중국의 성리학을 수입하여 조선의 정신적 중심으로 삼으면서 종주국인 명을 문명의 중심으로 여기는 것 또한 알 수 있다. 문화적 측면의 사대질서를 보여 주는 부분이다.

그러나 중국의 우월한 군사력, 경제적 생산력과 무역의 필요성 등이 중원 왕조의 사대질서를 정당화하는 기제였다는 사실을 확인하기는 어렵다. 가장 눈에 띄는 점은 중국이 동아시아를 다스릴 수 있는 문화적 힘, 사상적, 철학적 정통성을 결여할 때 사대질서의 핵심이 흔들릴 수 있다고 허봉이 인식하고 있는 점이다. 또한 조헌의 개혁안에 대해 선조가 조선의 습속이 중국과 달라 사회문화적 일체화가 어렵다고 지적하는 점 또한 양 왕조의 차별성을 염두에 두고 있다는 점을 보여 준다. 허봉의 경우 양명학에 물든 명조의 문제를 신랄하게 지적하면서 사상적 정통성을 상실한 중원이 질서의 핵심이 되기 어렵다는 사실을 중화, 이적론을 들어 비치고 있다.

6_전해종, "조선 전기 한중(韓中) 관계의 몇 가지 특징적인 문제", 단국대학교 동양학연구소, 『동양학』 14집(1984); 전해종, "청대 한중관계의 일고찰(一考察) - 조공제도를 통하여 본 청의 태도의 변천에 대하여", 단국대학교 동양학연구소, 『동양학』 1집(1971); 이병휴, 『조선 전기 사림파의 현실인식과 대응』(서울: 일조각, 1999) 등 참조.

이러한 사실들은 페어뱅크가 가정하고 있는 것처럼, 중화질서가 상당한 정도로 제도화되었다거나, 문화적 정당성보다 정치, 경제적 제도화가 더 두드러진다는 논의를 그대로 받아들이기 어렵게 만든다. 오히려 조선은 자신의 사회문화적 독특성, 중원이 중심으로 인정받을 수 있는 조건의 선결성, 조헌의 경우처럼 실용적 관점에서 중국 문명을 취사선택하려는 시각 등에 관해 나름의 기준을 가지고 있었다는 점을 생각해 볼 필요가 있다. 특히 조헌의 경우 명 멸망 이후 조청 관계에서 실용적, 실천주의적, 실학적 사대관념의 변용이 일어났다는 점을 반증하는 사례로 볼 수 있다. 조명 관계에서도 문명적 중심에 대한 문화적 사고와 실용적 접근이 병행했다는 점을 보여 주기 때문이다.

4. 허봉의 조천록과 조명 관계 인식

허봉은 자신이 조선 성리학의 적통을 잇고 있다는 자부심을 가지고 사행 길에 올랐다. 양명학이 기승을 부리는 명에 가서 조선의 도통을 강조하고 명의 습속을 비판하려는 의사가 애초부터 강했다고 볼 수 있다. 허봉을 비롯한 조선 지식인들은 다양한 경로를 통해 명의 사정에 대해 잘 알고 있었고, 허봉 역시 명 조정에서 벌어지고 있는 양명학 관련 논쟁을 잘 알고 있었던 것으로 보인다. 허봉과 조헌이 북경에 갔던 만력 2년은 양명학이 명에 팽배해 있던 시기였으며, 왕양명을 공자묘에 공자의 제자로 배향할 것인지의 논쟁이 명 조정에서 한참 벌어지고 있을 때였다. 찬성파와 반대파가 싸우고 있었지만 오히려 찬성파가 유리한 시점이었다.

양명학에 대해 지극히 비판적이었던 허봉의 대명관 속에는 중국이 문화적 관점에서 중화질서의 핵심이었고 기자조선의 유래에 따라 조선도 도를 이어받았지만, 조선의 중국 존중은 오직 성리학의 적통을 보존할 때 가능한 것이며 이를 기초로 명을 비판할 수 있다는 인식이 깊게 깔려 있다.

허봉의 한중 관계의 근본에 대한 인식은 기자조선에 대한 인정에 기초하고 있다. 허봉은 "기자는 시대를 이때에 만나서 큰 은혜를 편방에서 거둬 팔조로 예의의 가르침을 이루었으니, 성인에게는 불행하였지만 우리 동방에게는 큰 다행이었다. 다만 애석한 것은 삼국 이래로 다시 소인이 기뻐하는 세속이 되어서, 그 당시에 경계할 것을 가르치고 덕을 베푼 것이 반드시 언어와 문자에 전해 내려올 만한데, 오늘날엔 잠겨 버리고 없어져서 찾아낼 수가 없으니, 이 점이 뜻있는 선비를 매양 길게 탄식하게 하였다. 다만 세상을 다스리는 기자의 큰 가르침이 실로 홍범 한 책에 있으므로 임금이나 신하는 진실로 깊이 본받아서 힘써 행한다면 직접 천 년 전에 가르침을 받는 것보다 나을 것이다."[7] 여기서 허봉은 한중 관계의 기본을 예의 국가의 기원을 수립한 기자의 업적 찬양, 그리고 예로 맺어지는 한중 관계로 보고 있음을 엿볼 수 있다.

다음으로 허봉 사행의 핵심은 양명학에 대한 변척이었기 때문에 사행 중간 중간에 명의 학자들과 논변이 연행록의 핵심을 이룬다. 당시 조선에서는 이황의 이단 변척이 명종 초부터 지속적으로 전개되었으며 명종 말의 일련의 변척서가 출간된 것은 이러한 노력의 종합이요, 결실이었다. 명종조에 전개된 이단 변척의 주 대상은 우선적으로 불교였지만 명종 말 이황의 이단 변척은 대부분 양명학을 대상으로 변화한다. 이는 명종 대에 상당

7_허봉, 『조천기』, 유남한 역, 고전국역총서, p. 301 참조.

한 정도로 양명학이 보급되어 가고 있었다는 것을 의미하기도 하고 조선의 성리학자들이 양명학을 불교와 같은 맥 속에서 파악하고 있었다는 점을 보여 주기도 한다.

조선에서는 양명의 주장이 석 씨의 설에 불과하다는 주장이 여러 차례 제기되었다. 수인의 학문은 본래 불가에서 나왔으며, 머리를 고치고 얼굴을 바꿈으로써 그 속임수를 꾸민 것이라는 것이다. 양명의 주장은 사물의 버리고 언음을 없이 하고서 우뚝 홀로 앉아서 그 만 분의 일을 얻으려는 것이고, 이는 양명의 학문이 석 씨의 무리가 되는 소이라고 비판하였다.

양명학의 핵심 이론인 양지양능설은 성리학자들의 주된 비판의 대상이 되었다. 허봉은 양지를 천리 본연의 정묘한 것이지만 사람이 태어날 때에는 기질과 물욕이 서로 가리고, 서로 침입하여 천리 본연한 것이 어두워지므로, 성현들이 사람을 가르칠 때에는 반드시 공맹으로 그 근본을 세우고, 격물치지하여 그 앎을 이루며, 그런 뒤에야 인륜을 밝히고 성학을 이룰 수 있다는 입장이었다.

허봉은 요동에서 하성시, 하성수 형제와 위자강, 여충화 등 네 명을 만나 자신의 생각을 밝힌다. 하성시 등은 양명의 학문의 양지뿐 아니라 양능도 함께 주장하였으므로, 마음으로 얻어야 한다고 지적하였다. 이에 대해 허봉은 왕수인의 주장이 사특한 주장이며 공맹과 정주의 도가 막혀서 밝혀지지 않는다는 점, 왕수인이 육 씨의 여론을 주워 모아 말을 조작하고 백성을 어지럽게 하고 있다는 점, 왕안석과 왕방을 공자의 사당에 배향한 것은 타당하지 않다는 점 등을 강하게 주장하고 있다.

허봉은 우선 양명의 학이 공맹과 근원을 달리함을 들어 비판하고 있다. "근일 왕수인의 사특한 주장이 성행되고 공맹과 정주의 도는 막혀서 밝혀지지 않는다고 하는데, 어찌 도가 없어지려고 해서 그렇겠소이까"라고 공격적으로 시비를 논하고 있다. 이에 대해 네 사람은 "본조의 양명 노선생은 학문이 공맹을 종주로 하였으므로 사특한 주장으로 도를 해치는 이와 비유할 수 없으며, 또한 문장과 공업이 다 같이 볼만한 것이 있어 근세의 종주로 하는 바가 되었으므로 이미 공자의 사당에 종사시켰습니다"라고 변론하고 있다. 이에 대해 허봉은 "유독 왕수인이란 사람이 육 씨의 여론을 주워 모아서 공공연하게 방자히 헐뜯고 다시 대학장구를 정하였는데, 그 말이 '참으로 나에게 합당하지 않은 것이라면 비록 그 말이 공자에게서 나왔다 하더라도 나는 감히 믿을 수 없다'고 하는 데 이르렀으니 그 마음을 미루어 본다면…"이라고 하며 구체적으로 양명의 저술을 논하면서 공격하고 있다.[8]

이어 허봉은 양명의 학이 불가의 것이라는 점을 지적한다. "대저 수인의 학문은 본래 석 씨에게서 나왔으며 머리를 고치고 얼굴을 바꿈으로써 그 속임수를 꾸민 것이었으니, 그의 거짓은 밝은이가 보게 된다면 마땅히 스스로 드러날 것인데…"라고 논하고 있다.[9] 이어 대화가 끝난 후 스스로 탄식하고 있는데 "사설이 횡류하고 금수가 사람을 핍박하니 이륜이 장차 멸설될 지경에 이르게 될 것이고 국가가 장차 멸망될 지경에 이를 것"이라고 하며 "성묘를 모독함이 큰 것"이라고 지적하고 있다. 여기서 도가 사라진 나라는 명이라 하더라도 존경받기 어려움을 비치고 있는 것이다.[10]

8월 2일 국자감생 섭본자립과 허봉은 양명학에 대한 보다 심도 있는 논쟁을 벌인다. 섭본은 왕양명이 천품이 뛰어났고 학식은 깊고 순수하여 양지, 양능을 천명하면서, 양지, 양능의 관계가 체용의 관계임을 주장하고

8_허봉, 『조천기』, 유남한 역, 고전국역총서, pp. 352-353 참조.
9_허봉, 『조천기』, 유남한 역, 고전국역총서, p. 354 참조.
10_허봉, 『조천기』, 유남한 역, 고전국역총서, p. 357 참조.

있다. 이에 대해 허봉은 양지 개념을 비판하면서 격물과 인륜을 강조하고 양명학이 결국 불교와 통하는 점을 격렬히 비판한다. 양명학이 공맹의 적통성을 비판하고 돈오를 강조함에 대해 주자가 이를 배척하였다는 점과 학문 및 현실 인정의 필요성 등을 논하고 있다.

섭본은 "양명공은… 학식이 깊고 순수하여 양지, 성학을 천명하였으며, 또한 밖을 물리치고 안을 편안히 한 공이 있었다"고 논하고 있다. 이에 대해 허봉은 "양지라는 것은 곧 천리 본연의 정묘한 것이니, 억지로 만들기를 기다리지 않아도 사람마다 모두 그 어버이를 사랑하고 그 어른을 공경할 줄을 안다면, 무릇 학문을 하는 이는 양지를 놓아 버리고서는 따로 찾고 검토할 것이 없다"는 유학의 입장을 주장하고 있다. 또한 "한 가지의 양지만을 상상하여 이로 하여금 홀연히 순간에서 깨달음이 있게 할 뿐이니, 이것은 석 씨가 일을 멀리하고 물을 끊는 것이 아니고 무엇이겠으며"라며 비판하고 있다. 또한 "양명은 곧 감히 사사로운 뜻으로 장구를 개정하고 망령되이 힐난을 멋대로 하여"라고 비판하고 있다.[11]

허봉은 조헌과는 달리 중국의 풍속을 배운다는 관점보다는 비판적인 측면에서 많은 논평을 남기고 있는데 주로 성리학의 정통이 지켜지지 못한 점들을 보면서 탄식한 부분들이 눈에 띈다. 국자감을 방문하여 도교가 횡행하고 있는 것을 보고 탄식한다거나,[12] 태학에 영종 황제의 친필이 공맹의 도를 밝힌 위대한 것이었음에도 불구하고 "돌의 결이 부서지고, 글자는 겨우 분간할 수 있을 정도로" 훼손된 것을 비판하고 있다.[13] 태학의 분위기가

11_허봉, 『조천기』, 유남한 역, 고전국역총서, pp. 424-427 참조.
12_허봉, 『조천기』, 유남한 역, 고전국역총서, pp. 448-450 참조.
13_허봉, 『조천기』, 유남한 역, 고전국역총서, p. 465 참조.

쇠락한 것도 비판하고, 병부의 관리들이 뇌물을 요구한 점을 비난하고 있다.[14] 특히 병부를 비판할 때에는 "우리나라는 본래 예의를 지키므로 반드시 위배되거나 금지된 물건을 사기를 즐기지 않는다"고 하여 중국에 대한 조선의 우위를 암시하기도 한다.

허봉은 7월 29일 중국의 관리인 위충을 만나게 되는데 그 과정에서 백성들의 세금에 관해 묻게 된다. 대화를 보고 느낀 점을 적는데 허봉의 화이관이 부분적으로 드러나는 대목이 있다. 허봉은 "대체로 중국에서는 무릇 관직에 있는 자는 힘이 넉넉히 그 친척을 감싸 줄 수 있으므로, 이것은 부자는 더욱 부자가 되고 가난한 이는 더욱 가난하게 되는 까닭이니, 참으로 애달프고 가련한 일"이었다고 적고 있다. 또한 "일찍이 우리나라 공물의 액수가 번거롭고 무거워서 백성들이 감당할 수 없음을 근심하였는데, 지금 중국에서도 또한 이러하다는 것을 들으니, 근심하고 원망하는 소리는 온 천하가 다 그러하였다", "무릇 중화와 이적에는 비록 안과 밖이 있다 하더라도 근심을 떠나려 하거나 은혜를 바라는 천성에는 온 세상이 한결같았으니, 이는 어진 사람과 덕 있는 사람이 마땅히 유념하여야 할 바인 것이다"라고 되어 있다.[15]

마지막의 중화/이적론은 『조천기』 후서에서도 반복되고 있다. 허봉은 "우리나라가 황조를 섬기는 것은 예의가 내복과 같아서…"라고 적고 있으며, "중화와 외이와 안과 밖의 구분은 참으로 딱 끊어진 것이니 말할 나위도 없거니와, 만약 사람들이 구습을 말끔히 씻어 버리어 기질을 변화시켜 날로 새롭게 하여 예의의 나라로 자진하여 나간다면, 성스러운 황제와 밝

14_허봉, 『조천기』, 유남한 역, 고전국역총서, p. 470, 480 참조.

15_허봉, 『조천기』, 유남한 역, 고전국역총서, pp. 418-419 참조.

은 황은 한결같이 일시동인하고 나의 적자와 같이 여겨 시기하고 혐오한 마음을 두지 않을 것이다"라고 적고 있다.

또, "지금은 황조가 우리나라를 대하는 것이 이와는 달라서, 문을 겹치고 자물쇠를 엄하게 하여 출입을 막아서 마치 도적놈을 보듯 하면서 벌벌 떨면서 일호라도 방자할까를 두려워한다… 조정의 금령이 있었으므로 어찌할 수 없었던 것이다"라고 쓰고 있다.[16]

여기서 유추해 볼 수 있는 것은 첫째, 예의가 갖추어지면 중화와 이적의 구분은 사실상 무의미해진다는 것, 둘째, 인간의 본성은 중화와 이적의 구분에 관계없이 동일하므로 모두 예의를 향해 나아갈 수 있다는 것, 셋째, 예의가 끊어지면 비록 중국이라 하더라도 비판받아야 한다는 것, 넷째, 중국이 예의를 기본으로 주변 국가들을 대해야 함에도 불구하고 자국의 이익을 위해 이러한 책무를 방기한다면 비판받아야 한다는 것 등이다. 허봉은 성리학 순정주의에 따라 비단 학문적 해석과 국가의 기본을 논했을 뿐 아니라, 그 도덕의 확장으로서 지역질서와 한중 관계를 함께 논하고 비판했음을 알 수 있다. 후마 스스무는 이 점에 관한 논평을 하면서 "조선이 '소중화'가 된 것은 '이적'인 만주족에 의하여 조선이 파괴되고, 명조를 멸망시킨 후부터 시작된 것"이 아니며, "중국을 방문한 허봉과 조헌은 이미 중화인이었고, 그 이후 명조가 결코 '중화'국에 어울리지 않게 되자 결국 현실에는 없는 '중화'를 찾게 된 것"이라고 논평하고 있다.[17]

16_허봉, 『조천기』, 유남한 역, 고전국역총서, pp. 536-538 참조.
17_후마 스스무, 『연행사와 통신사』, 하정식 등 옮김(서울: 신서원, 2008), p. 51 참조.

5. 조헌의 『동환봉사』와 조명 관계 인식

조헌은 연배가 많았음에도 불구하고 허봉의 가문과 학문을 고려해 볼 때 사행 당시 덜 주목받는 인물이었던 것으로 보인다. 또한 성리학의 적통을 이어 양명학을 비판하겠다는 관점도 그리 강하지 않은 점을 알 수 있다. 그보다는 오히려 중국의 문명을 보고 이를 실용적으로 어떻게 조선에 들여와 조선의 정치, 군사, 경제, 사회문화, 과학 등의 문제점을 해결할 수 있을 것인지에 집중했다. 이후 조헌은 임진왜란을 당하여 실제로 국방에 힘쓰고 의병 활동을 하다 순절하였으며 학문은 실학에 닿아 전형적인 성리학과 다른 모습을 보인 것이 사실이다.

조헌이 생존했던 16세기 후반은 사화와 당쟁, 체제의 변화 등 총체적 혼란을 맞고 있었던 시기였다. 특히 왜구의 노략질이 잦아지며 국제관계의 변동 속에서 급기야는 임진왜란을 겪게 되는 등 조선 사회는 중쇠기라고 불릴 정도의 극도의 혼란기였다. 총체적 혼란으로 점철되었던 상황 속에서 조헌의 주된 관심은 유학의 근본 목표인 이상적인 사회를 실현하는 기초를 마련하는 것이었다고 볼 수 있다. 이러한 동기에서 조선의 구체적인 개혁 방안을 마련할 필요가 있었고 이 때문에 『동환봉사』를 제시하였고, 임진왜란을 대비하기 위한 비왜지책을 마련한 것이다. 이후 임진왜란이 발발하자 왜군의 침입을 당해 의병을 일으키는 등 이론적 사유를 몸소 실천에 옮겼던 천리의 실천 유학자의 모습을 보여 주었다. 조헌의 저술과 활동을 통해서 당시의 실천적 유학관을 확인할 수 있는 부분이다.

조헌은 중국을 방문했던 4개월간의 관찰기를 『조천일기』에 남기고 있지만 이는 영조 10년(1734)에 와서나 세상에 알려진다. 반면 『동환봉사』는 사행 이후 귀국 즉시 작성한 것으로 선조에게 8개 조목이 즉시 헌정되었다.

그러나 나머지 16개 조목은 헌정되지 않았고 이후 후세의 안방준이 1622년에 선상 팔조소와 의상 십육조소를 한 책으로 만들어 『동환봉사』라는 서명으로 만들어 세상에 알렸다.[18]

조헌의 사상 중 가장 주목할 만한 부분은 그의 개혁사상이다. 구체적으로 살펴보면 중봉은 정치개혁을 통하여 진보적 위민정치를 실현시키려하는 한편, 사회 신분제를 철폐하여 서얼이나 천민에게도 기회를 제공하고, 유능한 인재를 활용하는 구체적 실천 방안들을 적극적으로 제시하였으며, 공물과 진상, 부역 조세 등의 제도적 개혁을 통하여 경제 개혁을 꾀하는 한편, 국방의 강화와 왜군 대비책을 통하여 부국강병을 통한 안민을 꾀하려는 구체적이고 실천적인 태도를 보여 주었다.

조헌의 이러한 개혁사상과 실천사상은 조선조를 일관하는 성리학적도통론의 연장선에 있다. 조헌 자신이 후율이라 자처할 정도로 율곡의 영향을 받았고, 특히 『동환봉사』는 율곡의 철학에 직접적으로 영향을 받은 것으로 『만언봉사』와 취지와 방안들이 일치된다. 율곡과 조헌의 사상은 유가적 민본주의 위에 전개된 경세제민을 지향하는 개혁주의와 실학적 성격을 가진 것으로 이후 의리의 문제를 중시하는 의리학파와 개혁과 실천에 역점을 둔 북학파를 중심으로 한 실학파에 영향을 주었다.

조헌의 사행은 선조에게 바치는 조선의 개혁안으로 귀결되었고 이는 『동환봉사』에 묶여서 전해 오고 있다. 조헌의 상소 두 장에서 "우리나라도 명나라 제도를 그대로 준행해야 한다"고 쓰고 있다. 그러나 선조는 "수천 백리 밖이라 풍속이 같지 않은데, 만일 풍기와 습속의 다름을 헤아리지 않

18_후마 스스무, 앞의 책, p. 55 참조.

고 그대로 강행하려고 하면 한갓 해속스럽게만 되고 일은 맞지 않는 바가 있을 것이다"라고 하며 조헌의 개혁안을 받아들이기를 주저했고 결국 십육조소는 바쳐지지 못하고 만다. 시무팔조소는 성묘(成苗)의 배향(配享), 서관(庶官), 의관(衣冠), 연회(宴飮) 읍양(揖讓), 상접(相接), 습속(習俗), 기율(紀律) 등 일상 사무 범절에 관한 것을 매우 꼼꼼하게 밝히면서 논하고 있다.

또한 십육조소는 ① 격천(格天)의 성의(誠意), ② 추본(追本)의 효도(孝道), ③ 능침(陵寢)의 제도(制度), ④ 제사(祭祀)의 예절(禮節), ⑤ 경연(經筵)의 규례(規例), ⑥ 조회(朝會)의 의식, ⑦ 간언(諫言)을 듣는 법, ⑧ 사람을 쓰는 법, ⑨ 음식의 절도, ⑩ 희름(餼廩)의 도, ⑪ 인구의 번식, ⑫ 사졸의 선발, ⑬ 조련의 방법, ⑭ 성대(城臺)를 견고히 하는 법, ⑮ 출척(黜陟)을 밝게 하는 법, ⑯ 명령을 엄하게 하는 법 등 왕조 시정(施政)의 근본 문제를 들고 있다.

우선 시무팔조소의 주요 내용을 보면 다음과 같다. 즉, 관리 임용 제도의 개선에 관한 것으로 국가의 위태로움과 민생의 어려움은 그릇된 임용으로부터 비롯된 것이기 때문에 이에 대한 총체적 개선을 통하여 정치와 백성의 안정을 꾀하자는 내용을 적고 있다. 내외의 서관 제도에 관한 것으로 모든 조선 사람들이 사치를 하여 의관이 복잡하니 중국 것을 따라 써야 한다고 주장하면서 중국의 풍속에 따라 관리와 선비로 하여금 항상 건을 쓰게 하고 서인은 모자를 쓰게 한다는 주장도 들어 있다.

음식 연음 제도에 관한 것으로 중원 사람들은 절용하여 관원의 집에도 그릇, 음식이 매우 검소하다고 쓰고 있다. 조선은 음식과 술을 풍성하게 하고 백성이 곤궁해도 구원하지 않는다고도 비판한다. 사부의 읍양의 예에 관한 것으로 중국의 관리는 예를 좋아하고 부지런하나 조선의 육조는 폐풍에만 엄하여 폐단이 많다고 비판하고 있다.

사생의 접례의 예에 관한 것으로 올바른 교육 풍토의 정립을 위한 방안으로 사제 간의 올바른 관계 정립을 강조하고 있다. 각 관계별로 예를 엄히 하여 대략 중국의 제도를 모방하여 수령과 교수는 의리에 맞게 행동해야 한다는 주장도 펴고 있다.

군사의 일을 살펴야 한다는 점도 강조하고 있다. 중국은 양병 제도에서 무학생을 두어 비변삼책으로 시험을 본다는 점을 소개하면서 문무를 겸비할 필요가 있음을 주장하고 있다.

조헌의 상소는 요순의 지치(至治)를 지향하며, 국가의 재력이 다하고 근본이 상하고 백성들이 흩어지고 국가가 위태로워지는 것을 걱정하고 그 대안들을 제시한 것이다. 조헌은, 중국은 대략 제도는 같으나 규모가 상세하고 간략하여 다른 점도 있고, 번거롭고 요약하여 마땅치 못한 점도 있다는 점을 지적한다. 전자는 문명의 풍부함, 후자는 거짓된 인습에 해당한다. 의상십육조소는 더욱 자세히 개혁안을 소개하고 있다. 첫째, 하늘에 닿는 정성에 관한 것으로 수양과 반성의 도를 다하여 천인을 감동시켜야 한다는 왕 스스로의 격천감인의 정성을 요구하고 있다. 왕은 수양하고 반성하는 도를 다해야 하며 검약하고 정사에 한결같고, 겉치레를 숭상하지 않아야 한다고 주장하고 있다.

둘째, 근본을 생각하는 효도에 관한 것으로 백성의 덕이 도타워지도록 왕 자신이 선조에 대한 추모의 효를 다하라고 강조하고 있다. 셋째, 능침의 제도에 관한 것으로 중국의 풍습을 본 따 왕릉을 간소하게 할 것을 주장하고 있다. 조선은 풍수설을 지나치게 믿어 공경과 사민이 물들어 있으며 능에 대한 지나친 공경을 삼가고 중국에 따라 간략히 해야 한다는 것이다.

넷째, 제사의 예절에 관한 것으로 왕 자신부터 제사를 간략히 할 것을 주장하고 있다. 제사에 치우치는 것은 오히려 불경이 되기 때문에 제사에 쓰이는 물자의 소모가 너무 심하다는 것이다.

다섯째는 경연의 규례에 관한 것으로 경연 강의를 되도록 독실하게 수강할 것을 권고하고 있다. 여섯째, 조회의 의식에 관한 것으로 왕 자신이 수시로 직접 성실하게 조정을 돌볼 것을 강조하고 있다. 일곱째, 간언을 듣는 도리에 관한 것으로 율곡이 상소한 바와 같이 민폐의 제거를 위한 올바른 소리를 채택해야 한다는 것을 천명하여, 듣기 좋은 말보다는 귀에 거슬리는 바른 말을 받아 들을 것을 요청하고 있다.

여덟째, 사람을 뽑는 방법에 관한 것으로 인재라고 판단되면 그 사람의 문벌을 논하지 말고 취하라는 진취적이고 파격적인 신분제에 관한 주장을 개진하는 한편, 재가를 완전히 막는 것과 서얼의 무조건적 등용 불가에 대한 반론을 펴기도 하는데, 그 궁극적 목적은 인재의 등용과 국력의 신장에 초점을 맞추고 있다. 아홉째, 음식의 절제에 관한 것으로 소비의 절제와 검약을 강조하고 그러한 풍속의 진작시킬 것을 주장하고 있다.

열 번째, 관원의 숫자를 줄여야 한다고 보고 있다. "대개 중조의 제도는 예부 같이 큰 곳, 세 당상이 일 보는 곳에도 합해서 이서 9명이 있고, 의제 사제 등 네 사에 각기 9인이 있고, 호부, 형부 두 부에 각각 13명의 도사가 있으니 그 이서가 응당 많아야 할 것이나 여타 부의 이서는 예부와 같습니다. 큰 부가 이러하니 작은 사나 외방 고을의 이서는 의당 이보다 적을 것입니다"라고 쓰고 있다. 또한 국가의 곡식을 알맞게 쓸 것과 하급 관원의 부패 방지를 위하여 모든 관원에게 봉급이 있어야 한다고 주장하며, 다른 경비를 절약해서라도 말단의 일을 맡은 사람들까지 급여 지급을 해주어야 한다고 주장하고 있다.

열한 번째, 생산을 늘릴 것에 관한 것으로 생산력 증대를 위하여 재혼의 허가 등 인구 증가와 민생을 도모해야 한다는 주장으로 이 주장은 여덟 번째 안의 적극적 주장이라고 볼 수 있다. 구체적으로는 과부가 되어 의지할 데 없는 자에게 재혼을 허락하여 남자가 홀아비 되지 않고 여자는 완망이 없이 생육하고 안거하게 해주어야 함을 언급하고 있다.

열두 번째 이후로는 주로 군사에 관한 것으로 조헌은 총 16개 항목 중 5개를 군사 문제에 할애하여 국방에 많은 관심을 가지고 있음을 보여 주고 있다. 열두 번째는 사졸의 선발에 관한 것으로 수많은 노비를 줄여 병사를 선발하여 20년 내에 백만 정병을 갖추자는 백만 양병설로 율곡의 십만 양병설을 확대시켜 주장하고 있다. 그는 사사로움을 버리고 지극히 공정한 도를 따르면 백만 정병을 갖추는 것도 20년 내에 가능함을 강조하고 그 구체적 방책을 논하고 있다. 조선에는 노비가 너무 많다고 주장하면서 "중국의 제도는 비록 경상이라도 사인 수십 명을 두지 못하는데, 조선은 천얼의 무리라도 사노를 몇 백 명씩 둔 자가 있고, 훈귀의 집에는 천 명도 넘는 경우가 있어, 국세가 고단하고 약함… 국가를 위해 충성을 바칠 생각을 하지 않는다"라고 지적하고 있다. 따라서 이를 개혁하여 군사의 수를 늘려야 한다는 것이다.[19]

조헌은 우선 내수 노비부터 시작하여 노비의 수를 대폭 감축하여 남녀 각 1천 명만 남기고 나머지는 해방시켜 이를 군역 담당자인 양인으로 돌리자고 하였다. 특히 사노 중에서 건강한 자를 보병으로 편입시키고, 밭은 있는데 몸이 허약한 자는 병사를 거느리는 곳에 편입시키며, 밭이 없으나 신체가 건강한 자는 황무지를 개간시켜 세업전으로 삼으며, 전답을 분배받기

19_김인규, "중봉(重峰) 조헌(趙憲) 개혁사상의 실학적 특성", 『동양철학연구』 41집(2005), pp. 51-52; 리기용, "중봉 조헌의 개혁사상과 의병활동에 관한 고찰", 『한국문화와 사상』 15집(2002), pp. 219-247 참조.

전에는 관아에서 의복과 양식을 나누어 주며, 또 활과 화살을 공급하여 준다. 이렇게 하면 10년 안에 인구가 증가되고 또 10년간 군인들을 훈련시킨다면 20년 후에는 백만 명의 정병을 얻을 수 있을 것이라고 확신하였다. 이러한 정병 양성은 율곡의 십만 양병설과 그 궤를 같이 한다.

열세 번째, 조련을 부지런히 하는 것에 관한 것으로 군의 부패를 일소하고 조련을 강화해야 한다는 것이다.

열네 번째, 성지를 견고하게 하는 것으로 변방의 성을 견고히 지키도록 전마를 대비하며 군수물자를 충분히 강구해야 한다는 주장이다. 국방에 관해 중국은 죄인을 산해관 등 국경에 두어 감시 일을 시키기 때문에 침범하는 적이 있어도 잘 지켜진다는 점을 설명하고 있다. 조선의 경우에는 긴 성이 있으나 허약하므로 이를 개혁해야 한다는 주장도 편다. 병조에 들어오는 베 등 물자를 나누어 군수물자로 사용해야 한다고 본다. 더 구체적으로는 얇은 옷 입는 변방을 지키는 병사가 연대에서 동사할 염려가 없도록 하는 등의 기본 대책 등이 강구된 방편을 구체적으로 언급하고 있다.

열다섯 번째, 출척을 밝게 하는 것으로, 인사 행정의 공정성과 책임 한계를 분명히 해야 한다는 것, 즉 승진 좌천의 분명을 강조하고 있다. 중국의 경우 관리 임용에서 암매한 사람을 내치고 현명한 사람을 잘 등용하며 청렴하고 공정하고 신중한 사람을 두루 잘 임용했다는 점을 설명하고 있다. 8도에 감사를 두어 인재 등용의 도를 밝힌 것은 중국의 예를 따른 것이지만 점차 수령이 되는 법을 알지 못하여 많은 문제가 생긴다는 점을 적고 있다.

열여섯 번째, 명령을 엄하게 하는 것에 관한 내용으로, 중국의 백성은 어리석고 천해도 먼저 조정을 말하고 뒤에 관원을 말한다고 설명하고 있다. 반면, 조선 백성은 관원이 있는 줄은 알아도 조정이 있는 줄은 모르고,

서리가 있는 줄은 알아도 관원이 있는 줄은 모른다고 개탄한다. 군신과 민서가 분산되어 문제가 많다는 것이다. 따라서 명령의 엄정을 강조하는 한편, 물자를 절약하고 백성을 사랑하는 민본 정신에 입각하여 임금의 덕을 서양하는 전제로서 군상이 마음을 바르게 하여 모범을 보이는 도를 총론하였다.

이러한 조헌의 사고는 자신이 보고 온 명조의 모습을 한편으로는 정확히 전하고, 다른 한편으로는 이상화하여 조선의 현실을 질책하며 대안을 제시하려는 실용주의적 관점에서 비롯되었다. 조헌이 본 명조는『동환봉사』에 나오는 것처럼 이상적인 사회는 물론 아니었다. 후마 스스무에 따르면 조헌 사후 160년 후인 영조 10년에 조헌의『조천일기』가 세상에 공표되는데 조헌이 본 실제 그대로의 명조에 대해 매우 비판적으로 적고 있다. 향약의 부정, 최고 학부인 국자감의 쇠락, 관료들의 부정부패는『동환봉사』에 그려진 이상적 명조와는 큰 차이가 나는 것이다. 조헌은 명조를 이상화하고 이에 가탁하여 조선의 현실을 개혁하고자 한 것이다.[20]

6. 나가며

허봉과 조헌의 연행록은 1570년대 조명 관계를 보는 조선 학자의 시각을 흥미롭게 보여 준다. 당시의 조선은 동서 분당 이전 성리학 순정주의가 깊게 자리 잡은 시기였고, 명 역시 쇠퇴 이전 성리학에 의해 다스려지던 나

20_후마 스스무,『연행사와 통신사』, 하정식 등 옮김(서울: 신서원, 2008), pp. 63-66 참조.

라였다. 성리학은 동아시아 전통 질서를 좌우하는 이념으로 기능하였고 소위 유교적 평화의 핵심이 되었다.

이러한 평화적 관계를 가능하게 한 것은 무엇보다 문화적, 정치적 요소였다는 점을 알 수 있다. 적어도 조선은 그렇게 인식하고 있었다는 것이다. 조선이 성리학의 나라로서 존재 근거를 삼는 이상, 성리학의 시조 국가이자 동아시아 국가의 리더인 명이 성리학을 기초로 지역질서를 관장할 때 이상적 중화와 실제적 중화가 일치하여 전형적인 사대자소의 논리가 성립한 것이다. 물론 조헌의 경우에서처럼 집단 안보의 수장으로서 군사적 측면에서 명의 중요성을 인식한 것도 사실이다. 그러나 조헌의 경우에도 실용적 관점에서 중국 문명을 바라보는 새로운 자세를 취하고 있었음에 주목할 필요가 있다. 결국 조명 관계에서도 국제정치의 경성 권력보다 문화와 지식, 정치적 정당성으로서의 요소가 크게 작용하였음을 알 수 있다.

조선의 성리학자들이 대명 사대주의자였다는 주장에 대해서도 주의 깊게 살펴보아야 한다. 사대주의는 전략적 관계로서의 외교 이념을 부정하고 이념으로서의 집합 정체성에 기반을 둔 개념이다. 그러나 조선의 사대는 중화와 이적의 본성적 동등성, 그리고 예의의 관점에서 명을 비판적으로 보는 분별 의식에 기초하고 있었다. 물론 고려까지 중원이 분열되어 있을 때 군사적, 정치외교적 측면에서 현실주의적 외교를 할 필요성은 없었다. 소위 동아시아적 패권 안정의 시기에 조선의 성리학자들은 전략적 사대를 현실외교에서 적용시킬 필요는 없었다고 볼 수 있다. 명이 이념적 종주국으로 기능하지 못할 때에는 실제적 중화에 대한 비판을 숨기지 않았다. 그러나 이상적 중화에 대해서는 조선이 소중화로서 이를 보존하려고 했던 점도 지적해야 한다. 허봉의 사행 행적이 이를 보여 주고 있다.

이러한 논의는 현재 중국의 세계질서를 비판적으로 보는 데 많은 시사

점을 준다. 동아시아 질서와 평화가 중국의 막대한 권력, 그리고 중원과 주변의 세력 불균형으로 가능했다거나, 중국의 패권이 항상 시혜적이었다거나, 주변국은 조공관계를 통해 중국의 일부로 자율성을 확보하지 못하고 있었다는 등의 관점은 주변에서 본 중화질서의 관점에서 비판되어야 할 것이다.

참고문헌

허봉. 『조천기』. 유남한 역. 고전국역총서.
조헌. 『동환봉사』. 고전국역총서.

김동진(金東珍). 2004. "許篈의 大明使行과 陽明學 變斥." 『문화사학』 21집, pp. 825-853.
김인규. 2005. "중봉(重峰) 조헌(趙憲) 개혁사상의 실학적 특성." 『동양철학연구』 41집, pp. 31-60.
리기용. 2002. "중봉 조헌의 개혁사상과 의병활동에 관한 고찰." 『한국문화와 사상』 15집, pp. 219-247.
부남철. 1991. "조선 전기 군주권 유지를 위한 이념정책." 『한국정치학회보』 25집.
오석원. 2004. "중봉 조헌의 의리사상." 『동양철학연구』 39집, pp. 237-270.
이병휴. 1999. 『조선 전기 사림파의 현실인식과 대응』. 서울: 일조각.
이용희, 신일철. 1972. "사대주의(상, 하) - 그 현대적 해석을 중심으로." 『知性』 2, 3월호.
전해종. 1984. "조선 전기 한중(韓中) 관계의 몇 가지 특징적인 문제." 단국대학교 동양학연구소. 『동양학』 14집.
______. 1971. "청대 한중관계의 일고찰(一考察) - 조공제도를 통하여 본 청의 태도의 변천에 대하여." 단국대학교 동양학연구소. 『동양학』 1집.
정용화. 2005. "주변에서 본 조공체제." 백영서 외. 『동아시아의 지역질서』. 서울: 창작과 비평사.
최이돈. 1994. "해동야언에 보이는 허봉의 당대사 인식." 『한국문화』 15집, pp. 233-259.
한명기. 2001. 『임진왜란과 한중관계』. 서울: 역사비평사.
______. 2001. 『광해군』. 서울: 역사비평사.
후마 스스무. 2008. 『연행사와 통신사』. 하정식 등 옮김. 서울: 신서원.

Fairbank, John K. ed. 1970. *The Chinese World Order*. Cambridge: Harvard University Press.
Hevia, James H. 1995 *Cherishing Men from Afar: Qing Quest Ritual and the Macartney Embassy of 1793*. Durham: Duke University Press.
Hunt, Michael. 1984. "Chinese Foreign Relations in Historical Perspective." pp. 1-42, in H. Harding, ed. *China's Foreign Relations in the 1980s*. New Haven and London: Yale University Press.

3장

명청 교체기 한중 관계와 비대칭 동맹의 신뢰성 문제

월사 이정구의 변무사행 분석 *

이헌미

1. 들어가며

16세기 말에서 17세기 전반기는 동아시아 지역질서의 일대 변동기이다. 중화체제의 외곽에서는 통일된 일본이 대륙 진출을 꾀했고, 중심부에서는 후금이 발흥, 명에 도전하였다. 이 시기 한반도에서는 임진왜란, 정묘호란, 병자호란 등 '왜란'과 '호란'으로 일컬어지는 일련의 전쟁이 발발했다. 일본의 대륙 진출 기도는 명의 조선 파병과 조명 연합군에 의해 저지되었다. 그러나 임진왜란 이후 전개된 명과 후금 간 세력 교체의 와중에 조선은 다시 후금과 두 차례 전쟁을 치르게 된다. 이러한 역사적 경험은, 근대 국제관계와 달리 자력 구제가 아닌 협력의 방식으로 안보가 실현된 중화체제 속 조명 관계의 특수성과, 지역 세력 변동에 취약한 한반도 안보 환경을 상

* 이 논문은 『국제정치논총』 55집 3호(2015년 9월 발행)에 게재되었습니다.

기시킨다. 이 시기 조선은 일본과 후금이라는 영향력 있는 행위자의 등장과 명의 쇠퇴 속에서 대외정책 조정이 불가피한 상황이었다. 그런데 조선이 명과의 관계를 고수했던 이유는 무엇인가?

통상 조선의 대명 관계는 전기의 실리를 중시하는 전략적 사대정책이 임진왜란과 인조반정을 계기로 후기의 존화(尊華)사상에 기초한 이념적 사대로 전환되었다고 설명된다.[1] 건국 초 15세기까지 조선은 요동 영토나 표전 문제 등에서 명의 요구를 거절하고, 독자적으로 여진의 조공을 받는 등 대외관계에서 자율성이 뚜렷하다. 그러나 16~17세기 임진왜란과 명의 군사 원조, 후금과의 전쟁을 거치면서 소중화론과 대명 의리론이 비등해진다.[2] 전기의 사대가 국가 이익 실현을 위한 정책적 균형 감각을 유지한 반면, 후기에는 사대의 이상(명)과 현실(청)이 분열되면서 비현실적 북벌론과 존주론(尊周論)의 양상을 보이는 것이다. 이러한 조선 판 '이상주의'는 대내적으로 인조반정의 명분이 되었고, 대외적으로는 정묘호란, 병자호란의 발발을 야기했으며, 길게는 19세기 말 척사론으로 이어진다.

그런데 기존 연구에서는 조선 전기와 후기, 국제정치 현상(전쟁)과 국내정치 현상(당쟁, 반정), 물리적 변수와 관념적 변수가 이분법적으로 다루어지는 경향이 뚜렷하며, 정작 그 이행 과정 및 상관관계를 분석한 연구는 희소하다.[3] 선행 역사학계 작업이 주로 단위 수준에서 이루어진 설명이라면,

---

1_최소자, 『명청 시대 중·한 관계사 연구』(서울: 이화여자대학교 출판부, 1997), pp. 287-288; 하우봉, "실학파의 대외인식", 『국사관논총』 76(1997), pp. 254-255. '사대'의 분석적·역사적 의미에 관해서는 전재성, "'사대'의 개념사적 연구", 하영선·손열, 『근대한국의 사회과학 개념 형성사 2』(파주: 창비, 2012), pp. 45-76.

2_박원호, 『명초 조선관계사 연구』(서울: 일조각, 2002), pp. 288-290; 정옥자, 『조선후기 조선중화사상 연구』(서울: 일지사, 2010), pp. 11-16.

'국제정치학적'인, 즉 체제 수준에서의 이해와 분석틀이 필요한 시점이다. 이 글에서는, 조명 관계의 분수령이라고 평가되는 임진왜란에서 정묘호란 사이 조선과 명의 전략적 상호 작용과 사행 제도의 역할을 살펴봄으로써 이 문제에 나름대로 답해 보고자 한다.

2. 이론적 동향

1) 동아시아 전통 지역질서 연구의 흐름

구미에서 중국 중심 세계관과 조공 의례에 근거한 통치 모델로 동아시아 전통 지역질서를 가장 먼저 체계화한 것은 1940년대 페어뱅크의 조공체제론이다. 그러나 페어뱅크의 입론은 크게 두 가지 문제를 가지고 있다. 첫째, 주나라 때부터 청나라 때까지 고대-중세-근대 중국을 하나의 모델로 설명하려 한다. 둘째, 물질적 이익에 대비되는 관념적 요소를 지나치게 강조한다. 페어뱅크는 중화질서의 기원을 주나라 때, 늦어도 전국 시기로 잡는다. 또, 1930년대 고대사 연구에서 영향을 받아 로마의 공납제(tribute system)적 지배체제를 중국에 적용시키는 과정에서, 중국이 얻는 공납제적 수취의 경제적 효과가 미미했음에도 불구하고 조공제도를 계속 유지한 까닭은, 단원적이고 위계적인 '천하'에 대한 천자의 권위가 이 통치 모델의 핵심 규범이었기 때문이라고 설명한다.[4]

3_이행기로서의 조선 중기에 대한 명확한 문제의식 하에 광해군의 대외정책과 인조반정, 재조지은 문제를 다룬 한명기는 예외이다.

1960년대 말부터 페어뱅크의 조공체제 모델이 지닌 과도한 단순화를 비판한 일군의 학자들은 조공체제에 내재한 이중적 성격을 지적하면서, 명분이나 이념보다 실제 관행과 제도에 주목하여, 조공체제의 출현 시기를 한나라 때나 그보다 훨씬 늦은 명나라 때로 보았다. 이들은 페어뱅크의 조공체제 모델이 제시하는 것처럼 전통 중국의 대외관계가 고정적이거나 통일적이지 않았다고 본다. '신청사(new Qing history)'로 분류되기도 하는 이들 학자들은 명청 시기에조차 조선, 베트남, 유구의 사례와 달리 중앙아시아 이민족들에 대한 정책은 상당히 실용적이었으며, 청이 외국 사절을 맞는 방식인 '빈례(賓禮; guest ritual)'가 영국의 근대적 외교 제도만큼이나 권력 중심적이고 제국주의적이었다고 판단한다.[5]

이러한 구미 역사학계의 작업에 이어, 동아시아 전통 지역질서를 국제정치 모델로 설명하고 이론화하려는 일련의 연구가 출현했다. 빅토리아 후이, 피터 윤 등의 초기 연구는 춘추전국, 송나라 등 중국이 분열되고 한족 국가의 힘이 상대적으로 약했던 때의 역사적 사례 분석에 집중되어 있다. 이들은 무정부성, 세력 경쟁, 세력 균형 등 신현실주의적 가정을 별다른 고민 없이 사용하는 경향을 보인다. 그 반면, 보다 최근 들어 데이비드 강은 명확한 이론적 지향성을 드러내면서 페어뱅크의 조공체제론을 국제체제의 조직 원리인 위계(hierarchy) 개념으로 재해석하고, 동아시아 전통 국제관계에서 문화 및 관념 변수의 중요성을 다시금 강조했다. 그러나 커크 라슨

4_John K. Fairbank,"Tributary Trade and China's Relations with the West", *Far Eastern Quarterly*, 1-2(1942); *The Chinese World Order: Traditional China's Foreign Relations* (Harvard University Press, 1968), pp. 1-19.

5_James L. Hevia, *Cherishing Men from Afar: Qing Guest Ritual and the Macartney Embassy of 1793* (Duke University Press, 1995), pp. 9-15.

처럼 근대 자본주의와 제국주의의 틀로 19세기 후반 조청 관계를 설명하고, 조공체제의 유교적 호혜성을 부정하는 주장도 존재한다.[6]

일군의 일본 학자들이 지적했듯, 동아시아 세계에서는 중국 왕조를 중심으로 주변국들이 조공 이외에 책봉, 기미 등 다양한 제도들을 매개로 교류하였다.[7] 그런 의미에서는 동아시아 전통 질서를 통칭하는 용어로서 페어뱅크 발 '조공체제(tribute system)'가 상용되지만, '중화체제' 속의 '조공제도'라고 하는 게 더 정확하다고 하겠다. 이처럼 동아시아 전통 질서의 복합성과 역사적 변화를 염두에 두면, 중화체제를 중국의 힘과 이익의 일방적 투사라고 보는 시각에는 문제가 있다. 고려-남송 관계처럼 중국의 힘이 상대적으로 약했을 때에도 주변국들이 장기간 조공제도에 헌신한 이유를 설명하지 못하기 때문이다. 특히 몽고, 티베트, 신장 등과는 지정학적·문화적 조건이 다른 조선과 명청의 관계는, 신청사나 신현실주의로는 잘 설명되지

6_Victoria Tin-bor hui, *War and State Formation in Ancient China and Early Modern Europe* (Cambridge University Press, 2005); Peter I. Yun, *Rethinking the Tribute System: Korean States and Northeast Asian Interstate Relations, 600~1600* (University of California, 1998); "Balance of Power in the 11th~12th Century East Asian Interstate Relations", 『정치와 평론』 9(2011), pp. 139-162; David C. Kang, *East Asia before the West: Five Centuries of Trade and Tribute* (Columbia University Press, 2010); "International Relations Theory and East Asian History: An Overview", *Journal of East Asian Studies* 13(2013); Kirk W. Larsen, *Tradition, Treaties, and Trade: Qing Imperialism and Choson Korea, 1850~1910* (Harvard University Asia Center, 2008); "Comforting Fictions: The Tribute System, the Westphalian Order, and Sino-Korean Relations", *Journal of East Asian Studies* 13(2013), pp. 233-257.

7_西嶋定生, 『中國古代國家と東アジア世界』(東京大學出版會, 1983); 니시지마 사다오, 이성시, 『일본의 고대사 인식: 동아시아 세계론과 일본』(역사비평사, 2008); 호리 도시카즈, 『중국과 고대 동아시아 세계: 중화적 세계와 여러 민족들』(동국대학교, 2012); 金子修一, 『隋唐の國際秩序と東アジア』(名著刊行會, 2001).

않는다. 그러나 다른 한편으로 페어뱅크와 데이비드 강이 모범 조공국으로 분류한 조선의 경우에도, 행태 이면의 정체성까지 중국적 이념에 동화되는 것은 일부시기로 한정된다.

결국 이 문제를 풀기 위해서는 전통 한중 관계를 규율하는 주요 변수를 시기별로 나누어 생각해 보아야 한다. 또, 단순한 힘의 배분 구조를 넘어서, 중화체제를 구성하는 제도들이 생성, 지속되는 과정에 주목할 필요가 있다. 나아가 각 시기별 양국의 대외정책을 중장기적 제도나 구조와의 상관성 속에서 분석할 필요가 있다.

2) 새로운 분석틀의 필요성

중화체제의 국제정치 이론화와 관련하여, 필자는 다음의 세 가지 논점을 제기한다.

첫째, 중화체제의 조직 원리에 있어,[8] 위계와 무정부성을 대척적으로 양분하는 대신, 정도의 차이를 두고 공존하는 것으로 상정한 장펑의 논의가 적실해 보인다. 장펑은 먼저 위계를 물질적 능력의 우열과 구별하여, 다른 국가의 역할에 대한 인식이나 신념, 즉 규범적 문제로 규정한다. 그리고 동아시아 역사상 위계를 주변 국가들에 의해 중국의 권위가 받아들여지는 정도에 따라 지위 위계(status hierarchy), 제도적 위계(institutional hierarchy), 지배 위계(rule hierarchy)의 세 가지로 구분하였다. 중국적 지위 위계 하에서, 다른 정치체들은 중국의 정치적 중심성과 문화적 우월성을 인정한다.

8_국제정치 조직원리 논쟁에 대해서는 전재성, "국제정치 조직원리 논쟁과 위계론", 『국제정치논총』 54-2(2014).

그러나 이것은 일반적 원리일 뿐, 정책 구속력은 없다. 제도적 위계 하에서, 중국의 조공체제는 대외관계의 정당한 틀로 받아들여지며, 나라들은 조공체제의 바깥에서 독자적인 외교를 하지 않는다. 지배 위계의 수준이 되면, 중국은 조공뿐 아니라 외교적·전략적 관계도 지배하고, 다른 나라들은 여기에 기꺼이 복종한다. 국내정치와 국제정치가 거의 구별이 되지 않는 셈인데, 동아시아 역사상 지배 위계까지 실현된 적은 거의 없었다.[9]

둘째, 중화체제의 안정성을 어떻게 설명할 것인가? 유럽이 역내에 진입하기 전 청대 아시아의 장기적 평화 요인에 대해서는 청의 패권 또는 유교적 동질성 때문이라는 두 가지 설명 방식이 존재한다.[10] 그러나 이는 중국중심성과 물질-관념 변수의 이분법에서 벗어나지 못한다는 한계를 가진다. 그보다는 중화체제를 행위자들의 합리적 선택과 전략적 상호작용이 만들어 낸 균형점(equilibrium)과 규칙, 규범들로 접근하는 것이 더 유용하다. 주팡인에 따르면, 중국은 화친, 주변국은 복속정책을 취할 때 최소한의 비용으로 지역질서가 안정될 수 있었고, 이 때문에 조공체제가 장기간 지속될 수 있었다. 특히 그는 앞선 왕조들의 역사적 경험이 중국과 주변국 모두에게 전략적 학습 효과를 발휘하며, 그런 면에서 화친과 복속이 결합된 조공체제로의 회귀가 정책 결정자들의 인식을 거친 경로 의존적 산물임을 지적하였다.[11] 신제도주의와 구성주의가 결합된 이러한 접근에 따르면, 조공,

9_Feng Zhang, "How Hierarchic Was the Historical East Asian System?", *International Politics* 51-1(2014), pp. 1-6.

10_Robert E. Kelly, "A 'Confucian Long Peace' in pre-Western East Asia?", *European Journal of International Relations* 18-3, pp. 408-410.

11_Fangyin Zhou,"Equilibrium Analysis of the Tributary System", *The Chinese Journal of International Politics* 4-2(2011), pp. 176-177.

책봉, 기미 등 아시아 전통 외교의 행태들은 ① 단기적으로는 전략적 상호작용의 정책적 표현이다. ② 반복된 상호작용의 축적은 행정 부처(예조)나 사행과 같은 제도의 형성으로 이어진다. ③ 상호작용과 제도의 경험을 통한 학습은 장기적으로 전략 문화나 규범으로 발전, 정책 결정자의 인식을 규율하게 된다.

셋째, 이처럼 중화체제를 역사적·시계열적으로 접근하면, 물리력이나 관념 변수로 이루어진 위계 구조를 넘어서, 그러한 구조가 행위자의 행태에 실제 반영되는 과정으로 관심이 이동한다. 스나이더는 신현실주의 국제관계 이론에서 국가 행태가 주로 단위나 구조 차원에서 설명되고, 과정에 대한 분석이 미흡함을 지적했다. 이에 단위 수준의 상호작용과 체계 수준의 구조 사이를 매개하는 '관계(relationship)' 범주를 제시한다. 관계는 그 자체가 국가 행위는 아니지만 국가 간 상호작용의 컨텍스트로 작용한다. 가치, 이념, 이익 등의 국내적 단위 속성은 관계에 영향을 미침으로써 국가 행태를 조절한다. 동맹은 이러한 관계 범주의 대표적 양상이다.[12] 이렇게 보면, 조공체제 속 한중 관계는 중국이 안보와 문화적 자원을 제공하고, 한국은 변경 안정을 제공하여 중국의 안보 비용을 낮춘 비대칭 동맹의 일환으로 재해석 가능하다.[13]

모로는, 세력 균형 이론의 '능력 종합 모델(capability aggregation model)'에 기초한 기존 동맹 설명 방식의 한계를 비판하고, 합리적 선택 이론에

12_Glenn H. Snyder, *Alliance Politics* (USA: Cornell University Press, 1997), pp. 20-21.

13_전략적 이익의 교환이라는 관점에서 명대 한중 조공관계의 역사적 전개를 개관한 논문으로는 Donald N. Clark, "Sino-Korean tributary relations under the Ming", Denis Twitchett and John K. Fairbank, *The Cambridge History of China*, Vol. 8 (Cambridge University Press, 1998), pp. 272-300.

서 도출된 '자율성-안보 거래 모델(autonomy-security trade-off model)'을 대안으로 제시하였다. 세력 균형 이론에서는 비슷한 능력을 가진 강대국들로 이루어진 국제체제를 상정한다. 여기에서는 동맹국들 간에 상대적 능력과 이익이 대칭적인 '대칭 동맹(symmetric alliances)'만 성립될 수 있다. 세력 균형에 변화를 일으킬 능력이 없는 약소국의 역할은 무시되고, 공통의 위협이 사라지면 동맹도 끝난다. 그에 반해, 세력 전이 이론에서는 한 국가가 힘의 압도적 우위를 차지하는 국제체제를 상정한다. 여기에서 주도 국가가 맺는 모든 동맹은, 동맹을 통해 실현되는 이익이 상이한 '비대칭 동맹(asymmetric alliances)'이다. 대칭 동맹관계에서 동맹국들은 모두 안보만 얻는 반면, 비대칭 동맹을 통해 약소국은 강대국으로부터 안보를 얻고, 강대국은 약소국으로부터 자율성을 양보 받는다.[14]

월트는 국가들의 동맹 선택 기준이 국제체제의 진화 문제와 직결된다는 점을 지적한 바 있다. 그는 동맹 성립의 유인으로 첫째, 위협, 둘째, 이념, 셋째, 직접적 원조 혹은 영향력을 가정한 뒤, 국가는 위협에 대항하여 동맹을 맺는다고 결론을 내렸다.[15] 이러한 결론은 무정부 체제 속 동맹을 설명하는 데에는 적실할 것이다. 그렇다면 중화체제 속 조명 관계의 경우는 어떠한가? 조선과 명의 성리학적 이념 공유와 국내질서의 동일성에 대해서는 많은 연구자들이 지적해 왔다.[16] 그러나 건국 초 조선은 중국의 반

14_James D. Morrow, "Alliances and Asymmetry: An Alternative to the Capability Aggregation Model of Alliances", *American Journal of Political Science* 35-4(1991), pp. 904-906, pp. 926-928.

15_Stephan M. Walt, *The Origins of Alliances* (Ithaca and London: Cornell University Press, 1987) pp. 3-5.

16_예를 들어, 중국에서 들어온 신유학이 조선의 국가 이념이 되었다고 주장한 Martina

대를 무릅쓰고 몽고, 여진과 조공관계를 맺거나, 표전 문제로 정도전을 중국에 보내기 거절하는 등, 자율성을 중시하는 모습을 보였다.[17] 다음으로, 태조, 광해군, 인조에 대한 책봉 지연 사례에서 보듯, 명 황제의 책봉이 가졌던 국내정치적 영향력을 무시할 수 없지만, 조선의 왕위 계승은 철저하게 자율에 맡겨졌으며 명의 책봉은 어디까지나 사후적 승인의 성격을 띤 것이었다.

결국, 조명 관계에서 실질적 군사 협력과 정책 공조가 이루어진 계기는 임진왜란이었다. 일본이라는 공통의 위협에 대항하여 명이 조선에 출병함으로써, 조명 관계는 조공 책봉이라는 느슨한 연합에서 군사 동맹의 성격을 띠게 된다. 모로의 입론에 따르면, 특정 이슈에서 국가는 ① 국가의 선호인 지향점(ideal points), ② 선호를 달성하기 위한 국가 전략으로 특정되는 입장(position), ③ 모든 국가들의 입장에 의해 결정되는 결과물인 현상(the status quo)을 가진다. 한 나라의 '안보'란 특정 이슈의 현상 유지 능력이고, '자율성'이란 특정 이슈에서 현상 변경을 추구하는 정도이다. '위협'은 위협국가가 변화를 추구하는 이슈에서 국가들의 입장 차이에서 발생하고, 한 나라의 '자율성'은 현상 변경을 원하는 이슈에 있어 입장과 지향점의 차이에 따라 달라진다.[18] 명청 교체기 조선은 일본 및 후금과의 관계 수립에 있어 명과 다른 지향점을 보인다. 그러나 명과 정책적으로 공조한다는 점에서, 안보를 제공받는 대신 자율성을 타협하는 비대칭 동맹의 특징을 드러낸다.

Deuchler, *The Confucian Transformation of Korea: A Study of Society and Ideology* (Council on East Asian Studies, Harvard University Press, 1992).

17_Clark, 위의 글, p.279; 김한규, 『천하국가: 전통시대 동아시아 세계질서』(서울: 소나무, 2005), pp. 289-291.

18_Morrow, 위의 글, pp. 908-909, p. 928.

김용호는 동맹을 고정된 구조가 아닌 상변하는 과정으로 이해하려는 구성주의적 문제의식 속에서, 비대칭 동맹관계에서 동맹 신뢰성이 약화될 경우 약소국이 당면하는 후기 동맹 딜레마 문제를 지적하였다.[19] '연루'와'방기'의 두려움으로 요약되는 동맹 내부의 안보 딜레마[20] 완화를 위해서는 동맹 신뢰성이 중요하다. 동맹 신뢰성은 동맹 의무 이행의 능력과 의지에 비례하여 커진다. 특히 안보와 자율성이 거래되는 비대칭 동맹이 유지되기 위해서는, 강대국의 안보 제공 능력과 약소국의 자율성 양보 의지가 중요하다.

약소 동맹국으로서 조선의 신뢰성은 역사적으로 신속(臣屬)이라는 형식과 사대(事大)의 규범으로 표현되었다. 장평에 따르면, 이 논문이 다루는 1592년에서 1620년까지 조명 관계는 제도적 위계 아래 놓여 있었다.[21] 그러나 16세기 말 17세기 초 일본 및 후금의 발흥으로, 조선과 명의 양자적 힘의 비대칭성은 유지되지만 지역 차원에서는 영향력 있는 행위자 수와 힘의 배분이 바뀌는 구조 변동이 진행된다. 명과의 사대관계에 의해 안보를 확보할 수 없게 된 조선은 일본, 후금과의 우호관계 수립을 통해 위협을 관리해야 할 필요성에 직면하였다. 이 과정에서 배타적 내속이라는 사대관계의 법적 형식을 훼손하지 않으면서, 실질적으로 동맹의 배타성에서 벗어날 방안으로 '기미책'[22]이 대두된다.

19_김용호, "비대칭 동맹에 있어 동맹 신뢰성과 후기 동맹 딜레마: 북·중 동맹과 북한의 대미 접근을 중심으로", 『통일문제연구』 13-2(2001), pp. 6-7.

20_이수형, "동맹의 안보 딜레마와 포기 - 연루의 순환: 북핵 문제를 둘러싼 한미 갈등 관계를 중심으로", 『국제정치논총』 39-1(1999).

21_Feng Zhang, 위의 논문, p. 16.

22_명과 조선의 외교 용어로서 '기미(羈縻)'의 역사적 개념에 대해서는, 계승범, "16~17세기 명·조선 관계의 성격과 조선의 역할", 『정치와 평론』 10(2012), pp. 32-35.

이 글에서는 임진왜란과 명-후금 전쟁기 조선과 명의 관계를 '비대칭 동맹' 개념을 원용하여 설명하고, 비대칭 동맹 속 동맹 신뢰성 문제를 1598년과 1620년의 두 사례를 통해 살펴보려고 한다. 주된 분석 대상은 월사(月沙) 이정구(李廷龜)가 남긴 사행 기록과 대명 사대문서, 조선왕조실록이다. 이를 통해 필자는 사행이라는 제도적 틀이 정책 결정자의 인식에 영향을 미침으로써 비대칭 동맹관계에서 약소국의 협상력과 신뢰성을 관철시키는 데 중요하게 작용했다고 주장한다. 다만 이 글은, 엄격한 모델링에 따라 가설을 검증하는 방식으로 설계되지 않았으며, 1차 사료에 이론적 내러티브를 부여하는 겸손한 시도임을 미리 밝혀 둔다.

3. 이정구의 사행 기록과 국제제도로서의 사행

이정구(1564~1635)는 선조, 광해군, 인조 세 명의 왕을 모시고, 임진왜란과 정유재란(1592~1598), 정묘호란(1627)이라는 세 번의 큰 전쟁과 계축옥사(1613), 인조반정(1623) 등 정변의 풍파 속에서 수차례 예조 판서와 병조 판서를 역임한 인물이다. 이정구는 선조 때 두 번, 광해군 때 두 번, 총 네 번 사행을 다녀왔고, 그 각각은 「무술조천록」(1598), 「갑진조천록」(1604), 「병진조천록」(1616), 「경신조천록」(1620)으로 남아 있다. 월사가 남긴 총 75권 분량의 자편고(自編稿)는 그가 세상을 떠난 다음 해인 1636년 목판으로 초간되었다. 이후 초간본의 파손으로 인해 1720년 중간본이 간행되었고, 현전하는 『월사집』은 중간본이다. 이정구가 남긴 사행 기록과 각 사행의 목적을 정리하면 다음과 같다.

- 「무술조천록」/「무술변무록」(1598) - 정응태 무고 진주변무사
- 「갑진조천록」(1604) - 세자 책봉 주청사
- 「병진조천록」(1616) - 공빈 김 씨의 관복 주청사
- 「경신조천록」/「경신조천기사」(1620) - 서광계 조선감호론 진주변무사

1598년 월사 35세 때의 첫 사행은, 명나라 병부 주사(兵部主事) 정응태(丁應泰)가 조선에 나와 있던 경리조선군무(經理朝鮮軍務) 양호를 탄핵하는 과정에서, 조선이 왜병을 끌어들여 요동을 침범하려 한다고 무고한 데 대한 진주변무사였다. 정유재란 당시 조선에 파견된 명군 지휘관 양호가 정응태의 탄핵으로 면직, 본국 소환되게 되자 선조는 양호를 옹호하여 유임시키려고 노력했다. 이에 앙심을 품은 정응태가 조선을 무고한 사건이다. 각별히, 『월사집』에는 여정과 시문을 사적으로 기록한 「무술조천록」 이외에 정응태의 탄핵 주본(奏本)과 월사가 조선 국왕의 입장에서 쓴 변무 주문(奏文)으로 이루어진 「무술변무록」, 무술 사행시 각 아문에 낸 정문(呈文)과 주문이 실려 있어 정치외교사적으로 주목할 가치가 크다.[23]

1604년 월사 41세 때의 두 번째 사행은 광해군 세자 책봉에 대한 주청사였다. 명은 광해군이 적자가 아닌 첩빈 소생 둘째 아들이라는 이유로, 조선이 1592년부터 1604년까지 다섯 차례 사절을 보냈음에도 책봉을 거절한다. 조선 측에서는 맏아들 임해군이 일본에 포로로 잡혔다 신병을 얻어 왕위 계승이 어렵고, 광해군이 왜란 당시 세운 공로를 책봉의 근거로 들었

23_대중국 사행 및 사행 문서의 종류와 형식에 대해서는 김경록, "조선시대 조공체제와 대중국 사행", 『명청사연구』 30(2008), pp. 99-100; "조선후기 외교문서의 종류와 성격", 『한국문화』 35(2005), pp. 185-192.

지만, 1604년 이정구가 주청사로 간 때에도 조선의 요구는 받아들여지지 않았다. 결국 광해군은 명의 세자 책봉을 받지 못한 상황에서 1608년 선조의 죽음으로 왕위를 계승했다. 명은 광해군이 즉위한 뒤에도 책봉을 지연, 사신을 파견하여 임해군과 면담하고 조사한 뒤에야 1609년 광해군을 조선 국왕으로 승인했다.[24]

1616년 월사 53세 때의 세 번째 사행은 이처럼 태생적으로 불안했던 광해군의 왕권 강화 노력과 관련된다. 광해군은 즉위 이후 대신들의 반대를 무릅쓰고 생모 공빈 김 씨의 사묘 건립과 추숭을 추진했다. 그 일환으로 이정구는 공빈 김 씨의 면복(冕服)을 청하기 위해 주청사로 중국에 다녀오게 된다. 이정구 자신은 1610년 공빈 김 씨의 사묘 건립이 예에 어긋남을 이유로 반대한 바 있지만,[25] 광해군의 정권 기반인 대북 세력이 주도한 1613년 계축옥사에 연루되었음에도 불구하고 이정구를 중용한 광해군의 뜻을 물리치기 어려웠던 것으로 보인다.

1620년 57세 때 월사는 네 번째이자 마지막 사행으로, 서광계(徐光啓)의 조선감호론에 대한 변무사로 중국에 간다. 1618년 여진족 누르하치가 만주에 후금을 세우자 명은 조선에 원군을 요청하고, 광해군은 이를 마지못해 수락한다. 그러나 1619년 심하 전투에서 도원수 강홍립이 이끈 조선군은 후금에 패배, 투항하고, 명은 조선과 후금이 내통하고 있다고 의심한다. 특히 서광계가 조선을 직접 감독하여 대후금 전쟁에 참여시키도록 감호(監護) 직책을 맡겨 달라고 나섰다. 이에 월사가 변무 진주 상사(上使)가 되어 떠났고 북경에 도착하여 변무를 성공적으로 이루게 된다.

24_한명기, 『임진왜란과 한중관계』(서울: 역사비평사, 2001), pp. 187-194.

25_"공빈의 부묘를 중지할 것을 청하는 계사", 『월사집』 27권; 『국역월사집』 4, pp. 220-221.

월사의 사행은 신년, 황제와 황태자의 생일, 동지에 이루어지던 정기 사행이 아니라 특정 안건을 처리하기 위해 이루어진 특별 사행에 해당한다. 특히, 첫 번째와 네 번째 사행은 국제정치적으로 중요한 사안을 다루고 있다. 1598년과 1620년의 사행 모두 '변무(辨誣)', 즉 명의 조선에 대한 의심을 풀려는 목적을 가지고 있었다. 왜 이런 사건이 발발했는가? 이들 사건은 모두 비대칭 동맹의 안보 딜레마 및 동맹 신뢰성 문제와 관련된다. 1598년의 정응태 무고 변무는 임진왜란 초기 대일 강화를 둘러싼 조명 간 이익 갈등 속에서, 조선이 방기의 두려움에 대응하는 방식을 잘 보여 준다. 1620년 서광계의 조선감호론에 대한 변무는, 명의 상대적 능력이 쇠퇴하는 가운데, 명의 방기에 대한 두려움과 조선의 연루에 대한 두려움이 교차된 사례라고 할 수 있다.

이 시기 실록이나 사행 기록을 살펴보면, 조선의 대명 사대문서 작성과 전달 과정은 제도화의 수준이 매우 높다. 조선의 외교정책은 기본적으로 국왕과 비변사 대신들의 회의를 거쳐 결정되었다. 정책 기조가 결정되면 승문원에서 주문과 자문 초안을 만들고, 만들어진 초안에 대해서 다시 숙의와 수정이 이루어졌다. 이를 작성, 명조에 전달하고 현지에서 상황에 대처할 사신의 선발 또한 신중하게 이루어졌다. 황제에게 제출하는 주문 뿐 아니라 해당 사안을 관장하는 각 아문에 제출하는 자문이 작성되었고, 명으로부터 복제, 회자가 돌아왔다. 육로를 통해 이루어진 사행은 요동을 거쳐야 했고, 요동의 아문과 관리는 북경과 한양 사이를 조율하는 데에 상당한 영향력을 미쳤다. 조선에서 명으로의 사행이 훨씬 빈번하기는 했지만, 명 또한 조선으로 사신을 보냈다. 이 점, 사행은 조명 간 공적 의사소통의 핵심 제도였다. 또, 정례화된 사행의 교환은 동맹의 형성, 유지에 매우 중요한 기능을 하였다. 정례화된 사행을 통해 조선과 명은 동맹의 신뢰성을 확인시키고, 변화하는 동맹 이익과 비용을 협상할 수 있었기 때문이다. 월사의 두 차례 변무 사행은 동아시아 전통 비대칭 동맹관계에서 상황이 변하고 이익이 상충할 때, 협상의 장으로서 사행이라는 제도적 틀이 어떻게 이용되었는지 잘 보여 준다. 이하 이 글에서는 각각의 사례를 통해 이 문제를 살펴보기로 하겠다.

4. 1598년 무술 사행의 국제정치적 재해석: 구조변동기 조-명-일 관계

1598년 정응태 무주 사건에 관한 연구사를 살펴보면, 가장 선행적인 연구는 마루가메 킨사쿠에 의해 이루어졌다. 그는 이 사건의 원인을 울산 전투 패배, 명 조정의 내홍, 조선에 파병된 남병과 북병 간의 불화로 정리하였다.[26] 최소자는 주로 마루가메의 연구에 의지하여 이 사건을 간략히 다룬 바 있다.[27] 정응태 무고 사건을 가장 통합적으로 정리한 저작은 허지은의 논문이다. 그녀는 명일 강화 교섭의 결렬과 정유재란 발발의 연속선상에서, 이 사건이 명조의 주화파가 주전파 양호를 비롯해 강화에 반대하는 조선을 배제시키고 조선 문제에서 다시 주도권을 잡으려고 한 시도였다고 보았다. 특히 조선 측의 대응에 집중하여 이 시기 대명 사대정책의 전략적 성격을 부각시켰다.[28] 이 글에서는 이러한 외교사적 사건에 국제정치학적

26_丸龜金作, "朝鮮宣祖朝に於ける明丁應泰の誣奏事件" 1·2, 『歷史學報』 8-9, 8-10(1938).
27_최소자, 앞의 책, pp. 51-53.
28_허지은, "정응태의 '조선무고사건'을 통해 본 조·명 관계", 『사학연구』 76(2004).

해석을 제공하는 한편, 『월사집』의 사대문건을 통해 조선의 위협 인식과 안보 대책을 재구성하고자 한다.

1) 명조 내 대일 강경파와 유화파의 대립

1598년 이정구의 사행은, 명의 병부 주사로 찬획조선군전사무(贊畫朝鮮軍前事務)를 맡고 있던 정응태가 올린 세 차례의 상소와 관련되어 있다. 1598년 2월 첫 번째 상소문에서 정응태는 1598년 1월[29] 울산 도산성 전투에서 참패한 사실을 은폐한 것, 가토 기요마사(加藤清正)와 화의를 꾀한 것, 전후 논공이 공정하지 못한 것 등을 이유로 조선에 파견된 명군 지휘부 양호, 마귀(麻貴), 이여매(李如梅)를 탄핵했다. 이 일로 만세덕(萬世德)이 양호의 후임으로 부임하였고, 양호는 7월에 귀국하게 되었다. 이에 대해 조선은 진주사를 보내 양호를 변명하고 유임을 요청했다. 그러자 정응태는 1598년 7월 두 번째 상소에서 조선에서의 축성(築城)과 일본과의 결탁을 들어 양호를 다시 고발하였다. 조선은 이를 변무하고 양호의 유임을 재차 청하는 진주사를 보냈으며, 이를 불쾌하게 여긴 정응태는 1598년 9월 세 번째 상소에서 조선이 일본을 섬기며 일본을 끌어들여 요동을 침략, 고구려의 옛 영토를 회복하려 한다고 주장했다. 이정구는 정응태의 주장에 대한 일련의 조선 측 상주문을 전담 작성하였고, 조선을 직접 거론한 세 번째 무고에 대해서는 변무 진주 부사(副使)로 북경에 가게 된다.

정응태 무고의 표면적 이유는 당시 조선에 나와 있던 명 지휘부의

29_이하 모든 날짜는 사료에 기초한 음력 표기이다.

1598년 초 울산 도산성 전투 패배에 대한 문책이었지만, 그 이면에는 이전부터 잠복해 있던 명 조정과 명군 내부의 강화파와 주전파 간의 분열이 존재했다. 이 문제는 전쟁 기간 내내 지속된, 조선 지원의 전략적 이익과 비용을 둘러싼 논쟁과 직결된다. 명의 임진왜란 참전의 우선적 목적은 중국 본토 방어에 있었다. 따라서 1592년 6월 최초의 지원은 조선과 접경한 요동병 3천을 원병으로 보내는 부분적인 방식으로 이루어졌다. 하지만 일본군은 예상보다 강력했고, 명은 1592년 7월 평양 전투에서 대패한 뒤 대규모 추가 원병의 필요성에 직면한다. 명 조정에서는 병력과 군수물자 징발의 어려움을 이유로 반대 의견이 적지 않았다. 결국, 전선의 급속한 북상으로 위기의식이 고조되면서 파병이 이루어졌지만, 논쟁은 이후에도 계속되었다.[30]

일본의 중원 진출 저지라는 제한된 전략 목표, 막대한 전비와 원정(遠征)에 대한 부담 속에서 명조는 전쟁의 조기 종식을 원했다. 이것은 명군의 소극적 대응 및 일본과의 협상 추진으로 이어졌다. 1593년 1월 평양 전투에서 승리하여 일본군을 대동강 이남으로 퇴각시키는 데 성공한 뒤 1593년 2월 벽제 전투에서 패배하자, 명 조정에서는 철병론과 강화론이 비등했다. 이에 병부 상서 석성(石城), 경략 송응창(宋應昌), 유격 심유경(沈惟敬) 등 당시 명군 지휘부의 주도로 강화 교섭이 진행되었다. 그러나 위계적 관계의 틀에서 책봉만을 허락하려는 명과, 대등한 관계로 양국 관계를 재설정하고 감합 무역을 재개하려는 일본의 요구 조건이 첨예하게 대립하는 가운데 실질적 강화가 이루어지기는 어려운 상황이었다. 전쟁을 끝내

30_한명기, 앞의 책, pp. 31-39.

기 위한 미봉책으로 1596년 9월, 명 신종(神宗)의 도요토미 히데요시(豊臣秀吉)에 대한 일본 국왕 책봉이 이루어졌지만, 1597년 일본의 대규모 재침으로 정유재란이 일어났고, 강화를 주장한 명군 지휘부는 모두 경질, 처벌되었다.[31]

정유재란을 계기로 명조의 대일정책은 외교적 유화책(봉공)에서 군사적 강경책(초멸)으로 선회하였다.[32] 경리 양호는 군문 총독 형개(邢玠), 제독 마귀와 함께 이 때 조선에 새로 파견된 명의 지휘부로, 일본에 대한 대표적 주전론자였다.[33] 정응태는 도산성 전투에서 명군의 손실이 컸는데도 양호가 명 조정 각로 장위(張位)의 비호로 이를 은폐하고 승리를 위장하여 황제를 기망하려 한다고 참소하였다. 이에 대해, 양호는 정응태가 과거 일본에 대한 책봉을 주장한 각로 조지고(趙志皐)의 측근으로서, 조선에 추가 파병과 군량 공급을 주장하는 각로 장위와 자신을 모함하고 있다고 조선 측에 알려 왔다. 이렇게 볼 때, 1598년 정응태 무주 사건은, 명조의 강화파가 도산성 패배를 빌미로 주전파 양호를 비롯해 강화를 반대하는 조선을 배제시키고 조선 문제에서 다시 주도권을 잡으려고 한 시도로 볼 수 있다.[34]

31_한명기, 앞의 책, pp. 42-48; 최소자, 앞의 책, pp. 42-51.

32_『선조실록』 93권, 선조 30년(1597) 10월 24일(신사). "전일에는 왜적이 간곡히 봉공(封貢)을 청하므로 황조가 믿고 군사를 철수하였으나 지금은 황제도 진노하시고 형 군문(邢軍門)·양 도원(楊都院)·마 독부(麻督府)도 모두 분개하여 꼭 이 도적을 섬멸(殲滅)하고야 말 생각을 합니다."

33_장페이페이 외, 『한중관계사』(파주: 범우, 2005), p. 439.

34_허지은, 위의 논문, pp. 181-182.

2) 조선의 대일 강경책 선호와 정응태의 조선 무주

선조와 대신들이 정응태의 첫 번째 참소에 대해 중국에 보낼 자문에 대해 논의하는 과정을 보면, 조선 측은 이러한 저간의 사정을 비교적 소상히 꿰고 있다. 먼저, 정응태로 대변되는 남병(南兵)과 양호로 대변되는 북병(北兵)의 대립이 사건의 직접적 원인이라고 보았다. 나아가, 정응태가 과거 일본과의 화의를 주장한 조지고, 석성과 연결되어 있다는 점, 조선에 대한 군사와 군량의 추가 지원을 반대했다는 점, 일본이 중원을 침범할 우려는 현실적으로 낮다고 주장하고 있다는 점, 왜적은 어려운 상대가 아니며 중국이 국내를 비우고 외국 일에 힘써서는 안 된다고 주장하는 점, 조선이 안보를 달성한 후 배반할 수 있다고 주장한 점에 대해 극심한 우려를 표명하고 있다.[35]

왜란 당시 일본은 한편으로는 강화 교섭을 진행하면서 다른 한편으로는 동남 해안에 성을 쌓고 주둔하면서 기회를 엿보는 기만 전략을 취했다. 전쟁이 장기화되면서 직접적 피해의 당사국인 조선은 명군의 소극적 태도와 명조의 강화론에 매우 비판적이었다.[36] 정응태가 명군 지휘부를 탄핵하는 계기가 된 도산성 전투에서도, 경리 양호의 퇴각 결정에 대해, 조선 측 경리 접반사였던 이덕형은 전투를 계속해야 한다고 주장한 바 있다.[37] 1597년 12월부터 1598년 1월까지의 울산 도산성 전투는 1593년 평양 전투 이래 명의 최대 규모 병력이 투입된 장기간의 공성전이었다. 전투 초반

35_『선조실록』 101권, 선조 31년(1598) 6월 23일(병자).

36_명조 내부의 강화론과 조선 측의 불만에 대해서는 한명기, 앞의 책, pp. 42-56.

37_『재조번방지(再造藩邦志)』 권 5.

에는 아군이 승기를 잡았으나, 성을 쌓고 총기로 무장한 가토 기요마사의 작전과 일본의 원군 출현으로 전세가 기울어 퇴각하였다.[38]

정응태의 양호에 대한 탄핵은, 양호가 병력과 작전을 재정비하여 대대적인 2차 공격을 계획하고 있던 시점에 발생하였다. 양호는 자신의 탄핵을 계기로 일본에 대한 유화책인 기미책을 옹호하는 주장이 비등할 것이라고 예견하고 있다.[39] 이에 조선은 다음과 같이 경리 양호를 옹호하고 유임을 요청하였다. 첫째, 명군이 도산성 전투에 승리하지는 못했지만 일본군에 심각한 타격을 주었다. 둘째, 양호는 가토 기요마사와 화의를 꾀한 것이 아니라, 일본의 기만 전략을 익히 알기 때문에 1598년 2월 일본이 보낸 서찰의 내용을 보고하지 않았으며 4월에 보낸 화친 사신 또한 감금했다. 셋째, 양호는 수차례 전투를 통해 조선의 도로의 원근, 산천의 형세, 적정의 허실, 적세의 강약 등에 정통하다. 넷째, 왜적의 대규모 재침이 예상되고, 7년 동안 치러 온 전쟁의 승리가 목전에 있는데, 양호가 본국으로 소환되면 기회를 놓치게 된다.[40]

정응태의 두 번째 탄핵인 축성 문제에 대해서는 다음과 같이 변무하였다. 첫째, 조선이 성을 쌓는 것은, 삼면에서 적의 공격을 받는 지리로 인해 불가피하며, 일찍이 명 태조 또한 조선에 내린 조서에서 이를 권유한 바 있다. 둘째, 왜적은 조선의 물리력에 한계가 있고 명의 군대는 오래 머물 수 없다고 판단, 바닷가에 방책과 참호를 설치하고 장기 주둔하고 있다. 이에,

38_최소자, 앞의 책, pp.40-41.

39_『선조실록』 101권, 선조 31년(1598) 6월 20일(계유).

40_"참주를 받고 본국으로 소환되는 경리 양호를 보류해 주길 청하는 주문", 『월사집』 22권; 『국역월사집』 4, pp. 54-60; "경리를 보류해 주길 청하여 재차 올리는 주문", 『월사집』 22권; 『국역월사집』 4, pp. 62-64.

양호가 전라도, 경상도 등 적과 인접 지역에 성을 쌓아 군대를 주둔시켜 방어처로 삼고자 하였다. 셋째, 일본의 대규모 재침 우려가 있으므로, 이 기회에 적을 섬멸하여 조선과 명을 모두 방어해야 한다.[41] 일련의 변무를 통해 알 수 있듯, 이 시기 조선의 전략적 목표는 한반도 내 일본군의 완전한 섬멸이었고, 이를 실행하기 위해 필수적인 명의 대일 강경책과 군사적 지원이 철회될까 두려워하고 있었다.

정응태 세 번째 상소의 핵심 사안은, 조선이 일본과 내통하여 중국을 침략하려 한다는 것이었다. 그는 상주문에서, 전년부터 요동 영토에 대한 조선과 명의 백성들 간 쟁송이 끊이지 않았던 터에, 임진왜란을 기화로 조선이 일본을 끌어들여 중국을 침략, 요하 동쪽을 탈취, 고구려의 고토를 수복하려 한다고 주장했다. 그 근거로 『해동기략(海東記略)』에 기록된 다음과 같은 사실을 나열하고 있다. 첫째, 대마도를 통해 일본과 조선은 상호 교역했을 뿐 아니라 정기적으로 사신을 교류하였다. 둘째, 중국보다 일본의 연호를 크게 썼다는 점에서 일본을 중국보다 높이고 있다. 셋째, 조선의 국왕에 대해 태조, 세조, 열성(列聖), 성상(聖上) 등 천조(天朝) 중국의 존호를 사용하였다. 나아가, 선조가 명군의 지휘관인 경리 양호와 결탁, 천자를 기만하였고, 조선에 파견된 명의 송응창, 이여송(李如松), 형개, 마귀, 진효(陳效) 등은 조선의 군신과 결탁하여 제반 사실을 보고하지 않았다.[42]

전쟁은 결국 1598년 7월 도요토미 히데요시의 죽음과 11월 일본군의 퇴각으로 끝나지만, 정응태 무주 사건이 진행될 당시에는 이러한 갑작스런 전개를 예측할 수 없는 상황이었다. 또 도요토미 히데요시의 죽음에 관한

41_"성을 쌓은 일에 대해 변무하는 별주문", 『월사집』 21권; 『국역월사집』 4, pp. 70-73.
42_"찬획 정응태의 주본", 『월사집』 21권; 『국역월사집』 4, pp. 3-5.

첩보를 입수한 이후에도 그 진위 여부와 일본군의 동향에 대해 조선은 매우 신중한 입장이었다.[43] 이렇게 볼 때, 조선 입장에서 정응태 무주 사건은 단순한 명군 지휘부 일각의 교체가 아닌, 일본의 위협이 확실히 사라질 때까지 명의 군사적 지원을 확보하기 위한 핵심적 안보 문제가 걸린 사안이었다.

3) 조선의 변무 논리

이러한 정책 목표를 가진 외교 문서라는 측면에서 이정구가 작성한 조선 측의 일련의 변무주 및 자문 등을 통해 살펴보면, 몇 가지 특징적 논리 구조가 발견된다.

첫째, 일본의 조선 침략이 궁극적으로 요동 정벌의 전초전임을 강조하고, 조선을 '번병(藩屛)'으로 유지함으로써 명이 취하는 전략적 이익을 제시한다.

> [적장 청정이 보내온 글에] 재차 대군을 움직여 조선 및 요동을 정벌하여 인민을 모조리 죽일 것이다 라는 등의 내용이 있었으니 … 이 왜적의 광포한 목적은 진실로 작은 데 있는 것이 아니니 … 적을 섬멸하여 한바탕 징벌하지 않는다면, 소방이 궤멸되는 것이야 말할 것도 없고 천하를 위한 큰 계책이 이로부터 허사가 되고 말 것입니다.[44]

43_『선조실록』 9월 2일조에 따르면, 조선은 도요토미 히데요시가 죽었다거나 병이 들었다는 소문을 접하였으나, 일본의 기만책으로 의심한다. 『선조실록』 104권 선조 31년(1598) 9월 2일(갑신). 『연려실기술』 9월 27일조에 따르면, 명군 제독 유정은 조선 측에 도요토미 히데요시가 죽었으므로 고니시 유키나가도 곧 철수할 거라는 첩보를 흘리고 있다. 그러나 조선 측은 이에 대해 여전히 신중하다. 11월 7일조에, 조선인 포로의 입을 통해, 도요토미 히데요시의 죽음과 일본군 철수 계획이 비로소 확인된다. 『練藜室記述』 卷之十七, 宣祖朝故事本末, 楊鎬劾去遣使辨誣, pp. 747-751.

둘째, 조선에 대한 신뢰의 근거로 수백 년 간의 '예의(禮儀)'와 '충순(忠順)', 즉 문화적 동질성과 오랜 기간 쌓인 역사적 경험을 들고 있다.

> 수백 년 이래로 소방은 제후로서의 법도를 경건히 지켜 … 천조로부터 예의와 충순으로 일컬어졌습니다.[45]

> 소방이 비록 매우 외진 변방이지만 아직도 기자(箕子)의 팔교(八敎)의 유풍이 남아 있어 군신과 부자의 큰 의리를 대략은 알고 있기에 예의와 충순으로 역대에 칭찬을 받아 왔으며 … 비록 직분을 제대로 수행하지 못하여 나라를 잃고 비방하는 말을 많이 받아 왔지만 신하로서 변절했다는 의심을 천조로부터 받아 본 적은 결코 없었으니 … 선조(先朝) 이래 혈성(血誠)으로 상국(上國)을 섬겨온 마음[46]

> [계해년(1443), 계미년(1523), 계축년(1553), 병진년(1556) 등에 조선이 침입해 온 왜적을 붙잡아 중국에 포로를 바쳤다] 이는 모두 소방이 천조를 위해 심력을 다 기울여서 한편으로는 방어하여 적의 예봉을 막고 한편으로는 위무하여 저들과의 틈이 생기는 것을 막아, 추한 오랑캐가 감히 딴마음을 먹지 못하도록 하여 변방의 화를 막음으로써 국경을 지키는 번국으로서의 소임[藩屛之職]을 다한 것이었습니다.[47]

셋째, 일본에 대해서 유화책인 '기미'책이 아니라 강경하게 '섬멸'정책

44_"성을 쌓은 일에 대해 변무하는 별주문", 『월사집』 22권; 『국역월사집』 4, pp. 72-73.

45_"정주사가 우리나라를 무함한 것에 대해 변무하는 주문", 『월사집』 21권; 『국역월사집』 4, p. 8.

46_"성을 쌓은 일에 대해 변무하는 별주문", 『월사집』 22권; 『국역월사집』 4, pp. 71-72.

47_"정주사가 우리나라를 무함한 것에 대해 변무하는 주문", 『월사집』 21권; 『국역월사집』 4, p. 9.

을 취해야 한다고 주장했다. 임진왜란 동안의 경험으로 보아 일본을 신뢰할 수 없기 때문이다.

> 왜적이 바닷가를 점거하고 주둔하면서 7년 동안 화를 끼쳐 온 것은 기미의 설[羈縻之說]이 적의 간계에 맞아떨어져 누차 중요한 기회를 그르치고 말았기 때문입니다. 지금의 상황에 이르러서는 강화를 주장해서는 전쟁을 끝내지 못한다는 것을 어리석은 백성들도 모두 환히 알고 있습니다 … 속히 천토(天討)를 행하여 후환을 근절해 주시기를 바라 마지않습니다.[48]

> 오랑캐는 금수와 같아 금방 배반했다가 금방 복종하곤 한 것이 실로 상습적인 태도인데, 간교한 꾀로 속임수를 부리는 것은 이 왜적이 가장 심합니다. 만약 저들을 남김없이 섬멸하여 화근을 깨끗이 제거하지 않는다면, 구구한 서약을 받아내는 정도로는 흉포한 계책을 막을 수 없고 오히려 저들의 건방진 마음만 키워주게 될 뿐일 것입니다 … 교활한 간계를 품기로는 행장(行長)이 으뜸이니 … 딴마음을 품고 흉포한 계책을 세우고 있으면서 겉으로는 공순한 척 매양 강화를 맺고 군대를 철수할 것처럼 말을 하다가, 형세가 곤궁해지면 꼬리를 흔들면서 화친을 청함으로써 아군의 출동을 늦추고 아군이 물러가는 것을 엿보아 다시 악독한 침공을 감행하곤 하였습니다.[49]

4) 변무의 성공과 잠재적 조명 갈등요인

조선의 변무 주문에 대해 명의 각 아문 관리들이 회의 결과 황제에게

48_"형군문(邢軍門)에게 보내는 이자", 『월사집』 23권; 『국역월사집』 4, pp. 110-112.
49_"서급사(徐給事)에게 보내는 회자", 『월사집』 23권; 『국역월사집』 4, p. 113, p. 117.

올린 제문을 보면, 번병으로서 조선의 전략적 중요성과 신뢰성을 강조한 첫 번째와 두 번째 주장이 받아들여지고 있다.

> 조선은 우리 국가의 동쪽 번국으로서 일찍부터 공순하다고 일컬어져 왔습니다. … 스스로 우리 중국의 울타리를 수립하여 조선으로 하여금 바닷가의 든든한 장성이 되도록 한 것[自樹藩屛使朝鮮爲海上長城者]도 오늘날보다 성대한 적이 없었습니다. … 조선은 관대속국(冠帶屬國)으로서 춘추대의를 받들어 200년 동안 두마음을 품은 적이 없습니다. … 조선이 우리 국가의 울타리가 된지 200년이 넘도록 그 율력과 대전(大典) 모두 줄곧 중국의 것을 따랐습니다. … 왜적과 내통하여 두 마음을 품었다고 무함하였으니 매우 이치에 어긋난 주장 … 속국의 마음을 이산시켜 결과적으로는 중국의 울타리[藩屛]를 철거하는 셈 … 조선 사람들을 위무하고 진작시켜서 길이 국가의 울타리를 견고히 해야 할 것입니다. … 조선은 평소 예의지국으로 일컬어져 온 나라로, 법은 대명률을 사용하고 역법은 대통력을 사용하며 조공을 반드시 바치고 세시에는 반드시 사절단을 보내오는 등 200년 이래 충성을 다했으니, 감히 우리 조정을 우롱하지 않았을 것임은 매우 분명합니다.[50]

그 결과, 정응태는 삭탈 관직되었고, 조선에 대한 모함은 근거 없다고 결론지어졌다. 또한 경리 양호가 경질된 이후에도, 제독 마귀의 지휘 하에 1598년 8월 2차 울산 전투가 개시되었다. 이 점, 명이 조선을 지원할 전략적 이익, 조선의 신뢰성, 일본의 실질적 위협을 강조한 1598년 조선의 변무 외교는 성공적이었다.

그러나 정응태 무주를 계기로 조선에서의 전황(戰況)에 대한 감찰이 강화되었고, 명조는 차후 명군의 주둔과 철수 여부에 대해서도 유동적인 입

50_"황조(皇朝)의 복제(覆題)", 『월사집』 21권; 『국역월사집』 4, pp. 30-35.

장을 보이고 있다.[51] 본토에서 전쟁을 치르고 있었던 조선과, 일본의 중원 진출을 저지하기 위해 원정을 감행한 명 사이에는 전략적 이익이 상충하는 지점이 존재했다. 이것은 전쟁의 국면마다 대일 유화책과 강경책에 대한 정책 선호의 차이로 드러났다. 1598년 전반기 명의 안보에 있어 일본이라는 위협 요소가 주전파 명군 지휘부와 조선에 의해 실제보다 과장되었다는 정응태의 주장은 근거 없는 것으로 결론이 났지만, 명은 조선과 이익이 상충할 때 조선에서의 대일정책을 조정할 여지를 충분히 남겨 둔 셈이다.

전쟁이 길어질수록 비용 분담 문제 또한 첨예화되어서, 전쟁 후기 군량 공급은 매우 심각한 문제였다. 『월사집』에서는 명의 철병 과정에 조선이 보낸 일련의 주문과 자문을 통해서 이 문제의 일단을 확인할 수 있다. 일본에 대한 조선의 위협 인식과 안보 불안은 1599년 일본군이 퇴각한 뒤에도 계속되었다. 7년간의 전쟁으로 국력을 소진한 조선은 명군의 잔류를 통해 일본을 견제하면서도 그 비용을 최소화하려는 모습을 보이고 있다. 1599년 이정구는, 왜적의 재침 위협이 존재한다는 이유로 명군의 완전 철병을 반대하였다. 그러나 군수물자 고갈로 주둔군의 수를 줄여야 할 필요가 있기 때문에, 조선 남부에 수천 명의 군대만 남겨 일본에 명군의 주둔을 시위하고, 수만 명의 정병은 탕참, 진강 등지에서 주둔하다가 위기 시 조선 경내로 진입할 것을 제안하고 있다.[52]

이러한 이정구의 제안은 1599년과 1600년 조선이 명에 보낸 일련의 주문과 자문을 통해 정책으로 옮겨졌다. 여기에서 조선은 앞서 군량 부족으로 주둔군 숫자를 1만 5천 명만 남길 것을 요청한 데 이어, 군사를 5천

51_"부(附) 병부의 자문", 『월사집』 21권; 『국역월사집』 4, p. 49.
52_"천병(天兵)의 주둔과 철수에 관한 의", 『월사집』 28권; 『국역월사집』 4, pp. 238-240.

명으로 감축시켜 줄 것을 재차 요청하고 있다. 나아가, 왜적 방어에 효과적인 수병 위주로 남겨주고, 기병, 보병 등 육군은 요동으로 철수시켜 달라고 요청하였다.[53] 조선이 1만 5천, 5천 명으로 주둔군 감축을 요청하자, 중국은 2만 명 안쪽으로 정리한다는 타협안을 제시하였다. 이에 조선은 명 주둔군에게 줄 절색(折色) 은자 전량을 중국이 지급해 줄 것과, 2만 명 중 수군 8천 명만 남기고 철수할 것을 요청하고 있다.[54]

전후 명 주둔군의 규모와 형태, 비용 분담을 놓고 조선과 명의 의견차는 계속된다. 1599년 가을, 쌀로 지급하는 본색(本色) 전량을 조선이 공급하도록 위임하고, 은으로 지급하는 절색은 중국이 삼분의 일을 분담한다는 중국 측 호부 자문(咨文)에 대해, 조선은 국고가 매우 궁핍한 형편임을 호소하였다.[55] 또, 조선에는 은이 부족하기 때문에, 명이 절색을 전량 공급해 주지 않으면 어렵다고 주장하였다. 나아가, 왜적은 수전에 약하다는 점에서, 2만 명 중국 군사 중에 수병 8천 명만 정선하여, 부산, 거제 등지에 주둔시키고, 나머지 군대는 철수시켜 요동 지방에 주둔시켜 줄 것을 요청하고 있다.[56] 1600년 봄, 명군의 완전 철병 계획을 접한 조선은 여기에 반대하고 3천 명의 수병을 남겨 줄 것을 요청하였다. 도요토미 히데요시가 죽었으나 일본이 조선 침공 야욕을 버리지 않았고, 3천 명의 명군이 숫자는 적지만 일본을 억지할 수 있을 것이라는 이유에서였다. 더불어, 은의 부족

53_"만경리에게 보내는 회자", 『월사집』 23권; 『국역월사집』 4, pp. 119-120.

54_"형군문에게 보내는 자문", 『월사집』 23권, 『국역월사집』 4, pp. 122-123.

55_"절색을 중국이 전량 지급해 주기를 청하는 주문", 『월사집』 22권, 『국역월사집』 4, pp. 73-74.

56_"군대 주둔과 군량 공급의 문제를 적의(適宜)하게 처리해 주길 청하는 주문", 『월사집』 22권, 『국역월사집』 4, pp. 79-80.

을 계속 호소하며, 절색을 중국이 전량 공급해 줄 것을 요청하였다.[57]

5) 사대와 기미 I : 왜란 이후 한중일 관계 조정

임진왜란에서 명의 조선 원조는, 힘의 비대칭 관계에서 동맹의 이익과 신뢰성에 기초하여 중국이 번방에 안보를 제공한 사례로 해석할 수 있다. 1598년 정응태의 무주 사건에 대한 조선의 변무 외교는, 이러한 이익과 신뢰성을 다시금 인식시킴으로써, 명의 조력을 유지하려는 조선의 정책 목표를 제한적으로 달성했다고 할 수 있다. 그러나 임진왜란이 끝난 뒤, 전쟁에서 이미 많은 국력을 소모한 명이 후금의 발흥을 막기에 급급한 가운데, 조선은 명을 통해 안보를 보장받기 어려워졌다. 이러한 상황에서 안보를 확보하기 위해서는 힘을 길러 자력 구제하거나, 새로운 동맹을 맺거나, 적과의 관계 개선으로 위협을 완화시키는 선택지가 있다. 전쟁으로 피폐해진 조선으로서 당장 자강하기는 어려웠다. 중국에 대한 배타적 신속을 요구하는 조공체제의 본질상, 동맹의 교체 또한 불가능했다. 조선에게 남은 선택지는 일본에 대한 유화책을 통해 위협을 낮추는 것이었다. 왜란 직후 조선이 일본과 국교를 재개하고 통신사를 파견한 것은 조선이 실제로 이 세 번째 방법을 취했음을 보여 준다.

명군이 모두 철병한 1601년 가을, 명에 보낸 주문에서 조선은, 일본이 전년 4월에 이어 다시 국서를 보내 화친을 청해 왔음을 보고하였다. 여기에서 첫째, 조선은 이러한 사실을 명에 알리고 이것이 조선이 단독으로 결

57_"중국 군대를 주둔시켜 주기를 청하는 주문", 『월사집』 22권, 『국역월사집』 4, pp. 80-83.

정할 사안이 아님을 강조함으로써, 조선의 신뢰성을 다시금 확인시키고 있다. 둘째, 조공체제에 참여하지 않는 일본은 여전히 조선과 명의 안보에 잠재적 위협 세력임을 밝힌다.

> 왜놈은 멀리 바다 저편에 있으면서 중국에 복종하지 않고 스스로 군장 노릇을 하고 있으니, 실로 천지간에 왕화를 벗어난 별종[天地間化外之一種]입니다.[58]

셋째, 조선은 전쟁 기간 동안 명의 군사 원조로 일본의 위협을 완전히 제거하고자 하였다. 그러나 명군이 철수한 상황에서 대마도와 인접한 조선은 일본의 위협에 노출되어 있음을 강조했다.

> 화친을 맺었다 배반했다 반복무상한 것이 왜적의 본 모습입니다. 전쟁이 한창일 때에도 화친을 청해 온 것이 한두 번이 아니었지만 신이 매우 위태한 상황이었음에도 차라리 죽을지언정 허락하지 않았던 것은, 당당한 중국의 대군이 적을 토벌하면서 소방에 주둔해 있는 터라 오직 황상의 위엄에 의지하여 일거에 적을 섬멸함으로써 구구한 의리를 지키고자 했기 때문이었습니다. … 오늘에 이르러서는 사정이 예전과 달라졌으니, 적이 이미 소굴로 돌아가 버림으로써 섬멸할 수 있는 기회를 놓쳤고, 중국 군대가 모두 철수함으로써 의지할 형세가 없습니다. 게다가 대마도는 소방과 매우 가까운 거리에 있어 길이 변방의 우환거리가 되고 있으니, 후일의 근심은 거의 그칠 때가 없을 것입니다.[59]

넷째, 일본이 조선과 통교하여 얻을 이익을 전략적 목표로 삼고 있는

58_"적정(賊情)을 진달하는 주문", 『월사집』 22권; 『국역월사집』 4, p. 86.

59_"적정(賊情)을 진달하는 주문", 『월사집』 22권; 『국역월사집』 4, pp. 87-88.

이상, 화친책이 통하지 않으면 무력을 사용해서라도 이를 실현시킬 우려가 있다. 따라서 일본과 일정하게 교류하는 기미책을 취해야만, 전쟁을 방지하고 첩보를 수집하며 훗날을 도모할 수 있다.

> 제발로 화친을 청해 온 이 기회에 우선 적당한 외교관계를 맺어 둠으로써 한편으로는 화를 미연에 막고 한편으로는 저들의 실정을 탐지하는 것이 적을 정벌하기 위한 계책이 될 듯합니다[今因其來姑許羈一以緩其禍一以試其情似是我謀之計].[60]

이정구가 일본의 통신사 요청에 대해 선조에게 올린 글에서도, 이러한 정책적 고려가 확인된다. 그에 따르면, 일본의 통신사 요청을 계속 거절하는 것은 자력구제가 불가능한 조선의 형편상 위험하다. 그러나 일본을 신뢰할 수 없으므로, 일단 기미책으로 대마도에 사신을 보내어, 도요토미 히데요시의 아들 도요토미 히데요리(豊臣秀頼)와 도쿠가와 이에야스(德川家康) 양쪽의 형세를 탐지한 뒤 통신사 파견 여부 결정해야 한다고 진언하였다.

5. 1620년 경신사행의 국제정치적 재해석: 구조변동기 조-명-후금 관계

1620년 서광계 조선감호론 변무 사행을 다룬 기존 연구를 살펴보면, 한명기는 명청 교체기 조선의 대외정책이라는 관점에서, 이 사건을 광해군이 주도한 실리적 절충 외교 전략의 일환으로 평가하고 있다. 이 시기 명은 조

60_"적정(賊情)을 진달하는 주문", 『월사집』 22권; 『국역월사집』 4, pp .88-89.

선과 후금의 연합을 극도로 견제하면서 조선에 끈질기게 파병을 요청한다. 그러나 광해군은 명에 대한 사대정책을 유지하면서도 파병에 소극적인 태도를 보이고, 후금과 국교를 맺고 통신을 유지하는 기미정책을 병행함으로써 전쟁을 회피하고 자강할 시간을 버는 전략을 취했다. 이 맥락에서 감호론 변무는 명의 의심에 기민하게 대처한 광해군의 외교적 수완으로 평가된다.[61]

한명기와 달리 계승범은 당시 국제정세에서 조선이 명에 대한 기존의 사대정책과 후금에 대한 기미정책을 동시에 추구하는 것은 현실적으로 불가능했다고 보고, 조선 정책 결정 집단 내부의 의견 대립에 주목하여 이 사건을 논하였다. 그에 따르면, 조선감호론 파동이 촉발된 계기는 광해군의 유화적 후금정책이었다. 변무진주사로 간 이정구를 비롯한 비변사 신료들은 명과의 기존 사대관계를 최우선시하며 후금과의 척절을 주장했으며, 광해군의 외교노선에 줄곧 반대했다. 이들은 명 조정에서 중요시되지 않았던 조선감호의 가능성을 과장함으로써 광해군의 후금정책을 중지시키려 시도했다.[62]

스즈키 카이는 광해군대 후금과 명에 대한 정책에 있어서 광해군, 이정구, 비변사 간에 일정한 초당적 합의가 존재했다고 주장한다. 그렇게 볼 때, 1620년 변무는 조선에 대한 명의 의구심을 해소하는 이면에서 후금과의 교섭을 적극적으로 추진하려는 이중 외교술로 평가된다.[63] 권인용은 계승범과 스즈키 카이의 주장을 절충하는 입장을 제시하였다. 즉, 광해군과 비

61_한명기, 앞의 책, pp. 224-301.

62_계승범, "조선감호론 문제를 통해 본 광해군대 외교노선 논쟁", 『조선시대사학보』 34 (2005).

63_鈴木開, "1620年の朝鮮燕行使..廷龜一行の交涉活動: 光海君時代における對明外交の一局面", 『東洋學報』 91-2(2009).

변사 간에 후금에 대한 입장 차이는 분명히 존재했지만, 조선감호론에 대한 위기의식은 모두 공유하였다. 따라서 이정구 변무의 진정성을 의심하기는 어렵다. 다른 한편, 당시 조정의 내분과 서울 북경 간 거리를 고려하면, 조선이 서광계 조선감호론 사건의 추이를 민첩하게 파악하여 통일된 외교술을 구사했다고 보기에도 무리가 있다.[64]

한명기와 계승범이 지적한 대로, 이 시기 광해군과 비변사 간에는 내분이 존재하였다. 광해군이 후금에 대한 기미책과 자강책을 주장했다면, 비변사와 이정구는 명에 대한 배타적 사대와 자강책을 주장했다. 다만, 외교정책에 대한 이들의 견해 차이는 한명기의 지적처럼 실리 대 명분의 이분법으로 나누어진다기보다는, 명이 후금을 견제하고 조선에 안보를 제공할 수 있는 능력을 가졌는가에 대한 인식 차이에 기인한다고 본다. 이 시기 신료들이 사대관계를 고수한 이유에는 화이론이나 재조지은과 같은 이념적 차원 이외에 전략적 차원의 고려도 작용했다. 특히 이정구의 경우, 명에 제출한 사대문서에서는 대명 사대의리의 문법을 충실하게 따르고 있지만, 왕에게 바친 상소문 등 국내 문건에서는 전략적 사고를 보여 주고 있다. 임진왜란 때부터 조명 관계를 전담해 온 이정구는 명과의 배타적 동맹이 후금을 견제하고 조선에 안보를 제공하리라고 믿었다. 따라서 명의 조선에 대한 의심을 일부러 과장했다기보다는 실제로 심각하게 받아들였다. 그가 상비군 강화와 군량미 조달 등 동맹 의존성을 줄이기 위한 장기적 자강책 마련에 한결같이 부심했다는 점에서, 더욱 그렇다.[65]

64_권인용, "명말 조선감호론에 대한 조선의 변무 외교: 이정구의 경신사행을 중심으로", 『명청사연구』 35(2011).

65_"병조 판서로 있을 때 올린 계사", 『월사집』 27권; 『국역월사집』 4, pp. 214-216; 『광해군

1) 조선의 명-후금 전쟁 파병과 후금의 국교 수립 요구

서광계의 조선감호론 파동은 이 시기 명과 후금 사이에 낀 조선의 곤란한 처지를 단적으로 보여 주는 사건이다. 당시 조선이 당면한 양대 외교 난제는 명의 원군 요청과 후금의 국교 수립 요청이었다. 명은 1618년 대규모 후금 원정을 준비하면서, 조선에 원병 파견을 요청하였다. 이미 1615년에도 동일한 요청을 받았던 광해군은 더 이상 거절하기 어렵다고 보고, 파병의 규모와 형태를 조선에 유리하게 협상하려고 시도한다. 이 때 조선이 요동 군문에게 보낸 회자를 보면, 첫째, 파병 규모를 가능한 한 줄이고 화기병(火器兵), 즉 무기와 정예병이 유출되지 않도록 노력했다. 이를 위해 왜란 이후 병적과 국력의 감소를 호소하고, 기회를 틈탄 일본 및 후금의 조선 침략 가능성을 제시하였다. 둘째, 명의 작전 지휘권을 인정한다는 전제 하에, 조선군은 국경을 넘지 않고 의주 지역에 후방군으로 주둔하는 형태를 제안하였다.[66]

그러나 명과 후금의 전쟁에 관여하지 않으려는 조선의 시도는 실패했고, 1619년 2월, 요동 경략 양호의 명령으로 도원수 강홍립의 지휘 하에 5천 명의 포수들을 포함한 1만 명의 조선군이 압록강을 건넜다. 이 사실을 보고받은 광해군은 조선군이 후금의 경내로 들어감으로써 후금과 기미할 길이 영원히 끊어지고 원한을 돋우게 되었다고 탄식하고 있다.[67] 또, 경리 양호의 차출 명령에 바로 응한 강홍립을 책망하면서, 중국 장수의 말에 따

일기』 145권, 광해군 11년(1619) 10월 13일(임술).

66_『광해군일기』 128권, 광해군 10년(1618) 5월 2일(기축).

67_『광해군일기』 137권, 광해군 11년(1619) 2월 2일(병진).

르지 말고 자립적으로 조선군 전력 손실을 최소화하라고 하유하였다.[68]

1619년 3월, 명의 원정군은 대패하였고, 심하(深河) 전투에서 포위당한 강홍립 휘하 조선군은 후금에 항복했다. 패배 이후 명 조정에서는 요동 방어와 후금의 중원 진출을 저지하기 위한 대책 마련에 매진한다. 그 과정에서 한편으로는 조선을 위로하고 포상금을 주면서 추가 징병을 요구하였고, 다른 한편으로는 조선과 후금의 결탁을 경계하였다. 이러한 가운데 1619년 4월 조선에 후금의 1차 국서가 도착하였고, 6월 서광계의 조선감호론 상소 사건이 터졌다. 7월에는 후금의 2차 국서가 도착하였고, 10월 조선은 서광계의 조선감호론에 대해 알게 되어 이정구가 변무진주사로 낙점되었다. 1620년 1월 서울을 출발한 이정구 일행은 변무에 성공하고, 명 신종 황제의 장례와 광종의 즉위식까지 본 뒤 8월에 돌아와 복명하였다.

1619년 4월 2일, 심하 패전 직후 후금의 누르하치는, 포로로 잡혀 있던 정응정 등 조선 지휘관 다섯 명을 석방하면서 화친의 뜻을 밝힌 최초의 국서를 보내왔다. 명나라의 요구로 전쟁에 참가했을 뿐 적극적 교전의 의사가 없음을 항복 과정에서 알렸으며, 후금과 화친한다면 무사히 돌아갈 수 있으리라는 도원수 강홍립의 장계도 함께 도착하였다.[69] 4월 3일에는, 요동 경략 양호의 차관이 서울에 와서 번병의 의리[屛之義]를 지킨 조선을 치하하는 한편, 심하 전투의 전사자 기록을 조사해 갔다.[70] 광해군은 이 때 경략 차관에게 후금의 국서와 강홍립의 장계가 온 사실을 비밀로 했다.[71] 또

68_『광해군일기』 137권, 광해군 11년(1619) 2월 3일(정사).

69_『광해군일기』 139권, 광해군 11년(1619) 4월 2일(을묘).

70_『광해군일기』 139권, 광해군 11년(1619) 4월 3일(병진); 4월 10일(계해).

71_『광해군일기』 139권, 광해군 11년(1619) 4월 3일(병진).

한 승정원과 비변사의 반대에도 불구하고 강홍립의 가속이나 정응정 등을 처벌하지 않는 한편, 조속히 후금에 답서를 보내야 한다고 주장했다. 광해군이 이러한 조처를 취한 것은 다음과 같은 이유에서였다. 첫째, 후금의 힘이 조선보다 월등하게 강하다고 인식했다. 둘째, 명의 후금에 대한 원정이 성공할 수 없다고 보았다. 셋째, 나라를 위한 유일한 계책은 자강에 있다고 보았다. 넷째, 포로가 된 조선군을 처벌하기보다는 후금 첩보 통로로 이용해야 한다고 생각했다.[72]

이 때 비변사는 명이 심하 패전 이후 조선을 의심하고 있는 상황을 우려하면서, 강홍립 등의 사후처리에 조선이 투명하고 강경한 모습을 보여야 한다고 주장했다.[73] 후금에 답서를 보내는 문제에 있어서도, 답서 안에 "부모의 명령이 있으면 자식은 따르지 않을 수 없다[父母有命, 子不得不從]"라는 조선의 대명 사대의리를 분명히 밝히자고 주장하였다. 이러한 비변사의 주장에 대해, 광해군은 조선에게 의지할 만한 세가 없는 상황에서 척절(斥絶)이나 개유(開諭)로 후금의 세력에 대적하면 반드시 위망에 이르게 될 것이라고 경계하였다. 더불어, 인진년에도 조선이 일본의 서신에 잘못된 대응을 하여 전쟁을 초래했다고 지적했다.[74]

광해군과 비변사 간 의견 대립은, 명과 후금의 능력, 의도에 대한 인식 차이에 기인한다. 광해군은 후금의 위협을 심각하게 받아들였다. 명의 능력이 더 이상 후금을 압도하지 못하며, 조선이 명을 통해 안보를 보장받는 일은 불가능하다고 판단하였다. 후금과 접경한 조선이 명을 지원하는 경

72_『광해군일기』 139권, 광해군 11년(1619) 4월 8일(신유).
73_『광해군일기』 139권, 광해군 11년(1619) 4월 8일(신유).
74_『광해군일기』 139권, 광해군 11년(1619) 4월 11일(갑자).

우, 후금이 전쟁을 통해서라도 이를 견제할 것이라고 보았다. 한편, 명이 기본적으로 조선을 신뢰하며, 조선의 이반을 눈치 채더라도 무력을 사용하는 수준까지 나아가지 않을 것이라고 기대하였다. 따라서 명의 의심을 가급적 피하면서 후금과 우호적인 관계를 맺고 명의 대후금 전쟁에 연루되지 않는 것이 광해군의 외교적 선택이었다. 그에 반해, 비변사 신료들은 후금의 능력을 과소평가했다. 명이 여전히 조선에 안보를 제공해 줄 수 있는 능력을 가지고 있다고 인식했으며, 명을 통해 후금을 견제하는 것이 가능하다고 생각했다. 따라서 조선이 후금과 가까워짐으로써 명의 신뢰를 상실할 것을 두려워하였다. 또한, 조선이 명을 배신할 경우 안보 제공을 잃게 되거나 자율성을 축소시키는 방향으로 보복할 의지를 가지고 있다고 판단하였다. 그러므로 후금과의 화친을 반대하고, 명의 대후금 전쟁에 기여해야 한다고 주장했다.

이후에 전개된 사태는 명과 후금에 관한 광해군의 판단이 옳았음을 증명한다. 후금의 1차 국서에 대해 조선은 국왕이 아닌 평안도 관찰사의 이름으로 된 답서를 보낸다. 또, 비변사 신료들의 강력한 주장대로 조선의 대명 사대의리를 표명하는 문구가 들어간다. 이에 대해 후금은 1619년 7월 2차 국서를 보내 명백한 유감의 뜻을 표명한다. 누르하치는 조선이 답서에서 "우리나라와 천조의 사이는 마치 아비와 자식의 사이와 같다. 앞으로 함께 대도로 간다면 천조에서 총애하는 은전을 크게 내릴 것이다[我國之於天朝, 猶父之子也. 今後偕之大道, 則天朝寵綏之典誕降]"라고 한 데 대해, 조선이 전형적인 '남조(南朝)', 즉 명의 주장을 따르고 있다고 불쾌함을 표시했다. 그리고 후금과 명 사이에서 상황의 변화를 지켜보는 것도, 명과 함께 죄를 짓는 것도 조선에 달려 있지만, 후금과 기회를 같이 하기로 결심했다면 맹서(盟誓)를 통한 공식적인 화친을 맺자고 제안한다.[75]

2) 사대와 기미 II : 조선 내 대후금 강경파와 유화파의 대립

광해군은 다음과 같은 답서를 보낼 것을 전교하였다. 먼저 전쟁 처리가 제대로 이루어지지 않는 이상 맹서는 불가하다. 임진왜란 후 일본이 한 것처럼 먼저 포로를 송환하고 조선의 의사에 따라야 우호가 가능하다. 또, 중요한 것은 실질적 우호이다. 일본과도 부산 첨사를 통해 서신을 왕래하고 있는데, 변신(邊臣)이 아닌 조선 국왕의 국서를 요구한다면 오히려 우호를 상하게 될 것이다. 광해군은 이것으로 후금과의 전쟁 위험을 늦출 수 있으리라 기대하였다. 동시에, 이러한 답변을 요동 경략에게 자문으로 통보한다면 사대의리에도 지장이 없으리라고 판단하였다.[76]

여기에서 광해군은 후금과 명 양쪽 모두를 겨냥한 답서를 구상하고 있다. 먼저 후금에 대해서는 다음과 같은 협상 조건을 제안했다. 첫째, 강홍립 등 조선군 포로들을 먼저 송환하여 우호의 진정성을 입증해야 한다. 둘째, 국서의 형태가 아닌 접경지대 신하의 이름으로 서신을 교환하는 조선의 외교 관행을 존중해야 한다. 더불어, 후금의 국서에 가능한 한 빠르게 회신함으로써 조선 측의 대화 의지를 보여 주려고 했다. 명에 대해서는, 국서가 아닌 형태로 이루어지는 후금과의 통신은 사대의 예에 위배되지 않으며, 잠재적 위협을 관리하는 기미책의 일환이라고 설득했다. 앞에서 살펴본 것처럼, 조선은 왜란 이후 일본과의 교린관계를 명에게 공식적으로 인정받았다. 이즈음 명조가 '재조지은'이라는 임진왜란 때 명의 지원을 거론하며 조선에 동맹 의무를 이행하라고 압박했다면, 광해군은 일본의 전례처

75_『광해군일기』 142권, 광해군 11년(1619) 7월 14일(을미).
76_『광해군일기』 142권, 광해군 11년(1619) 7월 18일(기해).

럼, 명이 직접 통제할 수 없는 화외(化外)의 국가들에 대한 조선의 정책적 자율성을 인정해 주어야 한다고 주장하는 셈이다.

광해군에 따르면, 자구 능력이 없는 조선에게 후금 배척정책은 불가하다. 후금이 요양과 광녕을 함락시키고 우리나라를 협박해 들어올 경우를 대비하여, 정식 국서의 형식이 아니더라도 통신을 유지하며 유화책을 써야 한다. 특히 심하 전투에서 조선군을 살상한 것과 조선군 포로를 빌미로 우호를 맺기 어렵다고 하되 서신 교환을 계속한다면, 후금에게는 동맹 체결을 거절하는 정당한 사유가 되고, 명의 의심 또한 피해 갈 수 있으리라 예상했다.[77] 그에 반해 비변사는 후금에 대한 유화책은 변방 침략과 동맹의 강제로 이어질 것이라고 반대하면서, 대신 자강책을 진달하였다. 그러나 광해군은 명의 병력으로도 타개하지 못한 후금을 막을 힘이 현실적으로 조선에는 없음을 다시 한 번 상기시켰다.[78]

이정구는 비변사 신료들과 마찬가지로 후금에 대한 강경책과 자강책을 주장하였다. 그는 다음과 같은 이유에서 후금에 답서를 보내지 말고, 1차 국서 때와 마찬가지로 변신(邊臣)을 통해 적당히 둘러댈 것을 주장했다. 첫째, 후금이 동맹을 제안하는 국서를 보낸 이유는 명의 대후금 2차 원정에 조선이 참가할 것인지를 파악하기 위해서이다. 즉, 진정한 우호의 뜻 없이 조명 동맹관계의 견고성을 떠보려는 의도이다. 둘째, 유화책으로 나간다면 조선의 힘이 약하다는 인식을 주어 후금의 확장을 부추길 것이다. 셋째, 황제를 자칭하며 맹약을 제안한 2차 국서는 1차 국서와 달리 명조가 허용한 교린의 범위를 넘고 사대의 예와 인신(人臣)의 의리에 어긋나므로, 명조에

77_『광해군일기』 142권, 광해군 11년(1619) 7월 22일(계묘).
78_『광해군일기』 142권, 광해군 11년(1619) 7월 23일(갑진).

해명하기 어렵다. 넷째, 국서를 교류하는 외교적 유화책으로는 전쟁을 막을 수 없으므로, 국경 방위를 강화해야 한다.[79]

후금의 2차 국서에 대한 회신을 놓고 광해군과 비변사 간 대치 정국이 계속되는 가운데, 비변사는 다음과 같은 의견을 진달하였다. 자고로 제왕이 오랑캐(夷狄)를 대하는 데에는 전쟁(戰), 수비(守), 화친(和)의 세 가지 방책이 있다. 그러나 조선은 위로 명나라가 있어 자유롭게 할 수 없다. 후금의 화친 요구 서신에 회답을 한다면 명나라에 죄를 짓는 것이고, 회답을 하지 않는다면 흉화를 초래할 것이니, 어려운 처지이다. 이미 요동 아문에서 조선이 명을 배반하고 명과 사신을 교환한다는 소문이 무성하다. 그런데 후금에 회답한다면 명나라의 힐책이 더욱 심해질 것이다.[80]

비변사는 조선의 답서가 명조에 입수될 경우에 대비하여 '천조(天朝)'라는 두 글자와 조선의 대명 사대의리를 명시해야 한다고 주장하였다. 만약 이러한 답서가 후금의 욕구에 차지 않아 불만을 일으킬 경우, 명의 차관이 조선에 머물고 있기 때문에 답서를 보내기 용이하지 않다는 기미의 말로 시간을 벌 수 있으리라 예측했다. 그러나 광해군은 '부모와 같은 나라' 등의 표현은 후금의 화를 돋울 뿐이며, 후금의 위력이 천하에 진동하는 판에 조선이 명의 힘을 빌어 후금을 견제할 수 없으리라고 판단했다.[81] 또, 비변사가 후금의 위협을 과소평가하고 있다고 질책했다.[82]

79_"호로(胡虜)의 국서를 받을지 여부에 관한 의", "호로(胡虜)의 관원이 온 데 대한 답사(答辭)에 관한 의", 『월사집』 28권; 『국역월사집』 4, pp. 248-249, pp. 251-252.

80_『광해군일기』 142권, 광해군 11년(1619) 7월 23일(갑진).

81_『광해군일기』 143권, 광해군 11년(1619) 8월 1일(신해); 광해군 11년(1619) 8월 3일(계축).

82_『광해군일기』 143권, 광해군 11년(1619) 8월 19일(기사); 광해군 11년(1619) 8월 28일(무인).

비변사는 명나라로 인해 조선의 정책 자율성이 제약받을 수밖에 없는 구조적 상황 하에서, 명의 의심과 힐책을 받지 않는 것을 최우선 의제로 삼고 있다. 즉, 명의 힘이 가장 우월한 구조가 당분간 지속될 것을 전제로 조선의 안보를 논하고 있다. 이에 반해 광해군은 이미 힘의 우위가 명에서 후금으로 이동하는 구조 변동이 진행 중이라고 보고, 정책 조정을 시도하였다. 1619년 명 원정군이 후금과 벌였던 '살리호 전투'의 패배가 명청 교체의 분수령으로 평가된다는 점에서,[83] 광해군의 판단은 정확했다. 광해군은 기회의 창이 열려 있는 동안, 힘의 우위가 완전히 후금으로 이동하기 전에 후금과 관계 개선을 함으로써, 전쟁 위험을 낮추려고 시도했던 것이다.

광해군은 후금의 힘이 빠르게 커지는 가운데 후금과의 우호관계 수립이 전쟁 방지에 매우 시급하다고 보고, 답신을 재촉했다. 그러나 비변사의 반대는 해가 다 가도록 계속되었다. 1619년 12월 19일, 비변사는, 품계가 낮은 사신 한 명과 역관 한 명을 적정을 탐지한다는 빌미로 들여보내기로 한 타협안마저도 요동 경략의 사전 허가를 받자고 주장한다. 광해군은 후금이라는 적이 십분 두려운 존재인데, 명령한 일을 하나도 시행하지 않고 반대하는 바람에 기미의 계책이 불가능해졌다고 탄식한다. 또, 적의 선봉이 침략해 온다면 "태산으로 참새 알을 누르는 것"과 같을 조선의 힘의 열세를 심히 우려한다.[84]

광해군과 비변사의 의견 차이는 1619년 12월 22일 실록에 가장 잘 드러나 있다. 광해군은 다음과 같이 전교하였다. 첫째, 조선이 전란으로 피폐되어 적을 막아 낼 힘이 없기 때문에 기미책을 써서 화를 늦추어야 한다.

83_한명기, 앞의 책, p. 255.

84_『광해군일기』 147권, 광해군 11년(1619) 12월 19일(무진).

둘째, 적이 금(金)·원(元)·요(遼)·하(夏)처럼 될는지는 알 수 없으나, 오호(五胡)처럼 중국을 어지럽게 만드는 일은 넉넉히 할 수가 있다. 셋째, 일본과는 바다를 사이에 두고 있지만, 적과는 불행히도 국경이 닿아 있고 거리도 가깝다. 넷째, 중원에 일이 생기면 서북 지방을 굳게 봉쇄하고 결사 사수해야 한다. 중원에 일이 없으면 군비를 튼튼히 하며 대비해야 한다.

이에 대해 비변사는 다음과 같이 주장하였다. 첫째, 요양과 광녕이 방어된다면 우리나라는 적에게 침범당할 걱정이 없다. 둘째, 심하 전투에서 싸운 조선에 대해 보복하려는 마음이 있을 텐데 감히 침략하지 못하고 통호하자고 유인하는 데에서 적의 힘이 부족함을 알 수 있다. 셋째, [이미 함락된] 북관은 적과 접경이고 인구가 집중되어 있지만, 우리나라는 강토가 커서 침략해도 서쪽 변방 일부만 함락될 것이다. 넷째, 명나라 군사가 뒤에서 공격할까 두려워 후금이 병력을 모두 동원하여 조선 내지로 깊숙이 뚫고 들어오지는 못할 것이다. 다섯째, 계교로 저들을 늦추는 기미책을 쓰는 것은 무방하다. 그러나 자강책[自强之策]과 원조하는 의리[助順之義]에 조금도 차질 없이 해서, 대국과의 협력관계[大國之援]를 강화하고 입술과 이의 형세[唇齒之勢]로 만든다면 오랑캐가 비록 흉악하고 강하더라도 두려울 것이 없다.

광해군은 다시 이렇게 반박하였다. 첫째, 원조하는 의리는 익히 알지만, 우리나라의 인심과 병력이 그럴 만한 세가 안 된다. 둘째, 저들을 늦추려는 것이 기미책의 의도이다. 그러나 국론이 분열되어 결정이 내려지지 않아 종묘사직이 위망의 지경에 이르렀다. 셋째, 기미책과 자강책을 병행하는 것이 가장 좋은 방법이나, 두 가지 계책 모두 제대로 시행되고 있지 않다. 넷째, 적의 미친 광기는 천하도 두려워하지 않는데 요양과 광녕을 지키기는 어려울 것이다. 다섯째, 우리나라 민심이 이반하여 변방의 보루가 침략을 받는다면 경성(京城)이 반드시 허물어져서 임진왜란 때와 크게 다

르지 않을 것이다.[85]

3) 사대와 자강: 명의 능력 쇠퇴와 추가 파병 요구

후금이 명에 도전하고 있는 상황에서, 비변사 신료들은 명과의 배타적 동맹 유지를 통해 후금의 위협에 대적하고자 하였다. 반면, 광해군은 명과의 배타적 동맹관계에서 이탈하여 후금과의 관계 개선을 통해 후금의 위협을 관리하고자 하였다. 이러한 판단의 차이는 명의 능력과 의도에 대한 판단의 차이이기도 했다. 그렇다면, 명의 능력과 조선에 대한 의도는 어떠했는가? 이것을 보여 주는 것이 2차 파병 요구와 조선감호론 파동이다.

심하 패전 이후 명은 조선에 은을 주어 군량과 무기를 구입하게 하는 한편, 새로운 원군 파견을 요청하였다. 파병 요청은 1619년 8월, 11월, 1621년 4월, 8월, 1622년 3월에 계속되었다.[86] 명의 추가 징병 요구는 본토 방위에 있어 동맹 의존성이 커졌다는 점에서, 명의 군사력 쇠퇴를 암시한다. 이러한 명의 요구는 조선 방어에 군비를 집중하려는 조선의 자강책과 충돌하는 것이었다. 이 시기 이정구가 작성, 요동 아문에 제출한 일련의 답서에서, 조선은 대명 사대의리를 누누이 강조하면서도 다음과 같은 이유로 파병을 거절하고 있다. 첫째, 조선은 1차 파병한 심하 전투에서 이미 주력을 상실하였다. 둘째, 국내의 남은 병력은 후금과 접경한 서북변 방어에 주력해야 한다. 조선이 무너지면 명과 조선이 기각지세(掎角之勢)를 이루어 후금을 협공하고 요동을 회복하는 것이 불가능해진다. 셋째, 1619년 동로

85_『광해군일기』 147권, 광해군 11년(1619) 12월 22일(신미).
86_한명기, 앞의 책, pp. 269-271.

(東路)[살리호]의 패전을 교훈으로 삼아야 한다. 명의 병력이 매우 열세이므로 대규모 지원군이 추가로 확보되어야만 조선도 참전하겠다.[87]

조선에 자강책이 필요하다는 점에서는 광해군과 비변사 신료들은 의견 일치를 보이고 있다. 그러나 2차 파병 문제에 있어서는 온도 차이를 보이고 있다. 광해군은 조선에 대한 명의 의심이 우려할 수준은 아니라고 판단, 가급적 파병을 회피하고 조선 방어에 주력하려는 입장을 보인다. 그에 비해, 비변사는 명의 의심을 풀기 위해 파병이 필요하다고 보고, 병력 징발을 주장한다.[88] 이 문제에 관해 이정구가 광해군에게 올린 상소문을 보면, 그는 명의 능력을 확신할 수 없는 상황에서 신중한 입장을 보이고 있다. 만약, 명의 대규모 지원군이 도착한다면, 군신의 대의를 지키고 천조의 힐문을 받지 않기 위해 참전해야 한다. 그러나 요동의 소규모 병력만으로 움직이는 것은 무모하고 자칫 명의 패잔병만 유입될 수 있으니, 접경지대에 병력을 배치하며 상황을 관망하는 것이 좋겠다.[89]

광해군은 동맹으로 인한 전쟁에의 연루를 우려하면서 동맹 비용 분담을 최소화하고 동맹의 디각화를 모색했다고 할 수 있다. 그렇다면, 비변사의 반대라는 국내정치적 요인과 별개로, 명과 후금이 대치하는 국제환경에서 광해군의 기미책과 사대책 병용 구상은 실현 가능했겠는가? 이 시기 광해군은 후금의 능력과 조선 인식을 알아내기 위해 부단히 노력했다. 비변

87_"왕무원에게 보내는 회자", "등주 도군문에게 보내는 회자", 『월사집』 23권; 『국역월사집』 4, pp. 127-130; "왕차관에게 보내는 회게", "모도사 문룡에게 보내는 회게", "모도사에게 보내는 게", 『월사집』 25권, 『국역월사집』 4, pp. 176-180.

88_『광해군일기』 143권, 광해군 11년(1619) 8월 23일(계유).

89_"모도사 및 중국 수군 장수가 적을 토벌하고자 우리나라에 파병을 요청한 것에 관한 의", 『월사집』 28권, 『국역월사집』 4, pp. 249-251.

사 신료들의 반대에도 불구하고, 강홍립 등 조선군 포로들에게 서신과 물자를 계속 보내며 비호한 것도 그 때문이었다. 1619년 12월, 생환한 조선군 포로의 증언에 따르면, 후금 내부에서도 조선에 대해 전쟁과 화친으로 의견이 갈려 있는 상황이었다.[90] 광해군이 예측한 대로, 조선의 대응 여하에 따라 후금과의 전쟁을 피하거나 적어도 늦출 여지가 존재했던 셈이다. 그렇다면, 명은 조선의 후금에 대한 유화책을 용인했을까? 1619년 서광계의 조선감호론 파동과 1620년 조선의 변무 사행은 이 문제를 살펴볼 좋은 사례가 되어준다.

4) 명의 조선 인식과 서광계의 조선감호론

살리호 패전의 여파로 명 조정에서 후금에 대한 대책 논의가 분분한 가운데, 한림원 검토 서광계가 1619년 6월 상소에서 조선감호론을 진달하였다. 같은 시기 운남도어사 장지발 또한 조선이 후금과 연합할 경우에 대비할 것을 주장하였다. 이들의 상소문 주본은 연경에 머물고 있던 조선의 천추사 일행에 의해 입수되어 조선에 전해졌다.

서광계는 황제에게 올린 주문에서 다음과 같이 주장하였다. 조선은 후금의 내륙 진출을 견제하는 전략적 요충지이다. 조선은 명에 대해 은혜를

90_"노추는 아들과 딸이 매우 많아 장수로 삼은 자가 세 사람인데, 그 중 제3자인 홍대시(洪大時)가 늘 그 아비에게 우리나라를 침범하자고 권하고 있으며, 장자인 귀영개(貴永介)는 매양「사면으로 적과 응전할 경우 원한관계에 있는 대상이 너무 많으니, 이는 스스로를 보호하는 이치가 전혀 아니다」고 하면서 극력 화친을 주장하고 있는데, 이는 우리나라를 사랑해서가 아니고 실로 자기 나라를 위해서인 것이다." 『광해군일기』 147권, 광해 11년(1619) 12월 17일(병인).

품고 있는 속방이지만, 후금과 원수관계는 아니다. 그런데 조선은 심하 패전으로 전력이 손실되었고, 이후 누르하치가 보낸 서신에 고분고분하게 회답하였다. 또 조선군 포로를 인질로 협박하고 유인하여 누르하치와 조선 사이에 이미 교합이 이루어졌다. 이를 통해 누르하치가 마음 놓고 서진(西進)하면 중원이 위험해진다. 조선이 따르려 하지 않더라도 고립될 경우 강제로 길을 빌려 줄 수밖에 없을 것이다. 지금 누르하치는 교묘한 계략으로 조선과 우호를 맺으려고 하고 있는데, 명이 조선과 연합하여야만 전쟁의 승산이 있게 된다. 조선이 자강책을 알고 있지만, 누르하치가 강한 위력과 교활한 계략으로 위협하고 협박하는 상황에서, 문치(文治)에 익숙한 조선이 자강할 수 없다.

따라서 사신을 보내 선유(宣諭)하고 감호(監護)하며, 중국과의 군신의 대의를 천명하고 그들로 하여금 임진왜란 때의 원조에 보답하게 해야 한다. 그리고 누르하치의 의도가 조선 합병에 있으며 거짓 맹약 요구를 신뢰해서는 안 된다고 설파해야 한다. 조선의 마음이 두 갈래가 되지 않도록 감시해서 함께 군사에 관한 계책을 논의하여 점차 자강하여 전투와 수비를 할 수 있게 해야 한다. 만약 조선이 후금의 유인과 협박을 받아 속셈이 변한다면 대의를 내세워 질책하고, 은밀하게 주문을 내려 방어 조치를 취하는 데 편리하게 해야 한다.

장지발은 요동이 넘어가게 된 위급 상황에서, 후금의 확장을 저지하기 위한 방어 계책을 제시했다. 첫째, 산해관을 막아 통로를 차단해야 한다. 둘째, 통주를 수비하여 내지(內地)를 중요시해야 한다. 셋째, 천진을 방어하여 조운(漕運)의 통로를 안전하게 해야 한다. 그런데, 지금 누르하치는 조선을 위협하여 우호관계를 맺으려 하고 있고, 조선은 두려워 자국의 안보에 급급하니 몰래 영합하지 않으리란 보장이 없다. 이 경우 적이 배를 타고 남진할 수 있고, 명의 조운길이 막혀 북경이 고립될 위험이 있다. 이를 막기 위해 수군 방어를 강화해야 한다.[91]

서광계와 장지발의 상소문을 통해, 명 조정에서 이미 후금과 조선의 교류 정황을 정확히 인지하고 있었음이 확인된다. 비대칭 동맹에서 약소국이 동맹을 배신할 위험이 있을 경우, 강대국의 선택은 다음과 같이 상정해 볼 수 있다. 첫째, 동맹을 절연하고 안보 제공을 완전히 중단한다. 이것은 다시 정복과 방기의 선택지로 이어진다. 둘째, 동맹을 유지하되 동맹 의무 이행에 대한 감시를 강화한다. 강대국의 능력, 의지, 동맹 의존도, 약소국의 저항 능력과 신뢰성 등이 선택의 변수로 작용할 것이다.

서광계는 이 중 두 번째 정책을 명조에 제안하고 있다. 서광계의 상소문에 따르면, 조선의 전략적 중요성, 외세를 연합하여 적에 맞설 필요성이 높아진 상황에서 명은 조선과 절연할 수 없다. 따라서 동맹을 유지하되, 조선의 신뢰성이 확실하지 않으므로 명이 지휘관을 파견하여 조선의 정책 자율성을 축소하고 동맹 의무 이행을 감시해야 한다. 다만, 서광계와 장지발 모두, 조선의 동맹 신뢰성이 떨어지는 이유로, 조선이 후금보다 힘이 약하다는 변수를 중요하게 고려하고 있다.

광해군과 비변사의 대립, 대북 세력이 주도하는 숙청으로 국정이 마비된 가운데, 1619년 10월 결정된 변무 사행은 1620년 1월에야 서울을 떠난다. 4월에 이정구 일행이 북경에 도착했을 때 서광계의 조선감호론은 황제의 윤허를 받지 못하고 이미 기각된 상황이었다. 명 조정에서는 조선의 변무에 대해 칙서를 내려 효유하는 것으로 감호론 문제를 마무리하였다. 감

91_『광해군일기』 145권, 광해군 11년(1619) 10월 3일(임자).

호론이 채택되지 못한 직접적 원인은, 신종의 정치적 무관심, 재정 부족, 당쟁 격화, 조선이 거부할 때 대책의 부재, 1620년 세 차례의 국상 등 명조 내부의 사정 때문이었던 것으로 보인다. 나아가, 후금과의 전쟁은 명의 군사력에 손실을 주고 요동 지역에서 우위를 상실하게 함으로써, 조선과의 동맹 유지에 강경책을 사용하기 어렵게 만들었다.[92]

결국, 1620년의 변무 사행을 통해 조선은 명과의 사대관계를 재확인하고, 조선의 후금에 대한 기미책 또한 묵인 받았다. 신종 황제가 내린 칙서의 내용에서 이 사실을 확인할 수 있다.

> 조선은 동쪽 귀퉁이에 치우쳐 있으나, 대대로 기자(箕子)의 홍범(洪範)을 따랐다. 그리하여 우리는 일찍부터 너희를 심복으로 여겼고, 이에 너희는 대대로 우리에게 충성을 다했다. 노추(奴酋)가 신의를 버리고 전란을 부른 것에 분개하여, 너희는 국력을 기울이고 힘을 다해서 함께 정벌을 하였다. 인자함은 부형(父兄)을 위하듯 하고 형세는 머리와 눈을 보호하는 것처럼 하였다. 군대가 비록 잠시 패했지만, 그 뜻은 더욱 변함이 없었다. 차라리 경계를 엄하게 하고 서로 의지하여 원수를 같이하는 적개심을 일으키려 하고 있다. 그런데 조개와 도요새가 서로 싸우는 것을 관망하다가 둘 다 잡아서 이익을 보려고 하겠는가. 이 때문에 재차 칙서를 내리고 거듭 금폐(金幣)를 주어, 우악하게 구휼하는 뜻을 보여 이에 서로 막는 것을 도왔다 … 만약 도로의 간첩이 전한 말을 듣고 문득 사실로 믿거나 오랑캐에게 사신을 보내어 왕래한 흔적에 대해 의심을 풀지 않는다면, 너희들은 어떻게 감당할 것이며 나 또한 어떻게 참겠는가 … 더구나 적을 치는 가장 좋은 계책은 적의 지략을 치는 것이니, 어찌 반드시 칙서를 불사르고 사신을 벨 것이 있겠는가. 비방을 중지하기 위해서 변별하지 않았으니, 눈물을 흘리며 애태우지 말라 … 비로

92_권인용, 위의 글, pp. 243-247.

소 우익(右翼)의 맹서를 거듭하고 다시 기각(掎角)의 맹세를 바로잡았다.[93]

"조개와 도요새가 서로 싸우는 것을 관망하다가 둘 다 잡아서 이익을 보려고 하겠는가"라는 신종의 책망에서 알 수 있듯, 조선과 후금의 밀착에 대해 명은 일정한 불만을 가지고 있었다. 그러나 명 내부적 요인으로 국력이 쇠퇴하고 후금과의 전쟁에서 승기를 확보하지 못한 상황에서, 조선에 대한 동맹 의존성은 커지고 있었다. 조선은 이러한 상황에서 적극적으로 동맹 신뢰성을 주장함으로써, 동맹을 유지하면서도 사대관계 특유의 배타적 동맹 조건을 완화시키는 데 성공했다. 이것은 조공 사행이라는 국제제도와 조선의 외교적 기량이 결합된 결과였다. 정례화된 조공 사행은 국가 간 공적 대화 통로로서 정보를 제공하고 양국 간 교섭의 투명성과 신뢰성을 높여 주었다. 광해군은 국내 정치세력 다툼과 무관하게 대명 외교에 연륜이 깊은 이정구를 기용하는 리더십을 보였다. 또, 이정구는 명조 주요 신료들의 신상 파악을 완료하고, 인맥과 뇌물까지 동원하여[94] 변무 외교를 성공시켰다.

6. 나가며

이 글에서는 명청 교체기 월사 이정구의 변무 사행 분석을 통해, 조공

93_"경신조천기사", 『월사집』 63권; 『국역월사집』 8, p. 106; 『광해군일기』 155권, 광해군 12년(1620) 8월 13일(무오).

94_『광해군일기』 147권, 광해군 11년(1619) 12월 29일(무인).

체제가 구체적으로 어떤 제도를 통해 작동하고 어떤 정책으로 표현되는지 살펴보았다. 또, 체제 내 행위자들 간의 전략적 상호작용을 분석하였다. 명과 조공 책봉 관계를 맺지 않은 행위자들에 대해서는 위협 인식과 불신이 존재했다. 이들에 대해서는 힘의 크기나 위협의 수준에 따라 초멸책이나 기미책이 채택되었다. 기미책을 사용하는 경우, 국왕이 아닌 지방관의 위계에서 다루어졌으며 통신사의 왕래는 조공 사행보다 그 빈도나 제도화 수준이 훨씬 낮았다. 명과 조공 책봉 관계를 맺은 행위자들 간에는 기본적 신뢰와 정기적 사행 제도가 존재했다. 특히 조선과 명 사이에는 임진왜란과 대후금 전쟁 시기에 실질적인 군사 협력이 이루어졌다.

조명 관계에 있어 힘의 비대칭성과 명에 대한 배타적 조공은 이 시기 조선의 대외정책 환경의 구조적 상수였다. 임진왜란 당시 조선의 핵심 이익은 일본의 위협을 완전히 제거하고 국토를 방위하는 데 있었다. 조선은 이를 실현하기 위해 초멸책을 선호하였다. 그러나 명의 핵심 이익은 본토 방위에 있었고, 조선 지원은 그 방편이었다. 따라서 조선을 어느 정도 희생시키더라도 일본과의 강화 협상을 통해 변경 안보를 확보할 여지가 존재했다. 실제로 명 조정에서는 전쟁 내내 강화파와 주전파 간의 논쟁이 진행되었으며, 전선이 남하하고 전쟁의 비용이 커질수록 명이 조선을 방기할 위험이 상존했다.

그러나 명과 일본 간에는 책봉을 둘러싼 상호 지위에 대해 타협할 수 없는 견해 차이가 존재했다. 또한 일본에게는 중국 본토로의 조공무역의 재개가 핵심 이익이었지만, 일본을 신뢰하지 못한 명은 조공을 허락하지 않았다. 강화 협상이 결렬되자 일본은 1597년 정유재란을 일으켰고, 명조의 대일정책 또한 기미책에서 초멸책으로 복귀하였다. 명군 찬획주사로 명조 강화파의 측근이었던 정응태는 1598년 주전파 경리 양호를 탄핵하고 명의 조선에 대한 지원을 축소해야 한다고 주장했다. 이 과정에서 조선이 일본과 결탁하여 요동을 넘본다고 주장하는 등 조선의 동맹 신뢰성을 문제 삼았다. 이에 조선은 조공 책봉 관계 속 변무 사행 제도를 이용하여 번병으로서 조선 지원의 이익, 조선의 신뢰성, 일본이라는 위협의 속성상 기미책의 실효성 없음을 설득하였고, 명의 안보 제공을 유지하는 데 성공하였다.

조선과 명이 비대칭 동맹을 통해 실현하고자 하는 이익에는 상충하는 부분이 있었고, 동맹의 비용 분담 면에서도 갈등이 존재했다. 전쟁이 끝났으나 여전히 일본을 위협으로 인식한 조선은 명군의 잔류를 통해 안보 실현을 도모하지만 비용 문제에서 타협을 보지 못하고, 1601년 명군은 완전히 철수한다. 자력 구제나 명의 안보 제공을 기대하기 어려운 상황에서 조선은 전쟁 기간 동안의 대일 강경 섬멸책에서 국교를 맺고 통신사를 파견하는 유화적 기미책으로 선회하게 된다.

1619년 명-후금 전쟁은 조명 비대칭 동맹관계의 양상을 보여 주는 또 다른 사례이다. 이 시기 후금의 힘이 빠르게 커짐으로써, 명의 조선에 대한 동맹 의존성은 커진 반면, 조선은 명과의 배타적 동맹을 통해 안보를 보장받기 어려워졌다. 후금이라는 공통의 위협에 대하여, 명은 핵심적 이익을 요동 방어와 중원 진출 저지에 두고 후금 섬멸책을 선호하였다. 그러나 조선의 국왕 광해군은 조선 본토 방어에 보다 주력하여 후금에 대한 기미책을 선호하였다. 이것은 명과의 동맹관계 훼손을 우려한 비변사 신료들의 반대에 부딪혔고, 명으로부터는 조선의 동맹 배반에 대한 의심을 야기했다. 명의 2차 출병 요구에 대해 조선이 미온적 반응을 보이는 가운데, 명조 내부에서는 서광계의 조선감호론이 제출되었다. 약소국의 정책 자율성을 낮추고 동맹 의무 이행을 강제하려는 움직임에 대해, 조선은 적극적 변무 외교를 통해 명의 의구심을 해소시켰다.

한편, 조선의 안보 실현에 있어 명에 대한 동맹 의존성이 여전히 큰 상황에서, 명의 힘이 쇠퇴하고 있다는 근본적인 문제는 남아 있었다. 후금에 대한 기미책과 척절을 놓고 첨예하게 대립했던 광해군과 비변사도 자강책의 필요성에는 이견이 없었다. 그러나 조선은 임진왜란의 손실이 복구되지 않은 상황에서, 은, 곡물, 염초 등 자강을 위한 재원과 군수물자를 명에 의존하고 있는 상황이었다. 이러한 구조적 취약성으로 인해, 배타적 동맹으로 안보가 확보되지 않고 동맹 비용이 증가하는 상황에서도 동맹에서 이탈하기 어려웠다. 1620년의 변무가 성공한 이후에도 조선과 명 사이 상충하는 이익과 동맹 비용을 둘러싼 갈등은 계속되었다.

명청 교체의 구조 변동기 광해군은 사대책과 기미책의 병용을 통해 동맹을 다각화하고 전쟁에의 연루를 회피, 자강할 시간을 벌고자 하였다. 그러나 비변사와 신료들은 명에 대한 동맹 책임을 강조하고 배타적 사대관계 고수를 주장하였다. 이러한 국론 분열에는 이 글에서 살펴본 국제정치적 변수 이외에, 광해군 즉위 이후 국내정치 변수가 중요하게 작용했다. 역으로, 1619년 명-후금 전쟁 이후 광해군이 대명 사대에서 벗어났다는 것이, 1623년 인조반정의 중요한 명분이었다.[95] 인조 초기 조선은 명의 책봉을 받기 위해 배타적 사대를 강조하고 동맹 조건에 대한 협상을 완화한다. 이것은 후금의 대조선 강경책을 유발하였고 결국 1627년 정묘호란이 발발하였다. 1592년 전쟁 후 불과 35년 만이었다.

95_『인조실록』 1권, 인조 1년(1623) 3월 14일(갑진).

참고문헌

『선조실록』.

『광해군일기』.

『재조번방지』.

『연려실기술』.

권인용. 2011. "명말 조선감호론에 대한 조선의 변무외교: 이정구의 경신사행을 중심으로." 『명청사연구』 35.

계승범. 2012. "16~17세기 명·조선 관계의 성격과 조선의 역할." 『정치와 평론』 10.

_____. 2005. "조선감호론 문제를 통해 본 광해군대 외교노선 논쟁." 『조선시대사학보』 34.

김경록. 2008. "조선시대 조공체제와 대중국 사행." 『명청사연구』 30.

_____. 2005. "조선후기 외교문서의 종류와 성격." 『한국문화』 35.

김용호. 2001. "비대칭 동맹에 있어 동맹 신뢰성과 후기 동맹 딜레마: 북·중 동맹과 북한의 대미 접근을 중심으로." 『통일문제연구』 13-2.

김한규. 2005. 『천하국가: 전통시대 동아시아 세계질서』. 서울: 소나무.

니시지마 사다오, 이성시. 2008. 『일본의 고대사 인식: 동아시아 세계론과 일본』. 서울: 역사비평사.

박원호. 2002. 『명초 조선관계사 연구』. 서울: 일조각.

이상하 역. 2003. 『국역월사집』 1, 4. 서울: 민족문화추진회.

이상하 역. 2008. 『국역월사집』 8. 서울: 한국고전번역원.

이수형. 1999. "동맹의 안보 딜레마와 포기 - 연루의 순환: 북핵 문제를 둘러싼 한미 갈등 관계를 중심으로." 『국제정치논총』 39-1.

장페이페이 외. 2005. 『한중관계사』. 파주: 범우.

전재성. 2012. "'사대'의 개념사적 연구." 하영선·손열 엮음. 『근대한국의 사회과학 개념 형성사 2』. 파주: 창비.

_____. 2014. "국제정치 조직원리 논쟁과 위계론." 『국제정치논총』 54-2.

정옥자. 2010. 『조선후기 조선중화사상 연구』. 서울: 일지사.

최소자. 1997. 『명청시대 중·한 관계사 연구』. 서울: 이화여자대학교 출판부.

하우봉. 1997. "실학파의 대외인식." 『국사관논총』 76.

한명기. 2001. 『임진왜란과 한중관계』. 서울: 역사비평사.

허지은. 2004. "정응태의 '조선무고사건'을 통해 본 조·명 관계." 『사학연구』 76.

호리 도시카즈. 2012. 『중국과 고대 동아시아 세계: 중화적 세계와 여러 민족들』. 동국대학교.

西嶋定生. 1983.『中國古代國家と東アジア世界』. 東京大學出版會.

金子修一. 2001.『隋唐の國際秩序と東アジア』. 名著刊行會.

丸龜金 作. 1938. “朝鮮宣祖朝に於ける明丁應泰の誣奏事件 1, 2.”『歷史學報』8-9, 8-10.

鈴木開. 2009. “1620年の朝鮮燕行使..廷龜一行の交涉活動: 光海君時代における對明外交の一局面.”『東洋學報』91-2.

Clark, Donald N. 1998. “Sino-Korean tributary relations under the Ming.” In Denis Twitchett and John K. Fairbank. eds. *The Cambridge History of China* Vol. 8. Cambridge University Press.

Deuchler, Martina. 1992. *The Confucian Transformation of Korea: A Study of Society and Ideology*. USA: Council on East Asian Studies, Harvard University Press.

Fairbank, John King. ed. 1970. *The Chinese World Order: Traditional China's Foreign Relations*. Cambridge: Harvard University Press.

____________________. 1942. “Tributary Trade and China's Relations with the West.” *Far Eastern Quarterly* 1-2.

Hevia, James. 1995. *Cherishing Men From Afar: Qing Guest Ritual and the Macartney Embassy of 1793*. Durham and London: Duke University Press.

Hui, Victoria Tin-Bor. 2005. *War and Sate Formation in Ancient China and Early Modern Europe*. Cambridge: Cambridge University Press.

Kang, David. 2010. *East Asia before the West: Five Centuries of Trade and Tribute*. New York: Columbia University Press.

__________. 2013. “International Relations Theory and East Asian History: An Overview.” *Journal of East Asian Studies* 13.

Kelly, Robert E. 2012. “A 'Confucian Long Peace' in pre-Western East Asia?” *European Journal of International Relations* 18-3.

Larsen, Kirk W. 2008. *Tradition, Treaties, and Trade: Qing Imperialism and Choson Korea, 1850~1910*. Cambridge, MA: Harvard University Asia Center.

_______________. 2013. “Comforting Fictions: The Tribute System, the Westphalian Order, and Sino-Korean Relations.” *Journal of East Asian Studies* 13.

Morrow, James D. 1991. “Alliances and Asymmetry: An Alternative to the Capability Aggregation Model of Alliances.” *American Journal of Political Science* 35-4.

Snyder, Glenn H. 1997. *Alliance Politics*. USA: Cornell University Press.

Walt, Stephan M. 1987. *The Origins of Alliances*. Ithaca and London: Cornell University Press.

Yun, Peter I. 1998. *Rethinking the Tribute System: Korean States and Northeast Asian*

Interstate Relations, 600~1600. Los Angeles: University of California.

____________. 2011. "Balance of Power in the 11th~12th Century East Asian Interstate Relations." 『정치와 평론』 9.

Zhang, Feng. 2014. "How Hierarchic Was the Historical East Asian System?" *International Politics* 51-1.

Zhou, Fangyin. 2011. "Equilibrium Analysis of the Tributary System." *The Chinese Journal of International Politics* 4-2.

제2부

18세기 동아시아 질서 인식과 조청 관계

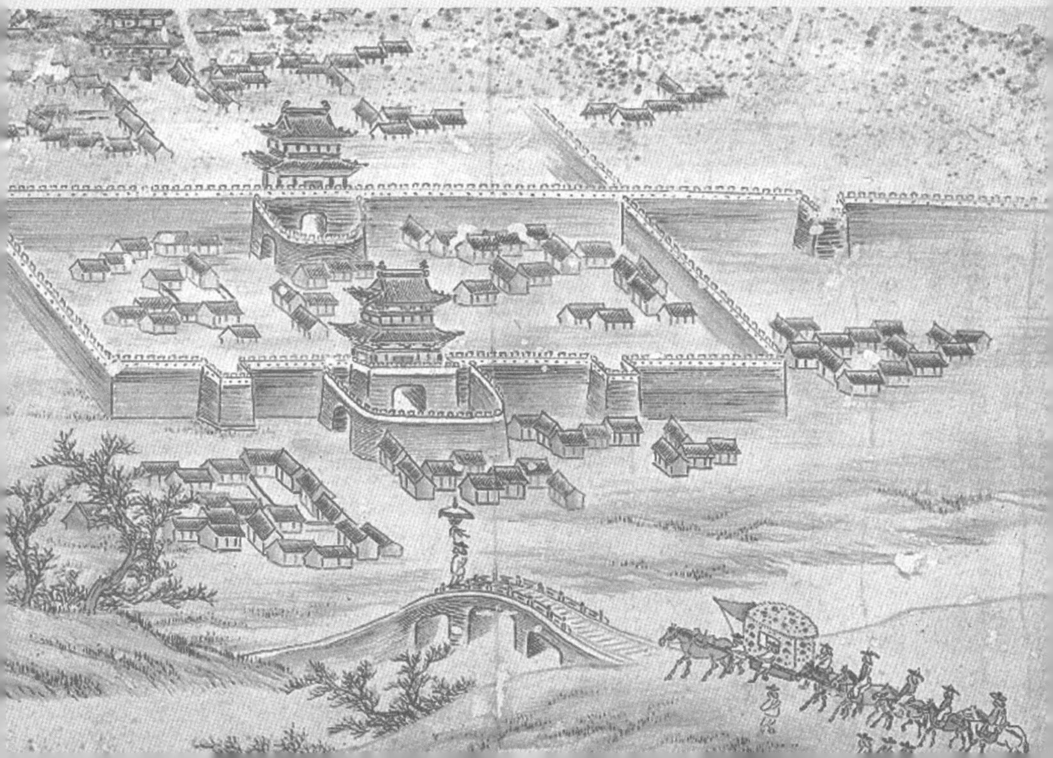

4장

홍대용 연행록의 화이관

김봉진

1. 들어가며

담헌 홍대용(湛軒 洪大容, 1731~1783)의 화이관은 '화이일야(華夷一也)'론과 '역외춘추(域外春秋)'론으로 집약된다.[1] 후술할 것이나 그 특징은 한마디로 '열린' 화이관이다. 이 같은 화이관은 담헌의 을유(乙酉, 1765)년 11월부터 병술(丙戌, 1766)년 4월까지 연행(燕行)을 통한 변용을 거친 후 형성된 것이다. 그 양상은 『을병연행록』(한글), 『연기(燕記)』, 『항전척독(杭傳尺牘)』, 『의산문답(毉山問答)』 등 저작을 통해 볼 수 있다.[2] 특히 앞의 세 연행

1_필자는 담헌의 대외관을 고찰한 적이 있다. "홍대용 연행록의 대외관", 서울대학교 국제문제연구소 편, 『세계정치 12』 30집 2호(2009년 가을·겨울). 이 논문은 본고의 자매편이라 볼 수 있다. 그 때문에 서로 겹치는 부분이 적지 않음을 밝혀 둔다.

2_『을병연행록』에는 숭실대학교 기독교 박물관본(10권 10책)과 한국학 중앙연구원 장서각본(20권 20책)의 두 종류가 있다. 전자는 소재영 외, 『주해 을병연행록』(파주: 태학사, 1997)

록은 그의 화이관을 비롯한 대외관, 학문관의 의미심장한 변화를 보여 준다. 나아가 뒤의 두 저작에서 보듯 연행과 그 이후에도 지속된 중국 문인들과의 서신 교류 등을 통해 담헌의 대외관과 학문관은 지속적으로 변화해 나갔다.[3] 이런 변화가 그의 인물관, 우주관 등과 결합하여 구성된 화이관이 『의산문답』 안의 '화이일야'론, '역외춘추'론이다.[4] 단, 주의해야 할 것은 담헌의 '열린' 화이관이 그의 독창이 아니라 일종의 '전통의 발명'이란 점이다. 또한 그의 '열린' 화이관의 구성과 발명에는 연행 중 습득/체험한 청국의 '열린' 화이관과 연행 이후 지속된 중국 문인들과의 서신 교류가 큰 영향을

으로 옛 한글 그대로 재간되었고, 후자는 김태준·박성순 옮김, 『산해관 잠긴 문을 한 손으로 밀치도다』(파주: 돌베개, 2001)라는 새 한글 해독본으로 출판되었다. 단, 후자는 생략이 많아서 본고에서는 전자를 이용한다. 한편 뒤의 세 한문 저작은 각각 『국역 담헌서』 I-V(민족문화추진회, 1974)의 IV권에 『연기』, II권에 『항전척독』, I권에 『의산문답』이 실려 있다. 이들 저작을 인용할 때는 일부 개역하며 페이지는 숫자만 표기하기로 한다.

3_연행과 그 이후에도 지속된 그들과의 서신은 『항전척독』에 실려 있다. 또한 『항전척독』 후반부에는 연행 중 북경에게서 만난 세 중국 문인들과의 필담인 『건정동필담(乾淨衕筆談)』과 그 속편이 첨부되어 있다. 또한 『항전척독』의 첫머리에는 박지원(朴趾源, 號 燕巖, 1737~ 1805)과 민백순(閔百順, 字 順之, 1711~1774)의 서문으로 구성된 『회우록서(會友錄序)』도 실려 있다. 단, 그 본문인 『회우록』, 즉 『건정동 회우록』은 실리지 않았다. 『국역 담헌서』를 편찬할 당시 그 존재가 알려지지 않았던 때문이다. 그런데 실은 『건정동 회우록』(전3책)의 1책은 숭실대학교 기독교 박물관에 보관되어 왔다. 이런 사실은 2012년 12월에 후마 스스무(夫馬進) 교수에 의해 밝혀졌다. 후마 교수는 또한 『건정동 회우록』은 그 축소판인 『건정동필담』이나 그 개정판인 『건정필담(乾淨筆譚)』의 원본이라는 사실도 밝혀냈다. 나아가 이들 판본을 대조, 분석함으로써 담헌의 학문관 변화에 한인 문인들이 큰 영향을 미쳤다는 사실도 밝혀냈다. 夫馬進, 『朝鮮燕行使と朝鮮通信使』(名古屋大学出版会, 2015)의 13장 참조.

4_후마 교수는 『의산문답』의 탄생과 그 속에 담긴 담헌의 사상 편력, 학문관에도 역시 연행과 그 이후 지속된 중국 문인들과의 서신 교류가 큰 영향을 미쳤다는 사실을 밝히고 있다. 夫馬進, 앞의 책, 14장 참조.

주었을 것이란 점이다.

전통적으로 화이관은 '열림'과 '닫힘' 두 갈래의 흐름이 있었다. 이때 '열림'은 — 주로 유교 — 문화(문명)의 유무, 다과에 따른 화이 구분과 화이변태(變態; 화 ⇄ 이)를 긍정하는 '보편 문화 중심' 화이관을 표상한다. 거기엔 '자국은 또는 자국도 중화'라는 '보편적' 자국 중심주의나 자존의식이 담겨 있다. 동시에 화이 공존과 융화, 그리고 '이 안에 화, 화 안에 이'의 요소를 인정하는 상대화 성향이 강하게 담겨 있다. 나아가 화든 이든 각 나라/지역 문화는 나름대로 가치를 지니고 있다는 상대주의적 사고도 담겨 있다. 이런 '상대주의적이자 열린' 사고는 삼원사고(三元思考, 필자의 조어)에 바탕을 두고 있다고 본다.[5] 이를 바탕으로 담헌은 열림의 전통을 계승, 발전시킴으로써 자신의 '열린' 화이관을 발명한 것이다. 그런 뜻에서 그것은 '새롭고도 오래된' 화이관이라 볼 수 있다.

한편 닫힘은 화이 구분을 지리, 종족이나 자국 문화에 고정시키는 화이관을 표상한다. 이는 '자국/자종족 중심'과 '자국만 중화'라는 '자국 문화 중심'의 두 갈래 화이관으로 나누어 볼 필요가 있다.[6] 이들 두 갈래의 '닫힌' 화이관에는 '특수적' 자국 중심주의나 자존의식이 담겨 있다. 그리고 '잊지 못할 타자'에 대한 적대감이나 이로 말미암은 배외의식과 함께 화이불변의

5_삼원사고에 관해서는 4장에서 간결하게 설명할 것이다. 그 상세는 김봉진, "글로벌 공공철학으로서의 한사상", 『한류와 한사상』(서울: 도서출판 모시는 사람들, 2009) 참조.

6_그 중에 '자국 문화 중심'의 화이관은 다시 두 가지로 세분할 수 있다. 하나는 유교라는 '보편 문화'를 자국만이 독점하고 있다는 자국 중심적 자존의식에 바탕을 둔 화이관이다. 조선의 '닫힌' 소중화(小中華)관이 이에 속한다. 또 하나는 '자국 특유의 전통문화'를 '자국만 중화'의 근거로 삼는 화이관이다. 이는 전자보다 더 강한(편협한) 자국 중심적 자존의식에 바탕을 둔다. 에도(江戶) 일본의 유학자 일부나 국학자의 화이관이 그랬다.

절대화 성향이 담겨 있다. 이런 '닫힌' 화이관은 화/이나 자/타 등 구분, 대립을 조장하는 이원사고(二元思考) 내지 이항대립(二項對立) 사고에 입각해 있다고 볼 수 있다. 미리 주의를 환기하자면 동아시아 전통의 화이관이 마치 닫힘만 지녔던 것처럼 여기는 통념이 근대 이래 퍼져 나갔다는 점이다. 이 같은 통념은 오해나 몰이해에 바탕을 둔다.

이렇듯 화이관은 닫힘 두 갈래와 열림을 합한 세 범주로 나누어 볼 수 있다. 조선의 소중화관도 마찬가지다. 원래 소중화관은 '조선도 명(明)에 버금가는 중화'라는 자존의식에 기초한 관념이었다. 이는 조선이 이 → 화로 변화했듯 화이변태를 긍정하는 '열린' 화이관을 표상한다. 따라서 '열린' 소중화관이라고 불러도 좋다. 열림 성향이 소중화관의 바탕이자 전통인 셈이다. 그러나 조선 중기에 들어 임진·정유 왜란(1592~1598), 정묘·병자 호란(1627~1636)의 양란과 명청(明淸) 교체라는 대변동을 겪으면서 닫힘 성향에 빠져 들었다. 그럼에도 조선의 소중화관이 '자국/자종족 중심'과는 거리를 두고 있었다는 점에 주목할 필요가 있다. 거기엔 조선의 강인한 유교 전통이 보인다. 본래 유교는 보편을 추구하는 사상이기에 그에 바탕을 둔 화이관 역시 자국 문화 중심이 아닌 보편 문화 중심의 열림에 친화성을 갖는다.[7]

그렇다면 조선 중기 이후에 퍼져 나갔던 자국 문화 중심의 '닫힌' 화이관은 오히려 '부자연스러운 것'이었다고 말할 수 있지 않을까? 유교라는 보편 문화를 자국만 독점하고 있다는 것은 결국 무리가 따를 것이기 때문이다. 그런 부자연, 무리가 현실적으로 조선의 정계, 학계를 주박(呪縛)하고 있었을지라도 말이다. 또 담헌의 '열린' 화이관은 유교나 소중화 전통에서

7_그 사상사적 고찰을 보려면 장치숑(張啓雄), 「中華世界秩序原理の起源」, 『中國 - 社會と文化』 24호(中國社會文化學會, 2009년 7월) 참조.

자연스럽게 도출될 수 있는 것이었다고 볼 수 있지 않을까?

이 글은 동아시아 전통의 화이관에 대한 오해를 풀고, 그 실상을 밝히기 위한 한 방편으로 담헌 연행록의 화이관을 고찰한다. 2절에서는 당시 중앙 정계나 학계의 주박과 이에 대한 담헌의 비판의식을 살펴본다.[8] 이는 3절에서 고찰할 그의 화이관 변용과 연관되어 있다고 보기 때문이다. 그리고 그 변용에 영향을 주었으리라 여겨지는 옹정제(雍正帝; 재위 1722~1735)의 『대의각미록(大義覺迷錄)』의 요지를 밝힌다. 그 다음 '화이일야'론과 '역외춘추'론을 분석한다(4절). 5절은 『논어』 팔일(八佾)의 '이적지유군, 불여제하지망야(夷狄之有君, 不如諸夏之亡也)'에 관한 두 갈래 주석, 즉 고주(古注), 신주(新注)와 『대의각미록』의 내용을 검토한다. 마지막으로 담헌의 화이관이 남긴 영향과 의미를 생각해 본다.

2. 주박과 비판의식

영·정조 대의 조선은 양란과 명청 교체에 기인한 감정의 기억과 이에 바탕을 둔 북벌론, 존주론, 주자학 존숭 등 정치사상사적 유산을 이어받고 있었다. 특히 북벌론과 존주론은 소중화관을 닫힘 성향에 빠트리는 요인이 되었다. 이들 유산은 일종의 국시로 여겨졌고, 따라서 그에 대한 정면 비판은 적어도 중앙 정계에선 금기에 가까웠다. 그래서 붕당 간의 이해관계와 얽힌 채 중앙 정계를 규율, 속박하고 있었다. 이로써 대내외 폐색(閉塞) 상황

8_담헌의 비판의식은 그 자신의 삼원사고에 바탕을 두고 있다고 본다.

을 초래하기도 했다. 한편 이들 유산은 북벌론의 형해화, 존주론의 물신화, 주자학의 교조화, 그리고 붕당의 화(禍) 등 퇴화된 모습을 드러내기도 했다.

주의할 것은 주박이란 개념이 북벌론, 존주론, 주자학, 붕당 자체가 아니라 각각의 형해화, 물신화, 교조화와 같은 부(負)의 측면을 가리킨다는 점이다. 달리 말해 북벌론, 존주론 등에는 정(正)의 측면도 있었음을 뜻한다. 예컨대 이로써 중앙 정계는 왕조 정통성과 체제를 재정비했다. 그 결과 북벌론, 존주론 등은 정통성과 체제를 유지하는데 불가결한 요소가 되었다. 이를 토대로 정치, 경제 등을 개혁해 나갔고 문화, 사상과 서민생활에 활기를 불어 넣었다. 그리하여 영·정조 대는 '문예 부흥의 시대' 또는 '실학의 전성기'가 될 수 있었던 셈이다.

문제는 상기한 '부'나 '주박'이었다. 그것이 문제로 인식됨과 함께 극복, 해결하려는 기운도 높아져 갔을 것이다. 실제로 영·정조 대엔 그 기운이 — 예컨대 탕평 정국의 형태로 발현되어 — 중앙 정계는 물론 전국에 퍼져 나갔다. 이는 '부, 주박'에 대한 비판의식도 마찬가지였다. 왕을 비롯한 관료, 지식인 대부분이 크든 작든 비판의식을 공유하고 있었던 것이다. 담헌의 비판의식은 그 하나였을 뿐이다. 단, 그 비판 내용이나 표출 양상엔 각자의 특성이 담겨 있었다. 그렇다면 담헌의 비판의식은 무슨 내용이며 어떻게 표출되었을까? 그 일단을 그가 21세 때 스승이자 노론계열 학자인 김원행(金元行, 호는 渼湖, 1702~1772)에게 표출한 비판의식에서 엿보기로 한다.

> 나는 신미년(1751년)에 영읍(嶺邑)에서 우연히 윤증(尹拯)의 문고를 얻었다. 그 문사(文詞) 가 창통(暢通)하고 사기(辭氣)가 완순(婉順)함을 좋아하여 밤낮 탐독하면서 그 학설에 빠져들었다. 그리고 '우옹(尤翁, 우암 송시열)에게 의심스러운 곳이 있고 오히려 윤증은 용서할 바가 있다'고 생각했다. 또한 신임(辛壬)의 일을

듣고 '저쪽이 본디 역(逆)이나 이쪽도 죄가 없지 않다'고도 생각했다.

(「미상기문(渼上記聞)」, 『국역 담헌서』 I, 166-167)

이같이 담헌은 노론 창시자인 우암, 그리고 노론-소론의 붕당 싸움에 대한 비판의식을 지니고 있었다.[9] 위 인용문에 언급된 윤증(1629~1714)은 그의 스승이었던 우암과 대립함으로써 소론의 거두가 된 학자다. 그 대립엔 아버지 윤선거(1610~1669)와 우암의 불화와 같은 개인적 이유도 있었으나 주된 이유는 정치관, 대외관, 학문관 등 사상 대립이었다. 윤증은 우암의 북벌론, 존주론을 견제하면서 대청 실리외교를 주장했다. 그리고 우암의 주자학 존숭과 달리 양명학을 수용했고 경세학, 실학을 중시했다. 예컨대 양명학자인 정제두(1649~1736)와 친밀했다.[10] 또 우암의 정적이던 남인의 윤휴(1617~1680)와 교유하면서 그의 학설을 변호하기도 했다. 이런 윤증을 청년 담헌은 '좋아했고 그 학설에 빠져들었던' 셈이다.

'신임의 일'이란 신축(辛丑, 1721)과 임인(壬寅, 1722), 즉 경종 1, 2년에 일어난 신임옥사를 가리킨다. 이때 벌어진 노소 싸움의 원인은 왕통을 둘러싼 충역(忠逆)과 의리(義理) 시비였다. 위 인용문에서 담헌이 '본디 역'이라 말한 '저쪽'은 소론을 뜻한다. 1724년 영조 즉위 후 신임옥사의 충역이 뒤집혀 소론이 '역'으로 바뀐 때문이다. 이로써 노론은 '충'이 된 셈이다. 그러나 담헌은 '이쪽' 노론에도 '죄가 없지 않다'고 생각한 것이다. 그 연유를 묻는 스승에게 담헌은 우암과 윤휴의 관계와 윤증의 행적을 들어 답했고,

9_노론-소론 싸움은 정옥자, 『조선후기 조선중화사상 연구』(서울: 일지사, 1998), pp. 52-66 참조.

10_윤증과 정제두의 학문, 즉 육왕학(陸王學)에 관해서는 김길락, 『한국의 상산학과 양명학』(서울: 청계, 2004)의 7장과 9, 10, 11장 참조.

신임옥사에 관해서는 노론의 행실을 비난했다(『국역 담헌서』 I, 167-168). 이에 노한 스승은 엄한 훈계를 내렸다. 그러자 담헌은 "의심을 품고도 입 다물기보다는 캐물어 분변(分辨)함이 낫고 구합(苟合)하기보다는 차라리 할 말 다하고 돌아감이 낫습니다"(『국역 담헌서』 I, 169)라고 답변하였다.

이렇듯 담헌은 노론계 학풍을 계승하긴 했으나 다른 한편 우암, 노론의 학문이나 정치 행태에 대한 강한 비판의식을 지니고 있었다. 거기엔 소론 윤증이나 남인 윤휴의 학설과 그들의 비판의식도 투영되었을 것이다. 그리하여 신임옥사에서 보듯 '충역, 의리' 시비는 — 잘못되면 — 붕당의 화를 남길 뿐 실제 정치엔 무익하다는 비판의식으로 이어졌던 것이다. 이런 비판의식은 그가 후일 붕당뿐만 아니라 북벌론, 존주론 등에 의한 중앙 정계의 주박을 비판, 성찰하게 되는 전조였다고 본다. 이는 나아가 그의 화이관을 비롯한 대외관 형성에도 커다란 영향을 주었을 것이다.

3. 연행록에 보이는 대외관의 변용

담헌은 을유년 11월 2일 한성을 떠날 때의 감회를 다음과 같이 피력한다.

> 장주(莊周)가 말하기를 "여름 벌레와 더불어 얼음을 말할 수 없고 오곡(迃曲)한[바르지 못한] 선비와 더불어 큰 도를 의논하지 못한다"(『장자』 외편)고 했으니 동국(東國)[조선]의 예악문물이 비록 작은 중화[小中華]라 일컬으나 그 땅에 백 리 열린 들이 없고 천 리 흐르는 강이 없으니 강토 좁고 산천 막혀 중국의 한 고을에도 못 미칠 것이다. … 그리하여 자족한 기상과 악착같은 언론으로 바깥 세상에

큰 일 있으며 천하에 큰 땅 있는 줄 모르니 어찌 가련치 않으리오.

(『주해 을병연행록』, 17; 이하 책명 생략)

이렇듯 담헌은 조선의 '오곡한 선비'들이 소중화관에 빠진 채 좁은 땅에서 '닫힌' 학문에 빠져 있음을 비판한다. 여기에는 전술한 조선의 '주박'에 대한 비판의식이 담겨 있다. 한편 "중국은 천하의 종국(宗國), 교화의 근본"이자 "의관 제도와 시서 문헌이 사방[四海]의 준칙(準則)이 되는 곳"이다(20). 그러나 이런 중국도 "삼대(三代)[夏·殷·周] 이래" 여러 차례 '화 ⇄ 이' 변동을 거쳐 왔으며 청대 이후 "건노(建虜)[여진족]의 기물(器物)"이 되었다고 말한다(18). 이렇듯 담헌은 중국이 지리적으로나 문화적으로 중화임을 인정하면서도 동시에 화이변태를 긍정한다. 거기엔 닫힘과 열림이 복합된 화이관이 담겨 있다. 그런 데 이어지는 다음 말은 (①, ②로 나누어) 주목해 볼 필요가 있다.

> ① 그러나 문물이 비록 변하나 인물은 고금이 없으니 어찌 한번 몸을 일으켜 천하의 큼을 보고 천하 선비를 만나 천하 일을 의논할 뜻이 없으리오. ② 또 비록 더러운 오랑캐라도 중국에 웅거하여 백여 년의 태평을 누리니 그 규모와 기상이 어찌 한번 볼 만하지 않으리오. 만일 "이적(夷狄)의 땅은 군자가 밟을 바 아니요, 호복(胡服) 입은 인물과는 더불어 말을 못하리라" 하면 이는 고체(固滯)한 소견이요 인자(仁者)의 마음이 아니다. (19)

①은 (중화의) 문물이 변하여 이적의 요소가 끼어들었다 해도 인물은 변함없는 중국인이며 그 안에 중화 학문을 계승한 자도 있으리란 뜻이다. 여기 '이 안에 화'를 긍정하려는 상대주의적 사고가 엿보인다. ②는 청국에 '볼 만한', 즉 '화'로 평가할 만한 '규모, 기상'이 있으리란 뜻이다. 거기에는 청

국 중화화, 즉 '용하변이(用夏變夷)'를 인정하려는 '열린' 화이관과 '청국 = 이 안의 화를 배우자'는 북학론의 싹이 엿보인다. 이런 '상대주의적이자 열린' 성향은 연행을 거치면서 담헌의 화이관에 의미심장한 변화를 일으키게 된다.

압록강을 건너 11월 27일 구련성(九連城)에 가는 도중 담헌은 "간밤에 꿈을 꾸니 요동 벌판을 날아 건너 산해관(山海關)[만리 장성의 해안 끝, 북경의 관문] 잠긴 문을 한 손으로 밀치도다"(36)라는 내용의 노래를 지어 읊었다고 한다. 거기에는 담헌의 '북벌의 꿈'이 담겨 있다고 본다. 그 후 그는 요동을 지나 심양(瀋陽)을 구경한 후 산해관을 거쳐 12월 27일 북경에 도착했다. 이 동안 실지(實地)의 문물, 제도, 풍속 등 각종 실사(實事)를 견문하는 한편, 가는 곳곳 기회 있는 대로 현지인과 대화를 나누고 있다.[11]

병술년 새해 첫날 담헌은 사절단을 따라 '조참(朝參)[황제 알현식]'에 참가했다.[12] 조참이 끝난 후 담헌은 조선인 의관(衣冠)에 관심을 보이며 다가온 오상(吳湘), 팽관(彭冠)이라는 한림원(翰林院)의 두 한인과 말을 나누고 재회를 약속했다(206). 그리하여 6일 그들의 관직과 주소를 알아낸 담헌은 20일, 23일 두 차례 만났다. 주목할 것은 담헌이 그들을 만날 때마다 여유량(呂留良, 호 晩村, 1627~1683)에 관한 질문을 던지고 있었다는 점이다. 여유량은 그와 연관된 사건 특히 옹정 6(1727)년의 '증정(曾靜, 1679~1736) 역모 사건'과 이에 비롯된 옹정 8년의 『대의각미록』 출판 등으로 청대 정치

11_청나라 문인들과 나눈 서한의 하나인 「답주랑재문조서(答朱朗齋文藻書)」에서 담헌은 "우리 유(儒)의 실학"을 말하면서 "오직 그 실심실사(實心實事)로써 날마다 실지를 밟고 먼저 그 진실한 본령을 가진 뒤에야 주경치지(主敬致知), 수기치인(修己治人)의 술(術)이 조치할 곳이 있게 된다"(『항전척독』, 『국역 담헌서』 II, 108)고 주장하고 있다.

12_당시 황제는 건륭제(乾隆帝, 재위 1735~1795)였고 병술년은 건륭 32년에 해당된다.

사상사에 중대한 의의를 남긴 인물이다. 이는 조선의 화이관, 대외관에도 상당한 영향을 주었으리라 본다.[13]

정월 20일 담헌은 오상, 팽관과 만나 많은 대화를 나누었다. 그 과정에서 담헌은 "여만촌은 무슨 죄로 죽었느냐"라고 묻는다. 그러자 "두 사람은 얼굴빛이 변하고 대답치 않더니 이윽고 팽관이 '죄로 죽은 게 아니라 죽은 후 죄를 입은 사람이오. 그 자손과 문생(門生)이 다 변방으로 귀향(歸鄕)[유배] 당했습니다'"라고 답한다(377). 담헌의 질문을 바로잡아 정확히 대답해 준 셈이다. 그러나 팽관, 오상 같은 한인 관료에게 여유량은 거론하기 껄끄러운 금기의 인물이었을 것이다. 그럼에도 담헌이 거론한 이유는 이들이 여유량과 같은 '기절(氣節)'이 있는지 없는지를 떠보려는 의도였던 것으로 보인다.

아무튼 담헌은 여유량의 대명 의리를 계승함으로써 일어났던 '역모 사건'의 시말과 이에 얽힌 조선 연행사절의 일화를 소개하고 있다(377-378). 그 검토는 생략하나, 주목할 것은 담헌이 바로 이 사건을 계기로 출판된 『대의각미록』을 언급하지 않고 있다는 점이다. 그렇다면 담헌은 그 책의 존재를 몰랐을까? 아니면 알고 있었으나 아직 읽은 적이 없었던 것일까? 그도 아니면 이미 읽었으나 '사정상' 언급을 회피한 것일까? 이들 물음을 풀어낼 만한 자료는 없다. 단, 추측하건대 담헌은 『대의각미록』을 읽었거나 아니면 읽진 않았어도 그 요지를 알고 있었을 가능성이 있다.

23일에는 담헌이 "여만촌 문집 유무"를 묻는다. 이에 "팽관이 손을 저어 없다 하고 또 이르기를 '연전(年前)에는 개간한 판본이 있더니 근년에 없

13_그 일단을 밝힌 논문으로서 김홍백, "『大義覺迷錄』과 조선 후기 華夷論", 『한국문화』 56(2011년 12월)이 있다.

어졌다'"고 답한다(397). 그도 그럴 것이 '역모 사건'을 계기로 여유량과 그 집안 자손은 정죄되거나 처형되었고, 그의 문집은 금서가 되었기 때문이다[이른바 옹정의 '문자옥(文字獄)']. 이를 계기로 옹정제는 『대의각미록』을 저술, 출판하여 널리 배포했던 것이다. 그 요지는 여유량이나 증정과 같은 한인들의 '닫힌' 화이관 비판이었다. 그 근거는 화이 구분의 기준이 '인의(仁義), 덕'의 유무에 있다는 것과 화이변태가 가능하다는 것이었다. 이로써 옹정제는 보편 문화 중심의 '열린' 화이관을 새삼 강조했던 셈이다.

특히 옹정제는 청조가 '화이, 중외(中外)'를 통합하여 '천하일통, 천하일가, 만물일체(萬物一體)'라는 유학(자)의 전통적 이상을 실현했음을 강조하고 있다. 이 『대의각미록』이 옹정 8년 이래 청국 내에 퍼져 있었음을 감안할 때 상기한 표현들은 당시 청국 관료, 지식인에게는 일종의 상식처럼 유행되었을 것이다. 실제로 담헌은 한인들과 대화를 나눌 때 그들이 그런 표현을 거침없이 쓰고 있는 사실에 접하고 있었다. 예컨대 정월 26일에 담헌은 북경의 유리창(琉璃廠; 서점과 점포의 거리)에 가서 팽관이 천거해 준 장본(蔣本), 주응문(周應文)와 만나 대화를 나눈 적이 있다. 그 후 재회를 못한 채 2월 6일 담헌은 주응문의 편지를 받게 된다. 거기서 주응문은 "금천하중외일가(今天下中外一家)"(『연기』 외집 권7, 『국역 담헌서』 IV, 五)이니 언젠가 만날 수 있으리라 말한 것이다.

그런데 주목할 것은 2월 3일 담헌이 35세인 엄성(嚴誠, 자 力闇, 호 鐵橋), 25세인 반정균(潘庭筠, 자 蘭公)이란 두 한인 선비를 만난 첫날에 나눈 다음과 같은 대화이다.

> [담헌이] 또 말하기를 "우리가 우연히 만나 한 번 보아도 오랜 친구와 다름이 없습니다. 이후에 다시 만나기를 기약함이 어떠합니까?" 하니 반생이 말하기를 "옛 사

람이 '신하는 밖으로 사귐이 없다'['人臣無外交'(『禮記』郊特牲)]하였으니 다시 만남을 도모하기 어렵습니다." 내가 말하기를 **"이 말은 적국 사람을 이르는 것입니다. 아국이 비록 중국과 다르나 해마다 조공을 통하니 어찌 피차의 협의(嫌疑)를 의논하겠소"** 하니 반생(潘生, 반정균)이 크게 기뻐하며 말하기를 "황제가 천하로써 한 집을 삼는데 어찌 중외(中外)에 간격이 있으며 하물며 조선은 예의지방(禮義之邦)이어서 모든 나라의 으뜸이 되니 시속(時俗) 사람의 의사로 어찌 고념(顧念)하리오." (469-470; 굵은 자는 필자)

위 인용문의 굵은 자 부분은 그 원문에 해당하는 『항전척독』을 보면 "此戰國時語也. 今 天下一統, 豈有彼此之嫌"(『국역 담헌서』 II, 三○)으로 되어 있음을 알 수 있다. 이를 해석하면 "인신무외교란 전국시대의 말입니다. 지금은 천하일통인데 어찌 서로 (사귐을) 꺼릴 필요가 있겠소"라는 뜻이다. 이같이 담헌은 청조의 '천하일통'이라는 표현을 사용했던 것이다. 그러자 반정균은 '희색(喜色)'을 보이며 "천자가 천하로 일가를 삼음(天子以天下 爲一家)"(같은 책, 三○)이라는 말로 화답하고 있다. 그 배경에는 담헌의 열린 마음과 깊은 배려에 대한 고마움과 반가움이 담겨 있다고 본다. 달리 말해 담헌의 열린 화이관은 청조에 태어나 살아가는 한인에 대한 이해와 동정을 담고 있었던 셈이다.

앞서 보았듯 연행 길에 올랐던 당시 담헌은 반청 감정이나 북벌론 등으로부터 자유롭지 않았다. 그리하여 요동 벌판에 들었을 때는 '북벌의 꿈'을 품고 있었음을 보여 주었다. 그랬던 그가 이제 청조 긍정을 뜻하는 '천하일통'을 사용하게끔 변화된 것이다. 이런 변화는 엄성, 반정균 등 한인 문인과의 교유에 기인한다. '천하일통'은 '천하일가, 중외일가'와 더불어 이들과의 교유를 이끄는 이념이자 현실이었던 것이다. 담헌은 이들과 교유하면서 다음과 같은 비판적 성찰에 들어갔을지 모른다. 이들에게 청조 긍정은 청국에 태어나 사는 한 곧 현실이 아닌가! 조선(인)은 그런 현실을 외면하고 당위에만 집착한 채 청조를 부정함으로써 '닫힌' 화이관이나 형해화된 북벌론에 주박되어 있다.

2월 12일 네 번째 만남에선 1644년에 명이 망한 뒤 일부 잔존 세력이 남경에 세웠던 남명(南明)의 홍광제(弘光帝, 재위 1645~1646)가 화제가 되었다. 이때 담헌은 "홍광 년간에 중국을 잃고 남방 한 조각의 땅에 왕업을 부쳐 조석으로 병화(兵火)를 염려하는데 어느 겨를에 이런 곳에 힘이 미치겠소. 마침내 중흥 사업을 이루지 못함이 마땅하지요. 강희 황제는 동방[조선]이 또한 영웅의 임금으로 일컫는데 이 일을 보아도 역대에 비할 임금이 적으리라"(560)는 견해를 피력한다.[14] 여기엔 대명 비판과 청조 긍정이 담겨 있다. 이를 기회삼은 듯 엄성은 "본조가 나라를 얻음은 가장 정대(正大)합니다. 도적을 멸하고 대의를 펴서 명조의 수치를 씻고 중국에 주인이 없음을 당하여 자연 천위(天位)를 얻음이지 천하를 리(利)[私利, 漁夫之利]로 여김이 아니었소"(561)라며 청조를 변호, 긍정한다.

같은 날 화제가 각 왕조의 형벌에 이르자 엄성은 명조 형법이 가혹했음을 비판한 뒤 "본조에 이르러 조정에서 형장(刑杖)하는 법을 덜었으니 가장 관후(寬厚)한 정사(政事)"라면서 청조를 칭송한다. 이에 담헌은 "천하가 한 집이니 집 안에서 사사(私事)를 수작함이 무슨 해로움이 있으리오"라고 전

14_이날의 만남에 앞서, 그 전날 담헌은 북경 교외의 서산에 갔다가 돌아오는 길에 강희제가 머물던 창춘원(暢春園)을 구경했다. 그 검소한 모양을 본 담헌은 "천자의 위엄과 천하의 재력으로 이같이 검덕(儉德)을 숭상하여 행락(幸樂)을 일삼지 아니하니 육십 년 태평을 누리고 지금 성군으로 일컬음"(545)이라며 강희제를 칭송하고 있다.

제한 뒤 "동방에 있을 때 중국 소식을 들으니 해마다 재변(災變)이 많고 민심이 소동하여 천하가 평안치 못하다 하니 실상은 어떠합니까?"라고 묻는다. 이때 담헌은 '천하가 한 집[天下一家]'이란 표현을 썼다. 단, 이는 한인 문인들이 꺼릴지 모를 '사사', 즉 청국 내부의 '재변, 민심 소동' 등 청조 불안정에 관한 실상을 알아내기 위한 레토릭이기도 했음을 알 수 있다.

위 담헌의 질문에 대한 엄성의 답은 "실로 없다"(575)였다. 또한 반정균은 "수년 전에 회자국(回子國)이 변방을 어지럽혀 삼 년을 넘으니 즉시 평정하고 지금은 사방이 평안하여 이런 일이 없다"(576)고 답했다. 건륭제가 1758~1759년에 벌인 회부(回部)[新疆] 평정을 칭송한 것이다. 이로써 담헌은 청조 불안정은 거짓임을 확인했던 셈이다. 엄성은 "이때[지금]는 태평하고 인물이 극히 성한 시절이라. … 황상[건륭제]의 은혜를 생각지 않을 이 없고 조금도 소동하는 말이 없으니 특히 절강(浙江) 근방은 자주 구실[세금]을 덜어 은혜를 더하니 인심이 더욱 감복합니다"(576)라면서 건륭제 치세를 칭찬하고 있다.

2월 26일, 즉 마지막 만남이 된 "이 날은 일찍이 밥을 먹고 [숙사(宿舍), 즉 회동관(會同館)의] 문 열기를 기다려"(683) 찾아갈 만큼 담헌은 만남을 고대하고 있었다. 이날 화제가 의관 제도에 이르자 담헌은 "삼대와 한당(漢唐)이 큰 옷과 너른 소매로 각각 수백천 년을 누렸으니 다만 덕의 후박(厚薄)은 있었을 것이오. [그러나] 어찌 의복 제도로 말미암겠는가"(691)라고 말한다. 의복 제도는 상관할 것이 아니며 '다만 덕의 후박'이 중요할 뿐이라는 뜻이다. 이로써 담헌은 청조의 의관, 복식 비판을 철회한 셈이다. 그럼에도 반정균은 "말을 들으니 진실로 마음이 슬프다"(691)고 말한다. 이에 담헌은 다음과 같은 말로 위로하고 있다.

순(舜)은 동이의 사람이오, 문왕(文王)은 서이의 사람이니 왕후(王侯)와 장상(將相)이 어찌 종류가 있으리오. 진실로 하늘 때를 받들어 이 백성을 평안히 할진대 이는 천하의 참 임 금이라 일컬을 것입니다. 본조(本朝)[청조]가 산해관을 들어온 후 육적(六敵)을 삭평(削平)하고 천하를 진정(鎭定)하여 이즈음 이르렀기에 백여 년 사이의 병혁(兵革)이 끊어지고 백성이 생업을 보전하니 치도(治道)의 성함이 가히 한당(漢唐)에 비길 만합니다. (691)

여기서 담헌은 청조를 '본조'라 부르고 — 후술하나 마치 옹정제가 『대의각미록』에서 '순은 동이지인, 문왕은 서이지인'(『맹자』 離婁章句下)[15]을 활용하면서 그랬던 것처럼 — 아예 청국의 중화화를 인정해 버린다. 이렇듯 '열린, 상대화된' 화이관을 명백히 표명하게 된 것이다.

4. 『의산문답』 안의 화이관

연행 전부터 이미 담헌은 '상대주의적이자 열린' (삼원) 사고의 성향을 지니고 있었다. 그리고 연행 중 '천하일통, 천하일가'라는 '이상과 현실'을 긍정하기에 이르렀고 청조를 칭찬하기도 했다. 나아가 청국의 중화화를 인정함으로써 '상대주의적이자 열린' 화이관을 새롭게 '발명'하기에 이르렀던 것이다. 이런 변화가 전술했듯 그의 인물관, 우주관 등과 결합하여 총괄적으로 표출된 대외관이 바로 『의산문답』 안의 '화이일야'론, '역외춘추'론이

15_이어서 (순과 문왕은 이적의 사람이었으나) "뜻(志)을 얻어 중국에서 행함이 마치 부절(符節)이 합하듯 선성(先聖)과 후성(後聖)의 규(揆; 道)가 하나였노라"고 맹자는 말한다.

다. 이들 '론'을 (①~③으로 나누어) 인용, 해석한 뒤 앞뒤 맥락에 비추어 고찰해 보자.

> ① 하늘(天)에서 보면 어찌 내외지분(內外之分)이 있겠는가. 그러므로 각각 제 나라 사람과 친하고, 제 나라 임금을 높이고, 제 나라를 지키고, 제 풍속에 안주함은 화나 이나 한 가지다(是以各親其人, 各尊其君, 各守其國, 各安其俗, 華夷一也).
> ② 그런데 천지가 변하면서 인물이 많아지고 인물이 많아지자 물아(物我)가 형성되고, 물아가 형성되자 내외가 나뉘었다. [그래서] 장부(腸腑)와 지절(肢節)은 일신(一身)의 내외, … 인리(隣里)와 사경(四境)은 일국의 내외, 동궤(同軌)와 화외(化外)는 천지의 내외가 된 것이다. 대저 남의 것 빼앗음을 도(盜), 죄 없이 죽임을 적(賊)이라 한다. 그리고 사이(四夷)가 중국에 침강(侵疆)함을 구(寇), 중국이 사이를 독무(瀆武)[무력을 남용]함도 적(賊)이라 한다. 그러나 서로 구, 적이라 하니 그 뜻은 한 가지다.
> ③ 공자는 주나라 사람이다. 왕실이 날로 낮아지고 제후들도 쇠약해지자 오(吳), 초(楚)가 하(夏; 주 왕조)를 어지럽혀 도적질을 마다하지 않았다. 『춘추』란 주나라의 책인바 내외를 엄히 [구분]함이 또한 마땅하지 않은가. 그러나 만약 공자가 바다 넘어 구이(九夷)에 살았다면 용하변이 하여 주도(周道)[주나라의 도]를 역외에 일으켰을 것이다. 그렇다면 내외지분(內外之分)과 존양지의(尊攘之義)에 스스로 합당한 역외춘추가 있었을 것이다.
>
> (『국역 담헌서』 I, 490-491)

위 인용문에서 ①의 요지는 '하늘'의 시각에서는 내외 구분이 없듯 화이 구분도 없다는 것이다. 화든 이든 모든 나라(사람)가 각각 '친기인(親其人), 존기군(尊其君), 수기국(守其國), 안기속(安其俗)'함이 같다는 면에서 '화이일야'라는 것이다. 이때 '친기인, 존기군' 등은 이를테면 각 나라의 존재이유나 권리를 뜻하며 그것이 하늘 아래 모든 나라에 동등(평등)하게 부여되어 있음을 함의한다. 거기엔 '천부자연권적 국권론과 이에 바탕을 둔 국가 평등관'이 담겨 있다고 볼 수 있다. 또는 '원초(primordial) 내셔널리즘' 관념이 담겨 있다고 볼 수도 있다.[16] 이는 어떤 나라든 '한 가지'란 점에서 —(근대) 내셔널리즘의 '부'의 속성인 차이/배제라는 '닫힘'을 거부한다는 뜻에서 — '열린' 내셔널리즘에 해당된다.

담헌의 '화이일야'는 화이불변의 부정을 함의한다. 이는 화이를 지리/종족에 고정시키는 자국/자종족 중심과 자국만 중화라는 자국 문화 중심에 바탕을 둔 두 갈래의 '닫힌' 화이관을 부정한 것이다. 역으로 화이변태의 긍정을 함의한다. 화/이란 '문화(문명)'의 유무로 결정될 뿐이며 따라서 그 비부비(備不備)에 따라 '화 ⇄ 이'를 긍정한다는 말이다. 이때 문화는 화이 모두에게 열린 채 보편화되며 이로써 보편 문화 중심 화이관을 이끈다. 또 '화이일야'는 '화 안에 이, 이 안에 화'라는 식의 상대화도 함의한다. 요컨대 '화이일야'는 '열린, 상대화된' 화이관을 표상하는 언설인 것이다.

거듭 말하나 '열린' 화이관이나 화이 상대화는 담헌의 독창이 아니라 '전통의 발명'이다. 동아시아의 화이관은 닫힘과 열림 두 갈래의 전통을 지니고 있었던 까닭이다. 그 가운데 담헌은 '열림'을 선택함과 함께 화이를 상대화했다고 볼 수 있기 때문이다. 더욱이 당시 청국에선 '열린' 화이관이 마치 상식처럼 퍼져 있었다. 이를 체험한 담헌은 '화이일야'라는 언설을 만들어 냄으로써 '열린' 화이관의 전통을 새롭게 발명한 것이다. 그렇다고 그의

16_'원초 내셔널리즘'이란 안토니 스미스가 말한 '전근대의 에트닉 공동체(ethnie)에 기초한 내셔널리즘'을 가리킨다. 스미스는 근대 이후 'ethnie'에서 'nation'이 탄생했고 '원초 내셔널리즘'이 '근대 내셔널리즘'으로 재편되었다고 한다. Anthony Smith, *The Ethnic Origins of Nations* (Oxford: Basil Blackwell, 1986), Part I, II 참조.

'화이일야'론의 의의가 저하되는 것은 물론 아니다. 왜냐면 기존 전통의 열림을 더 확장했고, 또 화이 상대화를 한층 철저하게 추진했다고 보기 때문이다. 실제로 그의 열림과 상대화는 청국을 비롯한 동양을 넘어 서양까지 포함한 지구 전체에 걸쳐 있었다.

> 중국은 서양과 경도(經度)의 차가 180도에 이르는데, 중국 사람은 중국을 정계(正界)로 삼고 서양을 도계(倒界)로 삼으며, 서양 사람은 서양을 정계로 삼고 중국을 도계로 삼는다. 그러나 실로 하늘을 이고 땅을 밟으며 각자의 계를 따름은 모두 자연스러운 것이니 횡계(橫界)도 없고 도계도 없고 한결같이(均) 정계인 것이다. (460)

또한 무한한 우주에도 걸쳐 있었다. 즉 "별들의 세계에서 보면 지계(地界)[지구] 역시 한 개의 별이다. 헤아릴 수 없이 많은 계가 공계(空界)[우주]에 흩어져 있는데 단지 이 지계만 공교롭게도 정중(正中)[중심]에 있다고 할 이치는 없다. 그런 까닭에 각 나름의 계가 아닌 것이 없고 돌지 않는 것이 없다. 뭇[衆]세에서 보는 것도 이 땅에서 보는 것과 같아, 제각기 스스로가 각 별들과 뭇계의 중심에 있다고 여긴다"(452-453)는 것이다. 이로써 지리/나라, 종족은 물론 지구와 우주의 별을 포함한 그 어떤 중심주의도 거부한 채 모두 철저하게 상대화한다. 이런 상대화는 화이 구분을 완전히 해체할 수 있는 가능성, 잠재력을 지니고 있다. 단, 주의할 것은 담헌은 화이 구분 자체를 '완전 해체'하여 타파해 버린 것은 아니라는 점이다.

'화이일야'론을 통해 담헌은 화이 구분의 이원사고를 '일단 해체'한다. 그 의도는 존주론이나 소중화관을 상대화시킴에 있었다고 본다. 다만 이때 상대화란 타파를 뜻하지는 않는다. 즉 존주론, 소중화관 자체는 타파 대상이 아니라는 것이다. 타파 대상은 이들의 '부'나 닫힘일 뿐이다. 전술한 바 '화이일야'는 화이변태의 긍정을 함의한다. 이를테면 화이의 어떤 나라든 화가 될 수 있거나 그 (보편) 문화를 공유할 수 있다. 따라서 '열린' 것이라면 조선의 소중화관은 물론 어떤 나라의 중화관도 긍정된다. 단 '조선만, 자국만 중화'라는 '닫힌' 중화관이 부정될 뿐이다. 이 연장선에서 담헌은 ③에서 보듯 '역외춘추'론을 전개한 것이다.

그런데 ①에서 일단 해체된 화이 구분이 ②에서는 '동궤와 화외'나 '사이와 중국'으로 대칭되는 식으로 다시 복구된다.[17] 이런 변화에서 실로 주목해야 할 점들은 다음과 같다. 거기서 '사이'는 물론 '화외'란 '중화화되지 않은 밖', 즉 '이'를 가리키기도 하는 만큼 가치 함축적인 용어이다. 그렇지만 주목할 것은 담헌이 이들 용어를 어느덧 가치중립적으로 바꾸어 버린다는 점이다. 나아가 보편 가치를 판단 기준으로 삼아 화이를 상대화함으로써 화이 구분의 의미를 아예 없애 버린다는 점이다. 먼저 ②의 "동궤와 화외는 천지의 내외"란 '천지', 곧 현실세계는 '동궤', 즉 같은 궤(제도, 이념, 문화 등)를 '공유한 지역'과 '화외', 즉 '공유하지 않은 지역'으로 나뉘어져 있다는 말이다. 이는 당시의 현실세계를 '있는 그대로' 묘사했다는 점에서 자못 '가치중립적'이다. 나아가 각각의 지역을 '내외', 즉 안과 밖이라는 '가치중립적' 용어로 표현했다는 점에도 주목할 필요가 있다. 따라서 이런 식의 화이 구분은 '닫힌' 화이관과 전혀 무관함은 물론 '화이일야'론과도 아무런 모순 없이 양립할 수 있다.

다음으로 ②의 "사이가 중국에 침강함을 구, 중국이 사이를 독무함도

17_이런 변화에 주목한 김도환은 "곤혹스러운 점"이라 지적하면서 나름대로 흥미로운 해석을 하고 있다. 김도환(金都煥), 『湛軒 洪大容 硏究』(서울: 경인문화사, 2007), p. 126.

적이라 한다. 그러나 서로 구, 적이라 하니 그 뜻은 한 가지다"라는 문장의 맥락을 살펴보자. 여기서는 일단 '사이'라는 가치 함축적 용어가 '중국'(=화)과 대칭되어 사용되고 있기는 하다. 하지만 그 '가치 함축'은 곧 보편 가치에 근거한 판단 기준 앞에 의미를 상실하게 된다. 이때 판단 기준이란 단적으로 말하면 행위의 '옳고 그름'을 가리킨다. 예컨대 '남의 것 빼앗음을 도, 죄 없이 죽임을 적'이나 '침강함을 구, 독무함도 적'이라는 언설에 담긴 판단 기준이 그것이다. 이든 화든 '옳지 못한' 행위'를 하면 '서로 구, 적이라' 한다. 보편 가치의 판단 기준에 입각하여 '그렇게 비판한다'는 것이다. 그리고 '그 뜻은 한 가지'란 이든 화든 '판단 기준은 같음, 공유하고 있음'을 함의한다. 결국 그 판단 기준 앞에서 화이는 상대화되고 또한 화이 구분 자체가 의미를 상실하고 만다. 그러니까 화이는 '한 가지'라는 것이다. 이로써 '화이일야'론과 그 논리는 한층 보강되는 셈이다.

'화이일야'론은 이를테면 '화 = 정(正), 보편; 이 = 부(負), 특수'라는 식의 이항대립적 도식을 거부한다. 그런 식의 단순화 내지 절대화의 오류를 타파한다. 이 같은 성향은 정도 차이가 있을 뿐 전통의 '열린, 상대화된' 화이관도 역시 그러하다. 그렇긴 하나 '화이일야'론의 의의는 전술했듯 그 '열림을 더 확장했고, 또 상대화를 한층 철저하게 추진했다'는 점에 있다. 그럼에도 불구하고 '화이일야'론이 화이 구분 자체를 '완전 해체'하여 타파해 버린 것은 아니다. 실제로 그 속에 '화이'라는 용어가 살아 있는 만큼 화이 구분도 남아 있다.[18] 다만 그 '화이'가 철저하게 상대화되어 있을 뿐이다. '화

18_다만 담헌이 '내외'란 가치중립적 용어를 자주 사용했다는 사실을 보면 어쩌면 담헌은 '화이'라는 가치 함축적 용어를 비롯하여 중화주의나 화이의식을 타파해 버리고 싶어 했을지도 모른다.

이일야'론 속에는 화이 구분과 화이 상대화가 양립, 공존한 채 조화를 이루고 있다는 말이다. 그런데 '화이일야'론 속에 화이 구분이 남아 있다면 혹시 이들 둘은 서로 모순이 되지는 않을까? 어쩌면 마치 모순인 것처럼 보일지 모른다. 왜냐하면 '화이일야'론은 일원론, 일원사고로 이어지는 반면, 화이 구분은 이원론, 이원사고에 기초한다고 볼 수 있기 때문이다. 그러나 결론부터 말하면 모순이 되지 않는다. '화이일야'론 속에는 (담헌의) 삼원사고와 그 논리가 담겨 있기 때문이다. 삼원사고는 일원론, 일원사고와 이원론, 이원사고를 내포함과 함께 서로 조화시키는 사고이기 때문이다. 이를 '마치 모순인 것처럼' 보이게 하는 요인은 (그렇게 보는 사람들의) 이원사고와 그 논리에 있다고 볼 수 있다. 이제 삼원사고와 그 논리를 바탕으로 위의 결론을 이끈 까닭을 풀어 보기로 하자.

먼저 ①의 '화이일야'란 '화이는 한 가지'로 해석된다. 단, 주의할 것은 이때 '한 가지'란 그대로는 사전적인 뜻의 '하나, 같음'이 될 수 없다는 점이다. 이런 뜻이 되려면 그 앞에 예컨대 '**궁극적으로는**'이라는 류의 수식어를 부치지 않을 수 없다. 그 이유는 간단하다. 화/이는 **현실적으로는** 어디까지나 '둘이며 다르기' 때문이다. 그래서 담헌은 '궁극'을 상징하는 '하늘'을 내세운 다음 '화이일야'를 이끌어 낸 것이다. 하늘 = 궁극에서 보면 '내외 구분이 없다.' 즉, '내외는 하나로 같다.' 그렇듯 '화이 구분도 없고, 화이는 하나로 같다'는 뜻이 거기에 담겨 있다. 이를 바탕으로 논리를 확장하면서 담헌은 화든 이든 '친기인, 존기군, 수기국, 안기속'함이 같다면서 자신의 '화이일야'론을 보강한 셈이다.

그런데 전술했듯 화/이는 **현실적으로는** '둘이며 다르다.' 그래서 담헌은 ②에서는 '천지', 즉 현실세계를 내세운 다음 화/이를 구분한 셈이다. 그렇긴 하나 화와 이는 대개념(對概念)으로서 상관관계에 있는 '둘'이다. 개념상으로나 현실적으로 '화가 있으니 이도 있고, 화가 없으면 이도 없다.' 달리 말해 이들 개념은 다른 쪽 하나가 없이 떨어져 존재할 수 없다. 즉 **현실적으로는** 둘이며 다르지만 동시에 '같이 있음'으로써 존재할 수밖에 없다. 이때 '같이 있음'이란 또한 '화이일야'의 '일', 즉 '하나'를 표상한다고 보아도 좋다.[19] '하나'란 앞서 말한 '같음'과 더불어 '같이 있음'이란 뜻도 포함한다는 말이다. 이런 뜻에서 화이는 '둘이면서 하나, 하나이면서 둘[二而一 一而二]'이라는 관계 속에 존재한다.[20]

'둘이면서 하나, 하나이면서 둘'은 '양면 긍정'의 논리를 담고 있다. '양면 긍정'은 영어로 표현하면 'both-and'의 문법에 기초한 논리이다. 이는 또한 '둘도 아니고 하나도 아님[不二不一]'이라는 '이중 부정'의 논리도 담고 있다. '이중 부정'은 'neither-nor'의 문법에 기초한 논리이다. 이들 논리는 '동일율, 모순율, 배중률', 즉 서양의 고전적 논리학의 3대 원리만으로는 마치 모순인 듯 설명되지 않는다. 모순율에 반하는 역설의 논리이자 배중률을 초월하는 '포중(包中)'의 논리이기 때문이다. 그러나 이들 논리는 현실에 가득한 역설을 설명할 수 있을 뿐 아니라 모든 대립적 존재를 서로 조화, 매개할 수 있는 이른바 통논리(trans-logic)이다. 이들 논리를 모순으로 보기는커녕 오히려 자체의 논리로 삼는 것이 바로 삼원사고이다. 이렇듯 삼원사고는 이원사고를 넘어선 사고이다. 단, 그렇다고 삼원사고가 이원사고와

19_또는 '천하일통'의 '일통', 즉 '하나로 통합되어 있음'을 표상한다고 보아도 좋다.

20_이는 실은 화이뿐만 아니라 예컨대 음양, 리기(理氣) 등 모든 대개념에 예외 없이 적용된다. 따라서 화이론은 물론 음양론이든 이기론이든 삼원사고와 그 논리를 바탕으로 해석할 때 보다 정확한 이해가 가능할 것이다. 덧붙이자면 삼원사고와 그 논리는 동서양의 모든 종교, 철학, 사상에 거의 보편적으로 내재한다. 그렇긴 하나 불교, 도교, 유교, 특히 주자학 등 동양의 전통사상에 더 많이 내재하고 있다고 본다.

대립하거나 이를 배제하는 사고는 아니다. 그것은 '둘'을 포함하듯 이원사고를 포용하고 있기 때문이다.

이와 같이 삼원사고에서 보면 화이는 '둘이면서 하나, 하나면서 둘'이 된다. 이 명제 가운데 '둘이면서 하나'를 다음과 같은 두 갈래의 뜻을 담고 있다고 볼 수 있다. 우선 화이는 '**현실적으로는** 둘, 다름이면서 **궁극적으로는** 하나, 같음'이라는 뜻이다. 다음으로 화이는 개념상으로나 현실적으로 '둘, 다름이지만 하나로 같이 있음'이라는 뜻이다. 이렇게 보면 담헌의 '론'에서 화이가 '하나에서 둘'로 변화하더라도 그것은 아무런 모순이 되지 않는다. 그래서 담헌은 ①의 '화이일야'론을 전개한 다음 ②에서 보듯 화이 구분을 복구하면서 동시에 화이를 상대화한 것이다. 이를 통해 담헌은 자신의 '열린, 상대화된' 화이관을 발명했다. 더불어 어떤 중심주의도 거부함으로써 화이 상대화를 철저하게 추진했다. 혹시 '화이일야'론의 요점을 묻는다면 한 마디로 그 '상대화'라고 답해도 좋을 것이다.

그 상대화를 존주론에 적용한 것이 ③에 등장한 '역외춘추'론, 즉 '어떤 나라든 자국의 춘추를 가질 수 있다'라는 논의이다. 거기에 등장한 '용하변이'란 '화로써 이를 바꿈'을 뜻한다는 점에서 이는 화이변태의 한 측면인 '이 → 화'만을 긍정하는 셈이다. 그러나 이미 보았듯 담헌은 그 다른 측면인 '화 → 이'도 긍정한다. '역외춘추'론은 '화이일야'론을 전제하고 있는 만큼 '화 ⇄ 이' 변동이나 화이 상대화를 포함한다. 따라서 '구이'에도 '스스로 합당한 역외춘추가 있었을 것'이라 함은 결국 화/이를 구분할 것도 없이 모든 나라가 자국에 합당한 '춘추 = 역사, 문명'을 가질 수 있다는 뜻이 된다.[21] 이

21_'역외춘추'론은 자국 역사, 문화(문명)에 바탕한 새 나라 건설의 염원을 담고 있으며 '화이일야'론과 마찬가지로 '원초적이자 열린 민족주의'를 내포하고 있다고 볼 수 있다.

렇듯 어떤 나라든 자국 '춘추'를 가질 수 있다고 한다면 조선의 존주론도 소중화관도 물론 긍정된다. 다만 그 각각의 '물신화'나 '닫힘'이 부정될 뿐이다.

이와 관련하여 담헌은 그의 '청인교우(淸人交友)'를 둘러싼 '제일등인 논쟁'을 벌인 김종후(金鐘厚, 호 直齋, 1721~1780)에게 보낸 답신의 하나인 「우답직재서(又答直齋書)」에서 다음과 같이 말한다.[22] "오늘날의 이적[여진족]이 중국에서 산 지 오래되어 먼 계획에 힘써 점점 예의를 숭상하고 대략 충효를 본받아 살벌한 성(性)과 금수 같은 행(行)이 처음 일어났을 때처럼 심하지 않으니 이른바 '제하[화]가 이적만 못하다(諸夏之不如夷狄)'는 말이 어찌 불가하겠소"(『국역 담헌서』 I, 336). 청국도 '예의, 충효'를 알고 '성, 행'이 바뀐 이상 '화'가 된 셈이라는 말이다. 여기서 이를 뒷받침하기 위해 담헌은 '제하가 이적만 못하다'는 말을 사용하고 있음이 주목된다. 이는 후술할 '이적지유군, 불여제하지망야'에 관한 신주(新注)의 해석이 담겨 있다. 이렇듯 담헌은 신주를 당연시했고 이로써 (김종후의) '닫힌' 화이관을 타파하고자 했던 것이다. 나아가 담헌은 다음과 같이 말하기도 한다.

> 이적에서 나서 행한다 할지라도 이적 역시 성현(聖賢)이 될 수 있으니 본디 대사(大事)가 우리에게 달려 있을 뿐 무엇을 불만하겠소. 우리나라가 중국을 본받아 '이'임을 잊은 지 오래되었소. 그러나 중국에 비교해 방(方)을 보면 그 분(分)이 스스로 있을 것이오. … 지금 우리나라에서 저들[한인 선비]을 보면 비록 중국은 불행히 윤몰(淪沒)되어 호융(胡戎)에 신복(臣僕)하고 있더라도 내외의 분과 세류

22_김종후는 강한 반청 감정을 드러내며 담헌의 '청인교우'를 비난했다. 이에 대해 담헌은 정중하게 반박하고 치밀한 논리로 설득하면서 자신의 '열린' 대청관, 화이관 등을 피력하고 있다. 이 논쟁은 김태준, 『洪大容과 그의 시대』(서울: 일지사, 1982), 7장 참조. 담헌과 김종후의 '화이론' 비교는 유봉학, 『燕巖一派 北學思想 硏究』(서울: 일지사, 1995), pp. 124-130 참조.

(世類)의 별(別)엔 하늘의 한계가 있을 것이오. 설령 [저들을] 높여 귀하게 여긴들 무슨 방해될 게 있겠소.

(『국역 담헌서』 I, 338)

요컨대 조선이 '이'임에도 불구하고 '화'가 될 수 있듯 청국 역시 마찬가지라는 말이다. 여기에도 역시 화이 구분은 '열려' 있으며 '이 안에 화, 화안에 이'가 있음을 긍정하는 뜻이 담겨 있다. 앞서 보았듯 화이 구분의 기준은 '예의, 충효'나 '성, 행'에 있다. 그 기준에 맞는다면 청국의 한인을 '높여 귀하게' 여길 수 있다. 이는 또한 다른 나라 사람의 경우에도 해당될 수 있다. 나아가 청국을 포함한 그 어떤 나라의 경우에도 해당될 수 있다. 이런 논리를 확대하면 '청국을 배울 수도 있다'라는 북학론이나 '서양 나라와도 교류하고 배울 수 있다'라는 대외 개방론으로 이어질 수도 있다.[23]

이같이 담헌은 '열린, 상대화된' 화이관을 바탕으로 물신화된 존주론, '닫힌' 소중화관을 부정한다. 그리고 반청 감정을 일부 극복한다. 단 거듭 말하나 존주론, 소중화관 자체를 타파한 것은 아니다. 또 북벌론을 버린 것도 아니다. 그럴 수도, 그럴 필요도 없었다고 볼 수 있다. 2절에서 밝혔듯 존주론, 북벌론 등의 유산은 일종의 국시로 여겨졌고 이로써 정통성과 체제를 재정비했던 바, 그 모두를 부정하거나 버릴 수 없었기 때문이다. 또 거기에는 '정, 부'의 두 측면이 있어서 그 '정'마저 무시할 수도 없었기 때문

23_담헌은 연행 후 박지원(朴趾源, 호 燕巖, 1737~1805)을 비롯한 이서구(李書九, 1754~1825), 서유구(徐有榘, 1764~1845), 박제가(朴齊家, 1750~1805), 유득공(柳得恭, 1749~1807), 이덕무(李德懋, 1741~1793) 등 북학파와 교유하고 있었다. 김태준, 앞의 책, pp. 58-78 참조. 담헌이 북학파의 사상 형성에 큰 영향을 주었음은 잘 알려진 사실이다. 유봉학, 앞의 책, 二 참조.

이다. 다만 이들 유산에서 비롯된 주박과 이에 따른 '닫힌' 화이관을 비판할 필요가 있었을 뿐이다. 바로 이런 비판의 필요성에 따라 담헌은 '열린, 상대화된' 화이관을 전개했던 셈이다.

상기한 담헌의 성향은 북학파의 경우에도 보인다. 주의할 것은 북학파 학자들이 '북벌에서 북학으로' 전환했다고 볼 수 없다는 점이다. 그들의 논리 속에서 북벌과 북학은 반드시 대립, 상극 관계에 있는 것만은 아니기 때문이다. 예컨대 '북벌을 위한 북학'이라는 식으로 서로 양립, 상생 관계를 맺을 수도 있는 것이다. 실제로 박지원은 "참으로 양이(攘夷; 북벌)하고자 한다면 중화[청국]에 남아 있는 제도를 모두 배워[북학] 우리 풍속의 우둔하고 융통성 없는 면모를 변하게 하는 일"밖에 없다면서 '북벌을 위한 북학'을 주장한다[『열하일기』 일신수필(馹汛隨筆)]. 위의 인용문 안의 북벌론은 북학의 필요성을 설득하기 위한 레토릭일 수도 있다. 그럴지라도 그가 북벌론을 버리지 않고 있었음을 알 수 있다.

담헌이나 북학파가 가졌던 '열린, 상대화된' 화이관은 그들만의 독점물일 수는 없다. 거듭 말하나 '열린' 화이관은 이전부터 전승, 공유되어 왔던 전통이기 때문이다. 그들은 이를 계승하여 새롭게 발명했을 뿐이기 때문이다. 따라서 이와 유사한 발명은 당시 조선에서 다양하게 퍼져 있었을 것이다. 실제로 그런 상황이 생겨 있었음은 이를 우려한 정조(재위 1776~1800)가 1796년부터 편찬하기 시작한 『존주휘편(尊周彙編)』[순조25(1825)년 완성]을 통해서도 엿볼 수 있다.[24] 이 책의 목적은 존주론(춘추대의), 소중화관의

24_그 편찬과 내용, 출판 경위는 정옥자, 『조선후기 조선중화사상 연구』, pp. 129-155 참조. 흥미로운 것은 그 편찬에 참여한 사람들이 다름 아닌 북학파 이서구 또는 북학파와 교유했던 성대중(成大中, 1732~1809), 성해응(成海應, 1760~1839) 부자였다는 사실이다. 이는 북

강화에 있었다. 이로써 '열린' 화이관의 확산을 경계하고자 했던 셈이다. 이 같은 분위기를 대변하듯 김종후는 '닫힌' 화이관을 바탕으로 담헌의 '열린' 화이관을 비판하고 나섰던 것이다.

5. 『논어』 팔일의 주석과 『대의각미록』

화이관을 둘러싼 닫힘과 열림의 대립은 역사가 매우 길다. 그 역사를 단적으로 보여 주는 것이 공자의 "이적지유군, 불여제하지망야"(『논어』 팔일)라는 문장의 해석을 둘러싼 고주와 신주의 대립이다. 이 문장의 해석상 문제가 되는 용어는 '불여'이다. 이를 직역하면 '같지 않음'이다. 그런데 그 해석은 해석자가 지닌 화이관의 닫힘, 열림 성향에 따라 서로 대립적으로 갈라진다. 후술하나 고주는 닫힘 성향, 신주는 열림 성향을 보인다. 이에 따라 '불여'를 고주는 '못함, 못 미침', 신주는 '못하지 않음, 나음'이라는 상반된 해석을 한다. 그리하여 고주는 '이적에 군이 있을지라도 군 없는 제하보다 못하다(제하에 못 미친다)'; 신주는 '이적에 군이 있다면 군 없는 제하보다 못하지 않다(낫다)'라는 서로 정반대의 주석을 이끌었다. 여기서 '군'이란 '인, 례' 등 도덕이나 그에 기초한 중화 문화를 상징한다고 보면 된다.

그렇다면 고주, 신주 어느 쪽이 올바른 해석일까? 그 답은 해석자의 성향에 따라 달라질 것이다. 그렇지만 필자는 신주가 올바른 해석이라고 본

학파 역시 존주론 자체를 타파한 것이 아님을 대변한다. 단, 존주론을 둘러싼 견해의 차이가 있었을 뿐이다. 예컨대 성대응과 담헌의 차이, 그리고 박지원, 박제가의 존주론에 관해선 유봉학, 앞의 책, pp. 130-143 참조.

다. 그 이유는 간단하다. 공자가 '닫힌' 화이관을 지녔을 리가 없기 때문이다. 가령 '지녔다'고 한다면 공자의 '인(仁), 례' 등 도, 덕은 물론 천하의 '덕화, 교화'라는 개념들도 제대로 성립할 수 없을 것이기 때문이다. 따라서 더 이상 다른 이유를 들 필요가 없다. 다만 『논어』의 문장 하나만 음미해 보자. "공자가 구이(九夷)에 살고 싶어 했다. 누군가 '그 누추함을 어찌 하시렵니까?'라고 묻자, 공자는 '군자가 거(居)하는데 어찌 누추함이 있으리오'라고 답했다"[자한(子罕)]. 이로써 공자는 화이 구분의 무의미함과 화이변태의 가능성을 가르친 셈이다.

유교는 기본적으로 보편을 추구하는 사상이다. 따라서 그에 바탕을 둔 화이관도 '당연히, 자연스럽게' 보편 문화 중심의 열림에 친화성을 갖는다. 따라서 유교의 입장에서 '닫힌' 화이관은 오히려 '부당한, 부자연스러운' 것이다. 그런 뜻에서 닫힘 성향의 고주는 공자, 유교에 대한 오해, 몰이해, 왜곡을 담고 있다고 말해도 좋다. 그럼에도 불구하고 왜 고주가 생겨난 것일까? 이제부터 고주와 거기에 담긴 '닫힌' 화이관이 탄생한 배경(= 컨텍스트)을 고찰함으로써 그 이유를 찾아보기로 하자.

고주란 하안(何晏, 193~249)의 『논어집해(論語集解)』를 원본 삼아 이에 주석을 덧붙인 황간(皇侃, 488-545)의 『논어의소(論語義疏)』와 형병(邢昺, 932~1010)의 『논어주소(論語註疏)』에 보이는 주석을 가리킨다. 먼저 황간은 '이적지유군, 불여제하지망야'라는 문장이 "중국은 중하고 만이는 천하다(重中國賤蠻夷也)"라는 뜻이라며 "이적에 군주가 있을지라도 중국에 군주가 없음에도 못 미침을 말한다(言夷狄雖有君主而不及中國無君也)"라고 해석한다. '불여'를 '불급'으로 바꾸어(= 왜곡) 해석한 것이다. 거기엔 자국/자종족 중심 등 '닫힌' 화이관이 깔려 있다.

한편, 형병은 "이적에는 군장이 있을지라도 예의가 없음을 말한다(言夷

狄雖有君長而無禮義)"고 전제한 다음 "중국은 가끔 군주가 없었을 적에도… 예의를 폐하지 않았다(中國雖偶無君…而禮義不廢)"라면서 "그 때문에 '이적지유군, 불여제하지망야'라고 말한 것이다(故曰夷狄之有君不如諸夏之亡也)"라고 주석한다. 형병 역시 황간처럼 '불여'를 '못 미침, 못함'으로 해석했음을 가늠할 수 있다. 이로써 기존의 '닫힌' 화이관을 일정 정도 이어받은 셈이다. 단, 그의 닫힘은 자국/자종족 중심은 아니다. '예의'를 기준으로 삼고 있기 때문이다. 아무튼 그는 중국만 '예의'를 갖추고 있다고 보았다.

그런데 황간의 『논어의소』는 남송대(1127~1279)에 이르러 중국에서는 사라졌다. 아마 중시되지 못한 까닭이리라. 또한 그즈음 정주학이라는 새 바람이 일어났고 특히 주자(1130~1200)의 주석(= 신주)이 성립되어 주류가 되어 갔던 까닭이리라. 반면 그 초본(抄本)들이 일본에는 남아 있었다. 그 하나인 아시카가(足利) 학교 소장본을 네모토 손시(根本遜志, 1699~1764)가 1750년에 간행했다.[25] 이 판본은 머지않아 청국으로 전래되었고, 18세기 후반에는 건륭제의 지시로 복각(復刻; 『사고전서(四庫全書)』에 편입)되기에 이르렀다. 그렇지만 이때 '이적지유군, 불여제하지망야'에 관한 황간의 주석은 삭제되어 오히려 신주에 가깝게 바뀌었다.

각설하고 황간의 주석과 '닫힌' 화이관이 탄생한 배경을 살펴보자. 황간은 남북조 시대(439~589)의 남조에 속하는 제(齊), 양(梁) 두 왕조를 살아간 사람이다. 이때 남조는 정치적 혼란을 겪으면서도 문학, 불교의 융성에 의한 육조(六朝) 문화를 꽃피우고 있었다. 동시에 북조인 북위(北魏, 439~534;

25_이때 문체의 형식을 바꾸었을 뿐만 아니라 일부분을 삭제했기 때문에 『논어의소』 본래의 모습은 거의 사라졌다. 그런데 네모토 손시는 오규 소라이(荻生徂徠, 1666~1728)의 제자였다. 그런 연유 때문일 것이나 소라이는 『논어징(論語徵)』에서 고주를 따르고 있다.

534년 동위, 서위로 분열)와 대치하고 있었다. 그런데 북위는 선비(鮮卑)족 탁발(拓跋)부가 화북 지방에 침입하여 세운 왕조였다. 이적의 왕조였던 셈이다. 이에 대해 남조는 중화 정통의 왕조라는 자존의식과 함께 강렬한 적대감을 불태우고 있었던 것이다. 이런 대립적 상황이 황간의 주석과 '닫힌' 화이관을 탄생시킨 셈이다.

단, 전술했듯 형병의 닫힘은 자국/자종족 중심은 아니다. 황간의 주석과 달리 자국/자종족 중심의 닫힘이 사라진 것이다. 그 이유는 무엇일까? 북송 시대에 이르러 지리/종족의 기준에 의한 화이 구분은 의미를 거의 잃었기 때문이리라. 그 때까지 중국은 이미 여러 왕조의 흥망을 거치면서 화이변태를 경험했을 뿐 아니라 수많은 종족의 화이융합을 거듭해 왔던 것이다. 물론 지리/종족의 기준이 모두 사라진 것은 아니다. 당연하지만 이른바 화외가 없어지지 않는 한 그 기준은 사라질 수가 없다. 그럴지라도 그 기준은 의미상실의 경향에 빠져들 수밖에 없었을 것이다. 더욱이 정주학의 등장과 융성은 그 경향을 가속시켰을 것이다. 이러한 역사적 변화 과정 속에서 등장한 것이 주자의 주석, 즉 신주였다.

주자의 신주는 열림을 담고 있다. 물론 그에 앞서 열림을 지녔던 사람도 적지 않다. 예컨대 당대(唐代)의 한유(韓愈, 768~824)는 이렇게 말한다. "공자가 『춘추』를 지었다. 제후가 이례(夷禮)를 쓰면 그를 이로 삼고, 중국으로 나아가면[주례(周禮) = 화례를 쓰면] 이를 중국으로 삼았다."[26] 즉 공자는 『춘추』를 통해서 화이 구분의 기준을 예(= 문화)에 두는 '열린' 화이관 또는 예의 시행에 따른 화이변태의 가능성을 가르쳐 주었다는 것이다. 거

26_그 원문은 "孔子之作春秋也, 諸侯用夷禮, 則夷狄之, 進於中國, 則中國之." (『원도(原道)』)

기에는 물론 한유 자신의 공감이 투영되어 있다. 이제 주자의 신주를 인용해 보자.

> 오 씨는 "망은 옛날의 무라는 글자로 통용된다"고 말했다. 정자는 "이적에도 군장이 있다. 제하가 참란(僭亂)하여 상하의 분(分)이 없는 것보다 오히려 낫다"고 말했다. 윤 씨는 "공자가 당시 어지러움(時亂)에 상처받아 이를 탄식한 것이다. 망은 '실로 망함(없음)'이 아니라 '군이 있다 해도 그 도를 다하지 못함'을 뜻할 뿐"이라고 말했다.
>
> (『논어집주』 팔일 제3, 제5장)

위 인용문의 '오 씨'란 오역(吳棫, 생년 불명~1154)을 가리킨다. 주자는 그의 학문과 경전 주석을 높이 평가했다. '정자'란 정주학의 창시자인 정호(程顥, 1032~1085)와 정이(程頤, 1033~1107) 형제를 가리킨다. 마지막으로 '윤 씨'란 윤돈(尹焞, 호 彦明, 1071~1142)을 가리킨다. 정이의 제자인 그는 『논어해(解)』와 『맹자해』라는 주석서를 남겼다. 이들의 주석을 모아 인용한 주자의 견해는 다음과 같다.

> [제자가] 묻기를 "범 씨와 여 씨는 모두 '이적에는 군이 있을지라도 예의가 없으니 제하에 군이 없어도 예의가 있음에 못 미친다'고 여깁니다. 아마도 맞지 않겠지요(恐未當)?" [27] [주자가] 말하기를 "그들이 어째서 그렇게 말했는지 모르겠다(不知他如何恁地說). 더구나 마치 성인[공자]도 그렇게 말한 것처럼 그런다면 그때 문

27_여기서 '범 씨'란 범조우(范祖禹, 1041~1089), '여 씨'란 여대림(呂大臨, 1042~1092)을 가리킨다. 북송대의 유학자인 이들은 같은 북송대의 형병과 마찬가지로 고주 계열에 속했던 모양이다.

득 무슨 좋은 점이라도 있겠는가(且如聖人恁地說時, 便有甚好處)! [만약 그렇다면] '군 없는 중국이 딱 좋다'는 말이 되지 않겠는가(不成中國無君恰好)!

여기에 담긴 주자의 견해를 간추리면 다음과 같다. '이적에 군이 있다면 군 없는 제하보다 못하지 않다(낫다)'는 식의 해석이 맞는다는 것이다. 이같이 주자는 '열린' 화이관을 지니고 있었다.

주자학과 함께 주자의 신주와 '열린' 화이관이 점차 중국을 포함한 동아시아의 유학자들 사이에 퍼져 나갔음은 말할 나위도 없다. 특히 이적 왕조인 원대, 청대에는 '열린' 화이관이 더욱 성행했을 것임은 쉽게 상상할 수 있다. 그 때의 현실에 적응해야 했던 대다수 중국인은 물론 이적 왕조의 긍정적 요소를 인정하고자 했던 한인들이나 주변국 사람들 사이에서는 말이다. 그에 대한 저항도 작지 않았을 것이다. 이적 왕조에 대한 적대감, 자존의식이 뒤틀린 멸시 감정을 음성적으로 퍼트렸을 것이기 때문이다. 그래서 고주나 그와 유사한 해석과 함께 '닫힌' 화이관도 여전히 영향력을 지닌 채 은밀하게 퍼져 있었을 것이다. 아니, 실제로 '그랬다.' 특히 조선의 경우는 '은밀하게'가 아니라 적어도 국내에서는 '명백하게' 퍼져 있었던 셈이다. 청국의 경우는 전술한 여유량이나 증정 역모 사건이 '그랬음'을 대변한다.

이 같은 상황에서 신주를 다시 일깨우고 '열린' 화이관을 새롭게 발명함으로써 한인들의 닫힘 성향을 억누르고자 했던 노력의 하나가 옹정제의 『대의각미록』이다.[28] 이는 두 장으로 구성되어 있다. 첫째 장의 제목은 '蠻

28_그 제목은 '대의를 펴서 미혹을 깨우치기 위한 기록'이란 뜻이다. 이때 '대의'란 공자의 춘추대의 또는 '이적지유군, 불여제하지망야'의 참뜻을 상징한다고 볼 수 있다. 그리고 '미혹'이란 고주를 따르거나 '닫힌' 화이관에 빠져 있음을 뜻한다고 볼 수 있다.

清入主中原君臨天下, 是否符合正統之道? 豈可再以華夷中外而分論!' 즉, '오랑캐 청이 중원의 주인으로 들어앉아 천하에 군림하니 이는 정통의 도에 부합하는가 아닌가? (그러나) 어찌 거듭 화이, 중외를 나누어 논할 수 있단 말인가!'라는 뜻이다. 그 내용은 곧 밝힐 것이나 '닫힌' 화이관에 대한 반론이다. 둘째 장은 제목만 보아도 알 수 있으나 옹정제를 둘러싼 갖가지 악소문(惡所聞)에 대한 반론이다. 그 속에도 '닫힌' 화이관에 대한 반론이 들어 있다.

그 첫째 장의 첫머리에서 옹정제는 "생민(生民)의 도는 '유덕자(有德者)만 천하의 군이 될 수 있음'에 있다. 이는 천하일가, 만물일체, … 만세불역(萬世不易)의 상경(常經)이다"라고 깨우쳐 말(諭)한다. 여기에는 자기도 '천하의 군'으로서 '유덕자'가 되겠다, 그리고 '천하일가, 만물일체'를 이루겠다는 사명감이 담겨 있다고 볼 수 있다. 그는 다음과 같이 묻고 답한다.

> 아조(我朝, 청조)는 이미 천명을 받들어서 중외 신민(臣民)의 주인이 되었다. 이로써 무수(撫綏)[어루만져 편하게 함]와 애육(愛育)을 받고 있는 자가 어찌 화이를 나누어, 다르게 볼 수 있겠는가? 중외의 신민은 이미 아조를 같이 받들어 군으로 여긴다. … 보천솔토(普天率土)[= 천하]의 뭇사람은 대일통(大一統)이 아조에 있음을 다 안다.

이같이 옹정제는 청조의 '천하일통'을 강조하고 화이 구분의 무의미성을 일깨운다. 이어서 '역적 여유량, 역도(逆徒) 증정'을 비판한 다음 "'순은 동이지인, 문왕은 서이지인'인데 [이들이] 일찌기 성덕(聖德)을 손실했던가?"라고 반문한다. 그리고 "종래의 화이지설", 즉 '닫힌' 화이관이 생겨난 배경을 분석한다. "진송육조(晉宋六朝)[남북조]가 각각 한 구석에 안주하고 있을 때, 피차 '지추덕제(地醜德齊), 막능상상(莫能相尙)'[29]했던 탓에 북인은 남쪽을 도이(島夷)라며 흉보고, 남인은 북쪽을 색로(索虜)[변발한 오랑캐]라고 가리켰다. 당시 사람들이 수덕행인(修德行仁)은 하지도 않고 제멋대로 일마다 구설(口舌)로 서로 나무랐으니, 그토록 비루한 모습을 보였다"는 것이다. 그때는 그랬다 치고 "지금은 천하일통, 화이일가의 시절"인데도 "역적들은 중외를 망녕되게 판별하고, 그릇되게 성내어 다투니, 어찌 역천패리(逆天悖理), 무부무군(無父無君)함이 벌, 개미만도 못한 이류(異類)가 아니라고 하겠는가?"라고 반문한다.

자기의 설에 설득력을 더하고자 했으리라. 옹정제는 공자의 "이적지유군, 불여제하지망야"를 인용한다. 그리고 둘째 장의 후반부에서 이렇게 해석한다. '이적에 군이 있다면, 곧 성현지류(聖賢之流)일 것이요, 제하에 군이 없다면, 즉 금수지류(禽獸之類)가 될 것'이라는 뜻이니, 어찌 땅에 내외가 있겠는가(寧在地之內外哉)!" 이런 해석은 신주의 열림보다 더 열려 있다고 볼 수 있다. 또한 앞서 본 한유의 『원도』에 나오는 문장도 인용한다. 단, 그 원문(주26)을 약간 수정하고 있다. "中國而夷狄也, 則夷狄之, 夷狄而中國也, 則中國之." 의역하면 "중국이라도 이적을 행하면 이를 이적으로 삼고, 이적이라도 중국을 행하면 중국으로 삼는다"는 뜻이다. 이같이 옹정제는 '열린' 화이관의 전통을 새롭게 발명함과 함께 청조의 개방성, 진취성을 과시했던 것이다.

그러나 건륭제 후반에 이르러 시대 역행적인 조류가 생기기 시작했다. 예컨대 1771년에 『사고전서』 편찬이 시작되는 한편, 1774년부터는 금서

29_이 말은 『맹자』 공손추장구하(公孫丑章句下)에 나오며 '나은 나라도 없고 뛰어난 사람도 없어서 서로 존승할 수 없음'이란 뜻이다.

목록 지정 등 사상 통제가 강화되어 갔다. 이런 상황 속에서 왠지 『대의각미록』도 금서에 포함되었다. 이는 어쩌면 청국이 '자국만 중화'라는 오만을 키운 반면 개방성, 진취성을 퇴행시켰음을 표상할지 모른다.[30] 또 청조의 보수화나 이로 말미암은 쇠퇴 조짐을 상징할 지도 모른다. 이를 감지한 듯 실제로 건륭제 후반부터 조선의 연행사절은 청조 쇠망을 예견하는 경우가 많아진다. 이는 담헌 이후 연행에 참가했던 박지원, 유득공, 박제가 등 북학파의 경우도 마찬가지였다.

6. 맺음말

전술했듯 담헌은 조선 정계, 사상계의 '주박'에 대한 비판의식을 지니고 있었다. 그 비판의식은 연행을 통한 자기성찰로 이어졌고, 이를 토대로 '열린' 화이관을 새롭게 발명하기에 이르렀다. 그 결실이 '화이일야'론과 '역외춘추'론인 것이다. 거기에는 '상대주의적이자 열린' 사고가 깔려 있다. 그 바탕에는 삼원사고가 있었다고 본다. 그리하여 그는 '열린, 상대화된' 화이관을 제기함으로써 조선의 '형해화된' 북벌론, '물신화된' 존주론의 주박을 타파하고 '닫힌' 소중화관을 열어 보고자 했던 것이다. 단, 이런 열림 성향은 담헌의 고유한 것은 아니며, 당시 — 이후에도 — 조선 정계, 사상계에 상당히 퍼져 있었다고 본다.

30 이를테면 건륭제 말년인 1793년 영국은 무역 개방과 역조(逆調) 개선 등을 요구하기 위해 조지 매카트니(Lord George Macartney, 1737-1806)가 이끄는 대규모 사절단을 파견했다. 그러나 이를 청조는 무시, 박대함으로써 개방적, 진취적 대응을 못했다고 말할 수 있다.

따라서 담헌과 북학파가 청국의 중화화를 인정했고, 서양 문명의 세계화라는 시대 조류를 일정 정도 감지했다고 보더라도, 그랬다고 이들에게만 한정시킬 수는 없을 것이다. 정도 차이가 있었을지라도, 이들을 포함하는 이른바 실학파 계열의 여러 학자들도 그랬다. 어쩌면 조선의 관료, 지식인 일반이 그랬다고 말할 수 있을지도 모른다. 그렇다면 북학론이나 대외개방론 역시 담헌이나 북학파의 전유물은 아니었다고 말할 수 있다. 열림 성향은 조선 정계, 사상계에서 하나의 조류 내지 저류를 형성하고 있었다는 말이다.

여기서 상기할 것은 조선이 주자학을 존숭했다는 사실이다. 그랬던 만큼 조선의 관료, 지식인은 거의 모두가 주자의 신주와 '열린' 화이관을 존중했음에 틀림없다. 그래도 이론과 실제의 불일치라는 문제는 남는다. 그 존중이 이론 차원에 머문 채 실제 차원의 반청 감정을 이기지 못하면… 이런 사람은 '청조/청국은 이'임을 고집하는 닫힌 화이론자가 될 확률이 커질 것이기 때문이다.[31] 단, 주의할 것은 그 닫힘은 타자 일반이 아니라 청조/청국과 같은 특정한 '잊지 못할 타자'를 향하고 있었을 뿐이란 점이다. 또 그럴만한 이유가 있었던 만큼 조선인에게는 자못 '자연스러운' 현상이었다.[32] 그래서 닫힘을 모두 몰아낼 수는 없었을 것이다. 담헌조차 닫힘으로부터 자유롭진 못했다.

31 이 같은 현상의 실례는 김도환,『湛軒 洪大容 硏究』, pp. 99-107 참조. 거기에는 노론 계열의 학자인 한원진(韓元震, 호 南塘, 1682-1751)과 김이안(金履安, 호 三山齋, 1722-1791)의 '화이론'이 고찰되어 있다. 이를 보면 그들은 이론 차원에서는 '열린' 화이관을 지녔으나, '그래도 청조/청국은 이'임을 고집했음을 알 수 있다.

32 나아가 '보편적' 현상이기도 했다. 이를테면 '자기에게 해를 주었거나, 줄지도 모를 타자'에 대하여 닫힘 성향을 가지는 것은 누구에게나 '보편적' 현상이다.

생각건대 담헌의 열림 속에 근대로 이어질 수 있는 요소가 있었다. 그러나 반근대의 요소도 있었다. 따라서 담헌에게서 근대적 요소를 발견하려는 노력은 의의가 없진 않으나 한계도 있다. 가령 그의 열림이 일찍 대외(서양) 개방으로 이어졌더라면, 조선은 '긴 근대'를 확보하고 그 안에서 '숨 쉴 공간'을 넓혀 근대화에 성공할 수도 있었건만… 그러나 과거의 역사에서 '가령'은 공허하며, 그 아쉬움은 자칫 '근대의 주박' 앞에 맹목이 되기 쉽다. 그랬다면 근대화에 성공했으리라는 보장도 없다. 성공했더라도 근대가 절대선일 수 없듯 그 성공도 절대선일 수 없다. 그것들이 절대선이라는 생각에는 근대주의 사고에 의한 편견이 담겨 있을 우려도 있다.

그렇다면 닫힘과 열림 어느 쪽이 서양 문명의 세계화 내지 근대화에 더 잘 적응할 수 있었을까? 그 답은 어느 한 쪽을 선택할 수 없다고 본다. '잘 적응'하기 위해서는 양쪽 모두 필요했다고 보기 때문이다. 단, 이때 양쪽을 현실 상황에 맞추어 적절히 배분할 수 있어야 했다. 그런 뜻에서 닫힘과 열림의 양쪽이 필요했다는 말이다. 여기서 주의를 환기할 것은 서양 문명의 세계화란 물론 적응해야 할 현실이었으나, '당연히 동조, 무조건 수용'해야 할 이상적 현실은 아니었다는 점이다. 서양 문명의 세계화는 근대문명과 자본주의를 전파함과 동시에 내셔널리즘, 특히 그 부의 측면인 자기/자국 중심주의와 식민지주의를 확산시켰다. 그리하여 지배-억압의 구조를 세계로 확대하는 과정을 수반하고 있었다.

예컨대 근대 내셔널리즘은 산업화와 민주화, 자유와 진보를 상징하는 한편, 폭력과 전제, 차별과 억압을 긍정하는 모순적 양면성을 지니고 있었다. 따라서 이에 적응하려면 열림뿐만 아니라 닫힘도 필요했다. 어쩌면 닫힘이 더 필요했다고 말할 수 있을지도 모른다. 왜냐하면 근대 내셔널리즘은 '부'에 의한 차이/배제의 닫힘이 매우 강했기 때문이다. 그래도 열림 역시 필요했다. 근대에 진입하기 위해서, 그리고 가능한 한 근대의 '정'을 수용하기 위해서, 나아가 '부'에 저항하면서 이를 극복하기 위해서 말이다. 담헌을 비롯한 조선의 관료, 지식인이 지녔던 열림은 그럴 수 있는 가능성을 담고 있었다고 본다. 비록 '미완의 계기'로 남게 되었을지라도 말이다.

단, 근대를 거치면서 열림은 오히려 닫힘보다 위험한 측면마저 지니게 된다. 그 이유를 단적으로 말하면 근대는 닫힘이 열림을 압도했던 시대였기 때문이다. 이로 말미암아 조선에게 불리한 상황이 전개되었고, 이에 조선은 적절히 적응하지 못했기 때문이다. 예컨대 초기 개화파, 이른바 온건과 급진 두 파벌의 대청 내셔널리즘을 대조하면 전자는 '열린' 화이관을 따른 셈인 반면, 후자는 '닫힌' 소중화관을 계승한 셈이라 볼 수 있다. 그 결과는 온건 개화파의 열림이 (더) 위험했음이 된다. 한편 이들 두 파벌의 '대일, 대서양' 내셔널리즘을 대조하면… 그 결과는 급진 개화파의 열림이 (더) 위험했음이 된다.

조선이 근대에 적응하려면 열림과 닫힘의 적절한 배분 또는 양쪽의 공동 작업(= 분업)이 필요했다고 말할 수 있다. 달리 말해 근대 조선의 닫힘과 열림은 각각 '반근대의 근대'라는 성격을 띠고 있었던 만큼 반근대와 근대의 적절한 배분을 위한 공동 작업이 필요했다는 말이다. 주지하듯 조선의 근대(화)는 근대의 '정'을 수용하는 한편, 그 '부'에 저항했다는 면에서 '반근대의 근대'의 성격이 강했다. 그렇다면 왜 적응에 실패했을까? 그 이유는 물론 자기 전통의 '부'에도 있었다. 그러나 그 보다 더 타자 근대의 '부'에 있었다. 후자가 조선의 자생적 근대(화)나 그 속의 '반근대의 근대'를 억압, 배제했던 때문이다. 더욱이 결과적으로 조선에게는 너무나 '짧은 근대'라는 시간밖에 없었고, 또한 자생적 근대화는 근대 안에서 '숨 쉴 공간'이 너무도 좁았다.

결국, 조선은 '근대 국가를 건설치 못하고 식민지로 전락했다'는 점에서 근대화에 실패했다. 그래서 '망국의 한'을 남겼다. 그러나 이를 여전히 끌어안고 있을 수는 없다. 이제 사고의 전환을 통해 각종 편견과 주박을 풀어나갈 필요가 있다. 예컨대 과거의 근대라는 시대에 근대화가 실패했을지라도 그 실패는 '부'에 대한 '정'의 성공을 담고 있노라고. 역으로 그 시대의 근대화 성공은 '부'에 대한 '정'의 실패를 담고 있노라고. 또한 우리 안에 뿌리 깊이 박혀 있는 '망국의 한'은 — 과거 조선이 그랬듯 — 그 '부'의 측면으로서 '잊지 못할 타자'에 대한 주박을 온존시킨다고. 더구나 '자기의 과거나 전통'에 대한 편견, 오해를 조장시킨다고.

이렇듯 전환된 사고는 근대주의적 이원사고를 — 포용함과 동시에 — 넘어선 삼원사고에 바탕을 두고 있다. 삼원사고는 각종 편견과 주박을 자각하거나 풀어 나가기 위해 필수불가결한 사고이다. 그리하여 오늘날에도 여전히 퍼져 있는 이항대립 사고나 자기/자국 중심주의를 자각, 비판, 반성함과 함께 타자/타국을 지각, 배려, 포용함으로써 조화, 공존을 추구할 수 있는 '상대주의적이자 열린' 사고이다. 덧붙이자면 삼원사고는 서양 중심주의, 근대주의적 이원/이항대립 사고, 그리고 자기/자국 중심주의가 변함없이 짙게 깔려 있는 학문인 국제 정치학/이론 분야에서 새로운 지평을 열어가는 '촉매(觸媒), 매개' 사고가 될 수 있을 것이다.

참고문헌

『국역 담헌서』 I-V. 민족문화추진회. 1974.

『을병연행록』(한글).

『연기(燕記)』.

『항전척독(杭傳尺牘)』.

『의산문답(毉山問答)』.

『건정동 회우록(乾淨衕會友錄)』 전 3책 중 1책. 숭실대학교 기독교 박물관.

『열하일기』.

『존주휘편(尊周彙編)』.

『논어』.

『논어집해(集解)』.

『논어의소(義疏)』.

『논어주소(註疏)』.

『논어징(論語徵)』.

『논어해(解)』.

『맹자해』.

『예기(禮記)』.

『맹자』.

『춘추』.

『원도(原道)』.

『대의각미록(大義覺迷錄)』.

김길락. 2004. 『한국의 상산학과 양명학』. 서울: 청계.

김도환(金都煥). 2007. 『湛軒 洪大容 硏究』. 서울: 경인문화사.

김봉진. 2009. "홍대용 연행록의 대외관." 서울대학교 국제문제연구소 편. 『세계정치 12』 제30집 2호(2009년 가을·겨울).

김봉진. 2009. "글로벌 공공철학으로서의 한사상." 『한류와 한사상』. 서울: 도서출판 모시는 사람들.

김태준. 1982. 『洪大容과 그의 시대』. 서울: 일지사.

김태준·박성순 옮김. 2001. 『산해관 잠긴 문을 한 손으로 밀치도다』. 파주: 돌베개.

김홍백. 2011. "『大義覺迷錄』과 조선 후기 華夷論." 『한국문화』 56(2011년 12월).

소재영 외. 1997. 『주해 을병연행록』. 파주: 태학사.

유봉학. 1995. 『燕巖一派 北學思想 硏究』. 서울: 일지사.

정옥자. 1998.『조선후기 조선중화사상 연구』. 서울: 일지사.

張啓雄(장치숑). 2009. "中華世界秩序原理の起源."『中國 - 社會と文化』. 中國社會文化學會 제24호(2009년 7월).
夫馬進(후마 스스무). 2015.『朝鮮燕行使と朝鮮通信使』. 名古屋大学出版会.

Anthony Smith. 1986. *The Ethnic Origins of Nations*. Oxford: Basil Blackwell.

5장

열하일기의 국제정치학

청, 티베트, 그리고 조선 *

하영선·권민주·정 연

1. 청 제국질서와 열하

1780년 여름, 조선 사신단은 건륭제의 70세 만수절을 축하하기 위해 청더(承德)로 향한다. 청더에 도착한 조선 사신단은 천하질서를 다스리는 황제가 정중하고 친밀한 예를 갖춰 티베트 축하 사절단을 인솔하고 온 판첸라마를 맞이하는 모습을 보고 당황한다. 난처하게도 건륭제는 조선 사신들에게 판첸라마를 만나 예를 갖출 것을 명한다. 그러나 주자학의 나라인 조선 사신이 티베트 불교의 제2인자에게 절을 하고 공경을 표할 수는 없었다. 황제의 명을 받은 청의 예부가 판첸라마를 서둘러 알현하라고 재촉하자 조선 사신들은 마지못해 판첸라마가 거처하던 찰십륜포(札什倫布)로 향

* 이 논문은 2012년 11월 24일 한중국제학술회의에 제출한 논문을 수정·보완한 것이다.

한다. 중국 주도의 천하질서 속에서 이루어진 건륭제, 판첸라마, 조선 사신의 이색적 만남은 세 주인공들의 미묘한 관계를 극적으로 잘 보여 주는 역사의 한 장면이었다.

건륭제의 70세 만수절에서 벌어진 만남을 집중적으로 조명하고 있는 국내외의 기존 연구들은 드물다. 중국과 영미권에서는 판첸라마의 열하 방문을 중국어, 티베트어, 영어 자료 등을 활용하여 실증적으로 재구성해 보려는 소수의 초보적 시도가 있었고,[1] 최근 청 제국과 내부 아시아 관계를 상대적으로 중시하는 신청사 연구가 활발해짐에 따라 열하에 대한 관심이 늘어나고 있다.[2] 그 중 헤비아(James Hevia)는 중국 천하질서의 전통적 조공체제에 대한 페어뱅크(John K. Fairbank)의 분석이 예의 기능적 해석에 치우쳐 있다고 비판하고, 건륭제가 판첸라마에게 보여 주는 회유원인(懷柔遠人)의 빈례(賓禮)를 청 제국의 티베트와 몽골을 포함하는 내부 아시아의 통치라는 시각에서 바라보고 있다.[3] 그러나 영미권의 1780년 판첸라마의 열하 방문에 관한 연구는 건륭제와 판첸라마라는 두 주인공의 만남에 초점을 맞추고 있으며 조선 사신을 포함한 무대에 관한 연구는 이제 걸음마 단계에 있다.

최근 중국의 부상과 함께 청조의 천하질서와 조선의 연행록에 관한 기

1_柳森, "國內近三十年來關於六世班禪朝覲研究綜述", 『四川民族學院學報』 Vol. 1, 19, No. 1, 2(Apr. 1. 2010); Kate Teltscher, *The High Road to China: George Bogle, the Panchen Lama, and the First British Expedition to Tibet* (New York: Farrar, Straus and Giroux, 2006).

2_James Millward (et al.), *New Qing Imperial History: The Making of Inner Asian Empire at Qing Chengde* (London; New York: Routledge, 2004).

3_James Hevia, *Cherishing Men from Afar: Qing Guest Ritual and the Macartney Embassy of 1793* (Durham; London: Duke University Press, 1995).

초 연구가 눈에 띄게 증가하고 있다.[4] 그 중에도 왕쇼우쩡은 박사학위 논문에서 세 주인공의 만남을 청, 티베트 사료와 『열하일기』를 활용하여 이 무대를 가능한 한 실증적으로 복원하려는 노력을 보여 주고 있다.[5] 국내 연구로서는 차혜원이 1780년 조선 사신의 열하 방문을 전통적 조공관계의 시각이 아니라 18세기 말의 국제관계 속에서 보려는 새로운 시도가 있다. 한편, 강동국은 조선 사절과 판첸라마와의 만남을 조청 관계의 권역의 분리와 융합이라는 시각에서 분석하고 있다. 그리고 구범진의 관련 연구들이 있다.[6]

18세기 중반 청 제국의 천하질서는 세 개의 다른 얼굴 모습을 하고 있었다. 재위 60년 동안 열 번의 원정에서 모두 승리해서 십전노인(十全老人)으로도 불리는 건륭제는 북방의 위협 상대였던 몽골의 준가르 부족을 섬멸하는 정복 전쟁을 치루는 한편, 불교국가 티베트에 대해서는 최대한 부드

4_王開壐, 『淸代外交禮儀的交涉與論爭』(北京: 人民出版社, 2009); 張雙智, 『淸代朝覲制度研究』(北京: 學苑出版社, 2010); 何新華, 『威儀天下:淸代外交禮儀及其變革』(上海: 上海社會科學院出版社, 2011); 何新華, 『最後的天朝:淸代朝貢制度研究』(北京: 人民出版社, 2012); 張羽新, 張雙智, 『淸朝塞外皇都 - 承德避暑山莊與外八廟研究(精)』(北京: 學苑出版社, 2013); 邱瑞中, 『燕行錄研究』(桂林: 廣西師範大學出版社, 2010); 徐東日, 『朝鮮朝使臣眼中的中國形象 - 以《燕行錄》《朝天錄》爲中心』(北京: 中華書局, 2010); 楊雨蕾, 『燕行與中朝文化關系』(上海: 上海辭書出版社, 2011); 葛兆光, 『想象異域: 讀李朝朝鮮漢文燕行文獻劄記』(北京: 中華書局, 2014).

5_王曉晶, 『六世班禪進京史實研究』(中央民族大學博士學位論文, 2011); 王晓晶 编著者, 『六世班禅进京史实研究』(北京: 民族出版社 2013).

6_차혜원, 「열하사절단이 체험한 18세기 말의 국제질서」, 『역사비평』 93호(2010), pp. 329-353; 姜東局, "清と朝鮮の関係における圏域の分離と融合: 朝鮮使節とパンチェン・ラマの(一七八〇)邂逅を事例に", 名古屋大學法政論集 Vol. 245(2012), pp. 241-276; 구범진, "1780년 열하의 칠순 만수절과 건륭의 '제국'", 『명청사연구』 40(2013), pp. 177-217; "조선의 건륭칠순 진하특사와 「열하일기」", 『인문논총』 제70집(2013), pp. 6-60.

러운 회유원인 정책을 폈다. 또한, 두 번의 호란 이후 조선과는 사대자소의 예에 따르는 조공체제를 유지했다. 따라서 18세기 청조의 천하질서를 제대로 이해하기 위해서는 페어뱅크와 헤비아의 단안적 접근을 넘어선 제3의 시각으로 사대자소, 회유원인, 그리고 정복 전쟁을 동시에 볼 수 있는 복안적 접근이 필요하다. 사대자소는 기본적으로 예의 원칙에 기반하고 있고, 회유원인은 이해의 원칙을 따르고 있으며, 정복전쟁은 폭력의 원칙에 따라 진행된다는 중요한 차이점을 가지고 있다.

이 글은 1780년 여름 열하에서 있었던 건륭제와 판첸라마의 만남, 조선 사신과 판첸라마의 만남, 그리고 판첸라마의 만남과 선물 논란의 세 장면을 복합 천하질서의 시각에서 재조명하며, 세 주인공들의 미묘한 갈등과 고민을 드러내 보려 한다. 이러한 시도는 18세기 중반 청 제국이 주도하던 천하질서의 복합적 진면목을 연암의 날카로운 안목으로 밝혀내서 기존 국내외 학계의 단안적 한계를 뛰어 넘어서는 데 기여할 것이다. 동시에 당시의 복합 천하질서에 대해 조선조의 단순한 북벌론이나 북학론의 갈등을 넘어서서 보여 주고 있는 연암의 복합적 북학론을 조명함으로써 조청 관계 논의의 지평을 확대할 것이다.

세 장면을 복합적 시각에서 조명하기 위해서는 조선, 청, 그리고 티베트 사료의 활용이 불가피하다. 우선 1780년 열하의 만남을 입체적으로 조명하기 위한 기본 자료는 연암 박지원의 『열하일기(熱河日記)』다.[7] 연암은

7_朴趾源 著, 朴榮喆 編, 『燕巖集』, 「熱河日記」(京城, 1932), 국립중앙도서관장본(한46-가1145) (출처: 한국고전번역원 데이터베이스). 『열하일기』의 판본에 관해서는 김명호, "『열하일기』 이본(異本)의 재검토 - 초고본 계열 필사본을 중심으로" 東洋學 第48輯(2010年 8月) 檀國大學校 東洋學研究所. 『열하일기』의 번역본에는 이가원(고전번역총서, 1968), 리상호(보리, 2004), 김혈조(돌베개, 2009) 등이 있으며, 일역본으로는 今村与志雄訳『熱河日

조선 사행의 공식 대표가 아니라 자제군관이라는 비교적 자유로운 위치에서 그의 날카로운 시선으로 세 주인공의 만남을 꿰뚫어보고 있다.[8] 다음으로 핵심적인 보조 자료로는 청조의 기본 관련 사료인 『청실록(淸實錄)』과 『열하지(熱河志)』, 그리고 티베트의 기본 사료인 판첸라마 전기 『육세반선백란익희전(六世班禪白丹益喜傳)』을 활용했다.[9]

2. 건륭제와 판첸라마의 만남

1653년 달라이라마 5세는 청국의 순치제(順治帝)를 방문한 후 1백여 년 만인 1780년에 티베트의 2인자인 판첸라마가 대규모의 축하 사절단을

記: 朝鮮知識人の中国紀行』(東洋文庫, 325, 328 / 平凡社, 1978), 부분 영역본으로는 Yang Hi Choe-Wall, *The Jehol Diary* (BRILL/Gbal Oriental, 2010). 이 논문에서 인용된 『열하일기』의 번역은 이가원과 김혈조의 번역을 참조하였으며 부연설명이 필요한 단어와 수정된 사항에 대해서 일일이 각주로 명기하지 않았다.

8_하영선, 『역사속의 젊은 그들: 18세기 북학파에서 21세기 복합파까지』(서울: 을유문화사, 2011).

9_『大淸高宗純皇帝實錄』(이하 『淸高宗實錄』); 『欽定熱河志』(이하 『熱河志』); 中國第一歷史檔案館, 中國藏學研究中心 공편, 『六世班禪朝覲檔案選編』(北京: 中國藏學出版社, 1996, 이하 『檔案選編』); 貢覺晉美旺布, 『六世班禪白丹益喜傳』(北京: 中國藏學出版社, 2002, 이하 『판첸전기(티베트)』); 嘉木央·久麥旺波 지음, 許得存, 卓永強 옮김, 『六世班禪洛桑巴丹益希傳』(拉薩: 西藏人民出版社, 1990, 이하 『판첸전기(중)』); 土觀·洛桑卻吉尼瑪 지음, 陳慶英, 馬連龍 옮김, 『章嘉國師若必多吉傳』(北京: 中國藏學出版社, 2007, 이하 『창갸』).
이 중 『판첸전기(티베트)』는 티베트어로 된 판첸라마의 전기이며, 『판첸전기(중)』은 이를 중국어로 번역한 것이다. 『판첸전기(티베트)』의 사료적 가치는 王曉晶(2011) 참조. 『판첸전기(티베트)』의 원문을 인용할 경우, 중국어 판본과 함께 王曉晶(2011) 및 "The Third Panchen Lama's visit to Chengde" in Millward(2004) 참조.

이끌고 1년이라는 긴 여정을 거쳐서 열하에 도착한다. 황제가 열하에서 판첸라마를 만날 것이라는 소식은 연암 일행보다 한 해 전에 먼저 사행을 다녀온 사신을 통해 이미 조선에 알려져 있었다. 정조 4년(1780) 4월 22일 서장관 홍명호(洪明浩)가 올린 문견별단에는 "황제가 황자(皇子)로 하여금 활불을 맞이하도록 하고 5월 열하에 행행(幸行)할 때 인견(引見)할 것"이라고 기록되어 있다.[10] 연암은 열하에서 만난 몽골인 경순미(敬旬彌)가 설명하는 판첸라마의 만수절 방문 사유를 소개하고 있다.

> 본조 천총(天聰, 청태종의 첫 번째 연호) 때 반선이 큰 사막을 넘어 사신을 파견해 조공을 바쳤는데, 동방에 성인이 태어난 것을 알고 그로부터 해마다 사신을 파견해 조공을 해왔습니다. 강희 때 인조(仁祖)는 반선이 청을 알현하게 하려 했으나 일찍이 오지 않았으며, 지난해 만수절(즉, 금년)에 [황제를] 뵙기 청했으므로 우대해주었습니다.[11]

건륭제는 판첸라마의 열하행이 확정되고 바로 국사(國師) 창갸 호톡토(章嘉胡圖克圖)와 황제의 여섯째 아들 영용(永瑢)으로 하여금 판첸라마를 맞이하도록 결정했으며[12] 1780년 6월 초에 다이하이(岱海)로 영용을 파견한다.[13] 연암도 학성(郝成)과의 대화를 통해 "지난해에 내각(內閣)의 영공

10_"西藏 卽古之西蕃也 有稱活佛者 今年二十餘歲 自稱轉生四十二世 皇帝 使皇子迎 要於五月 引見于熱河幸行時", 『朝鮮王朝實錄』, 正祖四年(1780년) 四月二十二日(출처: 국사편찬위원회 한국사데이터베이스). 홍명호는 1779년 동지사(冬至使) 서장관으로 파견되었다.

11_"本朝天聰時 班禪越過大漠 遣使來貢 知東方之生聖人 自是年年遣使入貢 康熙時 仁祖欲其入朝 而未嘗來 去年萬壽節(卽今本年) 乃請入覲 故優禮之", 朴趾源, 「熱河日記」, "班禪始末".

12_『檔案選編』, 37번 문서, p. 27.

13_『檔案選編』, 243번 문서, p. 181.

[永公, 永貴(sic)]이 여섯째 황자를 모시고 활불을 맞이해 왔다"고 기록한다.[14] 황제는 또 판첸라마에게 "이듬해 자신의 생일을 축하하기 위해 오는 것이 자신을 매우 행복하게 한다"며, "빠른 도착을 기원한다는 것과 탕구트어(唐古特語, Tangut)를 배우고 있으므로 직접 만났을 때는 좋은 대화를 할 수 있을 것"이라는 내용의 편지를 선물과 함께 보낸다.[15]

『청실록』과 『열하지』에 따르면, 판첸라마가 청더에 도착한 날짜는 1780년 음력 7월 21일이다.[16] 건륭제와 판첸라마의 첫 만남에 대해 『열하지』는 "판첸라마가 황제 앞에서 무릎을 꿇고 인사를 했다(跪請聖安)"고 서술한다.[17] 반면, 판첸라마 전기는 "그가 무릎을 꿇으려고 하자 황제가 그의 손을 잡아 일으키며 티베트어로 무릎을 꿇지 말라"고 전한다.[18] 청과 티베트의 두 기록 사이에 차이는 존재하지만, 건륭제가 판첸라마에게 특별한 예우를 베풀며 라마의 종교적 권위에 존중을 표했다는 사실은 분명하다. 심지어 건륭제는 판첸라마가 가마를 탄 채로 침전(寢殿) 내부까지 들어오는 것을 허락했으며, 창갸는 침전 문 앞까지 올 수 있게 전례없는 예우를 베푼다.[19] 건륭제는 판첸라마의 방문을 무척 반기며 그에게 다음과 같이 말했다.

짐(朕)의 70세 경축일 즈음에 반선 액이덕니가 오니 이곳의 생령들에게 크게 이

14_朴趾源, 「熱河日記」, "黃敎問答".

15_『檔案選編』, 10번 문서, p. 11; 『판첸전기(중)』, 1779년 10월 15일.

16_『淸高宗實錄』, 卷 1111, 丁酉條; 『熱河志』 卷 24, p. 18. 그러나 판첸 및 창갸 등 티베트 측 기록은 모두 22일인데 이는 청과 티베트의 역법의 차이에서 비롯된 것으로 추정된다. 『판첸전기(중)』, 1780년 7월 22일; 『창갸』, p. 276.

17_『熱河志』, 卷 24, p. 18.

18_『판첸전기(티베트)』, p. 929, 王曉晶, 2011, p. 80에서 인용; Millward, 2004, p. 190.

19_『창갸』, p. 278.

롭게 될 것이다. 짐이 지난 수년간 창갸 호톡토에게서 불법을 조금 배워 왔으나 불법이 본디 끝이 없어 바다같이 깊고 온갖 국사(國事)를 처리하면서 좀처럼 틈이 나지 않아 호톡토가 전수한 불법에 대해 참구(參究)하지는 못하고 종종 면려(勉勵)했을 뿐이다. 오늘 복전(福田)과 시주(施主)가 만나 전생의 서원(誓愿)과 축도(祝禱)를 드디어 이룰 수 있게 되었으니 짐은 라마에게 교법(敎法)을 배우고자 한다. 짐은 전에 티베트 말을 할 줄 몰랐는데 당신이 오신다고 하여 급히 호톡토에게서 일상용어를 열심히 배우기는 했으나 숙련치 못하니 교법에 관한 용어는 호톡토에게 번역을 부탁하겠다.[20]

건륭제가 궁으로 돌아간 후, 창갸는 판첸라마와 차를 마시면서 이렇게 말했다.

오늘 길성(吉星)이 높이 비추고 복전과 시주가 만났다. 문수보살 화신인 대황제는 당신의 장수를 위해 실로 고심했다. 오늘 바람이 부드럽고 해가 아름답게 빛나니 상서롭기 그지없다. 게다가 대황제가 당신을 지극히 숭신(崇信)하고 몹시 기뻐하는 것이 내가 여태 황상을 보아 왔지만 이렇게 기뻐하는 모습을 본 적 없다. 이 모든 것은 복전과 시주의 위대한 발심의 힘이고 총카바(宗喀巴) 교법이 날로 번영한다는 표시다.[21]

판첸라마가 열하에 도착한 이후 열린 연회에 대한 청의 기록과 판첸라마 전기 사이에는 차이가 있다. 8월 13일 『청실록』에는 "만수절 당일에 청의 왕공·대신과 몽골의 왕공·대신, 회부군왕, 조선 사신 등이 건륭제에게

20_『창갸』, p. 277. 판첸라마의 전기에도 창갸의 기록과 비슷한 대화가 수록되어 있다. 『판첸 전기(중)』, 1780년 7월 22일.

21_『창갸』, p. 277, 각주 18 참조.

축하를 드리고 그에 대한 사례로 연회를 열었다"고 기록하고 있으나, 판첸라마에 관해서는 일절 언급하지 않고 있다.[22] 그러나 판첸라마 전기는 만수절 당일 행사를 아주 자세히 묘사하고 있으며, "판첸라마가 티베트 식 대보좌에 앉아 불법을 강수(講授)했다"고 기록하고 있다.[23] 또한, 8월 19일 판첸라마 전기에 따르면 "그가 티베트에서부터 건륭제의 만수절을 축하하기 위해 동행한 무동(舞童)들의 티베트 무용을 관람했다"고 하나,[24] 『청실록』에는 "당일 청의 왕공·대신과 몽골의 왕공·대신에게 연회를 베풀었다"는 언급만 있고 판첸라마에 대한 언급은 존재하지 않는다.[25]

연암도 건륭제와 판첸라마가 동석했던 연회의 모습을 묘사한 바 있다.[26]

황제는 어원(御苑)에서 매화포(梅花砲)를 쏘고 사신을 불러 들어와 보게 했다. 전

22_『淸高宗實錄』, 卷 1112, 己未條.

23_『판첸전기(중)』, 1780년 8월 13일.

24_『판첸전기(중)』, 1780년 8월 19일.

25_『淸高宗實錄』, 卷 1113, 乙丑條.

26_왕쇼우찡(王曉晶)은 "연암의 『열하일기』에 건륭제와 판첸라마가 만나서 합달을 의례적으로 주고받은 장면이 생략되어 있다"며, "이는 연암이 합달의 예를 잘 이해하지 못했기 때문에 불명확한 부분을 제외하고 쓴 것 같다"고 언급한다. 또한, "건륭제와 판첸라마가 착석하는 과정에 대한 연암의 기록과 판첸라마의 기록이 상이하다"고 서술한다(王曉晶, 2011, pp. 88-91). 왕쇼우찡의 견해는 연암이 기록한 연회의 모습이 8월 14일에 열린 행사였다는 추정에 바탕을 두고 있다. 연암은 찰십륜포 편에서 건륭제가 매화포를 놓은 날 조선사신을 불러서 들어오게 했다며, 당일 판첸라마와 건륭제가 만났을 때의 모습을 묘사하고 있다. 판첸라마 전기와 청실록에 따르면, 매화포 행사는 8월 14일에 열렸다. 그러나 연암은 14일(庚申)에 해당 연회에 대한 기록을 남기고 있지 않으며, 그날 황혼 무렵에는 황제의 명이 떨어져 일행이 밤중까지 짐을 꾸렸다고 기록한다. 판첸라마와 건륭제의 만남을 묘사하는 내용은 날짜가 생략된 찰십륜포 편에 별도로 실려 있기 때문에, 연암이 둘의 만남에 대해 기술한 내용이 14일 연회를 묘사한 것인지 정확히 파악하기는 어렵다. 연암이 둘의 만남을 실제 목격하지 않고 사신을 통해 전해 들었을 가능성도 있다.

> 각은 처마가 겹으로 되었고, 중정(中庭)뜰에는 누런 휘장을 쳤으며, 전내에는 일월과 용봉을 그린 병풍을 진설하고 보의(寶扆)는 근엄하였는데, 많은 관원이 반열을 지어 서있었다. 이때 반선이 혼자 먼저 탑상(榻上)에 앉으니, 일품(一品) 보국공(輔國公)들과 고관귀족들이 우르르 좌석 아래로 나아가 모자를 벗고 머리를 조아렸다. 반선이 손수 한 번씩 이마를 어루만져 주자 그들은 일어나서 나오며 사람들을 향해 자랑스러운 표정을 지었다. 한참 후 천자가 황색의 작은 가마를 타고 들어왔다.[27]

이처럼 연암은 판첸라마 앞에서 지극히 공손한 예를 갖추며 그의 축수를 영예로 여기는 청 관료들의 모습을 서술한다. 그리고 건륭제가 들어온 이후, 판첸라마와 건륭제가 온화한 분위기에서 만나 즐겁게 대화하는 것을 기록한다.

> (황제의 가마가 이르자) 반선이 천천히 일어나 걸음을 옮겨 탑상의 동쪽에 가서 섰는데 얼굴에 웃음을 띠고 기쁜 표정을 짓는다. 황제는 네댓 칸이나 멀리 떨어진 가마에서 내려 빠른 걸음으로 이르러 두 손으로 반선의 손을 잡는다. 둘은 서로 손을 잡고 흔들며 마주보고 웃으면서 이야기를 한다. 황제는 갓 꼭지에 장식이 없는 붉은 실로 된 관을 쓰고 검정 옷을 입고 금실로 짠 두꺼운 보료 위에 평좌(平坐)하고, 반선은 황금 삿갓을 쓰고 누런 옷을 입고 금실로 짠 두꺼운 방석 위에 가부좌로 조금 동쪽으로 나가 같은 탑상 위에 앉으니 둘의 방석은 무릎이 닿을 듯 한다. 그들은 자주 몸을 기울여 서로 이야기를 주고받았는데, 말할 때에는 항상 서로 웃음을 띠고 즐거워하고 자주 차를 올리는데 호부상서(戶部尙書) 화신(和紳)은 천

27_"皇帝放梅花砲於苑中 召使臣入見 殿重簷 中庭黃幄 殿上日月龍鳳屛陳設 寶扆甚嚴 千官班立 時班禪獨先至坐榻上 一品輔國公輩及廷紳貴顯者 多趨至榻下 脫帽叩頭 班禪皆親手爲一摩頂則起出 向人擧有榮色 良久天子乘黃色小轝 … 乘轝至", 朴趾源, 「熱河日記」, "札什倫布".

자에게 바치고, 호부시랑(戶部侍郞) 복장안(福長安)은 반선에게 바쳤다.[28]

연암은 날이 저물자 황제와 반선이 나란히 서서 악수한 다음 각자 떠나가는 모습까지 서술하고 있다. 그는 "황제가 일어서고 반선도 역시 일어나 황제와 마주서서(偶立) 서로 악수를 하고 한참 있다가 등을 돌리고 탑상에서 내려왔다. 황제는 나올 때와 같은 의장으로 돌아가고, 반선은 황금 교자를 타고 찰십륜포로 돌아갔다"고 서술한다.[29]

정조 4년(1780) 4월 22일 홍명호가 올린 문견별단에는 청나라가 "강한 오랑캐를 제어하는 방법으로 은혜와 위엄을 섞어 사용하므로 남방, 서방, 북방 오랑캐들이 두려워 복종하지 않음이 없다"는 구절이 이미 실려 있다.[30] 연암은 건륭제와 판첸라마의 만남을 바라다보면서 청 황제의 내부 아시아의 몽골 및 티베트 부족들에 대한 정책을 조심스럽게 검토하고 있다. 그는 청 황제가 열하에서 머무는 것은 명목상으로는 피서라고 부르지만 실질적으로는 변방을 몽골로부터 지키려는 것이고, 라마를 맞이하여 명목상으로 스승으로 삼고 황금 궁전에 거처하게 하는 것은 실질적으로는 청의 무사함을 위한 것이라고 날카롭게 지적하고 있다.

28_"班禪徐起移步 立榻上東偏 笑容欣欣 皇帝離四五間 降輦疾趨至 兩手執班禪手 兩相搖搦 相視笑語 皇帝冠無頂紅絲帽子 衣黑衣 坐織金厚褥盤股坐 班禪戴金笠 衣黃衣 坐織金厚褥跏趺 稍東前坐一榻 兩褥膝相聯也 數數傾身相語 語時必兩相帶笑含懽 數數進茶 戶部尙書和珅 進天子 戶部侍郎福長安進班禪", 朴趾源, 「熱河日記」, "札什倫布".

29_"皇帝起 班禪亦起 與皇帝偶立 兩相握手久之 分背降榻 皇帝還內如出儀 班禪乘黃金屋轎還札什倫布", 朴趾源, 「熱河日記」, "札什倫布".

30_"至於服禦强虜之術 雜用恩威 故蠻獠羌狄 莫不慴伏", 『承政院日記』, 正祖四年(1780) 四月二十二日(출처: 국사편찬위원회 한국사데이터베이스).

황제는 해마다 열하에 잠시 머무는데, 열하는 곧 만리장성 밖의 황량한 벽지이다. 천자는 무엇이 부족해서 이런 변방의 쓸쓸한 벽지에 와서 거처하는 것일까? 이름으로는 피서라 했지만, 그 실상은 천자가 몸소 나가서 변방을 지킨 것이다. 그러고 보면 몽고의 강성함을 알 수 있다. 황제는 서번(西番)의 승왕(僧王)을 맞이하여 스승으로 삼고 황금 전각을 지어 그를 살게 하고 있는데 천자는 무엇이 아쉬워서 이런 지나치게 사치한 예우를 하는가? 명목은 스승으로 대접하면서도 실상은 황금 전각 속에 그를 가두어 두고 하루라도 무사하기를 빌고 있는 것이다. 그러려고 보면 서번이 몽고보다도 더 강성함을 알 수 있다. 이 두 가지 일은 황제의 심정이 이미 괴롭다는 것을 보여 준다.[31]

연암은 천자인 청 황제가 천하질서를 다스리면서 겪고 있는 몽골과 티베트의 두 '괴로움(苦)'을 정확하게 짚어 낸 다음, 몽골이 요동을 흔들면 결국 천하가 흔들리게 되므로 건륭제가 천하의 뇌에 비유되는 열하에 앉아 몽골을 목조이려는 것으로 읽고 있다.

이제 내가 열하의 지세를 살펴보니, 대체로 천하의 뇌와 같다. 황제가 북쪽을 돌아다니는 것은 다름 아니라 뇌를 누르고 앉아 몽고의 인후(咽喉)를 누르자는 것뿐이다. 그렇지 않다면 몽고는 이미 날마다 나와서 요동을 뒤흔들었을 것이다. 요동이 한 번 흔들리면 천하의 왼팔이 끊어지는 것이요, 천하의 왼팔이 끊어지면 하황(河湟, 황하(黃河)와 황수(湟水) 사이, 청해성 동부지역)은 천하의 오른팔이라 혼자서 움직일 수는 없을 것이니, 내가 보기에는 서번의 여러 오랑캐들이 나오기

31_"皇帝年年駐蹕熱河 熱河乃長城外荒僻之地也 天子何苦而居此塞裔荒僻之地乎 名爲避暑 而其實天子身自備邊 然則蒙古之强可知也 皇帝迎西番僧王爲師 建黃金殿以居其王 天子何苦而爲此非常僭侈之禮乎 名爲待師 而其實囚之金殿之中 以祈一日之無事 然則西番之尤强於蒙古 可知也 此二者 皇帝之心已苦矣", 朴趾源, 「熱河日記」, "黃教問答".

시작하여 농(隴, 감숙성 지방)·섬(陝, 섬서성 지방)을 엿볼 것이다.[32]

연암은 조금 더 구체적으로 청이 커다란 우환인 북쪽 오랑캐 문제를 어떻게 풀고 있는가를 밝히고 있다. 건륭제는 열하에 직접 살면서 몽골로부터 변방을 지키고 불교 국가인 티베트에 대해서는 그 풍속을 따라 몸소 황교를 숭앙하고 받들며, 티베트의 법사를 맞이하여 궁궐을 거창하게 꾸며서 그들의 마음을 즐겁게 하고 명목상 왕으로 봉함으로써 그들의 세력을 꺾었으며, 이것이 바로 청인들이 이웃 사방 나라를 제압하는 전술이라는 것이다.

천하의 우환은 언제나 북쪽 오랑캐에 있으니 그들을 복종시킨 후에도 강희 시절부터 열하에 행궁(行宮)을 짓고 몽고의 막강한 군사들을 주둔시켰다. 그리하여 중국의 수고를 덜고 오랑캐로 오랑캐를 막을 수 있었는데, 이렇게 되면 군비는 줄고 변방은 견고해지니 지금 황제는 그 자신이 직접 이들을 통솔하여 열하에 거하면서 변방을 지키고 있는 것이다. 또한 서번(西藩)은 억세고 사나우나 황교(黃敎)를 몹시 경외하니, 황제는 그 풍속을 따라 몸소 황교를 숭앙하고 받들어 그 나라 법사(法師)를 모셔다가 궁궐을 거창하게 꾸며서 그들의 마음을 즐겁게 했고 명목상 왕으로 봉함으로써 그들의 세력을 분산시켰다. 이것이 바로 청인(淸人)이 주변 나라를 제어하는 책략이다.[33]

32_"今吾察熱河之地勢 盖天下之腦也 皇帝之廸北也 是無他 壓腦而坐 扼蒙古之咽喉而已矣 否者 蒙古已日出而搖遼東矣 遼東一搖 則天下之左臂斷矣 天下之左臂斷 而河湟天下之右臂也 不可以獨運 則吾所見西番諸戎 始出而闚隴陜矣", 朴趾源, 「熱河日記」, "黃敎問答".

33_"天下之患 常在北虜 則迨其賓服 自康熙時 築宮於熱河 宿留蒙古之重兵 不煩中國而以胡備胡 如此則兵費省而邊防壯 今皇帝身自統禦而居守之矣 西藩强悍而甚畏黃敎 則皇帝循其俗而躬自崇奉 迎其法師 盛飾宮室 以悅其心 分封名王 以析其勢 此淸人所以制四方之術也", 朴趾源, 「熱河日記」, "審勢編".

연암은 청의 내부 아시아 오랑캐 다루기가 바다 모퉁이에 위치해 있는 조선에게는 무관할 것 같지만, 30년 내에 천하의 어려움을 걱정하는 사람이 내가 오늘 한 말을 다시 생각할 것이기 때문에 적어 놓는다고 밝히고 있다.

> 동쪽의 우리나라는 바다 모퉁이에 치우쳐 있어 천하의 일과 무관하다 하겠으나, 내 이제 백발이 되어 앞일을 제대로 보지는 못할 것이로되, 30년이 지나지 않아서 천하의 근심을 걱정할 줄 아는 자가 있다면 응당 나의 오늘 이야기를 다시 생각할 것이다. 그러므로 호(胡)·적(狄) 여러 종족의 일을 위와 같이 아울러 기록해 둔다.[34]

건륭제와 판첸라마의 역사적 만남은 청과 티베트의 사료에서는 전형적인 회유원인의 빈례에 따라 조선 사신들이 크게 놀랄 만큼 서로 상대방을 정중하게 맞이하는 모습으로 진행됐다. 그러나 연암은 이러한 예의 바른 만남이 얼마나 고도의 정치적 이해 속에서 진행되고 있는가를 선명하게 밝히고 있다. 청 제국은 오랜 골칫거리인 북방 오랑캐 문제를 해결하기 위하여 몽골에 대해서는 열하를 전진기지로 해서 군사적 방비를 게을리 하지 않고 티베트에 대해서는 부드러운 회유책을 적극적으로 펴서 몽골이 아닌 청의 통치권 아래 두려는 노력을 했다. 한편, 티베트는 청 제국과 몽골의 사이에서 불교 국가로서의 위상을 유지해 나가려는 노력을 보여 주고 있다. 그리고 청과 사대자소의 예에 따라 조공관계를 유지하고 있던 조선은 두 주인공의 만남을 조심스럽게 바라보고 있다.

34_"吾東幸而僻在海隅 無關天下之事 而吾今白頭矣 固未可及見之 然不出三十年 有能憂天下之憂者 當復思吾今日之言也 故併錄其所見胡狄雜種如右", 朴趾源, 「熱河日記」, "黃敎問答".

3. 조선 사신과 판첸라마의 만남

수도 연경을 떠난 후 5박 6일의 강행군 끝에 열하에 막 도착한 조선 사신에게 8월 10일 청의 군기대신이 티베트의 판첸라마를 가서 만나보라는 황제의 명의 전한다. 이에 조선 사신은 중국인 이외의 타국인과는 만나지 않는 것이 조선의 법이라며 사양한다.

> 군기대신이 황제의 명을 받들고 와서 전하길 '서번(西番)의 성승(聖僧)을 가서 만나보겠느냐?' 사신이 대답하기를 '황제께서 작은 나라를 사랑하여 내복(內服)과 동등하게 대해주시니, 중국인과 내왕하는 것이야 무방하지만, 타국인에 대해서는 감히 상통하지 않는 것이 본래 작은 나라의 법입니다'.[35]

조선 사신들은 반선과의 만남을 일단 거절하였으나, 향후 일을 걱정하기 시작했다. 연암은 군기대신이 가고 나자 사신들의 얼굴에는 모두 수심이 가득 찼으며, 당번 역관은 마치 술이 덜 깬 사람처럼 허둥지둥했다고 당시 상황을 묘사한다. 비장(裨將)들이 황제가 시키는 일이 고약하다며 청은 명과 다른 오랑캐이고 반드시 망하게 될 거라고 욕하자, 수역(首譯)이 지금 춘추대의를 따질 자리가 아니라며 주의를 주기도 한다. 잠시 뒤 군기대신이 돌아와 중국인과 조선인이 같으니(中朝人一體) 즉시 가보도록 하라는 황제의 명을 구두로 전한다. 조선 사신들은 다시금 서로 상의하는데 반선을 만나면 결국 더 난처한 지경에 빠질 것이라고 우려하기도 하고, 먼저 예부

35_"軍機大臣奉皇旨來傳曰 西番聖僧欲往見乎 使臣對曰 皇上字小 視同內服 中國人士不嫌往復 而至於他國人 不敢相通 自是小邦之法也", 朴趾源, 「熱河日記」, "太學留舘錄".

에 글을 올려서 이치를 따져 보자는 제안도 나온다.[36] 이러한 논의를 지켜 보던 연암은 이것이 아주 좋은 기회이고 좋은 제목이라며 향후의 일을 혼자 상상하고 있다.

> 이런 때 사신이 만일 소장을 올린다면 그 의로운 명성이 천하에 떨치어서 나라를 크게 빛낼 터이지. 나는 또 스스로 묻기를, 그렇다고 군사를 낼 것인가? 이에 답하기를, 이것은 사신의 죄인데, 어찌 그 나라에 대고 노여움을 옮길 것인가? 그러나 사신은 멀리 전(滇, 운남)이나 검(黔, 귀주)으로 귀양 가는 것을 막을 수는 없을 테지. 연암은 흥미롭게도 만일 그렇게 된다면 의리상 자기 혼자 고국으로 돌아갈 수는 없으니(吾義不可獨還), 서촉(西蜀)과 강남(江南)의 땅을 밟으며 자신의 구경이 난만(爛漫)해질 것이라고 마음속으로 기뻐했다고 기록한다.[37]

황제의 명을 흔쾌히 받들기 어려운 상황 속에서 조선 사신단의 회의는 지속되었고, 출발 시간은 자꾸 지연된다. 연암은 당시의 상황을 다음과 같이 설명한다.

> 술을 마시고 들어가니 회의는 아직 결판이 나지 않았고, 예부에서는 재촉이 성화와 같다. 천하의 하원길(夏原吉)이라도, 허겁지겁 달려가 명을 받들지 않을 수 없는 형세이다. 말과 안장을 준비하는 사이에 절로 지연이 되어 날이 이미 기운다. 오후부터 날씨가 너무 뜨거웠다. 행재소(行在所)의 문을 지나 성 서북쪽의 길을 따라 반쯤 갔을 때 홀연히 황제의 칙서(勅書)가 왔다. '금일은 날이 이미 저물었으니, 사신은 돌아가서 다른 날을 기다리도록 하라'고 했다. 이에 서로 돌아보며 놀

36_朴趾源, 「熱河日記」, "太學留舘錄".

37_"是時使臣 若復呈一疏 則義聲動天下 大光國矣 又自語曰 加兵乎 曰 此使臣之罪也 豈可移怒於其國乎 使臣滇黔雲貴不可已也", 朴趾源, 「熱河日記」, "太學留舘錄".

라서 숙소로 되돌아갔다.[38]

방문을 멈추고 돌아가라는 명령을 받자, 사신들은 황제의 언짢은 기분을 근심하게 되었다. 예부에 가서 사정을 탐문하고 돌아온 통관(通官) 박보수(朴寶秀)가, 황제가 '그 나라는 예를 아는데 사신만 예법을 모르는구나'라 말했다고 보고하니, 사신들의 걱정과 우려는 더 커졌다.

박보수(朴寶樹)와 통관(通官)들이 모두 가슴을 치고 눈물을 흘리며 '우리는 죽었네'라고 하나, 이는 통관 무리들이 잘하는 버릇이라고 한다. 비록 털끝만큼의 작은 일이라 해도 황제의 명령이라면 갑자기 죽겠다고 호들갑 떨며 엄살을 하는데, 하물며 가던 길 중간에 돌아가라 함은 황제의 언짢음을 뜻함에랴. 게다가 예부에서 전하는 말 중 '예를 모른다(不知禮)'는 구절은 불평을 드러낸 말이니, 통관들이 가슴을 치며 눈물을 흘리는 것이 완전히 공갈로 그러는 건 아닐 것이나, 그 행동거지가 흉물스럽고 단정치 못해 사람들로 하여금 우스워서 뒤집어지게 한다. 우리나라 역관들도 두렵긴 할 테지만, 조금도 까딱하지 않았다.[39]

연암은 이들의 모습을 우스꽝스럽게 그리고 있지만, "완전히 공갈로 그러는 건 아닐 것"이라는 대목에서 나타나듯이 당시의 상황에 대해 조선 사

38_"飮酒而入 議猶未決 而禮部催督急於星火 雖夏原吉 勢將蹶趨承 而整頓鞍馬之際 自致遲延 日已昃矣 自午後極熱 歷行在門 循城西北 行未及半程 忽有皇敕曰 今日則已晩矣 使臣須回去 以待他日 於是相顧愕然而還", 朴趾源, 「熱河日記」, "太學留舘錄".

39_"寶樹及諸通官 皆搥胷涕泣曰 吾等死矣 此乃通官輩本習云 雖毫髮微細事 若係皇旨輒稱死煩寃 況此中路罷還 似出未安之意乎 又禮部所傳不知禮之旨 尤帶不平 則通官之搥胷涕泣似非嚇喝 而其擧措凶悖 令人絶倒 我譯亦毛耗鞹見 毫無動焉", 朴趾源, 「熱河日記」, "太學留舘錄".

신단의 입장이 매우 난처하고 걱정스러웠음을 짐작할 수 있다. 이후 연암은 찰십륜포 편에서 반선을 만난 상황에 대해 자세히 서술하고 있다. 군기대신은 조선 사신단이 판첸라마를 만나기 전에, 사신들도 청 황제와 같이 머리를 조아려 절을 하는 것이 마땅하다고 언질을 주었다.

군기대신의 처음 말로는 황제도 머리를 조아리고 황제의 여섯째 아들도 머리를 조아리며 부마도 머리를 조아리니, 지금 사신도 응당 가서 절하고 머리를 조아려야 한다고 했다.[40]

그러나 설사 황제가 머리를 조아려 절을 한다고 하더라도, 조선의 사신들이 반선에게 절을 한다는 것은 납득할 수 없는 일이었다. 이 문제를 둘러싸고 판첸라마를 알현하기 이전에 이미 조선 사신은 청의 예부와 크게 다투게 된다.

사신은 아침에 이미 예부(禮部)와 다투어 말하기를, '머리를 조아리는 예는 천자의 뜰에서나 하는 것인데, 이제 어찌 천자에 대한 예법을 번승(番僧)에게 쓰란 말이오'라며 항의하기를 그치지 않았더니, 예부에서 말하기를, '황제도 그를 스승의 예로 대우하는데, 사신이 황제의 조칙을 받들었으니 같은 예로 대우하는 것이 마땅하다'고 했다. 사신은 가고 싶지 않아 꼼짝도 아니하고 완강하게 버티니, 굳이 서서 다투니, 상서(尙書) 덕보(德保)는 분노하여 모자를 벗어 땅에 던지고, 방바닥 위에 몸을 던져 벌렁 누워서는, 큰 소리로 '빨리 나가시오, 빨리 나가' 하고는 사신에게 나가라고 손으로 휘저은 일이 있었다.[41]

40_"軍機大臣初言 皇上也叩頭 皇六子也叩頭 和碩額駙也叩頭 今使臣當行拜叩", 朴趾源, 「熱河日記」, "札什倫布".

이처럼 판첸라마를 만나기 전부터 조선 사신단은 상당한 고민을 하고 있었으며, 판첸라마를 만나야 옳은지와 만나면 어떤 예법을 갖출 것인가를 둘러싸고 예부와 갈등을 표출했다.

조선 사신단이 판첸라마를 만난 것은 8월 11일이었다. 당일 이른 아침, 상서 덕보가 사신에게 와서 황제의 명이 내일은 응당 있을 것이며 오늘도 없다고 장담할 수 없으니 예부의 대기실에서 기다릴 것을 청한다. 연암이 성 밖 근처를 유람 후 왕곡정을 방문하여 강희제와 건륭제의 위대함을 찬양하는 『구정시집(毬亭詩集)』을 보고 있을 때, 창대(昌大)가 와서 조금 전 황제가 사신을 불러서 만나고 또 활불을 만나볼 것을 명했다고 전한다. 연암은 이때부터 밥을 재촉하여 먹고 궁궐에 들어가 사신을 찾았으나 사신이 이미 반선의 처소로 떠났다는 말을 전해 듣는다. 즉시 연암은 궐문을 빠져나와 사신들을 좇아가는데, "마음은 바쁘고 생각은 조급하여 말에 수도 없이 채찍을 치지만 오히려 더딘 것 같다"고 당시의 심정을 언급한다.[42] 마침 사신과 역관이 궁궐에서 곧바로 나오는 길이라 연암은 판첸라마를 만나러 가는 일행에 합류할 수 있었다. 조선 사신단은 황제가 판첸라마를 위해 특별히 지은 찰십륜포에 머무르고 있는 그의 앞으로 나아가 '합달(哈達)'이라는 비단을 바친다.[43] 이 현장에서 판첸라마에게 절을 하는 문제를 둘러싸고

41_"使臣朝旣 爭之禮部曰 拜叩之禮 行之天子之庭 今奈何以敬天子之禮 施之番僧乎 爭言不已 禮部曰 皇上遇之以師禮 使臣奉皇詔 禮宜如之 使臣不肯去 堅立爭甚力 尙書德保怒脫帽擲地 投身仰臥炕上 高聲曰 亟去亟去 手麾使臣出", 朴趾源, 「熱河日記」, "札什倫布".

42_"心忙意促 而馬百鞭猶遲", 朴趾源, 「熱河日記」, "太學留館錄".

43_"皇帝使內務官 詔傳玉色綾緞一匹 執見班禪 內務官手自分截三段 給與使臣", 朴趾源, 「熱河日記」, "札什倫布". 연암은 "황제가 내무관(內務官)을 보내어 조서를 전달하도록 하는데, 무늬 있는 옥색 비단(玉色綾緞) 한 필을 갖고 가서 반선을 만나라는 것이다. 내무관이 손수 비단을 세 단으로 잘라 사신에게 주었다"고 기록한다.

조선 사신단과 군기대신 사이에서 갈등이 생긴다.

> 지금 군기대신이 무슨 말을 하는데 사신은 못 들은 척 했다, 제독(提督)이 사신을 인도하여 반선 앞에 이르자, 군기대신이 두 손으로 비단을 받들고 서서 사신에게 건네준다. 사신은 비단을 받아서 머리를 들고 반선에게 주니, 반선은 앉은 채로 비단을 받으면서 조금도 몸을 움직이지 않았으며, [받은] 비단을 무릎 앞에 놓으니 비단이 탁자 아래로 드리워졌다. 차례대로 비단을 다 받고서는 다시 군기대신에게 주니, 군기대신은 받들고 반선의 오른쪽에 모시고 섰다.[44]

연암은 조선 사신이 머리를 조아리지 않고 꼿꼿이 든 채로 반선에게 비단을 바친 모습을 묘사하고 있다. 이어 사신이 물러나려고 하자 청의 군기대신은 눈짓을 통해서 반선을 향해 절을 할 것을 요구했으나, 사신은 미처 눈치 채지 못하고 절을 하지 않고서 자리로 돌아와 몽골왕 다음에 앉아 버린다.

> 사신이 차례대로 돌아 나가려고 하자 군기대신이 오림포(烏林哺)에게 눈짓을 하여 사신을 중지시켰다. 이는 사신에게 절을 하라고 하는 것이었으나 사신은 알지 못하고 멈칫멈칫 뒷걸음을 치며 물러나 검은 비단에 수를 놓은 깔개에 앉았는데, 이는 몽고왕의 아랫자리였다. 앉을 때 약간 몸을 구부리고 소매를 들고는 이내 앉아 버렸다. 군기대신의 얼굴빛이 당황해 보였으나 사신이 이미 앉고 말았으니 또한 어쩔 수 없는지라 마치 못 본 체했다.[45]

44_"今軍機有言 而使臣若不聞也 提督引使臣至班禪前 軍機雙手擎帕 立授使臣 使臣受帕 仰首授班禪 班禪坐受帕 略不動身 置帕膝前 帕垂榻下 以次盡受帕 則還授帕軍機 軍機奉帕立侍于右", 朴趾源, 「熱河日記」, "札什倫布".

45_"使臣方以次還出 軍機目烏林哺止使臣 盖使其爲禮 而使臣未曉也 因逡巡郤步 退坐黑緞繡

앉을 때 약간 몸을 구부리고 소매를 들어서는 이내 앉아 버렸다는 설명은 당시 상황에서 조선 사신이 자리에 앉는 순간까지도 그 상황에서 어떻게 처신해야 할 지 갈등하고 있었다는 것이다. 그리고 조선 사신의 행동에 청의 군기대신 역시 당황했음을 연암의 서술을 통해 알 수 있다. 조선 사신이 자리에 앉은 후, 제독을 비롯한 청의 관리들은 모두 다 판첸라마에게 머리를 조아리며 절을 했다.[46]

이어서 판첸라마는 차를 몇 순배 돌린 후, 소리를 내어 조선 사신이 온 이유를 물었다. 판첸라마의 말은 라마, 몽골왕, 군기대신, 오림포, 사신 통역관의 5중 통역을 거쳤다.[47] 이후, 수십 명의 라마가 붉은 양탄자, 서장의 향과 작은 구리 불상 등을 메고 와서 차등에 따라 나누어 주었고, 군기대신은 받들고 있던 비단으로 불상을 쌌다. 사신은 차례대로 일어나 나가고, 군기대신은 하사한 물품을 열어 보고는 물목을 기록하여 황제에게 보고하려고 말을 타고 떠났다.

당시 조선 사신이 판첸라마를 만나게 한 황제의 의도를 어떻게 인식하고 있었는가는 연암의 『열하일기』에 나타나지 않는다. 그러나 연암의 연행 후에 떠난 동지사 서장관 윤장렬(尹長烈)과 수역 유담(柳湛)의 문견별단에는 "1780년 가을에 황제가 열하에서 번승과 이야기를 나누다가 조선의 예의와 인물 및 의관을 칭찬했다"며, "청 황제가 조선 사신에게 활불을 만나

細 次蒙古王下 坐時微俯躬擧袂仍坐 軍機色皇遽 而使臣業已坐 則亦無如之何 若不見也", 朴趾源, 「熱河日記」, "札什倫布".

46_朴趾源, 「熱河日記」, "札什倫布"; 한편, 판첸라마 전기에는 그가 조선 사신에게 정수리를 만지고 기도를 했다(摩頂加持)고 기록되어 있다. 『판첸전기(중)』, 1780년 8월 11일.

47_판첸라마 전기에는 대신(大臣) 한 명이 통역을 했다는 기록만 남아있다. 『판첸전기(중)』, 1780년 8월 11일.

도록 한 것이 번승에게 과시하려는 의도에서 나온 일이었다"고 기록되어 있다.

> 번승 액이덕니를 맞이해 올 때에 그를 따라온 무리가 무려 수천 명이나 되었으며, 작년 가을에 황제가 열하에 있을 때 번승과 얘기하다가 외국의 일을 언급하였는데, 황제가 조선이 예의를 숭상하고 인물과 의관도 볼 만하다고 매우 칭찬하였다. 진하사행이 때마침 그 때에 연경에 도착하였으므로 우리 사신으로 하여금 나아가서 보게 하였는데, 이는 번승에게 과시하려는 의도에서 나온 일이었다.[48]

건륭제의 70세 만수절 축하연이 열린 열하에서 청조와 사대자소의 관계인 조선의 사신과 청조의 회유원인책의 대상인 티베트의 판첸라마는 역사적 만남을 맞이하게 된다. 건륭제는 몽골을 포함한 내부 아시아를 성공적으로 다스리기 위한 중요한 방편으로 티베트를 적극적으로 회유하기 위해서 조선 사신에게 판첸라마에게 정중한 예를 갖추도록 명한 것이다. 주자학 국가인 조선의 사신은 불교 국가의 2인자인 판첸라마에게 조금 구부리고 몸을 일으켰다가(微俯躬擧) 얼른 앉아 버려서 난처함을 벗어나려고 하고 있다. 연암은 이 장면을 대단히 소상하고 실감나게 전하고 있으나, 대조적으로 청이나 티베트의 기록은 이 장면을 자세히 적지 않고 있다. 건륭제의 주선으로 이루어진 조선 사신과 티베트 사신의 만남은 18세기 청대 복합 천하질서의 진면목을 보여 주는 대표적 장면이었다.

48_"蕃僧額爾德呢之迎來也 其徒之隨至者 無慮數千人是如爲白乎旀 昨年秋皇帝在熱河時 與蕃僧語及外國事 皇帝盛稱朝鮮敦尙禮義 人物衣冠 亦有可觀 而進賀使行 適以其時到燕 故使我使就見者 蓋出於誇示蕃僧之意", 『日省錄』, 正祖五年(1781) 三月二日(출처: 한국고전번역원 데이터베이스).

4. 판첸라마의 만남과 불상 선물 논란

판첸라마를 만난 후 조선 사신은 만남에서의 처신과 판첸라마가 준 불상 선물의 처리에 대해 내부적으로 고민했고, 동시에 청 예부와 건륭제에게 올린 조선 사신에 관한 보고에 대해 논쟁을 했다. 연암에 따르면, 조선 사신단은 찰십륜포를 나와 오륙십 보쯤 가서 깎아지른 절벽을 등지고 소나무 그늘이 있는 모래 위에 둘러앉아 밥을 먹으며 논의를 시작했다.

> 우리가 번승을 만날 때 예법이 자못 소홀하고 거만하여 예부에서 지도하는 것과 어긋났네. 그가 바로 천자의 스승인지라, 이해득실이 생길 일이 없다고 할 수 있겠는가? 그가 주는 물건을 물리치고 받지 않으려니 불공하다고 여길 것이고, 받자니 또 명분이 없으니, 장차 어찌 하란 말인가?[49]

연암은 "판첸라마와의 만남과 선물을 받은 일이 순식간에 벌어졌고 5중 통역을 통했기 때문에, 조선 사신이 제대로 대응할 수 없었다"고 쓰고 있다.

> 당시의 일이 창졸간에 벌어진 터라 받고 사양하는 것이 마땅한지 아닌지를 따질 겨를도 없었고, 무릇 황제의 조서와 관계된 일인데다가 저들의 거행도 후다닥 해치워 마치 유성과 번갯불처럼 삽시간에 빠르게 진행되었기 때문에 우리 사신이 나아가고 물러나고 앉고 서는 것이 단지 저들의 지시에만 따를 뿐이어서 흙으로 빚은 인형이나 나무로 깎은 허수아비나 마찬가지였다. 또 중역(重譯)을 해서 피

49_"吾輩見番僧 禮殊踈倨 違禮部指導 彼乃萬乘師也 得無有生得失乎 彼所給與物 却之不恭受又無名 將柰何", 朴趾源, 「熱河日記」, "札什倫布".

차의 통역관이 도리어 귀머거리와 벙어리가 되어, 마치 벌판을 가다가 괴상한 귀신을 갑자기 만난 듯 어떤 상황인지 헤아릴 수도 없었다. 사신이 비록 교묘한 말과 우아한 행동이 있었다 하더라도 장황하게 늘어놓을 수 없었고 저들도 역시 상세하게 알 수 없었기 때문에 형세가 그렇게 된 것이다.[50]

조선 사신들은 원치 않게 반선을 만나고 불상을 선물로 받은 것이 조선에 돌아가 문제가 될 것을 걱정했다. 정사(正使)는 당시 묵고 있는 곳이 태학관이니 불상을 가지고 들어갈 수 없다며 역관들에게 불상을 놓아둘 곳을 찾아보라고 지시했다.

그러나 사신은 불상을 미처 처치하지 못해 자리를 파하고 돌아가지도 못하고 모두 묵묵히 앉아 있었다. 판첸라마가 준 구리 불상은 우리 사신을 위해 먼 길을 무사히 가도록 빌어 주는 폐백이지만 "오동(吾東)에서는 한 번이라도 부처에 관계되면 반드시 평생 누가 되는데, 하물며 이것을 준 사람이 바로 번승임에랴"라며 우려한다.[51] 결국 당일 판첸라마로부터 받은 불상을 어디에 두었는가는 확인할 수 없다. 다만 연암의 설명에 따르면, "사신은 후일 북경으로 돌아와서 반선에게서 폐백으로 받은 물건을 모두 역관들에게 주었다고 한다. 그러나 역관들도 이를 똥이나 오줌처럼 더럽게 여겨 은자 90냥에 팔아 마두배(馬頭輩)들에게 나눠 주었고, 그 은자로는 술 한 잔도 사서 마시지 않았다"고 한다.[52] 이에 대해 연암은 "결백하다면 결

50_"當時事 旣倉卒 辭受當否 未暇計較 而凡係皇帝詔旨 彼所擧行爀熻 倏忽如飛星流電 我使進退坐立 只憑彼導 已類土塑木偶 且又重譯 彼此通官 反成聾啞 如行曠野 猝遌奇鬼 莫測何狀 使臣雖有玅辭嫺令 無所張皇 而彼亦所未能詳 固其勢然也", 朴趾源, 「熱河日記」, "札什倫布".

51_"今此銅佛 乃法王所以爲我使祈祝行李之上幣也 然而吾東一事涉佛 必爲終身之累 況此所授者 乃番僧乎", 朴趾源, 「熱河日記」, "行在雜錄".

백하다고 할 것이나, 다른 풍속으로 본다면 고루한 시골티(鄕闇)를 면치 못한 것"이라고 덧붙인다.

그런데 조선 사신이 찰십륜포에서 판첸라마를 만나고 돌아온 당일, 조선 사신이 올린 글을 청의 예부가 마음대로 고쳐 황제에게 보고하는 일이 발생한다. 예부는 황제에게 "조선 사신이 판첸라마에게 절하고 뵙고 이야기를 나누었으며 구리 불상 등의 선물을 받고 머리를 조아렸다"는 글을 올렸다.

> 이달 12일 신(臣)들은 어명을 받들어 회동이번원(會同理藩院) 사원(司員)들을 파견하여 조선 사신 정사 박과 부사 정, 서장관 조 등을 데리고 찰십륜포에 이르러 액이덕니를 뵙고 예를 행하였습니다. 예를 행한 후에, [반선이] 앉아 차를 마시게 하고, 조선까지 거리와 입공(入貢) 이유를 물었는데 … 사신에게 구리 불상(銅佛), 서장향(藏香), 융단(氆氌)을 주니, 사신들은 즉시 머리를 조아려 사례했습니다.[53]

이러한 예부의 글에 대해 연암은 "조선 사신이 판첸라마를 절하고 뵈었다거나 판첸라마의 선물을 받으면서 머리를 조아려 사례했다는 것은 모두 거짓말"이라고 지적한다.[54] 8월 15일, 조선 사신단은 북경으로 돌아가기에 앞서 예부가 글을 몰래 고친 일을 따지기 위해 다시 글을 올린다. 예부의 행동이 당장에도 해괴한 일일 뿐만 아니라, 지금 바로잡지 않으면 장차 큰

52_"使臣旣還北京 以其幣物盡給譯官 諸譯亦視同糞穢 若將浼焉 售銀九十兩 散之一行馬頭輩而不以此銀 沽飮一盃酒 潔則潔矣 以他俗視之 則未免鄕闇", 朴趾源, 「熱河日記」, "行在雜錄".

53_"本月十二日 臣等遵旨派員 會同理藩院司員等帶領朝鮮使臣正使朴副使鄭書狀官趙等 前詣札什倫布 拜見額爾德尼 行禮後 令坐吃茶 詢問該國遠近 幷入貢緣由 … 仍給以使臣銅佛藏香氆氌等 該使等當卽叩謝", 朴趾源, 「熱河日記」, "行在雜錄".

54_朴趾源, 「熱河日記」, "行在雜錄".

폐단이 될 수 있다고 생각했기 때문이다. 연암은 이 사건에 대한 예부의 변명을 다음과 같이 기록한다.

> 제독은 크게 두려워했는데, 대개 덕상서(德尙書)에게 먼저 통지했기 때문이다. 상서 등이 크게 두려워하여 우리 사신을 협박하며, '이 일의 허물을 장차 예부에 넘기려고 하는가? 예부가 죄를 얻는다면 사신이라고 무사하겠는가? 다만 너희가 황제께 아뢰어 달라며 올린 글은 사연이 모호하여 감사를 표한 실상이 전혀 없으니, 내 실로 너희를 위해 온전하게 갖추어 진실로 진달해서 그 영광스럽고 감격한 뜻을 펴주었는데, 이제 와서 도리어 이렇게 나오니, 제독의 죄가 더욱 엄중하다'라고 하고는 올린 글을 아예 뜯어보지도 않고 물리쳤다.[55]

조선 사신은 제독을 불러 예부의 이야기를 상세히 물었으나, 그가 장황한 말을 해서 알아들을 수 없었다. 또한, 예부에서는 사람을 보내 조선 사신이 출발한 시각을 즉시 황제에게 아뢰어야 한다며 출발을 종용한다. 연암은 "예부가 이렇게 재촉하는 까닭은 다시 글을 못 올리게 훼방을 놓으려는 수작"이라고 말했다.[56] 연암은 "황제가 사신에게 특별한 은혜를 베푸는 일이 있으면 예부가 정문(呈文)을 올릴 것을 다그치고 명령한다"며, "이는 사신의 의분(義分)에 달려 있고 사례를 할 것인지 말 것인지는 사신의 자유"라고 말한다. 심지어 "사신에게 물어보지도 않고 몰래 글귀를 고쳐 일시적으로 황제를 기쁘게 할 거리만 필요로 함으로써, 황제를 속이는 죄를 범

55_"則提督大懼 盖已先通於德尙書矣 尙書等大爲恐脅曰 是將委罪於禮部耶 禮部獲罪 使臣亦安得但已 爾們所請轉奏呈文 辭旨糊塗 全沒叩謝之實 吾爲爾們備爲周全 據實暢陳 以伸榮感之意 而乃反如此 提督之罪尤重 初不坼視呈文而卻之", 朴趾源, 「熱河日記」, "還燕道中錄".

56_朴趾源, 「熱河日記」, "還燕道中錄".

하고 외국의 멸시(外國之侮)를 달게 받고 있다"고 말한다.[57]

연암은 판첸라마를 방문해야 했던 조선 사신의 불만스러운 속마음을 다음과 같이 쓰고 있다.

> 사신은 비록 황제의 명령 때문에 억지로 나아가 [반선을] 보았으나 마음속으로 불평을 품었으며, 당번 역관들은 오히려 무슨 일이나 나지 않을까 급급히 미봉(彌縫)하는 것을 다행으로 알았고, 하인들은 마음속으로 번승(番僧)의 목을 베고 뱃속으로는 황제를 비방했다. 만방의 공통 군주로서 한 가지 행동조차도 신중하게 하지 않으면 안 된다.[58]

연암은 "판첸라마를 방문했을 때 상판사(上判事) 조달동(趙達東)이 일어나 팔을 휘두르며 '만고에 흉한 사람이로군. 반드시 좋게 죽을 리 없을 거야'라고 말해서 자신이 [말리는] 눈짓을 보냈다"고 언급한다. 조선 사신은 라마에게 예를 갖추는 것에 강한 반감을 갖고 있었다. 그러나 '황제의 스승'인 라마에 예를 갖추지 않는 것이 청 황실에 대한 불충으로 보일까 우려했다. 이러한 조선 사신의 우려는 판첸라마를 만나고 온 다음날 여천(麗川)을 비롯한 청인들과의 대화에도 나타나고 있다.

> '조선의 사신께서는 무슨 까닭으로 활불을 만나보려고 하지 않았는지요?'라고 묻기에 내가, '사신은 황제의 조서를 받들고 만나러 갔습니다'라고 하니 여천은, '사신이 말에서 내려 길 가운데 앉아 가지 않으려다 당일에 오지 말라는 황제의 조서

57_朴趾源, 「熱河日記」, "行在雜錄".

58_"使臣雖勉强就見 內懷不平 任譯則猶恐生事 以急急彌縫爲幸 下隷則莫不心誅番僧 腹誹皇帝 爲萬邦共主 弗可不愼其一擧措也", 朴趾源, 「熱河日記」, "太學留館錄".

때문에 그만두었다고 하던데, 무엇 때문에 시간을 끌었답니까?'라고 묻는다. 그 말로 보아 자못 무슨 관계가 있는 듯하고, 실제 사정을 후비고 염탐하는 것 같아서 즉시 대답을 하지는 않았다.[59]

연암은 이러한 여천의 질문에 "통관이 군기대신을 기다렸다 함께 가는 것이 옳다고 해서 더위를 피하고 있었던 것이며, 잠시 후 황제의 조서가 내려와 중도에 되돌아온 것이지 고의로 시간을 끈 것은 아니었다"고 응답한다.[60] 이에 대해 여천은 "조선 사신은 거의 규탄 받을 뻔했고, 예부의 여러 대인들은 그 때문에 마음이 두근거리고 끙끙 앓아서 식사도 폐했다"고 말하고 있다.[61] 예부도 조선 사신의 고집스러운 행동이 황제를 노하게 할까 봐 매우 우려했음을 알 수 있다. 여천은 어제 다시 황제의 은지(恩旨)를 받들었으니 이는 세상에 없는 성전(盛典)이라며, "고려는 마땅히 사대하는 정성(事大之誠)을 더욱 굳게 해야 할 것"이라고 말한다.[62] 연암은 "판첸라마가 서번 사람이기 때문에 갑자기 만날 수 없었다"며, "그것이 청 황실의 신하로서 함부로 외교를 하지 않는다는 원칙 때문"이라고 강조한다. "판첸라마를 만난 것 또한 황제의 조서를 몇 차례 받게 되니 어쩔 수 없었다"고 말한다.

59_"使臣不肯見佛何也 余曰 使臣奉詔往也 麗川曰 使臣下馬坐路中不肯去 因詔賜罷 何故遲遲 其言頗有關係 類欲鉤探情實 故未及遽對", 朴趾源, 「熱河日記」, "黃敎問答".

60_"余曰 道中下馬 非不肯去也 通官言軍機大臣 當來可俟偕往 故蔽宮城樹陰 下馬避暑 所以遲待軍機之來也 俄有詔旨 故中道罷還 非故自遲遲也", 朴趾源, 「熱河日記」, "黃敎問答".

61_"使臣幾被糾 參禮部諸大人 以此悸憊廢食", 朴趾源, 「熱河日記」, "黃敎問答".

62_"昨日更奉皇上恩旨 此曠世盛典也 高麗當益堅事大之誠", 朴趾源, 「熱河日記」, "黃敎問答".

> 우리나라가 대국을 한 집안처럼 섬기고 있으며, 지금 나와 공(公)은 안팎의 구별도 이미 없지만, 법왕에 대해서는 좀 다릅니다. 그는 서번 사람이고 보니, 사신이 감히 어떻게 경솔하게 상면하겠습니까? 이는 진실로 인신(人臣)으로서는 [사사로이] 외교를 하지 않는다는 뜻입니다. 그러나 여러 번 성상(聖上)의 조서를 받들고 보니 사신이 또한 어찌 감히 가보지 않을 수 있겠습니까?[63]

여천이 사신이 활불에게 절을 한 것인지 황제의 조서에 절을 한 것인지 묻자, 연암은 "사실 사신은 활불에게 절한 적이 없는데, 그가 캐묻는 말이 심각한 문제로 변했기 때문에 절을 하지 않았다고 감히 분명하게 말할 수 없어 붓을 잡고 주저했다"고 기록한다.[64] 이처럼 청에서 판첸라마를 만나 조선 사신이 행했던 예와 태도에 관해 외부에 구체적으로 밝히는 것은 매우 조심스러운 일이었다. 훗날 『홍재전서(弘齋全書)』에 실린 정사 박명원(朴明源)의 신도비명(神道碑銘)에는 "그가 열하에서 판첸라마를 만났을 때 예부로부터 절을 할 것을 강요받았지만 조금도 흔들림 없이 거부했다"는 기록이 담겨 있다.

> 병서(幷序) 경술년(1790년) 열하에 이르자 예부가 공을 강요하여 번승에게 절을 하도록 했는데, 공은 그때도 꼼짝 않고 서서 말하기를, 신하된 자는 달리 사귀는 법이 없는 것인데, 내 어찌 그에게 무릎을 굽힐 것인가, 하고는 그들이 아무리 무슨 말을 해도 끝까지 동요하지 않았다.[65]

63_"弊邦之於大國 事同一家 今吾與公 旣無内外之別 而至於法王 係是西番之人 則使臣安敢造次相見乎 此固人臣無外交之義也 然屢奉聖詔 則使臣亦安敢不往見乎", 朴趾源, 「熱河日記」, "黃敎問答".

64_"使臣實未嘗拜佛 而所詰轉深 故不敢明言不拜 把筆趑趄", 朴趾源, 「熱河日記」, "黃敎問答".

65_"至熱河 禮部強要公頂拜番僧 公凝立不動曰 人臣無外交 吾肯屈膝於彼耶 雖嘖言交沓 而終

당시 적어도 명분상으로는 여전히 북학이 아닌 북벌의 분위기가 주도하고 있는 조선의 독특한 분위기에서, 연암은 유교와 불교에 대한 인식을 잘 드러내고 있다. "조선에도 옛날에 신통한 승려가 있었느냐"는 질문을 받자, "조선의 풍속에서는 이단의 학문을 숭상하지 않는다"고 대답한다.

> 우리나라가 비록 바다 한 귀퉁이에 있지만 풍속은 유교를 숭상하여 고금왕래에 큰 선비와 석학들이 없었던 적은 없습니다. 그런데 지금 선생이 묻는 것은 이것이 아니고 도리어 신승(神僧)에 대해 물으시는군요. 우리나라의 풍속이 이단(異端)의 학문을 숭상하지 않아 신승이 없어서, 굳이 답변하고 싶지도 않습니다.[66]

그는 천자도 능히 거처할 수 없는 황금 지붕으로 된 집에 거처하고 있는 반선에 관해 수차례 의문을 제기한다.

> 혹자는 말한다. 원명(元明) 이래 과거 당나라 때의 토번(吐蕃)의 난(亂)을 경계하여, 반선이 오기만 하면 곧 그들을 봉해 줌으로써 그들 세력을 분산시키고, 그들에게 군신지례(君臣之禮)를 요구하지 않고 대우했으니, 역시 유독 지금에만 그런 것이 아니다.[67]

이처럼 연암은 중국이 라마와 티베트 불교의 지위를 인정함으로써 그들의 세력을 분산시키려고 한다는 정치적 목적을 전해 듣고 있었다. 그러

不撓", 『弘齋全書』 卷十五, 「碑」, "錦城尉朴明源神道碑銘".

66_"敝邦雖在海隅 俗尙儒敎 往古來今 固不乏鴻儒碩學 而今先生之問 不及於此 乃反神僧之是詢 弊邦俗不尙異端之學 則固無神僧 在固不願對也", 朴趾源, 「熱河日記」, "黃敎問答".

67_"或曰 自元明以來 懲唐吐蕃之亂 有來輒封 使分其勢 其待之以不臣之禮者 亦不獨今時爲然也", 朴趾源, 「熱河日記」, "班禪始末".

나 건륭제의 만수절을 본 연암은 황제들이 티베트 불교를 숭앙하는 것이 단순히 세력 분산이라는 의도를 넘어선 양상을 보이고 있음을 지적하며, “초기의 취지가 이제는 반선을 높이는 것으로 변해 버렸다”고 말한다.

> 그러나 이것은 그런 것이 아니다. 당시는 천하가 처음으로 평정된 때라 그 취지가 여기에서 나오지 않은 건 아니겠지만, 원(元)에서 제사(帝師)에게 황천지하일인지상선문대성지덕진지(皇天之下一人之上宣文大聖至德眞智)라는 호(號)를 내렸으니, 일인(一人)이란 천자를 가리키는 말이니, 천자란 만방에서 함께 임금으로 받드는 대상이다. 천하에 어찌 다시 천자보다 높은 자가 있겠는가? 선문대성지덕진지(宣文大聖至德眞智)는 공자를 가리킨 말이다. 사람이 생겨난 이래로 어찌 공자보다 더 어진 이가 있단 말인가?[68]

그는 “청조가 유교 관념과 질서를 해치며 국가 기강을 세우는 것이 잘못되었다”고 비판한다.

> 원 세조(世祖)는 사막에서 일어났으니 이상할 것도 없지만, 명초(明初)에 황제가 서번의 승려를 먼저 방문하여 왕자들의 스승으로 삼고 널리 서번의 승려를 초빙하여 높이 예우했는데, 그것이 중국을 비천하게 하고, 지존(至尊)을 깎고, 선성(先聖)을 욕뵈며, 참스승인 공자를 억누른다는 사실조차 스스로 깨닫지 못했다.[69]

68_“此非然也 當時天下初定 意未嘗不出於此 然元之號帝師曰皇天之下一人之上宣文大聖至德眞智 一人者 天子也 爲萬邦共主 天下豈有復尊於天子者哉 宣文大聖至德眞智 孔子也 自生民以來 豈有復賢於夫子者哉”, 朴趾源, 「熱河日記」, “班禪始末”.

69_“世祖起自沙漠 無足怪者 皇明之初 首訪異僧 分師諸子 廣招西番尊禮之 自不覺其卑中國而貶至尊 醜先聖而抑眞師”, 朴趾源, 「熱河日記」, “班禪始末”.

조선 사신의 판첸라마와의 면담 이후 불어 닥친 불상 선물 처리 문제와 만남의 처신 문제에 관한 논란은 작은 여파가 아니라 형식상으로 전형적인 사대자소의 관계를 맺고 있는 조청 관계가 내용상 직면하고 있는 어려움을 잘 보여 주고 있다. 18세기 중반 조선은 명청이 교체한지 한 세기가 지났으나 여전히 숭명멸청을 기반으로 하는 소중화적 분위기를 유지하고 있는 속에 주자학 이후의 청과는 달리 주자학적 전통을 강하게 지키고 있었다. 이러한 분위기 속에서 『열하일기』를 통해 명분적으로는 명을, 실리적으로는 청을 동시에 중시하는 복합론적인 북학론을 조심스럽게 주장하는 연암은 불교 국가인 티베트의 판첸라마의 만남과 선물을 둘러싼 국내와 청과의 논란을 조심스럽게 정리하고 있다.

연암은 『열하일기』에 포함되어 있는 「허생전」에서 복합론적 북학론을 강조하고 있다.[70] 18세기 초 서울의 변부자가 북벌론을 고민하던 어영대장 이자 친구 이완을 허생에게 데리고 온다. 허생은 첫 번째로, 지식 외교를 위해 와룡 선생 같은 지략가를 천거하면 임금에게 아뢰어 삼고초려하게 할 수 있겠느냐고 묻는다. 이완이 어렵다고 하자 두 번째로, 종실의 딸들을 명나라가 망한 후 조선으로 넘어온 명나라 장졸들에게 시집보내고 훈척 권귀들의 집을 빼앗아 그들에게 나누어 주어 네트워크를 만들 수 있느냐고 묻는다. 그것도 어렵다고 하자 마지막 계책으로 청나라를 치고 싶으면 우선 적을 알아야 하니 나라 안의 자녀들을 가려 뽑아 변복, 변발시켜 대거 중국으로 유학 보내서 벼슬할 수 있도록 만들고, 또 서민들은 중국에 건너가서 장사를 할 수 있게 청의 승낙을 받아 지식인과 장사꾼들이 국경을 자유롭

70_朴趾源, 「熱河日記」, "玉匣夜話"; 하영선, 『역사 속의 젊은 그들: 18세기 북학파에서 21세기 복합파까지』, 1장 「연암 박지원의 중국 바로보기」.

게 넘나들면서 중국을 제대로 파악한 다음 청의 중심 세력들과 유대관계를 긴밀하게 구축해서 사실상 천하를 호령하거나 최소한 대국의 위치를 유지하라고 한다. 이완은 그것도 현실적으로 어렵다고 대답했다. 그러자 허생이 대노하면서 이완을 쫓아 보냈다. 허생은 당시 현실적인 역학관계를 고려해서 북벌론을 비현실적으로 보고 현실적 대안으로서 소프트 파워 네트워크 외교론인 북학론을 제시한 것이었다.

5. 맺음말

1780년 열하에서 벌어진 건륭제 만수절의 국제정치적 만남은 건륭제로 대표되는 청 황실, 예부로 대표되는 중국 관료, 판첸라마로 대표되는 티베트 세력, 그리고 연행사신으로 대표되는 조선의 다양한 정치적 관념과 이해가 얽힌 18세기 복합 세계질서의 진면목을 제대로 보여 주고 있다. 소중화적 자존심으로 주자학적 전통을 강하게 지키려는 조선은 건륭제와 판첸라마의 회유원인적 만남을 보면서 당황했고, 판첸라마에게 황제에 준하는 예를 지키라는 천자의 명을 거스르기도 어려우면서도 티베트 불교에 본격적 예를 갖출 수는 없었다. 동시에 조선 사신은 판첸라마의 만남 예법과 불상 선물 문제를 둘러싸고 내부적으로 그리고 청과 논란을 벌이게 된다.

연암의 『열하일기』는 청 제국질서 속 주인공들의 만남을 복합적으로 조명하고 있다. 연암은 대단히 날카로운 관찰력으로 당시 무대를 기록하고 주인공들의 속마음을 정확하게 읽어 내고 있다. 연암의 이러한 안목은 그 이후 청의 세계질서에 대한 조선인들의 이해에 커다란 영향을 미친다.[71] 연암의 청대 복합 세계질서에 대한 분석과 이해는 당대뿐만 아니라 오늘의 시점에서도 가장 깊이 있는 노력이었으며 미래의 시점에서도 가장 절실한 '중국 바로 읽기'의 선구적 작업이었다. 동시에 연암은 당시의 소박한 북벌론이나 북학론 대신에 소프트 파워 네트워크 외교론인 복합적 북학론을 제시함으로써 오늘날 가장 절실한 '중국 바로 품기'의 대안을 제시하고 있다.

71_대표적인 예로 서유문(徐有聞)의 1798~1799년 연행 기록. 徐有聞, 「戊午燕行錄」, 『燕行錄選集』, 서울: 大東文化硏究院, 1960.

참고문헌

박지원(朴趾源). 「열하일기(熱河日記)」. 박영철 편(朴榮喆 編). 1932. 『연암집(燕巖集)』. 경성(京城): 미상. 국립중앙도서관장본(한46-가1145). 한국고전번역원 데이터베이스.

서유문(徐有聞). 1960. 「무오연행록(戊午燕行錄)」. 『연행록선집(燕行錄選集)』. 서울: 대동문화연구원.

『승정원일기(承政院日記)』. 국사편찬위원회 한국사데이터베이스.

『일성록(日省錄)』. 한국고전번역원 데이터베이스.

『조선왕조실록(朝鮮王朝實錄)』. 국사편찬위원회 한국사데이터베이스.

『홍재전서(弘齋全書)』 권15(卷十五). 「비(碑)」. "금성위박명원신도비명(錦城尉朴明源神道碑銘)".

『대청고종순황제실록(大淸高宗純皇帝實錄)』.

『흠정열하지(欽定熱河志)』.

구범진. 2013. "1780년 열하의 칠순 만수절과 건륭의 '제국'." 『명청사연구』 40호, pp. 177-217.

_____. 2013. "조선의 건륭칠순 진하특사와 열하일기." 『인문논총』 70집, pp. 6-60.

김명호. 2010. "열하일기 이본(異本)의 재검토: 초고본 계열 필사본을 중심으로." 『동양학』 48집, pp. 1-19.

차혜원. 2010. "열하사절단이 체험한 18세기 말의 국제질서." 『역사비평』 93호, pp. 329-353.

하영선. 2011. 『역사속의 젊은 그들: 18세기 북학파에서 21세기 복합파까지』. 서울: 을유문화사.

국사편찬위원회 한국사데이터베이스
http://db.history.go.kr/

한국고전번역원 한국고전종합데이터베이스
http://db.itkc.or.kr/itkcdb/mainIndexIframe.jsp

임기중 편저. 『연행록총간증보판』.
http://www.krpia.co.kr/pcontent/?svcid=KR&proid=187

中國第一歷史檔案館, 中國藏學硏究中心 공편. 1996. 『六世班禪朝覲檔案選編』. 北京: 中國藏學出版社.

貢覺晉美旺布. 2002. 『六世班禪白丹益喜傳』. 北京: 中國藏學出版社.

嘉木央·久麥旺波(作者). 許得存·卓永強 (译者). 1990. 『六世班禪洛桑巴丹益希傳』. 拉薩: 西藏人民出版社.

土觀·洛桑卻吉尼瑪(作者). 陳慶英·馬連龍(译者). 2007. 『章嘉國師若必多吉傳』. 北京: 中國藏

學出版社.
王開璽. 2009.『清代外交禮儀的交涉與論爭』. 人民出版社.
張雙智. 2010.『清代朝覲制度研究』. 學苑出版社.
何新華. 2011.『威儀天下: 清代外交禮儀及其變革』. 上海社會科學院出版社.
何新華. 2012.『最後的天朝: 清代朝貢制度研究』. 人民出版社.
張羽新, 張雙智. 2013.『清朝塞外皇都 - 承德避暑山莊與外八廟研究(精)』. 學苑出版社.
邱瑞中. 2010.『燕行錄研究』. 廣西師範大學出版社.
徐東日. 2010.『朝鮮朝使臣眼中的中國形象 - 以《燕行錄》《朝天錄》爲中心』. 中華書局.
楊雨蕾. 2011.『燕行與中朝文化關系』. 上海辭書出版社.
王曉晶. 2011.『六世班禪進京史實研究』. 中央民族大學博士學位論文.
王曉晶 編著者. 2013.『六世班禪進京史實研究』. 民族出版社.
葛兆光. 2014.『想象異域: 讀李朝朝鮮漢文燕行文獻劄記』中華書局.
薑東局. 2012. "清と朝鮮の関係における圏域の分離と融合: 朝鮮使節とパンチェン・ラマの(一七八〇)邂逅を事例に."『名古屋大學法政論集』V. 245, pp. 241-276.

James Hevia. 1995. *Cherishing Men from Afar: Qing Guest Ritual and the Macartney Embassy of 1793*. Durham and London: Duke University Press(2005 printing).
James Millward(et al.). 2004. *New Qing Imperial History: The Making of Inner Asian Empire at Qing Chengde*. London and New York: Routledge.
Kate Teltscher. 2006. *The High Road to China: George Bogle, the Panchen Lama, and the First British Expedition to Tibet*. New York: Farrar, Straus and Giroux.

6장

박제가의 연행과 동아시아 교역·지식 질서에 대한 새로운 이해

김수암

1. 들어가며

조선은 전통적으로 중국 중심의 천하질서를 문명의 기준으로 설정하고 대외관계를 영위하여 왔다. 그러한 대외관계는 근대 국제질서와는 달리 '안'과 '밖'이 중첩되는 특징을 내포하고 있다는 점에서 국내질서와 밀접한 연계성을 갖고 전개되었다. 따라서 조청 관계는 조선의 국제질서에 대한 인식, 전반적인 대외관계, 국내 정치질서를 규정하는 핵심 요소의 하나로 작동하여 왔다. 중국이 주도하는 동아시아 질서에 대한 다양한 논쟁이 전개되고 있지만 조선은 가장 전형적인 조공관계를 영위해 온 국가였다.[1] 연행사절은 이러한 조공관계를 구체적으로 수행하는 제도적 장치로 기능하

1_전해종 교수는 조공관계에 대해 전형적 조공관계, 준조공관계, 비조공관계로 분류하고 있다. 전해종, 『한중관계사연구』(서울: 일조각, 1970), p. 15.

여 왔다. 이들 연행사절들은 공식 보고서와 함께 개별적인 기록을 풍성하게 남기고 있다. 이들 연행사절 일행이 남긴 기록을 통하여 당시 조선의 동아시아 국제질서에 대한 인식, 대청 인식, 청을 통한 문물의 수용과 국내 개혁에 대한 인식과 정책을 살펴볼 수 있다는 점에서 연행록은 중요한 역사적 기록이다.

이 글은 연행록을 통한 조선의 동아시아 국제질서관, 대청 인식, 청 문물 수용과 국내 개혁을 살펴보기 위한 공동 작업의 일환으로서 국제정치적 관점에서 18세기 후반 박제가[2]의 북학론을 살펴보고자 한다.

박제가의 조선 개혁과 북학에 대한 사상은 3가지 측면에서 정립되는 것으로 정리할 수 있다. 첫째, 박제가의 조선의 개혁과 국제질서에 대한 인식은 국내적으로 북학파 지식인과의 교류를 통해서 정립되고 있다. 박제가는 박지원, 이덕무, 이서구, 백동수 등과 교유하였다. 특히 박제가의 사상 정립에 커다란 영향을 미치는 것은 박지원 등 '백탑파(白塔派)' 인물들과의 교류였다. 박제가는 박지원, 이덕무, 박제가 등이 쓴 시문 등을 모아 이희경이 책을 만들었을 때 『백탑청연집(白塔淸緣集)』이라는 제목을 붙이고 직접 서문을 쓰고 있다. 이 서문에서 박제가가 박지원을 처음 만나는 모습을 묘사하고 있는데 이 장면에서 박지원에 대한 박제가의 마음을 엿볼 수 있다.

> 선생께서는 내가 왔단 말을 들으시더니 옷을 걸치며 나와 맞이하시는데, 마치 오랜 친구처럼 손을 잡아 주셨다. 마침내 당신이 지은 글을 모두 꺼내 와 읽게

2_박제가(1750~1805)의 본관은 밀양(密陽), 우부승지를 지낸 박평의 서자로 태어났다. 자는 차수(次修)·재선(在先)·수기(修其), 호는 초정(楚亭)·정유(貞蕤)·위항도인(葦杭道人)이다.

하셨다.[3]

위 서문에 따르면 이덕무, 이서구, 서상수, 유금, 유득공의 집은 가까이 붙어 있었는데, 박제가는 이들을 자주 찾아가서 여러 날을 지새우면서 조선의 개혁 등에 대해 진지하게 논의한 것으로 보인다.

> 나는 한 번 갔다 하면 돌아오는 것도 잊고 열흘이고 한 달이고 연거푸 머물곤 했다. 시문이나 척독을 썼다 하면 권질을 이루었고 술과 음식을 찾아다니며 밤으로 낮을 잇곤 했다.[4]

또한 박제가의 경우 북학에 대한 자신의 생각을 정리하는 과정에서 최치원과 조헌으로부터 크게 영향을 받고 있다. 박제가는 북학의를 저술하면서 쓴 자서(自序)에서 최치원과 중봉 조헌을 흠모한다고 밝히고 있다. 조헌은 1574년 5월 질정관의 신분으로 성절사(聖節使) 박희립을 보좌하여 연행을 다녀왔다. 조헌은 본인이 경험한 명나라 문물제도를 조선에 반영하기에 적합하도록 여덟 가지의 계책과 16개 조항을 선별하여 보고하였다. 후에 이 2가지 상소문을 합해 『동환봉사』를 간행하였다.[5]

조선에 돌아와서는 임금님께 『동환봉사』를 올려 중국의 문물을 보고서 우리 조

3_박제가, "白塔淸緣集序", 정민 외 옮김, 『정유각집 (하)』(서울: 돌베개, 2010), p. 103.

4_박제가, "白塔淸緣集序", 정민 외 옮김, 『정유각집 (하)』, pp. 103-104. 박제가의 교류에 대해서는 박성순, 『박제가와 젊은 그들』(서울: 고즈윈, 2006) 참조.

5_전재성, "조천록을 통해 본 허봉, 조헌의 조명관계 인식", 서울대학교 국제문제연구소·동북아역사재단 공동 주최 2012 한중학술회의, 『사행의 국제정치』(2012년 11월 24일), pp. 28- 32.

선의 처지가 어떤 것인지를 깨닫고 남의 훌륭한 점을 발견하고서 자신도 그와 같이 되고자 노력하는 적극적이고도 간절한 정성을 담았다.[6]

둘째, 박제가의 국제질서에 대한 인식은 4차례에 걸친 연행을 통해 구체화된다. 박제가는 1778년(정조 2년) 사은사 체재공을 수행하여 처음으로 연행에 동참하였다. 이때 이덕무가 동행하였고 귀국 후에 체험과 견문을 바탕으로 『북학의』를 저술하였다. 12년 후인 1790년(정조 14년) 5월 건륭제의 팔순절을 맞아 유득공과 함께 진하사 황인점의 일행으로 연행에 동참하였다. 그리고 1790년 9월 2차 연행에서 귀국하던 중 정조의 특명으로 동지사를 수행하여 다시 연행에 동참하였다. 마지막으로 1801년 사은사 윤행임 일행과 함께 주자서(朱子書) 구매를 목적으로 유득공과 함께 연행에 동참하였다.[7]

셋째, 연행 과정에 다양한 청국 인사와 접촉하였고 서신 등을 통하여 지속적인 교류를 갖고 있다.

그동안 박제가에 대해서는 국문학계와 한문학계 중심의 문학적 측면의 연구가 주류를 이루고 있다.[8] 그리고 '통상'을 특별히 강조한 점에 주목하여 한국해운물류학회(구 한국해운학회) 등에서 관련 학술회의를 개최하는 등 연구가 활발하게 수행되고 있다.[9] 그렇지만 국제정치적 관점에서 박제

6_박제가, "自序", 안대회 옮김, 『북학의』, p. 16.

7_안대회, "초정 박제가의 연행과 일상속의 국제교류", 『동방학지』 145권(2009), p. 46.

8_최근의 박제가 연구로는 안대회 외, 『초정 박제가 연구』(서울: 사람의 무늬, 2013)을 들 수 있다. 문학과 시문 중심의 연구로는 김정미, 『박제가의 시문학연구』(서울: 태학사, 2007); 정일남, 『초정 박제가의 문학연구』(서울: 지식산업사, 2006) 등을 들 수 있다.

9_한국해운물류학회가 2002년부터 해운 물류 관련 학술 진흥을 진작하기 위해 楚亭學術賞을 제정하여 시상하고 있듯이 주로 해운과 물류라는 관점에서 박제가 연구가 이루어지고 있다.

가의 사상을 조명하려는 연구는 상대적으로 적은 상황이다.

국제정치는 국제관계를 구성하는 단위체와 성격, 단위체 간 관계를 규율하는 규범과 작동 원리 및 구체적 제도를 다루는 학문 영역이다. 당시 국제질서는 근대 국제 정치질서와 같이 힘(power)의 추구보다는 사대자소라는 예의 규범 속에서 규율되는 것으로 이해되었다. 이 글에서는 교역질서와 지식질서를 중심으로 국제정치적 관점에서 박제가의 북학론을 살펴보고자 한다. 첫째, 예에 기반을 둔 국제질서 아래 단위체 간 경제 행위를 규율하는 원리와 질서를 교역질서로 규정하고자 한다. 당시 국제 교역질서는 조공제도 중심으로 접근하는 것이 일반적인 인식이었다. 그런데 국제 교역질서라는 차원에서 당시 현실을 살펴보면 조공제도 이외에 다양한 형태의 교역이 이루어지고 있었다는 점에서 교역질서를 조공제도로 단순 환원하기는 어렵다. 둘째, 국제질서를 규율하는 규범과 지식을 생산하고 전파하는 체계를 지식질서로 규정하고자 한다. 당시 청나라가 국제질서를 규율하는 규범과 지식을 생산하고 전파하는 핵심 역할을 수행하였다. 그런데 청 중심으로 작동하는 지식질서에 대해 조선은 화이관념에 입각하여 강력하게 반발하는 모습을 보이고 있다.

이러한 동아시아 교역질서와 지식질서라는 관점에서 박제가의 『북학의』[10]와 『정유각집』[11]을 중심으로 박제가의 북학론을 새롭게 살펴볼 필요가 있다. 박제가는 조공제도 이외의 복합적인 교역질서의 현실에 대해 어

오세영 외, 『초정 박제가의 실학사상과 해운통상론』(서울: 신서원, 2004); 김성준·오세영, "초정 박제가의 유통통상론 연구", 『해운물류연구』 39호(2003) 등.

10_본 논문에서는 박제가 지음, 안대회 옮김, 『북학의』(서울: 돌베개, 2003)을 활용하였다.

11_본 논문에서는 박제가 지음, 정민 외 옮김, 『정유각집 상·하』(서울: 돌베개, 2010)을 활용하였다.

떻게 인식하고 있고 현실적인 처방을 구상하였는가? 화이관념에 입각한 지식질서에 대한 조선의 대응을 박제가는 어떻게 극복하려고 하였는지를 중심으로 '북학론'을 재해석하고자 한다. 또한 조선의 국내 개혁과 북학이 어떻게 연계되고 있는지 살펴보고자 한다. 성리학이라는 통치 이념과 북벌이라는 국제정치 명분이 주류를 이루고 있는 국내 정치질서의 현실적 제약 속에서 북학을 정당화하기 위해 어떻게 설득 논리를 제시하고 있는가라는 점도 분석하고자 한다.

2. 국내 정치사회 질서와 북학

1) 부국을 위한 국내 정치사회 질서의 혁파와 북학

대부분의 북학파 지식인과 마찬가지로 박제가도 국내정치적 비판을 최소화하면서 중국을 수용하는 문제에 직면하지 않을 수 없었다. 박제가는 1786년 정조에게 바친 『병오소회(丙午所懷)』에서 자신의 개혁 전략에 대한 구상을 집대성하고 있는데, '선비' 중심의 사회질서와 부에 대해 전통적인 질서와 관념의 혁파를 주장하고 있다. 이는 당시 유교 질서에서 볼 때 상당히 과격한 주장이다. 박제가는 홍대용, 박지원, 이서구, 정약용이 양반적자였던 것과 달리 이덕무, 우득공 등과 함께 서자라는 점에서 상대적으로 당시의 신분 질서의 타파에 적극적이었다. 특히 다른 서자 출신 북학파 지식인과 비교해도 보다 과감한 신분 개혁론을 전개하고 있다.

특히 박제가는 '부국'이라는 관점에서 양반이라는 신분 질서의 타파 등 국내 정치사회 질서의 혁파를 강조하고 있다. 먼저 농사에 해가 되는 유생을 도태시키라고 주장하고 있다.[12] 또한 조선이 가난한 원인은 놀고먹는 자들이 늘어나기 때문인데, 이렇게 놀고먹는 사람들이 증가하는 것은 사족(士族)의 번성에 있다고 진단하고 있다. 그러면서 사족으로 하여금 장사에 종사하는 것을 허용해야 한다고 주장하고 있다.

> 신은 수륙의 교통요지에서 장사하고 무역하는 일을 사족에게 허락하여 입적(入籍)할 것을 요청합니다. 밑천을 마련하여 빌려 주기도 하고 점포를 설치하여 장사하게 하고 그 중에서 인재를 발탁함으로써 그들을 권장합니다. 그들로 하여금 날마다 이익을 추구하게 하여 점차로 놀고먹는 추세를 줄입니다. 생업을 즐기는 마음을 갖도록 유도하며 그들이 가진 지나치게 강력한 권한을 축소시킵니다.[13]

박제가는 부국을 위한 국내질서의 개혁을 위해 북학을 해야 한다는 논리를 제시하고 있다. 즉, 부국을 위해 국내질서를 개혁해야 한다는 주장이 북학의 논리와 연결되는 특징을 보이고 있다. 박제가는 사대부들의 행태에 대해 허례허식에 빠져 빌어먹을지언정 농사를 지으려 하지 않으면서 권세를 얻으려고 청탁하는 풍습이 형성되었나고 비판하고 있다. 그러면서 차라리 중국처럼 떳떳하게 장사하는 것이 좋다고 주장하고 있다.

> 중국 사람은 가난하면 장사를 한다. 그렇더라도 사람만 현명하면 원래 가진 풍류나 멸망, 절개는 여전하게 대접을 받는다. 따라서 유생이 거리낌 없이 서점을 출입하기도 하고 재상조차도 직접 융복사 앞 시장으로 가서 골동품을 사기도 한다. 내가 융복사에서 지체가 높은 인물을 만났는데 우리나라 사람들이 모두 그것을

12_박제가, "應旨進北學議疏", 안대회 옮김, 『북학의』, pp. 215-216.

13_박제가, "丙午所懷", 안대회 옮김, 『북학의』, pp. 202-203.

비웃었다. 그러나 비웃을 일은 정말 아니다. 이러한 풍습은 청나라의 풍습이 아니라 송나라나 명 때부터 벌써 그러했던 것이다.[14]

2) '존주'와 '북벌'의 명분을 활용한 북학

당시 여전히 북벌이라는 명분론이 우세한 국내정치 상황에서 박제가가 북학을 공개적으로 주장하기는 쉽지 않았다. 박제가가 청에 다녀왔을 때 조선의 사대부들이 청의 풍속에 대해 질문하곤 했는데, 청의 풍속의 우월성을 설명하면 믿으려 하지 않는 것이 지배적인 인식이었다. 이로 인해 박제가는 성리학에 바탕을 둔 통치 질서와 청을 오랑캐로 인식하는 북벌론이 압도적으로 지배하고 있는 국내정치 현실 속에서 국내정치적 비판을 최소화하면서 어떻게 북학을 실천적으로 설파할 수 있을지 고민하지 않을 수밖에 없었다. 무엇보다도 박제가의 이러한 고뇌는 '존주론'과 '북학변'에서 잘 표출되고 있다. 따라서 현실 국내정치의 제약 속에서 북학을 실행하려는 박제가의 고뇌를 제대로 파악하기 위해서는 '존주론'과 '북학변'에 깔려 있는 국제정치적 의미의 행간을 읽어 낼 수 있어야 한다.

첫째, 존주론의 관점에서 북학에 대한 국내적 비판을 돌파하고 있다. 박제가는 청에 대해 문명의 기준이라는 관점에서 본질을 제대로 파악해야 한다고 주장하고 있다. 박제가는 존주라는 문명론적 관점에서 청이 장악한 중원의 문물을 모두 오랑캐로부터 유래되는 것은 아니라고 새롭게 접근함으로써 북학에 대한 비판적 시각을 완화하려는 논지를 전개하고 있다.

14_박제가, "商賈", 안대회 옮김, 『북학의』, pp. 97-98.

주나라는 주나라이고, 오랑캐는 오랑캐일 뿐이다. 주나라와 오랑캐 사이에는 엄격한 차이가 존재한다. 오랑캐가 주나라를 어지럽혔다고 해서 주나라의 옛 문물까지 오랑캐의 것으로 바꾸었다는 말은 듣지 못했다. … 청나라가 천하를 차지한 지가 1백 년이 흘렀다. 중국 백성의 자녀들이 태어나고 보석과 비단이 생산되는 것이라든지, 집을 짓고 배와 수레를 만들며 경작하는 방법이며, 최 씨, 노 씨, 왕 씨, 사 씨와 같은 명문가의 씨족은 그대로 남아 있다. 그런데 저들까지도 깡그리 오랑캐로 몰아세우며 그들의 법까지도 팽개친다면 그것은 옳지 못한 일이다.[15]

위에서 보듯이 박제가는 '존주론'의 관점에서 북학 추진의 정당화를 시도하고 있다. 즉, 청나라가 중원을 차지하고 있지만 내면의 문명은 유지되고 있으므로 북학은 청을 배우는 것이 아니라 문명의 본류에서 태생한 것을 배우는 것이므로 문제시될 것이 없다는 것이다. 당시 조선은 빼앗은 주체가 되놈인 것만 알고 빼앗김을 당한 존재가 중국인 줄 모른다고 비판하고 있다.[16] 청나라가 중원을 차지하고 있지만 빼앗긴 주체인 중국의 법이 승계되고 있기 때문에 이러한 법을 우리가 수용하는 것은 오랑캐를 배우는 것이 아니라는 논리로 당시 중화에 입각한 국내정치적 비판을 피하려 하고 있다.

15_박제가, "尊周論", 안대회 옮김, 『북학의』, p. 187. 본문에서 살펴보았듯이 박제가는 박지원으로부터 크게 영향을 받았다. 박제가의 존주론도 박지원과의 교류 과정에서 정립된 것으로 보인다. "대개 천하를 위하여 일하는 자는 진실로 인민에게 이롭고 나라에 도움이 될 일이라면 그 법이 이적에게서 나온 것일지라도 이를 거두어서 본받으려거든, 하물며 삼대 이후의 성제(聖帝), 명왕(明王)과 한, 당, 송, 명 등 여러 나라의 고유적인 옛 것인들 어떨소냐. 성인이 『춘추』를 지으실제 물론 중화를 높이고 오랑캐를 물리쳤으나 그렇다고 이적이 중화를 어지럽힘을 분히 여겨서 중화의 가히 숭배할 진실 그것마저 물리쳤다는 일을 듣지 못하였다." 박지원 저, 민족문화추진회 고전국역총서, 『열하일기(1)』(1976), pp. 173-174.

16_박제가, "尊周論", 안대회 옮김, 『북학의』, p. 188.

보다 구체적으로 성리학이라는 학문의 관점에서 청이 장악한 중원의 문명이 유지되고 있다고 강조하고 있다. 조선의 사대부들은 천하의 수많은 서책을 다 읽지도 않고 천하의 드넓은 땅을 다 밟아 보지 않은 사람들이 육롱기(陸隴其), 이광지(李光地)의 성리학과 고정림(顧亭林)의 존주 대의가 공인되는 것을 알지 못한다고 비판하고 있다. 또한 중국에 육상산(陸象山), 왕양명(王陽明)의 양명학이 존재하는 것은 사실이지만 주자의 적통 역시 그대로 남아 있다. 이와 같이 중국에는 서책이 많고 의리가 무궁한데 "천하가 전부 오랑캐라고 매도하는 것은 남들을 속이는 것이다"라고 주장하고 있다.[17] 이와 같이 박제가는 북학의 대상으로서의 문물이 청이라는 오랑캐가 아닌 문명론의 관점에서도 존주의 유산이 그대로 이어졌기 때문에 배워도 크게 문제시되지 않는다는 논리를 전개하고 있는 것이다.

박제가는 문명론의 관점에서 이용후생을 위한 북학의 필요성을 강조하고 있다. 박제가도 다른 실학파와 마찬가지로 북학의 실질적인 핵심 목적의 하나로 백성을 이롭게 하는 데(利民, 利用) 두고 있다. 백성을 이롭게 한다면 그 법이 오랑캐에서 나온 것이라고 하더라도 성인은 채택할 것인데, 북학을 통하여 배우는 것은 중국의 옛 땅에서 만든 법이라는 점에서 문명의 기준이라는 관점에서도 문제가 없다는 것이다.[18]

둘째, 박제가의 가장 큰 특징은 북벌론의 관점에서 북학의 정당화 논리를 전개하고 있다는 사실이다. 박제가는 북학을 마음에 품고 있으면서도 국내정치적 반발을 고려하여 북벌을 위한 수단으로서의 북학을 주장하는 전략을 구사하고 있다. 우선, 박제가는 북벌을 위한 북학이라는 정당성의

---

17 박제가, "北學辨 I", 안대회 옮김, 『북학의』, pp. 190-191.
18 박제가, "尊周論", 안대회 옮김, 『북학의』, p. 188.

근거를 고사에서 찾고 있다.

> 옛날 조나라의 무령왕은 호복을 입기를 좋아하더니 결국은 동방의 호족을 대파할 수 있었다. 옛날의 영웅은 원수에게 반드시 보복하려는 의지를 갖고 있으면 호복을 입는 것쯤이야 부끄럽게 여기지 않았던 것이다.[19]

그리고 필부도 원수를 갚으려고 할 때는 원수가 날카로운 칼을 차고 있다면 그 칼을 빼앗는 법을 고민한다는 것이다. 이러한 고사와 필부의 사례에 따르면 북벌을 성공적으로 달성하고자 한다면 중국을 이길 방도를 찾아야 하고 오랑캐라고 배척할 것이 아니라 북벌의 성공을 위해 북학을 적극적으로 추진해야 한다고 주장하고 있다. 그런데 당시 조선의 상황을 살펴보면 천하의 대의(북벌론)를 펼치려 하는데도 중국의 법 하나를 배우려 하지 않고 중국의 학자 한 사람과도 사귀려고 하지 않는다고 비판하고 있다.[20]

그러면서 박제가는 북학을 통해 힘을 기른 다음에 북벌을 도모하자는 북학을 통한 북벌의 성공을 위한 구체적 전략도 제시하고 있다. 먼저 고사에서 보듯이 북벌을 위해 북학을 하지 않아 백성들은 고통에 살고 궁핍하여 북벌을 수행할 수 있는 여력이 없게 되었다고 비판하고 있다. 또한 문명론적 관점에서 중국 내에서 유지되고 있는 중화문물을 힘써 배우지 않는다면 국내에 잔존해 있는 오랑캐의 풍속도 변화시킬 수 없게 된다고 주장하고 있다. 즉, 북벌을 위해서는 북학을 통해 이용후생을 통한 국내의 힘을

19_박제가, "尊周論", 안대회 옮김, 『북학의』, p. 188.
20_박제가, "尊周論", 안대회 옮김, 『북학의』, p. 189.

기르고 국내의 오랑캐 풍속을 변화시키는 준비가 필요하다는 것이다. 박제가는 북벌을 위해 최소한 20년 동안 북학을 통해 힘을 길러야 한다고 주장하고 있다.

> 만약 명나라를 위하여 원수를 갚고 우리가 당한 치욕을 설욕하고자 한다면 20년 동안 힘써 중국을 배운 다음에 함께 논의해도 늦지는 않을 것이다.[21]

이와 같이 박제가는 국내정치적 비판을 우려하여 북벌을 위한 수단으로 북학을 추진할 것을 주장하고 있으며 북학의 대상도 문명의 기준인 중국에서 이어진 것이라는 정당화 논리를 펴고 있다.

3. 동아시아 교역질서와 지식질서에 대한 이해와 북학

1) 동아시아 교역질서에 대한 인식과 북학

다른 북학파 지식인들과 차별화되는 박제가의 특징은 국내적으로 유통과 통상을 중심으로 부국의 관점에서 북학을 강조하고 있다는 사실이다. 첫째, 박제가는 무엇보다도 백성들의 생활을 윤택하게 하기 위해 수레와 배에 대해 특별한 관심을 보이고 있다. 이러한 인식을 반영하여 『북학의』는 상업과 유통, 수레와 배, 도로망의 확충 등의 비중이 높게 구성되어 있다.

21_박제가, "尊周論", 안대회 옮김, 『북학의』, pp. 188-189.

다른 북학파 지식인들도 배와 수레를 언급하고 있지만 특히 박제가의 경우 운송의 효율화를 통한 상행위와 이윤의 극대화라는 관점에서 배와 수레의 중요성을 강조하고 있다. 박제가는 연행 시 짐을 싣는 수레에 대해 특별한 관심을 보이고 있다. 청나라가 수레를 이용하여 사람을 태우고 짐을 효과적으로 실어 운송하는 점에 깊은 인상을 받고 있다. 실제로 박제가는 1778년 1차 연행 시 이덕무와 함께 자주 수레를 타보기도 하였다.[22] 이러한 수레에 대한 관심은 가난, 즉 부라는 관점에서 출발하고 있다. 수레로 짐을 실어 나르면 사방의 물가의 고하는 수일 내로 고르게 조절할 수 있게 된다. 그런데 박제가는 청나라의 수레는 효율적인 반면, 조선의 수레는 비효율적이기 때문에 가난하다고 주장하고 있다.

> 연경에는 백주 대낮에 수레바퀴가 구르는 소리가 덜컹덜컹 들려서 항상 우레 치는 소리처럼 들린다. 도로와 저자를 한가로이 다닐 때마다 좌우에서 수레 타라고 외치며 사람이 줄지어 서있다.[23]

수레와 마찬가지로 배도 경제적 이득의 관점에서 접근하고 있다. 특히 박제가의 경우 배의 중요성은 통상이라는 동아시아 교역질서와 연계되고 있다. 박제가는 통주성 아래 정박해 있는 수많은 배들을 보면서 해상을 통한 교역이 활발하게 이루어지고 있는 현상에 주목하고 있다. 배를 이용하여 외국과 통상을 할 수 있는데, 조선은 수레를 이용하는 이익을 완전히 포기했을 뿐만 아니라 배도 제대로 이용하지 못하고 있다고 비판하고 있다.

22_박제가, "車", 안대회 옮김, 『북학의』, pp. 26-27.
23_박제가, "車", 안대회 옮김, 『북학의』, pp. 25-26.

반면, 중국은 배의 규모로 보아 바람이 거세게 불어도 파도가 높이 쳐서 만리 뱃길이 때때로 위험하다고 해도 바다에 배를 띄울 수 있다고 강조하고 있다.[24] 따라서 부국을 위해 중국의 선박 건조 기술을 배워야 한다고 주장하고 있다.

> 우리나라는 배를 건조하는 기술이 엉성하고 서툴러서 실은 물건에서 냄새가 나는 경우가 많습니다. 그러니 바다에 출항하는 배를 잘 만드는 중국의 제도를 반드시 배워야 합니다.[25]

그리고 구체적인 실행 방식으로 재능이 빼어난 공장(工匠)을 모아 선박을 만들되, 중국의 선박 제조술을 채택하여 견고하고 치밀하게 건조하도록 제안하고 있다. 또한 황당선(荒唐船)을 활용하여 청의 선박 제조 기술의 습득이 가능하다고 강조하고 있다.[26]

둘째, 박제가의 북학은 국내경제와 동아시아 교역질서 및 통상이 긴밀하게 연계되어 전개되는 특징을 보이고 있다. 특히 박제가는 교역과 국내적 이용후생을 구체적으로 연계시키고 있다. 즉, 국내적 이용후생을 극대화하기 위해 교역이라는 국제경제 행위를 통해 중국의 문명 이기를 수입하고 생산해야 한다고 주장하고 있다.

> 중국의 요양에서 각종의 농기구를 무역해다가 서울에 대장간을 개설하여 법식에 맞추어 농기구를 단련하여 만듭니다.[27]

24_박제가, "船", 안대회 옮김, 『북학의』, p. 39.
25_박제가, "應旨進北學議疏", 안대회 옮김, 『북학의』, p. 213.
26_박제가, "通江南浙江商船議", 안대회 옮김, 『북학의』, p. 177.

이상에서 보듯이 박제가의 북학은 물류와 유통이라는 관점에서의 효율성, 백성의 경제적 삶을 윤택하게 하는 부국의 인식에서 출발하고 있다. 수레와 선박의 강조 → 물류와 유통 → 통상으로 인식이 확장되고 있다. 기존의 연구들은 주로 운송과 물류, 통상 자체에 주목하고 있는데,[28] 당시 중국을 중심으로 하는 교역질서에 주목하고 있지는 못하다. 박제가의 통상에 대한 인식은 국내적 이용후생의 활성화라는 관점에서 출발하고 있지만 당시 동아시아 교역질서에 대한 이해가 전제되고 있다. 따라서 박제가의 북학을 제대로 파악하기 위해서는 당시 중국 중심의 동아시아 교역질서에 대한 박제가의 인식을 분석할 필요가 있다.

당시 조선은 조공무역을 통해 중국과 교역관계를 맺고 있지만 중국을 벗어난 다른 국가와는 교역관계를 맺지 않고 있다. 이러한 대중 조공무역도 경제적 이익이라는 관점에서 볼 때 논쟁적이다.[29] 무엇보다도 박제가의 북학론은 조공무역이라는 전통적인 교역질서 이외에 당시 중국을 중심으로 행해지고 있던 전반적인 교역질서에 대한 명철한 인식을 바탕으로 '통상'이라는 방식으로 이러한 질서에 참여해야 한다는 독창적인 논리로 정립되고 있다. 박제가는 중국을 중심으로 교역질서가 작동되고 있으며 당시의 교역질서에 일본, 유구, 안남뿐만 아니라 서양까지 참여하는 것으로 파악하고 있다.

27_박제가, "應旨進北學議疏", 안대회 옮김, 『북학의』, p. 217.

28_각주 7의 문헌 참조.

29_전해종 교수는 대중 조공과 回賜가 경제적으로 이득이 되지 않고 막대한 손실이었다고 주장하고 있다. 전해종, 『한중관계사연구』, p. 99. 조공을 통한 교역에 대해서는 앞의 책, pp. 100-107.

가진 것을 다른 데로 옮기고 없는 것을 얻고자 무역하는 것은 천하의 공통된 법이다. 일본과 유구, 안남, 서양의 무리가 모두 절강성, 교주, 광주 등에서 교역을 하고 있습니다.[30]

일본과 유구, 안남, 서양의 나라조차 모두 민(閩)과 절강, 교주, 광주 등지에서 교역을 한다.[31]

박제가의 동아시아 교역질서에 대한 이해는 일본의 교역 현실에 대한 관심으로 이어지고 있다. 박제가 주변에 모여들었던 서얼들은 일본 통신사행에서 실무를 맡아 보았던 신분이었으므로 이들의 도움으로 박제가는 일본에 대해서도 소상한 정보를 갖고 있었다.[32] 일본이 예전에 중국과 통상하지 않았을 때는 조선의 중개를 통해 중국과 교역을 하였는데, 이러한 통상방식이 이롭지 않다는 사실을 깨닫고 중국과 직접 통상을 하게 되었다. 그러면서 일본은 30여 개국과 교역관계를 맺고 있다는 사실을 강조하고 있다. 이러한 교역을 통해 일본 내에는 천하의 진귀한 물건이 넘쳐 난다고 통신사의 선례까지 들고 있다.[33]

이러한 동아시아 교역질서에 대한 이해를 바탕으로 고려의 선례를 인용하면서 조선의 정책을 비판하고 있다. 고려는 송나라와 통상을 하였는데, 조선이 이렇게 작동되는 동아시아 교역질서에 참여하지 않은 것은 잘못되었다고 주장하고 있다.[34] 박제가는 조선의 경제 사정이 열악한데, 가난

30_박제가, "丙午所懷", 안대회 옮김, 『북학의』, p. 200.

31_박제가, "通江南浙江商船議", 안대회 옮김, 『북학의』, p. 177.

32_안대회, "열린 사회를 위한 개혁 개방론, 박제가의 『북학의』", p. 287.

33_박제가, "通江南浙江商船議", 안대회 옮김, 『북학의』, p. 176.

을 극복하는 방법으로 교역질서의 핵심에 있는 중국과 통상하는 것이 유일한 길이라고 강조하고 있다.

현재 국가의 큰 폐단은 가난인데, 어떻게 하면 이 가난을 구제할 수 있겠습니까? 중국과 통상하는 길밖에는 없습니다.[35]

이와 같이 가난의 구제를 위한 방도는 통상인데, 중국을 중심으로 한 동아시아 교역질서에 대한 이해를 바탕으로 이 교역질서에 참여하게 될 실천적인 방도까지 제시하고 있다. 박제가는 조선의 현실을 고려할 때 즉각적으로 전면적인 교역질서에 참여하기는 어렵다고 판단하였다. 따라서 통상을 통한 부의 축적 → 중국과의 우선적 교역관계 수립 → 동아시아 전체 교역질서 참여라는 단계적 통상 확대 전략을 제시하고 있다.

중국과의 우선적 교역관계 수립을 강조한 것은 가난의 구제라는 시급한 상황을 극복하기 위해서는 교역질서 전체에 참여하기보다는 가장 부유한 중국과 집중적으로 통상을 하는 것이 유리하다는 판단에 따른 것이다. 다만, 박제가는 우선적으로 중국에 국한하여 통상하는 것은 일시적·편의적 전략이라고 강조하고 있다. 중국과의 통상을 통해 조선 국내의 가난이 극복되면 다음 단계로 동아시아 교역질서 전체로 통상을 확대하는 것이 효과적인 전략이라고 주장하고 있다.

중국의 배하고만 통상하고 해외의 많은 나라와는 통상하지 말자고 했는데, 이것

34_박제가, "通江南浙江商船議", 안대회 옮김, 『북학의』, p. 175.
35_박제가, "丙午所懷", 안대회 옮김, 『북학의』, p. 200.

은 일시적 편의적 책략에 불과한 것이요 정론(定論)은 아니다. 국력이 조금 강성해지고 백성들의 생업이 안정을 얻은 상황에 이르면 마땅히 차례대로 다른 나라와도 통상을 맺어야 한다.[36]

박제가가 단계적 통상 확대 전략을 제시하고 있는 것은 일본에 대한 정치적 불신, 기타 지역의 경우 험로한 해상로와 지리적 거리, 그리고 조선의 배의 수준을 볼 때 전체 교역질서에 즉각적으로 참여하기 어렵다는 현실도 고려한 것으로 생각된다.

장사하는 배를 외국과 유통시키고자 한다면 이렇게 하면 된다. 왜국 놈들은 약삭빨라서 늘 이웃나라의 틈새를 엿본다. 그렇다고 안남, 유구, 대만과 같은 나라는 뱃길이 험하기도 하고 또 너무 멀어서 그들 나라와 모두 통상하기가 어렵다. 그러니 오직 중국밖에 없다.[37]

이러한 통상이 현실적으로 조공이라는 전통적인 교역관계로 인해 실행되지 못할 가능성에 대해 중국을 설득할 수 있는 전략도 치밀하게 제시하고 있다. 중국 예부에 자문을 보내 중국을 중심으로 하는 동아시아 교역질서가 이미 작동되고 있으며 그러한 틀에 조선도 참여할 수 있도록 해달라고 요청하도록 방도를 제시하고 있다. 즉, 정형화된 조공질서에 매여 있는 조선에도 다른 국가들이 누리는 다른 형태의 교역관계에 참여할 수 있도록 허용해 달라는 설득 전략인 것이다.

36_박제가, "通江南浙江商舶議", 안대회 옮김, 『북학의』, p. 178.
37_박제가, "通江南浙江商舶議", 안대회 옮김, 『북학의』, p. 177.

조정에서 사신 한 사람을 파견하여 중국 예부에 자문(咨文)을 보내십시오. … 여러 외국의 경우와 마찬가지로 우리도 뱃길을 통하여 상인들이 통상할 수 있도록 해주십시오.[38]

2) 박제가의 지식질서 인식과 북학

지식질서라는 관점에서 볼 때 박제가는 당시 조선 사대부들의 청에 대한 현실 인식을 어떻게 평가하고 있을까? 박제가는 당시 사대부들의 청에 대한 현실 인식과 관련하여 하등(下等)의 선비, 중등(中等)의 선비, 상등(上等)의 선비로 분류하고 있다. 하등의 선비란 오곡을 보고 중국에도 이런 것이 있느냐고 질문하는 부류를 말한다. 중등의 선비란 중국의 문장이 우리만 못하다고 인식하는 부류이다. 끝으로 상등의 선비란 중국에는 이학(理學)이 없다고 인식하는 부류이다.[39] 박제가는 조선 사대부들이 이러한 왜곡된 선입견적 인식을 갖고 있기 때문에 청의 학자로부터 배우려 하지 않는다고 비판하고 있다.

당시 선비들이 오랑캐라는 한 글자로 천하의 모든 것을 말살하고 있어 "중국의 풍속은 이렇기 때문에 너무나 좋다"라고 말하면 그들의 기대와 다르므로 의심을 품는다고 비판하고 있다. 예를 들어 중국의 학자 중에도 퇴계 같은 자가 있고 문장가도 최립, 명필 중에도 한석봉보다 뛰어난 자가 있다고 하면 화를 낸다고 한다.

38_박제가, "丙午所懷", 안대회 옮김, 『북학의』, p. 200.

39_박제가, "北學辨 I", 안대회 옮김, 『북학의』, p. 190. 박지원도 『열하일기』에서 자신을 下士로 지칭하면서 上士, 中士, 下士로 분류하고 있다. 박지원 저, 『열하일기(1)』(민족문화추진회 고전국역총서, 1976), pp. 171-174.

오늘날 사람들은 아교로 붙이고 옻칠을 한 속된 각막을 가지고 있어 아무리 노력해도 그것을 떼어 낼 수가 없다. 학문에는 학문의 각막이, 문장에는 문장의 각막이 단단하게 붙어져 있다.[40]

나라 안의 인사들이 북경에서 돌아왔을 때 문이 닳도록 찾아와 청의 풍속에 대해 질문을 하는데, 중국 문물의 우수성에 대해 설명하면 박제가가 오랑캐의 편을 든다고 생각하면서 자신들이 듣고 싶었던 말과 다르기 때문에 실망하고 돌아선다는 것이다. 이들이 조선의 학문을 선도하고 백성을 다스리는 사람이라는 점에서 이들의 지식질서 및 대청 인식에 대해 비판하고 있다.[41]

박제가는 "중국에는 배울 만한 선비가 남아 있다"[42]라는 인식 아래 청의 인사와 상당히 적극적으로 교류한 북학파 지식인의 하나였다. 박제가는 자신보다 앞서 연행했던 김재행, 홍대용, 유금 등이 정리한 필담을 읽고, 연행 이전에도 안면이 없는 중국 지식인에게 서신을 발송하고 있다. 박제가로 하여금 중국 지식인과 적극적으로 교유하도록 이끈 것은 홍대용과의 만남이었다. 박제가는 홍대용이 반정균 등을 만나 나눈 필담을 편집한 『천애지기서(天涯知己書)』를 보고 홍대용과 접촉하였다.

박제가의 셋째 아들인 박장암은 아버지의 중국 문인들과 교유, 시와 편지 등을 묶어 『호저집(縞紵集)』을 발간하였다. 박제가가 4차에 걸친 연행에서 교유한 인물과 교유의 내용은 문집과 『북학의』, 『호저집』에 실려

40_박제가, "北學辨 II", 안대회 옮김, 『북학의』, pp. 193-195.
41_박제가, "北學辨 I", 안대회 옮김, 『북학의』, pp. 191-192.
42_박제가, "北學辨 I", 안대회 옮김, 『북학의』, p. 190.

있다. 박장암은 『호저집』 범례에서 초정이 교유한 인물을 정리하고 분류하였다.[43]

기존의 연구들은 주로 우정이라는 관점에서 박제가의 청 인사와의 교류를 분석하고 있다.[44] 그런데 이러한 교류는 지식의 전파와 수용 및 교류라는 '지식질서'의 관점에서 해석할 수 있을 것이다. 청 인사와의 교유를 통한 박제가의 지식질서 참여 방식은 크게 세 가지로 분류할 수 있다. 첫째, 청대 문사와의 직접적인 만남이나 서신의 교환이다. 둘째, 직접적인 만남을 가진 스승이나 친구로부터의 간접적인 참여이다. 셋째, 상대의 저술을 통한 참여이다.[45]

북학을 위해 참여해야 할 지식질서는 앞에서 살펴보았듯이 다분히 문명론적 관점이 투영되어 있다. 청국 내 중화 문명적 요소를 인정하면서 조심스럽게 지식질서의 참여를 강조하고 있다. 당시의 선비들이 '오랑캐'라는 한 글자로 천하의 모든 것을 말살하고 있는데,[46] 천하가 전부 오랑캐라고 매도하는 것은 남들을 속이는 짓이라고 비판하고 있다. 이는 중국이 주도하는 지식질서를 왜곡하는 것이라고 주장하고 있다.

> 내가 만난 사람은 문학하는 선비 몇 명에 불과할 뿐 도를 전하는 큰 학자를 본 것은 아니었다. 그럼에도 불구하고 배울 만한 학자가 없을 것이라고 감히 말하지 못한다. … 중국에 육상산, 왕양명의 양명학이 존재하는 것은 사실이지만 주자의 적

43_박제가, "縞紵集", 이무성 편, 『초정전서 (하)』(서울: 아세아문화사, 1992).

44_이승수, "박제가 삶의 마음 속 출로: 연경의 우정", 『동아시아문화연구』 50권(한양대학교 동아시아문화연구소, 2011) 등.

45_양상훈, "박제가의 북학사상과 청대학술", 세종대학교 박사학위논문(2007), p. 198.

46_박제가, "北學辨 II", 안대회 옮김, 『북학의』, p. 194.

통 역시 그대로 남아 있다.[47]

박제가는 중국의 학자 중에도 퇴계와 같은 자가 있고 문장가에는 간이(최립)와 같은 자가 있으며 명필 중에는 한석봉보다 뛰어난 자가 있다고 주장하고 있다.[48] 따라서 중화 문명적 요소를 가진 지식질서마저 부정하는 것은 잘못된 행태라고 비판하고 있다. 이러한 인식 아래 '당당한 천승의 나라'로서 천하에 대의를 펼치려고 하는데도 중국의 학자 한 사람과도 사귀려고 하지 않는다고 비판하고 있다.[49] 또한 박제가는 지식질서의 관점에서 볼 때 연행사절로 가는 사신들의 행태에 대해서도 문제점을 지적하고 있다.

> 청나라가 흥성한 이래로 우리 조선의 사대부는 중국과 연계된 일체의 것을 부끄럽게 여겼다. 어찌할 도리가 없어 억지로 사절을 받들어 청나라에 들어가기는 하지만 일체의 행사나 문서와 대화를 주고받는 일을 모조리 역관에게 맡긴다. 책문에 들어서서 연경에 이르기까지는 2천 리 길인데 경과하는 고을의 관원과 상견례하는 법이 없다.[50]

박제가는 조선의 사대부들이 이러한 지식질서 참여에 소극적인 행태를 보이는 요인의 하나로 통상에 참여하지 못하는 조선의 현실을 들고 있다.

> 우리나라 사람은 두려움을 쉽게 느끼고 의심을 잘한다. 풍속과 기상이 우둔하고

47_박제가, "北學辨 I", 안대회 옮김, 『북학의』, pp. 190-191.
48_박제가, "北學辨 II", 안대회 옮김, 『북학의』, p. 194.
49_박제가, "尊周論", 안대회 옮김, 『북학의』, p. 189.
50_박제가, "譯", 안대회 옮김, 『북학의』, p. 110.

재능과 식견이 확 트이지 못했는데, 오로지 외국과의 통상이 없는 풍속에 기인한다.[51]

이러한 지식의 수용에 대한 조선 사대부들의 행태는 박제가에 대한 사대부들의 비판을 통해서도 나타나고 있다. 박제가가 "중국의 풍속은 이렇기 때문에 너무나 좋다"라고 하면 조선 사대부들은 자신들의 기대와 너무 다르기 때문에 박제가의 말을 믿으려 하지 않는다는 것이다.[52]

박제가는 지식질서의 관점에서 구체적으로 청의 지식을 수용하는 방안까지 제시하고 있다. 먼저, 박제가는 통상이라는 매개를 통해 도서를 수입하여 인식의 변화를 도모해야 한다고 주장하고 있다.

> 천하의 도서를 국내로 들여오게 할 수 있으므로 조선의 풍속에 얽매인 선비들의 편벽되고 꽉 막히고 고루하며 좁디좁은 견해가 굳이 깨뜨리려고 애쓰지 않아도 저절로 파괴될 것입니다.[53]

지식질서의 관점에서 볼 때 박제가의 북학은 단순히 청의 문물의 장점에 대한 인식의 차원을 넘어 인재의 파견을 통한 학습과 조직 신설이라는 실천적 전략으로 연결되는 특징을 보이고 있다.

> 경륜이 있고 재능과 기술을 가진 선비를 선발하여 한 해에 열 명씩 중국으로 가는 사신 행렬의 비장(裨將)이나 역관들 틈에 섞어 보낸다. 한 사람이 그들을 인솔하

51_박제가, "通江南浙江商舶議", 안대회 옮김, 『북학의』, p. 176.
52_박제가, "北學辨 II", 안대회 옮김, 『북학의』, p. 194.
53_박제가, "丙午所懷", 안대회 옮김, 『북학의』, p. 201.

여 마치 옛날에 있었던 질정관(質正官)의 관례를 따라서 중국에 들어간다. 중국에 들어가서 중국의 문화를 배우되, 어떤 경우에는 저들의 기물을 사들이기도 하고 저들의 기예를 전수받기도 하여 그 법을 우리나라에 전파시킨다. 그리고 특별한 기관을 설치하여 백성을 교육시키고 물자를 장만하여 그 기예를 시험해 보도록 하자는 것이다. … 한 사람에게 세 번 중국에 들어갈 수 있는 기회를 주되 세 번이나 들어가서도 아무 효과를 보이지 않은 자를 쫓아 버리고 다른 사람으로 바꿔 선발한다. 이러한 방법을 채택한다면 10년 이내에 중국의 기술을 모두 습득할 수 있을 것이다.[54]

위에서 보듯이 박제가는 인재 파견을 통한 지식질서 참여를 주장하면서도 연행사절의 틀 속에서 이를 추진함으로써 이로 인해 제기될 비판을 최소화하려는 현실 인식을 보여 주고 있다. 또한 지식질서 관점에서 박제가의 북학은 청을 넘어 서양으로 확대되는 모습을 보이고 있다. 청의 흠천감에서 역서(曆書)를 만드는 서양인들은 기하학에 밝고 이용후생의 학문과 기술에 정통한데, 관상감의 비용으로 서양인들을 초빙하여 관상감에 근무하게 하고 우수한 인재들로 하여금 천문과 각종 기기 제조 기술을 배우도록 하자는 것이다.[55] 이와 같이 박제가의 지식질서에 대한 공간적 인식은 청의 영역 내에 머무르기는 하지만 북학의 영역은 서양으로 확대되고 있다.

다만 서양을 통한 문물의 수용에 대한 비판을 의식하여 대안을 제시하고 있다. 구라파는 천주교라는 이교(異教)를 숭상하며 속마음을 측정할 수 없으므로 거주지를 제한하면서 이용후생에 필요한 도구만 수용하면 된다

54_박제가, "財富論", 안대회 옮김, 『북학의』, pp. 172-173.
55_박제가, "丙午所懷", 안대회 옮김, 『북학의』, p. 201.

고 주장하고 있다.

그들 무리 수십 명을 가옥 한 채에 거처하게 하면 난을 일으키지 못할 것이 분명합니다. 더구나 그들은 결혼도 하지 않고 벼슬도 하지 않고 금욕적 생활을 하면서 먼 나라를 여행하여 포교하는 것을 목표로 하고 있습니다. 저들 종교가 천당과 지옥을 독실하게 믿어 불교와 다름이 없기는 합니다. 그러나 저들이 소유한 후생(厚生)에 필요한 도구는 불교에는 없는 것입니다. 저들이 소유한 도구에서 열 가지를 취하고 나머지 한 가지를 금지하는 것이 좋은 계책입니다.[56]

박제가는 지식질서 관점에서 북학을 효율적으로 추진하기 위해 외국어 능력의 향상을 강조하고 있다. 예전에는 중국어를 익히도록 노력하였으나 현재는 오랑캐 말로 치부한다고 비판하고 있다.

역대의 임금께서는 중국어를 익히도록 명을 내리셔서 조회(朝會)를 하는 자리에서 우리말의 사용을 금하는 팻말을 설치하기도 하셨고 백성들에게는 중국말로 소송에 임하기도 하셨다. 이러한 시책이 단순히 사절 사이의 통역에 필요해서 그런 것이겠는가? 나의 생각으로는 장차 큰일을 하고자 해서 그런 것이있다. 그러나 말을 완전히 바꿀 수는 없었다. 현재에는 중국어를 오랑캐가 지껄이는 조잡한 말로 간주하지 않는 사람이 없다.[57]

조선의 사대부들이 청과 연계된 일체의 것을 부끄럽게 여겨 중국어를 배우려 하지 않는다고 비판하고 있다. 오히려 일본인들이 중국어를 잘하여

56_박제가, "丙午所懷", 안대회 옮김, 『북학의』, p. 202.
57_박제가, "漢語", 안대회 옮김, 『북학의』, p. 109.

천태산(天台山)과 안탕(安蕩)의 기이한 경치를 능통하게 말한다고 일본의 사례를 들고 있다.[58] 그런데 조선의 경우 사절에 임명되어 청에 가더라도 행사 참여나 문서와 대화를 주고받는 일을 모두 역관에게 일임한다. 예부와 접촉한다고 하더라도 말을 하지 못하기 때문에 역관의 말에 의존할 수밖에 없다. 말을 하지 못하므로 조선관(朝鮮館)에만 머물러 밖에 나가 눈으로 관찰하고 지식을 습득할 수 없게 된다고 비판하고 있다. 다행히 평화로운 시절이라 관련 기밀이 없어 역관에게 통역을 맡겨도 큰 사건이 발생하지 않지만 전란 시에는 역관의 입이나 쳐다볼 수밖에 없다고 안보의 관점에서도 외국어 습득의 필요성을 강조하고 있다.

> 그저 한어(漢語)를 익히는 데만 그쳐서는 안 될 일이다. 만주어나 몽고어, 일본어까지도 모두 배워야만 수치스런 일이 발생하지 않을 것이다.[59]

4. 맺음말

박제가는 북학파 지식인 중에서도 독특한 사상적 특징을 보여 주고 있다. 그동안 박제가에 대해서는 한시라는 문학적 측면과 상행위와 운송 및 물류, 통상이라는 경제적 측면에서 조명하는 것이 주류적 현상이었다. 그런데 국제정치적 관점에서 박제가 북학론의 특성과 자신의 개혁 구상을 현실적으로 실행에 옮길 수 있는 실천 전략에 대한 그의 고뇌를 재조명할 필

58_박제가, "通江南浙江商船議", 안대회 옮김, 『북학의』, p. 176.
59_박제가, "譯", 안대회 옮김, 『북학의』, pp. 110-111.

요가 있다. 박제가는 당시 성리학이라는 통치 이념과 적자 중심의 양반 정치사회 질서, 북벌이라는 국제정치 명분론이 주류를 형성하고 있는 구조적 제약 속에서 자신의 개혁 구상에 대한 비판을 최소화하면서 실천 전략을 모색할 수밖에 없었다.

박제가의 전략적 고뇌는 중원을 차지한 청에 대한 오랑캐 인식과 북벌이 주류 국제정치 명분을 형성하고 있는 당시 현실 속에서 자신의 북학 구상을 어떻게 실천적으로 설득해 나갈 것인지로 표출되고 있다. 이러한 박제가의 고뇌는 『북학의』 구상 중 '존주론'과 '북학변'에 집약되고 있다. 그동안 학계에서는 박제가의 두 가지 글에 거의 주목하지 않아 왔다. '존주론'과 '북학변'에서 박제가는 성리학이라는 문명론과 북벌론이라는 명분론에 빠져 있는 당시 주류 사대부 사회의 인식을 역발상으로 활용하여 북학의 필요성을 설파하는 논리를 전개하고 있다. 문명론의 관점에서 볼 때 청이 장악한 중원에 중화의 전통이 전승되고 있으므로 전적으로 배척해서는 안 된다고 주장하고 있다. 그리고 고사를 인용하면서 당시 피폐해 있던 조선의 역량을 고려할 때 북벌이 현실적으로 힘들기 때문에 북학을 통해 힘을 기른 다음 북벌을 추진해야 한다는 설득 논리를 제시하고 있다.

북벌을 위한 북학도 두 가지 시각에서 전개되고 있다. 첫째, 국내정치적으로 볼 때 북학을 활용한 양반 중심의 국내 정치사회 질서의 혁파이다. 이러한 국내질서 혁파는 농사와 장사라는 국부 개념과 연결되고 있다. 둘째, 이러한 국부 개념을 매개로 국제정치적으로 볼 때 박제가의 북학은 동아시아 교역질서에 대한 명철한 인식을 바탕으로 단계적 확대 전략으로 구체화되고 있다. 박제가는 조공질서와 함께 당시 중국을 중심으로 작동되고 있던 동아시아 교역질서를 제대로 파악하고 전통적인 조공질서에 얽매어 있던 조선이 어떻게 이러한 교역질서에 참여할 수 있을지 구체적 방안을 제시하고 있다. 또한 박제가는 성리학이라는 문명론의 관점에서 탈피하지 못하고 있지만 당시 중국을 중심으로 형성되어 있던 지식질서 네트워크에 적극적으로 참여할 것을 주장하고 있다. 이상에서 보듯이 박제가는 당시의 동아시아 교역·지식 질서에 대한 명철한 이해를 바탕으로 선구자적 북학 구상을 제시하고 있다.

참고문헌

박제가. 『초정전서(楚亭全書)』. 이무성 편. 1992. 서울: 아세아문화사.

박제가. 『북학의』. 안대회 옮김. 2003. 서울: 돌베개.

박제가. 『정유각집 하』. 정민 외 옮김. 2010. 서울: 돌베개.

박지원. 『열하일기(1)』. 민족문화추진회 고전국역총서. 1976.

김성준·오세영. 2003. "초정 박제가의 유통통상론 연구." 『해운물류연구』 제39호.

김정미. 2007. 『박제가의 시문학연구』. 서울: 태학사.

박성순. 2006. 『박제가와 젊은 그들』. 서울: 고즈윈.

송재소 외. 2006. 『새로운 길을 찾다: 박지원·박제가』. 경기문화재단.

안대회. 2009. "초정 박제가의 연행과 일상속의 국제교류." 『동방학지』 145호.

안대회. 2005. "초정 박제가의 인간면모와 일상." 『한국한문학연구』 35.

안대회. 2003. "열린 사회를 위한 개혁 개방론, 박제가의 『북학의』." 안대회 옮김. 『북학의』. 서울: 돌베개.

안대회 외. 2013. 『초정 박제가 연구』. 서울: 사람의 무늬.

양상훈. 2007. "박제가의 북학사상과 청대학술." 세종대학교 박사학위논문.

오세영 외. 2004. 『초정 박제가의 실학사상과 해운통상론』. 서울: 신서원.

이승수. 2011. "박제가 삶의 마음 속 출로: 연경의 우정." 한양대학교 동아시아문화연구소. 『동아시아문화연구』 50권.

이헌창. 2005. "박제가 경제사상의 구조와 성격(I)." 『한국실학연구』 10집.

전재성. 2012. "조천록을 통해 본 허봉, 조헌의 조명관계 인식." 서울대학교 국제문제연구소·동북아역사재단 공동 주최 2012 한중학술회의. 『사행의 국제정치』 2012년 11월 24일.

전해종. 1970. 『한중관계사연구』. 서울: 일조각.

정일남. 2006. 『초정 박제가의 문학연구』. 서울: 지식산업사.

제3부

19세기 동아시아 질서 인식과 새로운 변화

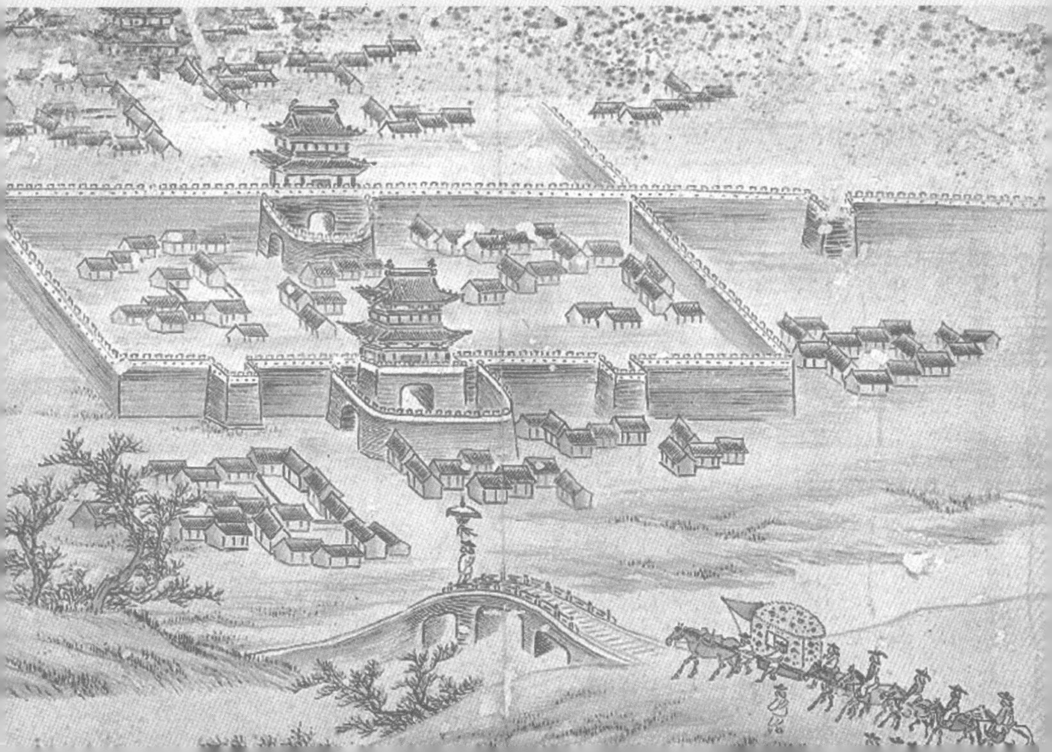

7장

청대 건가학인(乾嘉學人)과 조선 학인의 교류

기효남과 홍양호의 교분을 중심으로*

쑨웨이궈

청의 건가학인과 조선 학인의 교류는 매우 긴밀하였는데 이는 비단 청대 중·조 관계 연구에서 중요한 문제일 뿐 아니라 건가학파를 깊이 연구하는 데도 중요한 문제이다. 건가학파에 대한 중국 학계의 연구가 깊이 이루어지지 않았다고 할 수 없지만, 건가학파가 조선에 미친 영향에 대한 연구는 아직 매우 부족하다.[1] 이는 청대 한중 관계 연구의 약한 고리인 동시에, 건가학

* 이 논문은 난카이대학교 기초과학연구 특별연구 프로젝트(과제번호: NKXA10014)와 푸단대학교 "985" 사업 중 "청 건가학파(乾嘉學派)와 조선 북학파(北學派)의 교류와 비교연구" 프로젝트의 중간 연구 성과이다.

1_이 문제에 대한 중국 학계의 근 10년간의 연구를 살펴보면 인원의 왕래와 문학의 부분에 편중되어 있다. 金柄珚, "朝鮮北學派對淸代文學的批評與接受", 『延邊大學學報』(1991年 第3期); 金柄珚, "影響, 接受與互補: 19世紀中朝文人的文學交往", 『延邊大學學報』(1994年 第2期); 朱七星, "淸代考據學與金正喜的實學思想", 『延邊大學學報』(1995年 第2期); 祁慶富, 金成南, "淸代北京的朝鮮使館", 『淸史硏究』(2004年 第3期); 王政堯, 赫曉琳, "簡論'燕行錄'與淸代中朝文化交流", 『韓國學論文集』(第7輯); 李敦球, "論18世紀後期朝鮮進步文人的中

파의 연구를 한층 더 깊게 하는 데 매우 중요한 지점이라고 할 수 있다.

건가 시기 학계의 영수이자 중요한 관원인 기윤(紀昀, 1724~1805, 자는 효남(曉嵐), 이하 기효남)은 매우 중요한 지위를 차지하고 있다. 학계에서 기효남을 연구한 논저는 매우 많지만, 그와 조선 학인의 긴밀한 교류는 그의 전기(傳記)와 전저(專著)에서 언급한 경우에도 내용이 소략하고 체계적이지 못하다.[2] 조선 연행사였던 서형수(徐瀅修, 1749~1824), 박제가(朴齊家,

---

國外交使行", 『世界歷史』(1998年 第3期); 劉爲, "朝鮮赴淸使團的文化交流活動", 『中國邊疆史地硏究』(2001年 第3期); 牛林傑, 李學堂, "17~18世紀中韓文人之間的跨文化交流與文化誤讀", 『韓國硏究論叢』(第15輯); (韓)樸現圭, "朝鮮使臣與北京琉璃廠", 『文獻』(2003年 第1期); 王振忠, "朝鮮燕行使者與18世紀北京的琉璃廠", 『安徽史學』(2011年 第5期); 溫兆海, "淸代中朝文化交流的歷史視閾: 以乾嘉時期爲中心", 『東疆學刊』(2006年 第4期). 著作如楊雨蕾, 『燕行與中朝文化關係』(上海: 上海辭書出版社, 2011), 明·淸 兩朝와 朝鮮王朝의 使行 및 문화 교류에 관해서는 비교적 심도 있는 연구가 진행되었다. 일본 학자 藤塚鄰 著, 藤塚明直 編, 『淸朝文化の東傳 - 嘉慶, 道光學壇と李朝の金阮堂』(東京: 國書刊行會, 1975)는 가장 체계적인 연구 저작으로 김정희를 중심으로 그와 교류했던 淸朝學人의 상황 및 교류 상황을 체계적으로 고찰하였다. 藤塚鄰另 著, 『日鮮淸の文化交流』(東京: 中文館書店, 1947) 역시 상당히 중요한 저작이다. 한국 학계의 청대 한중 학인의 교류에 관한 연구도 상당히 많고, 출판 자료 역시 매우 많다. 예를 들면 『金正喜와 韓中墨緣』(果川文化院, 2009); 『秋史와 韓中交流』(果川文化院, 2007). 紀曉嵐과 洪良浩의 교류에 대한 연구 역시 전문적인 논문이 있다. 예를 들어 陳在敎, "18世紀 朝鮮朝와 淸朝學人의 學術交流: 洪良浩와 紀昀을 中心으로"(『古典文學硏究』 2003年 第23輯 第301-324頁). 전체 내용은 4개의 부분으로 나누어져 있는데 ①前言 ②耳溪과 紀昀 및 그들의 燕京學藝 ③紀昀과 耳溪 및 그들의 漢城學藝 ④耳溪의 家族과 紀昀의 家族 간의 교류이다. 본고에서 다루는 문제는 이와 관련이 있지만 중시하는 부분에서는 차이가 있다.

2_賀治起, 吳慶榮 編, 『紀曉嵐年譜』(北京: 書目文獻出版社, 1993); 周積明, 『紀昀評傳』(南京: 南京大學出版社, 1994); 張維屛 『紀昀與乾嘉學術』(臺北: 臺灣大學文史叢刊, 1998). 張維屛의 저작은 전체가 9장으로 구성되어 있고 1장은 서론, 9장은 결론, 본론은 7장으로 각각 紀昀과 乾嘉考據學의 발전, 『四庫全書』의 찬수, 그의 관료로서의 생애와 심리 상태, 학문 사상 및 『閱微草堂筆記』와 저술에 대한 연구, 마지막으로 민간 문화에서 발견되는 紀曉嵐 등을 다루었다. 그러나 紀曉嵐과 朝鮮學人의 관계에 대해서는 전혀 언급하지 않았고 朝鮮

1750~ 1815), 유득공(柳得恭, 1749~?), 신위(申緯, 1769~1845), 서장보(徐長輔, 1767~ 1830), 조수삼(趙秀三, 1769~1845) 등은 모두 일찍이 기효남과 상당히 긴밀한 교류가 있었다. 건륭 55년(1790), 당시 예부 상서를 맡고 있던 기효남은 직접 조선관을 찾아가 유득공과 박제가를 방문하여 시대의 미담을 만들었다.[3]

교류가 있었던 수많은 사람들 중에 중국을 두 번이나 방문하였던 홍양호(洪良浩, 1724~1802)는 더욱 특별한 것 같다. 나이로 보아도 홍양호와 기효남은 동년배지만 다른 사람들은 기효남보다 훨씬 어렸다. 지위로 보아도 기효남이 중국 학계의 영수이자 조정의 중신이었던 것과 마찬가지로 홍양호는 조선 학계의 영수이자 조정의 중신이었기 때문에 그들의 교류는 더욱

學人들이 紀昀에 대한 평가에도 주목하지 못 했다. 周積明의 『紀昀評傳』에서는 조선 왕조에서의 紀昀의 학술 수준에 대한 인정을 언급하였다(pp. 89-90). 『紀曉嵐年譜』에서는 乾隆 59년(1794) 紀昀과 洪良浩의 교류를 열거하고(pp. 130-131, 138-139), 더불어 『조선왕조실록』과 관련 문집을 참고하여 당시 조선과 청조의 교류를 규명하였다. 紀昀과 朝鮮學人들과의 교류를 언급한 논문은 주로 아래 몇 편이다. 黃時鑒, "紀昀與朝鮮學人"(黃時鑒, 『東西交流史論稿』, 上海古籍出版社, 1998)은 세 부분으로 나뉘어 비교적 전면적으로 紀昀과 朝鮮學人의 교류를 논의했는데 그중 특히 紀昀과 洪良浩의 교류에 대한 분석이 풍부하여 많은 영감을 준다. 黃時鑒, "紀昀與西學: 從一篇佚文談起"(『文史』總第46輯, 1999年第1輯)는 洪良浩 문집 『耳溪集』에서 발견된 紀昀 문집에는 수록되지 않은 서신을 실마리로 잡고 紀昀과 洪良浩가 西學에 대한 토론을 통해 紀昀이 西學에 대한 인식을 연구했다. 牛林傑, 李學堂, "17~18世紀中韓文人之間的跨文化交流與文化誤讀"(『韓國研究論叢』 第15輯)은 조선의 豐山 洪氏 일가(즉 洪良浩의 일가)와 紀曉嵐 일가의 교류를 논하였는데 그 중에서 "洪良浩가 처음 燕行을 갔을 때(1782年) 청조의 翰林修撰 戴衢亨과 친교를 맺었다. 비록 紀昀과 만나지는 못했지만 이후 戴衢亨이 洪良浩의 文名을 紀昀에게 소개하였다"라는 내용이 있다. 紀昀 부자와 洪良浩 조손 삼대의 교류는 그들의 관계가 밀접했음을 보여 준다. 張升, "朝鮮文獻與四庫學研究"(『社會科學研究』 2007年 第1期)은 李德懋와 紀昀의 교류 상황을 다루었다.

3_祁慶富, 金成南, "淸代北京的朝鮮使館", 『淸史研究』(2004年 第3期), p. 113.

주목할 만한 가치가 있다. 북경 체류 기간 동안 그들은 접촉을 하긴 했으나 그다지 밀접한 것은 아니었다. 홍양호가 조선으로 돌아간 후 기효남과 거의 10년 동안 서신 왕래를 통해 우정을 유지하였고, 이는 그들이 죽을 때까지 이어졌다. 그들은 서로의 시문을 화답하고 예물을 교환하면서 10년간 교류를 지속하였고, 그들의 교류에 관한 모든 고사가 후인들에게 언급되고 모방되는 등 상당히 큰 영향을 끼쳤다.

이 글은 그들 두 사람의 교류에 대한 면밀한 고찰을 시도하여 그들의 교류의 원인, 경과, 영향을 분석하고, 이를 통해 당시 중·조 학인들의 교류의 개략적 상황을 탐색하고, 더불어 학술적 문제에 대한 그들의 토론을 분석하며 건가학파가 조선 학술에 미친 영향을 살펴보고자 한다.

1. 기효남과 홍양호의 첫 대면

홍양호가 처음 중국을 방문한 것은 건륭 47년(1782, 정조 6년)으로, 동지부사(冬至副使)였던 그는 당시 한림수찬(翰林修撰) 대구형(戴衢亨, 1755~1811) 등과 같은 몇몇 청조 학인과 교분을 맺었지만 기효남과는 일면식의 기회도 없었다. 두 번째로 중국을 방문했을 때는 12년 후인 건륭 59년(1793, 정조 18년)으로, 홍양호는 동지겸사은정사로서 기효남을 만나게 되었고 교류를 시작하였다. 그렇다면 이들은 서로 어떻게 알게 된 것일까? 북경 체류 기간 동안 홍양호와 기효남은 어떤 형태의 교류를 했기에 10년간의 우의를 다지게 된 것일까?

기윤은 자가 효남으로 직예성 하간부 헌현(현재의 하북성 창현) 사람이다. 건륭 19년(1754) 진사가 되어 한림원에 들어가 서기사(庶起士)가 되고 편수의 임무를 맡았다. 건륭 28년(1763) 복건학정(福建學政)이 되었지만 오래지 않아 부친상으로 낙향하였다. 건륭 32년(1767)에 상을 마치고 시독(侍讀)으로 복직되었다. 이듬해 6월, 노견증(盧見曾)의 양회염인안(兩淮鹽引案)에 연루되어 우루무치로 보내졌다가 3년 후 사면되어 돌아왔다. 이는 그의 관직 생활 처음으로 찾아온 비교적 큰 좌절이었고 이후에는 순조롭게 승진일로를 밟아갔다. 죽기 전까지 그는 5번 도찰원을 관장했고 예부 상서에 3번, 병부 상서에 2번 임명되었다. 또 여러 차례 주고관(主考官)으로 임명되어 향시(鄕試) 주고관을 2번, 회시(會試)의 주고관을 6번 맡았다. 건륭 38년(1773)『사고전서(四庫全書)』찬수의 총책임자로 임명되었다. 그는 읽지 않은 책이 없을 정도로 매우 박식하였으며 건가 시기의 학인인 대진(戴震, 1724~1777), 전대흔(錢大昕, 1728~1804), 왕명성(王鳴盛, 1722~1797), 주균(朱筠, 1729~1781), 완원(阮元, 1764~1849) 등과 모두 긴밀하게 교류하였다. 전대흔, 왕명성과는 같은 해 진사가 되었고 건가 시기에 고증학 풍토가 홍성하는 데 매우 큰 공헌을 하였다. 그가 주찬한『사고전서총목』은 "하나의 책에 한학 고증치학(考證治學)의 정신을 체현한 대표작"[4]으로 여겨졌다. 건륭 중기 이후를 시작으로 그는 이미 학계의 영수가 되었고 또 관직이 높았기 때문에 조선 연행사들이 앞 다투어 교류하고자 하는 대상이 되었다. 건륭 59년 말, 홍양호 일행이 북경에 왔을 때, 기효남은 마침 예부 상서였기 때문에 그들을 접대하게 되었고 이로 인해 서로 알게 되었다.

홍양호의 원래 이름은 양한(良漢)이고 자는 한경(漢卿)이며 호는 이계(耳溪)이다. 영조 23년(1747, 건륭 12년) 진사로 문과에 급제하였고 이후 관

4_張維屛,『紀昀與乾嘉學術』, p. 15.

직이 대제학, 이조 판서 겸 판중추부사에 이르렀다. 박학하고 문장에 능한 조선 영·정조 시기의 대학자로, 일찍이 『영조실록』, 『국조보감』의 찬수를 명받았다. 그는 매우 풍부한 저술을 남겼는데, 예를 들면 『육조경위』, 『고려대사기』, 『동국명장전』 등이 있다. 1794년 그는 동지겸사은정사가 되어 중국을 방문하였는데, 당시 그는 조선에서 대제학의 직책을 맡고 있었다. 조선의 정조가 일찍이 "문원을 천맹(擅盟)하는 것은 곧 중국에서는 태학사이고 우리나라에서는 대제학이다. 후진의 명성에 대해서 가부를 결정하고 고하를 정할 적에는 반드시 대제학의 한 마디 말을 기다려야 하니 그의 말은 일천금의 무게를 가졌을 뿐만이 아니다"[5] 라고 말한 것에서 알 수 있듯이 대제학은 조선의 문학계에서 지고무상의 권력을 가지고 있었다.

첫 번째 북경 방문은 비록 12년 전의 일이었지만 이는 그의 두 번째 사행에 적지 않은 영향을 끼쳤다. 두 차례의 중국 사행에서 홍양호는 상세한 일기를 남기지는 않았지만 대신 2부의 시집을 남겼다. 1차 사행에서 그는 135수의 시가 수록된 『연운기행(燕雲紀行)』을 썼고, 2차 사행에서는 120수의 시가 수록된 『연운속영(燕雲續詠)』을 남겼다.[6] 『정조실록』에 기재된 그들의 보고를 통해 홍양호의 1차 중국 방문의 상황을 충분히 완벽하게 재

5_『正祖實錄』(서울: 국사편찬위원회, 1953~1961) 卷四十, 正祖十八年八月壬申, p. 497.

6_이 2부의 시집은 각각 『耳溪洪良浩全書』의 卷六과 卷八에 수록되어 있고 또 林基中이 펴낸 『燕行錄全集』(서울: 동국대학교출판부, 2001)의 第41冊에 수록되어 있다. 필자는 두 종류의 洪良浩 문집을 읽었는데, 첫 번째는 『影印標點韓國文集叢刊』의 『耳溪集』(서울: 민족문화추진회, 1998)이고, 두 번째는 民族文化社가 1980년에 영인한 『耳溪洪良浩全書』 상, 하책이다. 내용적으로 봤을 때 두 판본은 상당수 다른 부분이 존재하고 문집의 구성과 권수 역시 차이가 있다. 후자의 내용이 훨씬 풍부하고 포괄적이어서 전자에 있는 것은 후자가 모두 포함하고 있을 뿐 아니라 전자가 포함하고 있지 않는 몇 가지 내용도 담고 있기 때문에 본고는 대체로 후자를 인용하고 있다. 따라서 별도의 설명이 없는 것은 모두 후자를 인용한 것이다.

현할 수 있다. 사신으로서 임무 수행의 관점에서 봤을 때는 1차 사행이 매우 화려했다. 왜냐하면 건륭 황제를 여러 차례 접견할 수 있었기 때문이다. 그러나 홍양호 개인의 입장에서 봤을 때는 2차 사행에서 받은 영향이 훨씬 컸다. 왜냐하면 기효남을 알게 되었고 이를 통해 그의 인생에 기념할 만한 가치가 있는 일들이 많이 생겼기 때문이다.

중국에 왔던 모든 조선 사신이 매번 황제를 접견할 수 있었던 것은 아니지만 홍양호는 부사로 왔던 첫 번째 사행에서 이와 같은 예우를 받았다. 그러므로 『정조실록』에 상세하게 기록된 그들의 보고를 통해 우리는 그들의 사행 일정 및 관련된 세부 사항들을 분명하게 파악할 수 있다. 건륭 47년(1782) 12월 20일, 조선 사행단은 북경에 도착했다. 29일, 건륭 황제가 친히 태묘에 제를 올리고 궁으로 돌아오는 사이 조선 사신은 단문(端門)과 묘문(廟門) 사이에서 기다리고 있었다. 건륭 황제는 호부 상서 화신(和珅, 1750~1799)에게 명하여 조선 국왕이 평안한지를 묻도록 하였다. 48년(1783) 1월 5일, 예부는 조선 사신에게 자광각(紫光閣)으로 와서 연회에 참석하라는 명을 전하였고 건륭 황제는 조선의 정·부사에게 예물을 하사하였다. 12일, 건륭제는 원명원에서 연회를 열었고 조선 사신에게 술을 하사하였다. 그 자리에서 예부 상서는 "외국 사신을 어탑까지 오게 하여 술을 내렸는데, 이번 은총은 전에 없었던 것이므로 사신은 돌아가서 일일이 본국에 보고해야 할 것이다. 조금 전에 황제께서 '사신이 시를 잘 짓는가?'라고 물었을 때 내가 필시 잘 지을 것이라고 아뢰었고 이에 바로 지어 올리라고 명하셨으니, 두 사신은 빨리 지어 올려야 할 것이다."[7]라고 하였다. 며

7_『正祖實錄』卷十五, 正祖七年二月戊子, p. 354.

칠이 지난 후 건륭제는 또 여러 번 조선 사신을 조견하였고 연회를 베풀고 예물을 하사하였다. 2월 6일 그들은 북경을 떠나 귀국하였다. 24일 요동의 거류하 기슭에 이르렀을 때 그들은 『사고전서』를 운반하는 선박을 만났다. 사신 일행은 "심양에서 떠난 『사고전서』를 운반하는 일행이 이미 거류하에 도착하였습니다. 그런데 흘러내린 얼음 조각이 나루를 꽉 메워 배를 운행할 수 없었으므로 얼음을 깨고 길을 텄습니다. 이 때문에 신들이 3일 동안 체류하면서 『사고전서』를 다 건넌 다음에 비로소 거류하를 건넜습니다. 대체로 『사고전서』는 지난해 봄에 비로소 완성되었는데, 한 질이 3만 6천 권이고 총목(總目)이 2백 권이나 된다고 하였습니다."[8]라고 보고했다. 기효남은 바로 『사고전서』의 찬수 총책임자의 한 사람이고 나아가 『사고전서총목』의 가장 주요한 찬수관이다. 이와 같은 예상치 못한 '해후'에는 아마 이후 그들의 교류에 대한 복선이 깔려 있는 것 같다.

건륭 59년(1794) 홍양호는 동지겸사은정사가 되었고 이의필(李義弼)이 부사, 심흥영(沈興永)이 서장관이 되었다. 건륭제를 접견하지 못했기 때문에 특별한 일은 발생하지 않았고 따라서 『정조실록』에는 그들의 보고가 기재되지 않았다. 출행 시기는 1차 사행과 비슷했고 이동 경로 역시 거의 별 차이가 없었다. 『정조실록』에는 다만 사행이 출발하기 이전에 정조를 접견한 내용만 기재되어 있다. 조선 사신은 중국 서적을 즐겨 구매하곤 하였는데 그 중 패관소품(稗官小品)이 많았다. 정조는 이를 좋지 않다고 여겨 사신들에게 "우리나라는 문헌의 나라인데 서책을 어찌 금할 수 있겠는가. 그러나 근래에 갖고 나오는 책들은 바로 패관류의 소품들이다. 요즘 사람들이

8_『正祖實錄』 卷十五, 正祖七年三月乙卯, p. 359.

소품에 빠져 좋아하여 이러한 것들을 사오니 어찌 엄히 금하지 않을 수 있겠는가. 비록 성인의 경서와 현인의 전으로 이미 나온 것들로도 외우고 읽기에 충분하다. 이번의 사행에서는 경서를 비롯하여 책을 절대 사가지고 오지 못하게 하라."[9]라고 하여 그들에게 경서를 제외한 나머지 서적들을 구매하지 말 것을 당부했다.

당시 기효남은 예부 상서로 자주 조선 사신단을 관리하는 임무를 담당하였다. 이러한 내용은 『조선왕조실록』에서 여러 차례 언급된다. 정조 17년(1793) 2월 을유일, 조선의 동지 정사 박종악(朴宗嶽)과 부사 서용보(徐龍輔)가 북경에서 보고하길 "신들 일행이 지난해 12월 22일에 북경에 도착하였습니다. 23일에 예부의 통지 안에 … 이어 서화문으로 나와 신들로 하여금 [황제의 행차를] 공경히 맞이하도록 하였습니다. 그래서 24일 오경에 신들이 서화문 밖에서 행차를 기다리고 있으니, 예부 상서인 상청(常靑)과 기윤, 시랑인 철보(鐵保, 1752~1824)가 함께 와서 반열을 주관하였습니다."[10] 이듬해 2월 경진일, 동지 정사 황인점(黃仁點), 부사 이재학(李在學)이 치계하길 "13일, 곡식을 비는 제사가 끝난 뒤에 황제는 원명원으로 거동하였고, 신들은 예부가 알려준 대로 당일 꼭두새벽에 삼좌문(三座門)의 반열 자리에 나아갔는데 예부 상서 기윤(記均[紀昀])이 반열을 통솔하였습니다."[11]라고 하였다.

기효남은 예부 상서였지만 전혀 거만하지 않아 조선 사신 일행에게 매우 좋은 인상을 주었다. 예를 들어 유득공은 "기윤은 상서로 이름이 해내

9_『正祖實錄』卷四十一, 正祖十八年十月癸未, p. 516.
10_『正祖實錄』卷三十七, 正祖十七年二月乙酉, p. 377.
11_『正祖實錄』卷三十九, 正祖十八年二月庚辰, p. 450.

(海內)에서 매우 무게가 있어 세상에서는 기효남 대종백(大宗伯)이라고 부른다. 예부는 주로 동객(東客)의 문서 교환하는 일을 주관하는데, 만약 번역이 잘 안 되면 정보를 얻기 위해 직접 찾아가서 청하는 일을 결코 낭비라고 생각하지 않으며 호방하게 아무 일도 아니라고 여긴다."[12]라고 하였다. 유득공이 보기에 기효남은 매우 호방하면서도 생각이 깊은 사람이었다. 홍양호의 사행단이 북경에 도착한 후에 기효남은 자연스럽게 그들을 만날 기회가 몇 차례 있었다. 비록 당시의 상황을 기술한 직접적인 사료는 없지만 그들이 주고받은 서신 등의 자료에서 처음 만났을 때의 광경을 언급한 부분이 얼마간 존재한다.

홍양호는 귀국하는 길에서 『기기상서서(寄紀尙書書)』라는 시를 지어 그들이 처음 만났을 때 상황을 묘사하였다. 시의 내용은 다음과 같다. "붉은 뜰에서 옥을 잡고 새해를 생각하네. 왕이 문우를 모으나 가장자리 말석이네. 북두의 빛이 동해 바깥까지 비추니, 춘풍의 기운이 오문(午門) 앞까지 이르렀네. 한 마디의 무게가 천금과 같으나, 편지지가 날아 만 리까지 전하네. 마음으로 서로 비추는 곳을 알고픈데, 둥그런 밝은 달 빈 하늘에 걸렸네."[13] 그 말미에는 작은 글자로 해석이 덧붙여져 있는데 그 내용은 다음과 같다. "오문(午門)에서 상(賞)을 수령할 때에 공이 종백으로 반상(頒賞)

12_(朝鮮)柳得恭, "叔父幾何先生墓誌銘", 「泠齋集」 卷六, 『影印標點韓國文集叢刊』 第260冊 (서울: 민족문화추진회, 1999) p. 108.

13_"彤庭執玉憶新年, 王會同文厠末筵. 北斗光瞻東海外, 春風氣接午門前. 片言遽荷千金重, 尺素遙飛萬里傳. 欲識精神相照處, 一輪明月半空懸." (朝鮮)洪良浩, "燕雲續稿·與紀尙書書", 『耳溪洪良浩全書』 卷八, p. 165. 이 시 역시 『影印標點韓國文集叢刊』의 『耳溪集』에 수록되어 있는 것이지만 "小序"가 없고 뒤에 있는 작은 글자로 된 설명도 없다. 비록 卷八에 있기는 하지만 시집의 명칭은 『閒居集』이다.

하였는데, 덕용을 우러러 쳐다만 보고 한 마디 말도 하지 못하다가 물러나 드문드문 생각났기에 함련(頷聯)에서 말하였다."[14] 이것은 바로 그들이 처음 만났을 때의 상황으로, 이를 통해 보면 새해에 예부 상서 기효남이 조선 사신에게 반상을 하였다. 처음 만났을 때 그들은 아무런 말도 나누지 않았고 홍양호는 이에 대해 "드문드문(耿耿)"이라고 표현하여 매우 깊은 후회를 나타냈다. 기효남도 홍양호에게 보낸 편지에서 처음 만났을 때의 인상을 표현하였다. "동쪽의 보배를 들어와 바친 것으로 인해 용휘(容輝)를 접하였으니, 도기(道氣)가 매우 순수하고, 우뚝 솟아 마치 깊은 숲 외로운 학과 같으며, 풍채가 출중한 것에 놀랐다."[15]라고 한 데서 알 수 있듯, 처음 만났을 때는 예절에 구속되어 서로 눈인사를 한 것에 불과하였다. 그러나 양측이 모두 마음속으로 경모하는 마음을 품고 있었고 이와 같이 말 없는 경모의 감정에서 두 사람의 개인적 교류가 시작되었다.

『태사씨자서(太史氏自序)』 중에는 첫 번째 대면에 대한 홍양호의 더욱 상세한 묘사가 담겨 있는데 세부적인 내용에는 다소 차이가 있다.

> 지난 번 처음 연경에 갔을 때 한림 수찬 대구형이 이름을 듣고 시필을 보자고 했다. 이에 기행시 2편을 써서 보여 주었다. 대구형이 크게 칭송하면서 "시는 청주노건(淸遒老健)하고 붓은 이북해와 매우 닮았다" 하고, 고시장편(古詩長篇)을 주었다. 이에 문방구를 선물했다. 그러나 이번 행차에 대구형은 때마침 학정(學政)으로 외지에 나갔으므로 중국에 아는 사람이 없게 되었다. 오문에서 상(賞)을 수

14_"午門頒賞, 時公以宗伯來頒, 仰瞻德容, 未交一語, 退猶耿耿, 故頷聯云." 洪良浩, "燕雲續稿·與紀尙書書", 『耳溪洪良浩全書』 卷八, p. 165.

15_"因東琛入獻, 得接容輝, 見道氣深醇, 峙立爻閭, 如霜林獨鶴, 已驚爲丰采迥殊." 洪良浩, "與紀尙書書·附答書", 『耳溪洪良浩全書』 卷十六, p. 330.

령할 때에 예부 상서 기윤이 반상하기 위해 왔는데, 서로의 거리가 조금 멀어 서로 대화하지는 못하고 이따금 눈을 마주치곤 했다. 물러 나온 뒤에 역관을 보내 정성을 표하고 "오래 전부터 고명을 듣던 차에, 어깨를 마주하고도 그 기회를 잃고 말았으니, 명수(命數)가 그런 것인가 봅니다. 듣자니 영랑(令郎) 학사가 따라왔다던데 함께 보고 싶습니다"라 했다. 이에 자식인 낙준(樂俊)[羲俊]을 그 댁에 보냈다. 기[효남]공이 중문 밖까지 나와 맞이하여 윗자리에 앉히고는, "일찍부터 존대인의 성명을 사모해 왔는데 이제 멀리서 바라만 보고 함께 이야기를 나누지 못했으니 한스럽습니다"라 하였다. 이어 시문을 보기를 청하기에 숙고(宿稿) 두 권을 주었다. 그러자 기공이 크게 상찬하고 각각 시와 문의 서(序)를 지어 문인 장시(蔣詩)로 하여금 쓰도록 하여 보내 주었다. 글은 이고(李翺), 유태간(劉蛻間)에 비견되고, 미산부자(眉山父子)를 넘나드니, 송, 명의 문인이 미칠 수 있는 바가 아니다. 시는 오로지 성당(盛唐)만을 배웠고, 향산풍운(香山風韻)을 더하였으니, 오늘날 이 같은 기상을 볼 것이라 생각지 못하였다. 또 긴 편지를 보내어 더불어 친교할 것을 청했다. 가히 해내지음(海內知音)이라 이를 만하다. 돌아올 때에 선덕어연(宣德禦硯) 1부를 주었다. 이것은 아마도 명 이후 민간에 떠돌아다니던 물건일 것이다. 양호가 장전(長箋)을 써서 사례했다. 이후에는 절사가 행차할 때마다 번번이 편지와 문방기품(文房奇品)을 보냈는데, 모두 동방에서는 보지 못하던 것들이었다. 그 가운데 한위두(漢威鬥)는 바로 서경의 옛 제도이니, 집안에 전할 만한 보물이었다. 그러나 궁벽한 나라에서 보답할 만한 물건이 없어 문방 제품마다 각각 명찬(銘贊)을 지어 보답했다. 기[효남]공에게는 문장의 성대한 명성이 있는데, 예부에서 10여 년 일하였고, 사림들이 표준으로 삼았다. 홍양호와는 동년생이다.[16]

16_"曩時初入燕京, 翰林修撰戴衢亨聞名, 求見詩筆, 乃書示紀行詩二篇. 衢亨大加推詡曰, "詩則淸遒老健, 筆則大類李北海." 贈以古詩長篇, 乃以文房爲贄. 是行衢亨適以學政出外, 中朝無知面者. 及領賞於午門, 禮部尙書紀匀(昀)頒賞來, 相去稍遠, 無以交話, 以時注目. 退出, 遣象胥致款曰, "久仰高名, 交臂而失之, 殆有數焉. 聞令郎學士隨來, 求與相見. 遣樂浚造門,

이 서문에는 그들의 최초 교류에 대해 매우 상세한 내용이 담겨 있다. 다만 그 내용에서 기효남이 매우 적극적으로 그들의 교류를 원했고, 서리를 파견하여 말을 전해 홍양호의 아들을 보고자 하였고, 또 홍양호의 시문을 요청하였다. 이와 같은 세부적인 내용은 기효남과 관련된 기록에서 증명할 만한 내용을 찾기 힘들며 몇 가지 의문을 남긴다.

첫째, 기효남이 이왕 홍양호를 만나고자 하여 상서를 보내 홍양호에게 그 아들을 만나고자 하는 뜻을 전하였는데 왜 직접 홍양호를 만나고자 하지 않았던 것일까? 이는 이치에 맞지 않는다. 둘째, 그 아들에게 말하길 홍양호와 만날 수 없는 것에 대해 "만나서 이야기해야 했는데, 아쉽다", 때문에 "시문을 구해 보고 싶다"라고 하는 등 문장 전체에서 마치 기효남이 홍양호를 지극히 존경하여 그와 대화를 나누고 교류하기를 매우 원했던 것처럼 묘사되고 있다. 이는 앞서 언급했던 홍양호의 시와, 뒤에서 다루어질 그의 편지 내용과 모순되는 부분이 있다. 그가 기효남에게 보냈던 편지를 보면 이와는 다른 장면이 펼쳐진다.

사실 그 편지에서 나타난 것에 따르면, 아직 교류를 못한 것에 대해 깊은 유감을 표시했던 것은 기효남이 아니라 오히려 홍양호 본인이었다. 그 아들을 보내 기효남을 방문하게 한 것은 기효남의 요청에 의한 것이 아니

紀公步出中門而迎之, 延置上座曰, "夙慕尊大人盛名, 今也望見而不得接語, 可恨." 因求見詩文, 以宿稿二弓贈之, 紀公大賞之, 各著詩文序, 使其門人蔣詩書而遺之. 文則比之李翺, 劉蛻間, 出入于眉山父子, 非宋, 明文人所及. 詩則全學盛唐, 而參以香山風韻, 不料今世, 乃見如此氣格, 又以長書, 請與定交, 可謂海內知音也. 歸時, 贐以宣德禦硯一部, 蓋明訖後流落民間者也. 良浩作長箋以謝之. 是後節使之行, 輒有書, 贈以文房奇品, 皆東方所未見者也. 其中漢威鬥, 乃是西京舊制, 可作傳家之寶. 顧僻遠之邦, 無物可償, 文房諸品, 各成銘贊以報之. 紀公有文章盛名, 掌禮部十餘年, 士林以爲標準, 與良浩同年生也." 洪良浩, "太史氏自序", 『耳溪集』 卷十八, p. 325.

며, 홍양호가 주동적으로 아들에게 시문을 가지고 기효남의 집을 방문하도록 한 것이다. 홍양호는 서신에서 자신이 왜 아들을 파견하여 기효남을 방문하게 했는지와 그 일의 경과를 상세하게 기록하였다. 그의 진술은 다음과 같다. "홍양호는 동해 구석의 사람입니다. 눈으로는 아직 큰 땅의 산하의 성대함과 중화문물의 훌륭함을 보지 못하고 다만 옛 사람의 찌꺼기만을 가지고 지었기 때문에 종이가 욕되게 묵을 움직이다가 우두커니 늙어 백수가 되었습니다. 가만히 한둘의 논술이 있었는데, 스스로 아쉬운 듯 여겼습니다. 매번 큰 나라에서 질정하려 했으나 다만 아직 기회가 없었습니다. 지금 다행히 사명을 받들고 상국에 이르러 여인(輿人)의 외움을 곁에서 듣게 되었습니다. 오직 각하께서 방례(邦禮)와 사맹(詞盟)을 담당하시니, 무릇 천하의 학인과 사대부들이 모두 표준으로 우러릅니다. 소자(蘇子)가 크게 보게 된 것이 여기에 있었습니다. 그러나 공사가 아니기에 감하 사적으로 뵐 수 없었습니다. 마침 맏아들이 따라온 것을 통해 주변에서 문명(聞名)을 들었기에 대군자께서 누추하게 여기지 않으실 거라 여기고 무릅썼는데, 문병(門屛)에 나아가 빈객의 예로 접대해 주시고, 앉으라 하고 안색을 바꾸셨고, 마침내 글로써 가르침을 청하였습니다."[17]

원래 홍양호는 문장으로 교분을 맺고 싶어 자신의 시문을 기효남에게 보내어 평가를 받고자 하였다. 조선의 대제학으로서 조선 국내에서는 찾아

17_"良浩, 東海鄙人也. 目未見大地山河之壯, 中華文物之懿, 徒將古人糟粕, 鑽故紙尋行墨, 居然老白首矣. 竊有一二論述, 自視猶複欿然. 每欲一質於大方之家, 而顧未有階. 今幸奉使命詣上國, 側聽於輿人之誦. 惟閣下掌邦禮屍詞盟, 凡天下之學士大夫, 皆仰之以標準. 蘇子由之大觀, 於是焉在. 而非有公事, 不敢私謁. 適因家督隨來, 夤緣聞名於左右, 乃蒙大君子不鄙夷之, 許以進身於門屛, 接以賓客之禮, 賜之坐而假以顏色, 遂得以文字請教." 洪良浩, "與紀尙書書", 『耳溪洪良浩全書』 卷十六, p. 330.

볼 수 없는 적합한 인물을 골라 평가를 받고자 한 것이다. 건륭 42년(1777), 유금(柳琴)이 조선의 "사가시집(四家詩集)", 즉 『한객건연집(韓客巾衍集)』을 가지고 와서 청나라 사람인 이조원(李調元, 1734~1803)과 반정균(潘庭筠, 1742~ ?)에게 평가를 받은 이래 조선의 문인이 자신의 시문을 청나라 문인에게 보내어 평가를 받는 것은 거의 시대의 풍조가 되어 있었다.[18] 그러나 홍양호와 기효남은 이전에 전혀 접촉이 없었고 마땅한 명분도 없었기 때문에 "공무가 없으면 감히 사사롭게 만날 수 없다"라고 하였는데, 공교롭게도 이번 사행에 아들을 데려왔기 때문에 아들에게 기윤의 집을 방문하게 하였고, 그의 열렬한 환영을 받았으며, 이를 "빈객의 예로 맞이하여 자리를 권함에 매우 호의적으로 말하였다"라고 표현하였다. 홍양호는 매우 감동하였고 이리하여 시문집을 기윤에게 보내게 된 것이고 이를 기점으로 정식으로 그들 사이에 교류가 시작되었다. 따라서 기윤과 홍양호의 교류에서는 홍양호가 주동적인 입장을 취하였던 것이다.[19]

조선 사신단의 정사이자 조선의 대제학으로서 함부로 나설 수는 없었고, 아들은 단순한 수행원일 뿐 조선 사신단의 정식 구성원이 아니었기 때문에 이러한 탐색의 성격이 짙은 방문을 맡은 것이다. 실제로 이는 당시의 특징 중 하나를 잘 보여 주고 있다. 조선 사람과 청나라 사람의 교류는 왕

18_"淸乾嘉時期中朝士人之學術交誼: 以朝鮮'韓客巾衍集'之西傳淸朝及其關涉之士人交往爲中心", 『中國文化硏究所學報』(香港中文大學中國文化硏究所, 2007年 11月 第47期), pp. 191-216.

19_牛林傑, 李學堂, "17~18世紀中韓文人之間的跨文化交流與文化誤讀"(『韓國硏究論叢』 第15輯, 2007)은 다음과 같이 말한다. "청조 제일의 학자로서 紀昀이 매우 주동적으로 洪良浩와의 개인적인 교류를 요청한 것에서 그가 조선 문학계를 대표하는 거두인 洪良浩를 매우 중요시하였음을 알 수 있다. 洪良浩 역시 이에 대해 영광으로 생각하며 紀昀을 '海內知己'로 여겼다."(p. 340)

왕 이처럼 수행원이나 혹은 사신의 자제들에서 시작되었고, 이들은 존주사상의 영향으로 인해 생긴 청나라 사람과 교류하면 안 된다는 금기를 깨뜨리는 역할을 담당했다. 홍대용(1731~1783)도 이와 같았고 박제가, 박지원(1737~1805) 등도 마찬가지이다. 그들은 공식적으로 아무런 직위를 가지고 있지 않았기 때문에 제약이 적었고, 따라서 자유로운 출입이 가능했고 북경 성내를 자유롭게 활보할 수 있었다. 이러한 국면이 시작된 이후 조선의 양반 사대부들은 그 뒤를 따라 청조의 학인들과 교류를 하였는데, 홍양호는 바로 그러한 조선 양반의 대표적인 사례라 할 수 있다.

홍양호는 단지 기효남이 그의 시문집에 평가를 해주기를 바랐을 뿐이지만 기효남은 이를 다 읽은 후 그의 시와 문집에 따로 서문을 지어 그 시문을 극도로 칭찬했다. "시집서(詩集序)"의 내용은 다음과 같다.

> 건륭 갑인(1794년) 겨울, 판중추부사 홍양호[자는 한사(漢師)]가 사절로 수도에 왔다. 생김새가 심중하여 군자임을 알았다. 이윽고 그 선조가 임인(1782년)에 봉사(奉使)로 와 덕정보상서(德定圃尙書)[保], 박절재세마(博晰齋洗馬)[明], 대련사수찬(戴蓮士修撰)[衢亨] 등과 서로 시를 지었던 것을 알았다. 그와 이야기할 적에 성음이 가로막아 마치 정초(鄭樵)가 말하는 듯하였다. 그 시를 찾아 『이계집』을 가지고 와 나에게 서문을 지어 줄 것을 요청하였다. 근체시로는 중당(中唐)의 『유향(遺響)』이 있고, 오언(五言)은 말하면 뛰어나 다른 사람들보다 빼어나니, 마대(馬戴)나 유장경(劉長卿) 사이에 위치하고, 칠언(七言)은 맑고 높은 절개가 미묘하고 진실되니, 강동의 정묘이집(丁卯二集)과 또한 서로 백중세이다. 칠언고체는 종횡하는 것이 동파와 비슷하나 읽기가 쉬워 권계(勸戒)로 삼기에 충분하다. 또한 그 많아 백부(白傅) 같으니, 대저 화평온화하여 재주 있는 사람의 연미(姸媚)한 태도가 없다. 또한 민생과 국계(國計)는 생각하고 생각하여 잊지 않으니 또한 명사의 허망하게 풍류만 부리는 분위기가 없다. 그의 『이계문집』을 보면 사람과

시를 논한 몇 편이 있는데, 종종 근본을 통견하여 유별(流別)을 깊이 구했으니, 온양심후(醞釀深厚)하고 파채자류(葩采自流)하다 … 조선이 수도와 매우 가까워 속국이 된 것이 매우 빨라 공물을 바치는 것이 가장 정성스럽고 은택을 입었고, 후하게 교화됨이 또한 가장 오래되었고, 성조(聖朝)의 온 천하가 한집으로 이미 한 집안으로 여긴다. 공사(貢使)의 문장은 또한 고작(古作)에 뜻을 둔 것이 마치 지역을 구분하여 불도(不道)한 것에 두는 듯하나 이는 소견과 문호 등이니, 어찌 왕도의 탕탕의 무편무당(無偏無黨)의 뜻이 아니겠는가. 인하여 몇 줄을 적어 편지 첫머리에 두어 사방 바깥에 시를 아는 자들로 하여금 뜻을 발하고, 예의에 그치게 하였으니, 이 마음과 이 이치는 존재하는 것이 모두 같아 소리나 문자가 다르다고 해서 막히는 것이 아니다. 함께 서로 전하고 익힘이 조선의 아유(雅儒)와 같다면, 문덕의 펼침이 더욱 넓어지고 더욱 심원해질 것이다.[20]

먼저 그 연원을 논하고 시풍을 논하였는데 오언시는 당대 시인인 마대(馬戴, 799~869)와 유장경(劉長卿, 대략 726~786)의 사이에 위치시켰고 칠언

20_"乾隆甲寅(1794)冬, 判中樞府事洪君漢師, 以職貢來京師. 器宇深重, 知爲君子. 既而知其先以壬寅(1782)奉使, 與德定圃尙書(保), 博晰齋洗馬(明), 戴蓮士修撰(衢亨), 遞相唱和. 與之語, 聲音障礙, 如鄭樵之所云. 索其詩, 因出所著『耳溪集』, 求餘爲序. 近體有中唐遺響, 五言吐詞天拔, 秀削絕人, 可位置馬戴, 劉長卿間; 七言亮節微情, 與江東丁卯二集, 亦相伯仲. 七言古體, 縱橫似東坡, 而平易近人, 足資勸戒. 又多如白傅, 大抵和平溫厚, 無才人妍媚之態. 又民生國計, 念念不忘, 亦無名士放誕風流之氣. 觀其『耳溪文集』, 中有與人論詩數篇, 往往能洞見根柢, 深究流別, 宜其醞釀深厚, 葩采自流…朝鮮距京畿最近, 內屬最早, 奉職貢最虔, 沐浴醲化亦最久, 聖朝六合一家, 已視猶闔閾. 貢使文章, 又有志于古作者, 如區分畛域, 置之不道, 是所見與門戶等, 豈王道蕩蕩無偏無黨之意哉! 因爲書數行, 弁于簡首, 俾四瀛以外, 知詩也者, 發乎情, 止乎禮義, 此心此理, 含識皆同, 非聲音文字之殊所能障礙, 共相傳習, 一如朝鮮之儒雅, 文德之敷, 其益恢益遠矣乎." 洪良浩, 『耳溪洪良浩全書』之"詩集序", pp. 1-2. 『影印標點韓國文集叢刊』에 있는『耳溪集』 卷首 역시 紀曉嵐이 쓴 서문이다. 여기에서 알 수 있듯이 洪良浩는 紀曉嵐이 써준 서문을 매우 중요하게 생각하였고 그의 전집을 간행할 때는 모두 紀曉嵐의 서문을 사용하였다.

고체시는 소동파(蘇東坡, 1037~1101)에 비견하였는데 이들은 모두 연원이 있는 인물들로 그 문학적 위치가 지극히 높았다. 마지막에는 "육합일가(六合一家)"라는 표현으로 조선과 청의 관계가 밀접함을 언급하며, 홍양호의 시문의 길이 더욱 밝게 빛나기를 바라며 그에게 매우 큰 기대를 하고 있다. "문집서(文集序)"의 내용은 다음과 같다.

> 내가 이미 조선의 홍양호의 시집에 서문을 쓰고 그의 문집을 얻었다. 읽어 보니, 거짓으로 진한(秦漢)을 베낀 것이 아니라 가륭(嘉隆)의 칠자(七子)가 쓴 것과 같으며, 또한 팔가(八家)를 베낀 것이 아니라 녹문[鹿門(茅坤), 1512~1601 명대의 산문가]의 말파(末派)이다. 모난 것과 둥근 것이 절로 나아가니, 뜻 가는 대로였다. 위로는 원결(元結), 손초(孫樵), 유태(劉蛻)도 넘어서며, 그 청변(淸辯)은 넓어 미산부자(眉山父子)에 넘나드니, 한 두 소품은 또한 공안(公安), 경능(竟陵) 등의 과구(窠臼)를 넘어서고, 기구하고 준수하며 별조(別調)로 홀로 타니 그 마음은 물이 땅에 쏟아져 종횡으로 만연한 듯하며, 그 기개는 구름이 산을 넘어 마음대로 지나치는 듯하다. 모두 끊임없이 유창하여 애당초 정해진 것이 없고 뜻이 다하고 말이 그쳐 문장이 법을 이루었으니, 아마도 천기(天機)가 이른 것일 것이다! 그러나 마음대로 하여 불순하여 급하고 제멋대로인 것은 아니다. 대저 말을 잘 모는 자는 재갈과 굴레를 쥐고 있으면 언덕을 넘고 시내를 건너도 넘어지지 않으며, 배를 잘 조정하는 자가 나침반과 키를 잃지 않으면 사나운 풍랑에도 배가 깨어짐이 없으며, 군사를 잘 쓰는 자가 상대와 자신의 형세와 군대는 쓰는 법에 대해 중요한 때를 잘 살피지 못함이 없으면 백만의 군대를 제어하는데 어지럽지 않게 될 것이니, 앞서 그 근본을 잘 살폈기 때문이다. 홍양호의 글은 비록 하고자 하는 말을 펼쳤으나 큰 뜻은 도를 밝히는 것을 중심으로 하고 있다. 그가 도를 말하는 것은 소실(鮮實)을 유담하여 선천무극에서 찾지 않으며, 해괴한 풍속을 창론하여 은벽한 것을 찾고 괴상한 일을 행하는 데에서 구하지 않고 오직 '육경'에서 근본을 찾는다. 경(經)은 항상적인 것으로 만세토록 변하지 않는 항상적인 도이다. 도는 이치이니 일을 제

> 재하는 것이다. 이치가 밝아지면 천하의 시비가 뒤섞이지 않는다. 백번을 나아가고 물러남에도 규칙이 있으며 천변만화에도 핵심을 떠나지 않는 것으로써 세상일에 응하면 모두 이치에 맞게 되고, 말한다면 마음에 분명해진 것이 자연히 입에도 분명해져 향하는 곳마다 뜻대로 되지 않음이 없을 것이다. 그렇다면, 홍양호의 글은 더욱 시보다 뛰어나지 않겠는가. 홍양호의 시는 또한 문장에 근본한 것인가? 두보가 말하기를 '문장은 천고의 일이니, 가슴만이 득실을 알고 있다'고 하였으니, 홍양호가 이것을 본다면 또한 서로 마주하고 웃지 않겠는가.[21]

문집에 대한 평가는 시에 대한 평가를 능가한다. 위로는 당대의 원결(元結, 719~772), 손초, 유태 등과 중간에서는 송대 미산(眉山)의 소순(蘇洵, 1009~1066), 소식(蘇軾, 1037~1101), 소철(蘇轍, 1039~1112) 삼부자와 아래로는 명대 공안파(公安派)의 삼원(三袁)과 경릉파(竟陵派)의 종성(鐘惺, 1574~1624)·담원춘(譚元春, 1586~1637) 등의 문학가와 비교하여 그의 문학적 경지가 거의 가장 높은 수준이라고 하였으니, 평가가 높지 않다고 할 수 없다. 당시 그들은 일면식이 있었을 뿐으로 서로 이야기도 나누어 보지 않았는데

21_"余既爲朝鮮洪君序詩集, 複得其文集. 讀之, 不以贗古摹秦漢, 如嘉隆七子所爲; 亦不以機調摹八家, 如鹿門之末派. 方圓自造, 惟意所如. 其寄託恢奇, 上薄元結, 孫樵, 劉蛻; 其淸辯滔滔, 出入于眉山父子; 即一二小品, 亦擺落公安, 竟陵之窠臼, 嶔崎磊落, 別調獨彈. 其心思, 如水瀉地, 縱橫曼衍; 其氣機, 如雲出峀, 宕漾自如. 皆洋洋灑灑, 初無定範, 意盡言止, 而文成法立焉. 其諸天機之所到乎, 然非縱心一往, 不醇而遽肆者也. 夫善禦馬者, 銜勒在握, 則注坡驀澗而不蹶; 善操舟者, 針舵不失, 則沖風破浪而無損; 善用兵者, 客主之形, 奇正之用, 罔不先機坐照則節制, 百萬之師而不亂, 先操其本故也. 洪君之文, 雖暢所欲言, 而大旨則主於明道. 其言道也, 不游談鮮實, 索之於先天無極; 不創論駭俗, 求之于索隱行怪, 而惟探本於六經. 蓋經者, 常也, 萬世不易之常道也. 道者, 理也, 事之制也. 理明則天下之是非不淆. 百爲之進退有率, 千變萬化不離其宗. 以應世則操縱鹹宜, 以立言則了了於心者, 自了了於口, 投之所向, 無不如志. 然則洪君之文, 其又勝於詩矣乎? 洪君之詩, 其亦根柢于文矣乎? 杜陵有言: 文章千古事, 得失寸心知, 洪君見此, 其亦相視而笑否耶?" 洪良浩: 『耳溪洪良浩全書』之"文集序", p. 2.

기효남은 홍양호의 시문집을 읽은 후에 의외로 찬미의 말을 아끼지 않고 이와 같이 높은 평가를 하였다.

홍양호는 매우 깊이 감동하여 이 두 편의 서문을 받은 후 바로 기효남에게 편지를 썼다. 편지에서 그는 "문사를 읽고서 그 부류를 비길만한 것에 대해서는 매우 실정을 뛰어 넘어 성연히 부끄러워하며, 두려운 듯 편치 않음을 깨닫지 못하였습니다. 그러나 말을 미루어 입론한 것을 살펴보니, 핵심이 정밀하니, 작자의 정신이 모이는 곳과 공력이 이른 곳을 알아차렸습니다. 거짓으로 빌려 위로하고 도와주는 자가 아니었습니다. 각하의 위대한 안목과 큰 저울로 살펴보면 일찍이 만물이 움직여 미와 추가 가려지지 않거나 큰 것과 작은 것이 차이가 없게 되지 않을 것입니다. 이에 황홀이 깨달음이 있어 기쁘게 자신하게 되었습니다"[22]라고 말하여 기효남의 평가에 깊이 탄복하여 "지은이의 정신이 모이는 바, 공력이 도달하는 바를 완전히 꿰뚫고 있다"라고 말하며 매우 감동했다. 그들 두 사람은 딱 한 번 만나보았을 뿐 말 한 마디 나누지 못했지만 기효남이 홍양호의 시문집을 읽고 매우 정확한 평가를 내린 것만으로 홍양호는 바로 그를 자신의 지기로 보았다.

몇 년 후, 서형수(徐瀅修)는 기효남을 직접 만나 홍양호의 시문이 청대의 누구와 비견할 만한 지 물어보았다. 기효남이 대답하길 "이계의 시문은 독자적으로 별로 문호에 기대지 않았기에 아름답습니다. 그 문장은 중국에서는 위숙자의 아류일 것이고, 시는 중국에서는 시우산과 사초백과 백중이

22_"展讀文辭, 所以獎許倫擬者, 極其過情, 不覺騂然而媿, 怵然而不寧也. 然竊觀遣辭立論, 明核精到, 覷破作者精神所注, 功力所到, 有非假借慰藉之爲者. 有以見閣下大眼目大權錘, 未嘗爲物低仰, 而妍媸莫逃, 巨纖靡差. 於是乎怳然有覺, 怡然自信也." 洪良浩, "與紀尙書勻(昀)書", 『耳溪洪良浩全書』 卷十六, p. 329.

될 것입니다"[23]라 하였다. 위숙자(魏叔子)란, 즉 위희(魏禧, 1624~1681)로 명말 청초의 유명한 산문가인 그는 후조종(侯朝宗, 1618~1654), 왕완(汪琬, 1624~1691)과 함께 "청초 산문 삼대가(淸初散文三大家)"로 불렸다. 시우산(施愚山)이란 시윤장(施閏章, 1619~1683)으로 청초의 저명한 시인인 그는 송완(宋琬)과 명성을 나란히 하며 "남시북송(南施北宋)"으로 불리었다. 사초백(查初白)이란 사신행(查愼行, 1650~1727)으로 청대의 저명한 시인이다. 홍양호의 문장에 대한 평가는 옛 사람이든 당금의 인물이든 모두 최고 수준의 인물들과 비교하고 있으며, 이들은 모두 당시 중국 문학에 높은 위치를 차지하고 있는 대표적인 인물들이란 것에서 알 수 있듯이 그 평가는 더 이상 높아질 수 없는 최고의 것이었다. 이와 같은 평가가 또한 예의상 한 것이 아니라 진심어린 말이었기에 홍양호를 상당히 감동시켰다.

건륭 31년(1765), 홍대용은 북경에서 우연히 엄성(嚴誠, 1732~1767) 등 3명을 만났고, 그들은 한 달간 "칠일아회(七日雅會)"를 가졌다. 이는 그들이 주고받은 7번의 필담을 의미하는 것으로 매번 거의 하루 종일 진행되었고 결국 그들 사이에는 매우 두터운 우정이 생겼다.[24] 그러나 기효남과 홍양호는 거의 대화를 나눈 바 없이 단지 시문을 보고 이후에 서신을 왕래함으로써 교분을 시작했고, "평생의 교분을 오로지 편지에 의존"[25]함으로써 청대

23_"耳溪詩文, 獨來獨往, 不甚依門傍戶, 所以爲佳. 其文在中國則魏叔子之流亞, 詩在中國則施愚山, 查初白之伯仲也." (朝鮮)徐瀅修, "紀曉嵐傳", 「明皋全集」 卷十四, 『影印標點韓國文集叢刊』 第261冊(서울: 민족문화추진위원회, 1999), p. 300.

24_孫衛國, "朝鮮燕行士人與淸朝儒生: 以洪大容與嚴誠, 潘庭筠, 陸飛交往爲中心", 楊龍主 編 『東北亞社會經濟文化與區域合作』(天津: 南開大學出版社, 2006), pp. 351-371.

25_洪大容, "與筱飮書", 『湛軒書』 外集卷一, 『影印標點韓國文集叢刊』 第248冊(서울: 민족문화추진위원회, 2000), p. 108.

중국과 조선의 학인 교류에 또 하나의 전범이 되었다. 지금으로서는 아직 그들이 이후에 만났는지를 설명할 수 있는 자료가 발견되지 않았지만 추측컨대 홍양호가 귀국하기 전에 분명히 만났을 것 같다. 그들은 우리에게 많은 수의 편지를 남겨 주었고, 이 편지는 그들이 생각한 바를 그대로 기록하고 있으므로 우리는 이 편지의 내용을 자세히 고증함으로써 그들 간의 우정과 돈독한 정을 복원해 낼 수 있다.

2. 서신의 왕래와 학술적 토론

홍양호가 북경에 체류하는 동안 기효남에게 편지를 한 통 썼고 기효남은 여기에 답신을 하였는데 이것이 그들이 주고받은 첫 번째 편지이다. 조선에 돌아온 후 홍양호는 또 다시 여러 통의 편지를 보냈는데 그가 보낸 마지막 편지는 신유년(1801)의 것으로 그가 죽기 1년 전에 쓴 것이다. 4년 후 기효남 역시 유명을 달리하였으므로 그들은 자신의 인생 최후 몇 년간 서로 연결되어 있었다고 할 수 있다. 『기효남시문집(紀曉嵐詩文集)』[26]에 그가 홍양호에게 보낸 두 통의 편지가 수록되어 있다. 홍양호의 두 종류의 서로 다른 판본의 전집에는 각각 서로 다른 수의 그가 쓴 편지가 수록되어 있다. 『영인표점한국문집총간(影印標點韓國文集叢刊)』에 있는 『이계집(耳溪集)』에는 그가 기효남에게 쓴 편지 3통과 각 편지에 대한 기효남의 답신이 첨부되어 있다. 한국민족문화사가 영인한 『이계홍양호전서(耳溪洪良浩全書)』

26_『紀曉嵐詩文集』, 紀曉嵐 著, 馬松源 編, 『紀曉嵐全書』(北京: 中國戲劇出版社, 2000).

에는 그가 기효남에게 쓴 편지 7통이 수록되어 있고 역시 그 중 3통에 대한 『부답서(附答書)』, 즉 기효남의 답신이 포함되어 있다.[27] 아래에 제시된 편지들을 기초로 그들의 교류에 대한 상세한 내용과 학술적 문제들을 개략적으로 탐색해 보겠다.

우선, 〈표 7-1〉에서 필자는 그들이 교환한 서신에 대해 개략적으로 설명했는데 그 중 『이계집』은 『영인표점한국문집총간』의 홍양호 전집을 지칭하는 것이고, 『이계전서』는 한국민족문화사가 영인한 『이계홍양호전서』를 지칭하는 것이다. 『기효남시문집』은 마송원(馬松源)이 편한 『기효남전서(紀曉嵐全書)』 중의 『기효남시문집(紀曉嵐詩文集)』을 의미한다.

〈표 7-1〉에서 알 수 있는 사실은 다음과 같다. 첫째, 1795년 그들은 처음 서신의 왕래를 시작했고 1798년에 이르면 거의 매년 서신을 왕래하고 있다. 편지의 수록 상황에서 봤을 때, 『기효남시문집』에는 홍양호에게 온 편지가 한 통도 없고 자신이 쓴 편지조차도 3통 중 2통만 수록되어 있다. 홍양호의 두 판본의 전집은 모두 기효남의 편지 3통을 모두 수록하고 있다. 『이계집』에 수록되지 않은 나머지 4통의 편지는 모두 기효남의 답신이 없는 것으로 아마도 이것이 수록되지 않은 원인인 것 같다.

둘째, 표의 서신 왕래 상황에서 알 수 있듯이 거의 매번 홍양호가 주도적으로 기효남에게 편지를 썼고 기효남은 답신을 하였다. 만약 답신을 할

27_양자의 서신에 관해서는 黃時鑒, "紀昀與朝鮮學人"(黃時鑒, 『東西交流史論稿』, 上海古籍出版社, 1998)과 黃時鑒, "紀昀與西學: 從一篇佚文談起"(『文史』總第46輯, 1999年第1輯)두 편의 논문에서 모두 논의된 바 있다. 黃時鑒은 『耳溪集』을 논거로 그들 사이에 오간 서신은 총 여덟 통이며 그중 洪氏 다섯 통, 紀氏 세 통이라고 주장했다. 그러나 『耳溪集』은 수록이 완전하지 않은데 한국 민족문화사에서 영인한 『耳溪洪良浩全書』에 수록된 서신은 총 열 통으로 보다 완선하며 洪氏 일곱 통, 紀氏 세 통이다.

표 7-1 | 홍양호(洪良浩)와 기효남(紀曉嵐) 왕래 서신표

서신 명칭	시기	수록처	비고
洪良浩『與紀尚書勻(昀)書』	乙卯(1795)	『耳溪集』 『耳溪全書』	홍양호의 첫 번째 편지. 두 개 판본의 문자에 조금 차이가 있는데, 앞의 것은 산삭된 것이 있고, 시기에 대해 주석을 달지 않았다.
紀曉嵐『再與朝鮮洪耳溪書』	乙卯(1795)	『紀曉嵐詩文集』 『耳溪集』 『耳溪全書』	기효남의 첫 번째 편지. 이 편지의 제목은 적절치 않은데, 응당 편찬자가 마음대로 섞은 것이다. 홍양호의 문집 중에 『附答書』라 실려 있는 것이 앞 편지에 대한 답이다.
洪良浩『與紀尚書書』	乙卯(1795)	『耳溪全書』	홍양호의 두 번째 편지. 귀국하고 오래지 않아 기효남에게 준 것이다. 비록 답을 받진 못했으나 예물을 보냈다.
洪良浩『與紀尚書書』	丙辰(1796)	『耳溪集』 『耳溪全書』	홍양호의 세 번째 편지로 기효남에게서 답장이 있었다.
紀曉嵐『與朝鮮洪耳溪書』	丁巳(1797) 正月廿四日	『紀曉嵐詩文集』 『耳溪集』 『耳溪全書』	기효남의 두 번째 편지. 홍양호의 문집 중에 『附答書』라 실려 있는 것이 앞의 편지에 대한 답이다.
洪良浩『與紀尚書書』	丁巳(1797)	『耳溪集』 『耳溪全書』	홍양호의 네 번째 편지. 『別幅』로 되어 있는 것이 바로 서학(西學)을 물은 것으로 기효남에게서 답서가 있었다.
紀曉嵐致洪良浩函	戊午(1798) 正月廿七日	『耳溪集』 『耳溪全書』	기효남의 세 번째 편지. 홍양호의 文集 중에 『附答書』라 실려 있는 것이 바로 앞의 편지에 대한 답이다. 『紀曉嵐詩文集』에는 실려 있지 않다.
洪良浩『與紀尚書書』	戊午(1798)	『耳溪全書』	홍양호의 다섯 번째 편지. 기효남이 비록 다시 편지하지 않았으나 예물과 시를 보냈다.
洪良浩『與紀尚書書』	戊午(1798)	『耳溪全書』	홍양호의 다섯 번째 편지. 『別紙』에서 기효남이 증정한 한위두(漢威鬥)에 대해 이야기하였다.
洪良浩『與紀尚書書』	辛酉(1801)	『耳溪全書』	홍양호의 일곱 번째 편지로 또한 가장 마지막 편지이기도 하다. 이듬해 정월 정해일(15일)에 홍양호가 졸하였다.

만한 시간이 없으면 조선 사신을 통해 예물을 보내거나 혹은 홍양호에게 시가를 증정하기도 하였다. 이에 홍양호의 세 번째 편지에서 "지난겨울 공행(貢行)에서 편지 한 통을 써 어떻게 지내시는지 여쭈고, 아울러 3편의 시를 바쳤습니다. 대례를 갖춰야 하나 다만 가르침만을 받들었습니다. 그러

나 올 여름 관의 행차에서 가져온 공경히 부쳐 주신 편지를 받고서 회신을 받들고자 하였으나 또 교사(郊祀)의 기일이 급박하고 봄의 관사에 큰 일이 있어 아직까지 답장을 드릴 겨를이 없었습니다. 손수 7율 1편을 써 주셨으니, 글의 뜻이 온후하고 마음이 들어가 있고 음절이 소량(疎亮)한데, 진완(珍翫)을 경독하는 것이 마치 보배로운 구슬을 얻은 듯하였습니다"[28]라고 한데서 알 수 있듯이 그들 사이의 우정은 매우 진실한 것이었다. 2~3년간 편지를 쓰지 않았을 때도 자주 서로 예물을 보냄으로써 서로를 그리워하는 마음을 표현하였다.

셋째, 거의 모든 편지가 서로에 대한 존경과 그리움의 감정으로 가득 차 있으며 따라서 "정(情)"이라는 한 글자로 그들의 서신을 이루는 중심 내용의 하나를 표현할 수 있다.[29] 홍양호가 기효남에게 보낸 첫 번째 편지에는 우선 그들이 교류를 시작하게 된 과정을 서술하는데 그 표현의 곳곳이 기윤에 대한 감격의 마음으로 가득 차 있다. 그 내용 중에 조선 사람의 청나라 사람에 대한 반감과 불만은 조금도 찾아볼 수 없다는 사실은 그들의 관계가 잘 이우러졌음을 설명하고 있다. 건륭 31년(1766), 홍대용이 중국에 온 이래 조선의 학인들은 점차 존주파와 같이 청나라를 원수로 여기고 절대로 양립할 수 없는 것 같은 태도를 버리게 되어[30] 함께 발전해 나갔고, 바

28_"前冬貢行, 修上一書, 仰訊起居, 兼呈三篇詩矣. 會值大禮事繁, 只承領受之教. 而今夏賚諮官之行, 敬付赫蹄, 冀奉回音, 又因郊祀期迫, 春官事巨, 未暇賜答, 而手書七律一篇, 詞旨溫厚, 精神灌注, 音節疎亮, 擎讀珍翫, 如獲拱璧." 洪良浩, "與紀尙書書", 『耳溪洪良浩全書』 卷十六, p. 330.

29_日本京都大學의 夫馬進 교수는 "1765年洪大容的中國京師行與1764年朝鮮通信使"(『復旦學報』 2008年 第4期)에서 18세기 동아시아 "정(情)"의 세계에 대해 심도 있게 분석한 바 있는데 그 주제를 이해하는데 큰 도움이 된다.

30_조선의 尊周思想에 대하여 孫衛國의 『大明旗號與小中華意識: 朝鮮王朝尊周思明問題硏

로 이러한 분위기 속에서 건가학인과 조선 학인의 교류는 점점 빈번해졌다. 홍양호와 기윤의 관계가 바로 하나의 전형적인 사례라고 할 수 있다. 그들은 서로를 매우 높이 치켜세웠으며 어떠한 불화의 요소도 없었다. 이는 건륭 말년에 조선과 청 사이의 교류에 전혀 적대적인 감정이 없었으며 또 피아를 구분하지 않는, 천하일가의 관념이 있었음을 잘 설명하고 있다.

기효남은 답신에서 "문장을 잘 들어맞게 하는 것은 예로부터 어려운 일이었습니다. 이제 해외에서 선생의 문장을 얻어 제가 읽으니 비록 깊이 있게 이해하지는 못하였으나 이해한 바는 있는 것 같습니다. 선생의 편지를 읽어 보니 또한 제가 거칠게 이해한 바로는 저도 선생을 대략이나마 아는 것 같고 선생 또한 저를 깊이 이해하고 있는 것 같습니다. 머나먼 명해와 발해는 그 강역이 각각 다르니 어찌 하늘이 잠시 빌려 준 인연이 아니라 하겠습니까? 한때 서로 가까이 있었으나 이후 다시 만날 기약이 없으니 오늘 선생을 향해 말하지 않으면 또 어느 날에 진심을 표현할 수 있겠습니까?"[31] 라고 하였는데, 비록 그들은 서로 다른 나라에서 고관을 지내고 있었지만 이것은 그들의 진실된 감정 표현에 아무런 영향도 주지 못했던 것이다. "이에 저도 능히 선생을 대략이나마 알 수 있고, 선생 또한 저를 알 수 있습니다." 기윤은 "이후에 다시 만날 날을 기약할 수 없음"을 알고 있었으므로 편지를 빌어 "진심을 쏟아 낸" 것이다.

그들은 첫 번째 편지에서 서로를 진심으로 대우하였고 속내를 털어 놓았으므로 이를 통해 만년에 10년에 가까운 우정의 초석을 놓을 수 있었다.

究, 1637~1800』(北京: 商務印書館, 2007) 참조.

31_(淸)紀曉嵐 著, 馬松源 編, "再與朝鮮洪耳溪書", 『紀曉嵐全書』 卷十一, pp. 371-372. 洪良浩, "與紀尙書勻(昀)書·附答書", 『耳溪洪良浩全書』 卷十六 , p. 330.

그들의 교류는 이러한 경모의 감정 위에 만들어진 것이기에 비록 서로 이후에 다시는 만나지 못하고 서로 간에 수천 리의 물리적 거리가 존재했음에도 불구하고 전혀 영향을 받지 않았다. 그들은 종종 조선 사신이 왕래하는 기회를 통해서 편지와 서적 그 외 각종 예물을 주고받았다. 매년 조선의 사신이 북경과 한양 사이를 왕래했기 때문에 바로 이런 방식의 교류가 유지될 수 있었으며 이는 당시 조선의 학인과 청나라의 학인 사이에 보편적으로 존재했던 교류 방식이었다. 그들의 교류는 당연히 개인적인 것이었지만 또 한편으로는 관방 교류의 기초 위에 만들어진 개인적 교류라고 할 수 있으며 이와 같은 특수한 시기였기에 이처럼 특수한 방식의 교류가 이루어질 수 있었다고 할 수 있다. 교류의 주요한 매개체가 편지였기 때문에 이 편지들은 중·조 관계를 연구하는 중요한 자료일 뿐 아니라 동시에 청대 중·조 학술 교류를 연구하는 데 중요한 자료이기도 하다.

기효남은 첫 번째 편지의 말미에서 "저의 글씨체가 형편없다는 사실은 온 천하가 다 아는 것입니다. 때문에 문장을 쓸 때 많은 경우 다른 사람에게 대신 써달라고 하곤 합니다. 이 편지도 원래는 다른 사람의 손을 빌리려고 했으나 이후에 우리가 다시 만날 날을 기약할 수 없어 필적을 귀하의 서재에 남겨 이를 통해 만남을 대신하고자 하였습니다. 그러므로 의외로 글씨가 형편없더라도 그 속에 숨어 있는 제 본심을 읽으시고 이를 비웃지 말아 주시기를 바랍니다"[32]라고 말하였다. 기효남이 스스로 서법이 아름답지 못하다고 한 것은 결코 겸양의 말이 아니며 당시 사람들이 모두 알고 있는 사실이었다. "최근에는 상서 기효남과 태사 원간재(袁簡齋)[즉 원매(袁枚)]가

32_ibid.

모두 서법에 능하지 않은 것으로 유명하다"[33]라는 말이 이것이 사실임을 보여 준다. 기윤은 일부러 이 편지를 자신이 친필로 썼음을 밝혔다. 그는 자신의 서법이 아름답지 못하다는 것을 자각하고 있었기에 원래 다른 사람으로 하여금 대신 베껴 쓰도록 하려 했으나 홍양호와는 이후에 다시 만날 기회가 없을지도 모르기 때문에 자신의 서법이 아름답지 못한 것에 개의치 않고 자기 손으로 직접 편지를 쓰면서 "필적을 귀하의 서재에 남겨 이를 통해 만남을 대신하고자 하였습니다"라고 하였는데 이로부터 기윤이 홍양호에게 진심과 성의를 보이고 있음을 확인할 수 있다. 이후 그들은 다시는 만나지 못했으니 이 편지는 그들 사이의 첫 번째 편지이자 동시에 그들 관계의 문을 연 것이라 할 수 있다. 북경 체류 기간 동안 그들은 거의 대화를 나눌 기회가 없었기에, 비록 서로에 대한 존경의 마음을 품고 있었지만 예의 범절과 시간적 제약 때문에 홍대용과 엄성이 아무런 구속 없이 7차례의 필담을 나누었던 것과 같은 일을 하는 것은 불가능했다. 북경에 체류하고 있던 동안에도 그들의 교류는 결코 잦지 않았지만 이는 거의 10년에 가까운 긴 시간 동안 지속되었다.

편지를 주고받는 동시에 그들은 서로 시부(詩賦)를 주고받았다. 홍양호는 귀국하는 도중에 두 수의 시를 지어 기효남에 대한 감격의 마음을 표현하였다. 시의 서문은 다음과 같다. "기효남 종백께서는 청백함과 문장으로 일세의 뛰어난 분인데, 실로 지음(知音)의 감격이 있었다. 문을 나서고서 곡진한 뜻으로 지었다(紀曉嵐宗伯, 以淸白文章, 冠冕一世, 實有知音之感. 出都門, 聊賦惓惓之意)." 시의 내용은 다음과 같다.

33_(淸)昭槤, "書法",『嘯亭雜錄·雜錄』卷十(北京: 中華書局, 1980), p. 341.

동국의 서생이 대담(大談)을 좋아하였는데, 기재(奇材)를 어느 곳에서 장남(樟枏)인 줄 알겠는가.
중주(中州)의 인물이 깊은 바다와 같은데, 세상에 드문 문장으로는 효남이 있었네.
지기(知己)는 천하제일을 만나보기가 어려우나 대관(大觀)에서 세 번 찾아뵈었네.
만리를 다니며 자주 회상하니, 꿈속에 걸린 북두칠성의 자루는 남쪽을 가리키네.

황하 유역에서 태어난 걸출한 이들은 문장이 뛰어나고, 박아(博雅)한 유림들이 많네.
하천 2만 리를 다녔고, 천록(天祿)으로 3천 상자나 받았네.
백년의 한쪽 눈이 밝기가 거울과 같은데, 제자의 미진(迷津)으로도 건널 배가 있네.
눈썹이 이어지는 것은 차라리 우연일 것이니, 한 마디 편지로 큰 길을 보여주시네.[34]

시구 사이에서 기효남의 학문이 깊고 넓은 것에 대한 존경을 표현하고, 또 그에게 감격의 감정이 충만하여 그를 지기로 여기고 있으니 이런 종류의 정감은 진실로 사람을 감동시킨다. 기효남은 또 시를 지어 그에게 보냈다. 세 번째 편지에서 "작년 10월 보내 주신 두 수의 시는 소중하게 간직하고 있습니다"[35]라고 하였는데 이 두 수의 시가 바로 『회조선홍양호(懷朝鮮洪良浩)』이다. 시의 내용은 다음과 같다.

34_"東國書生好大談, 奇材何處見樟枏. 中州人物稱淵海, 稀世文章有曉嵐. 知己難逢天下一, 大觀方盡域中三. 行行萬里頻回首, 魂夢應懸北斗南. 河間生傑富文章, 博雅儒林擅大方. 足躡河源二萬里, 手翻天祿三千箱. 百年隻眼明如鏡, 諸子迷津涉有航. 白首相逢寧偶爾, 一言契合示周行." 洪良浩, "燕雲續詠", 『耳溪集』 卷七, p. 129.

35_洪良浩, "與紀尙書書(丁巳)·附答書", 『耳溪洪良浩全書』 卷十六, p. 331.

막막한 큰 파도가 땅을 둘로 나누었는데, 어떤 이를 생각하며 동쪽 바다 구름을 바라보네.

문장과 의기는 한유와 맹자를 기약하고, 부자의 교유는 기군[후한의 진기와 아들 진군. 여러 대에 걸친 교분을 가리킴]과 가깝네.

백발의 노인과 몹시 가련한 이는 모두 이미 늙었는데, 편지에는 애석하게도 자주 서로 묻지 못했네.

새로운 시는 사신 가는 수레에 맡겨 청담(淸談)으로 한 번 그대를 만날 수 있겠네.

늙은이가 오도(五度)의 제도로 오태(烏台)를 맡았는데, 또 봄이 오자 경서(卿署)에 이르렀네.

역사(譯使)를 따라 쉽게 안부를 전하고, 어연(禦筵)에서 더욱 추억이 더해지는 것을 깨달았네.

뱃길과 육로는 먼 삼신산에 막히지 않는데, 공물로 보내는 진귀한 보물에서 9질을 만났네.

노익장으로 혹 봉사(奉使)를 감당한다면, 그대와 자하배(紫霞杯)로 함께 취하리.[36]

기효남의 시를 받은 홍양호는 즉각 이에 화답하였고 더불어 소서(小序)를 지었는데, 그 내용은 다음과 같다. "정사년 겨울, 헌서뢰관(憲書賚官)이 돌아올 때에 효남 종백께서 시를 보내셔서 그 운에 맞추어 답하였다." 시의 내용은 다음과 같다.

36_"淼漫鯨波兩地分, 懷人時望海東雲. 文章意氣期韓孟, 父子交遊近紀群. 鶴髮劇憐皆已老, 魚書莫惜數相聞. 新詩能向星軺寄, 也抵淸談一晤君. 衰翁五度掌烏台, 又到春卿署裡來. 譯使易從通問訊, 禦筵彌覺憶追陪. 梯航不阻三山遠, 琛賮行逢九帙開. 矍鑠倘能重奉使, 待君同醉紫霞杯." (淸)紀曉嵐著, 馬松源編, 『紀曉嵐全書』 卷十一, p. 164.

단문에서 옥을 잡고 있는 모습으로 한 번 등져 만났고, 만 리에 서로 생각하는 조각구름.
참 다행으로 쇠파리가 천리마 꼬리에 붙어 있으니, 외로운 학 여러 닭 사이에 서 있는 것을 다투어 보네.
인간사 즐거운 일들은 친구들 따라 멀어지고 해외의 신교(神交)는 드물어진지 오래네.
소중한 옥 같은 말씀으로 나중을 약속하였는데, 흰 머리로 어느 날에나 다시 그대를 만나리오.

위풍당당한 큰 산에 상태[霜台(사헌부)]에 앉았는데, 봄에는 사마(司馬)였다가 경상(卿相)으로 올랐네.
길보(吉甫)께서 헌방(憲邦)이 되셔서 문무가 아우러지니, 높은 재주로 벗을 모으고 자손이 배가 되네.
높은 뜻을 품고 이미 먼 곤륜산까지 가셨고, 뛰어난 기상으로 쌓인 돌을 밀쳐내네.
한 번 이별하고 3년을 산해에 막혔다가 꿈속에서 오히려 함께 술잔을 드네.[37]

또 편지 중에 "지난겨울 편지에서 경장(瓊章)을 받았는데, 올 봄 공사(貢使)의 귀환에서 또 편지를 받았습니다. 긴 편지가 마치 면전에서 받드는 듯한데, 아울러 귀하고 진기한 문방구를 주셨습니다. 여러 차례 관독해 보니 많은 보배를 내려 주신 것뿐만이 아니었습니다. 우두커니 세월은 가고, 도가 밝아지고 곧고 맑아질 것을 삼가 생각하였는데, 벼슬만 높아졌습니

37_"端門執玉一睽分, 萬里相思有片雲. 自幸蒼蠅攀驥尾, 爭瞻孤鶴立雞群. 人間樂事朋從遠, 海外神交古罕聞. 珍重瓊詞要後約, 白頭何日更逢君. 風棱岳嶽坐霜台, 司馬春卿曆揚來. 吉甫憲邦文武並, 高陽會友子孫陪. 壯遊已躡昆侖遠, 奇氣應排積石開. 一別三年山海隔, 夢中猶復共含杯." 洪良浩, "閒居錄", 『耳溪集』 卷八, p. 145.

다. 제가 큰 병을 치르고서 더욱 쇠약해져 우러러 아뢸 수가 없었습니다. 지난 번 은혜로운 2수의 시는 삼가 이같이 차운하여 우선 편지에 부치고, 재관(齋官)의 행차에 다시 겨울이 되기를 기다려 세공(歲貢) 편에 다시 부쳐 구구한 마음을 폈습니다. 많은 것을 갖추진 못했으나 통틀어 밝게 살펴주십시오"[38]라는 내용이 담긴 것도 있는데, 이 편지는 1798년(가경 3년, 정조 22년)에 쓴 것으로, 우선 그가 이미 기윤이 보낸 편지와 예물을 받은 것에 대해 감사의 뜻을 표하고, 다음으로 자신이 큰 병을 앓다가 갓 회복하고 있음을 밝히고 더불어 기윤에게 두 수의 율시를 보냈다. 시 안에는 그리워하는 감정이 넘쳐흐르고 있다. 기효남은 두 번째 편지에서 "우리 두 사람, 서로 지기로 여기기를 허락합시다"라고 하였고 이때를 시작으로 그들은 서로 상대방을 지기로 여기게 되었다. 두 사람은 당시 백발이 성성한 노인이었을 뿐 아니라 문단의 영수이자 조정의 중신이었으나 여전히 이와 같이 깊은 정을 품고 있었고 그들의 편지와 시 곳곳에 진실하고 깊은 속마음이 가득 차 있어 감동을 준다.

그들은 이러한 감정이 단지 그들 본인 사이에서만 존재하는 것이 아니라 그들의 자손과 후대에까지 전해지기를 희망하였다. 홍양호가 보낸 두 통의 편지를 받은 후, 기효남은 두 번째 편지에서 "이전에 두 번 받은 수서(手書)는 이미 모두 표구하고 성축(成軸)하여 소손(小孫)인 수형(樹馨)에게 주어 보관하도록 했습니다. 이번의 화조(華藻)도 배독(拜讀)하고, 또한 아울

38_"前冬憲書之便, 獲奉瓊章, 今春貢使之還, 又拜手牘. 滿幅華翰, 如承面晦, 兼以文房嘉貺, 個個珍異. 盥讀數回, 不啻百朋之錫. 居然暑盡涼生, 伏惟寅亮直淸, 鼎茵增重. 良浩大病之餘, 衰朽益盛, 無足仰聞. 前惠二律, 謹此步韻, 先付憲書, 齋官之行, 更待冬間, 歲貢便續, 伸區區之忱. 千萬不備, 統惟崇照." 洪良浩, "與紀尙書書·戊午", 『耳溪洪良浩全書』 卷十六, p. 333. 이 편지는 『耳溪集』에 수록되어있지 않다.

러 주어 진거(珍弆)하도록 했습니다. 이 손자가 능히 글을 읽어서 두 노인이 이와 같이 신교(神交)했음을 알게 한다면 또한 장래의 아름다운 이야기가 될 것입니다"라고 하였고, 홍양호는 네 번째 편지에서 이에 "하물며 전후의 졸필을 영손(令孫)에게 주어 보관하여 집안에 전하도록 하셨으니, 어찌 이리도 마음을 지극히 하여 성대히 돌보아 주십니까. 저의 손자 조영(祖榮)은 나이가 막 약관이 되어 대략 문묵(文墨)을 이해하게 되었습니다. 또한 이 아이로 하여금 성적(盛跡)을 경수(擎收)하여 영세의 우호를 닦도록 하겠습니다"라고 화답하였다.

그들의 이러한 희망은 이후 진짜로 실현되었다. 오래지 않아 홍양호의 아들인 홍훈곡(洪薰谷)이 중국에 와서 수차례 기효남을 방문하였고, 기효남은 그에게 편지를 주며 "존대인께서 동국의 일대 사종(詞宗)의 영수가 되셔서 중국의 작자들과 서로 겨루었으니, 이것이 이른바 계승하기가 매우 어렵다는 것입니다. 오형께서 아버님의 편지를 잘 읽어 가학을 전하였으니 마치 초종(超宗)에게 봉모(鳳毛)가 있고, 숙당(叔党)이 소파(小坡)라 일컬어지는 것들과 같아 둘로 나누기가 어렵습니다. 그러므로 제가 존대인과 말씀 나누며 뜻이 상쾌해졌었는데, 오형과 이야기함에 또한 뜻이 상쾌해졌습니다. 편지를 받은 뒤에 여러 생각했던 것들을 기록하였는데, 까닭 없이 그러했던 것이 아니었습니다. 지난 번 편지를 받고 아울러 벗의 선물을 받았는데, 바다와 하늘이 아득하고 넓어 멀리 생각함에 묘연하였습니다. 뛰어난 재주와 높은 학문으로 오래지 않아 곧 중요한 자리에 오르셨으니, 오직 서쪽으로 오셔서 다시 한 번 풍모를 뵙고서 날을 다투어 이야기하기를 바랄 뿐입니다. 공경히 우편으로 통해 안부를 여쭙습니다. 편지에 뜻을 다 갖추지 못했습니다"[39]라고 한 것에서 그들이 생전에 이미 이런 종류의 감정을 자손들에게 전달하려 했음을 알 수 있다.

기효남과 홍양호가 세상을 떠난 이후 그의 아들인 홍희준(洪羲浚)이 1826년 연행사의 신분으로 중국에 왔고, 손자인 홍경모(洪敬謨)는 1830년 10월에는 사은 부사로, 1834년 2월에는 진하 정사로 두 번 중국에 왔는데 홍경모는 그 부친인 홍희준의 명에 따라서 홍양호의 저작을 기효남의 자손인 기수유(紀樹蕤)에게 전달하였다. 그러면서 "집안의 대인이 『이계유고(耳溪遺稿)』 초록을 4권으로 장정하고, 내가 지은 『대관(大貫)』 2권, 『올문(兀文)』 4권, 『완역대지(玩易大旨)』 1권을 또한 보내어 고명한 견해에 득실을 질정할 뿐입니다. 이에 종자의 행차에 따라 멀리 편지를 부쳐 막힌 회포를 풉니다. 살펴주십시오"[40]라고 하였는데, 홍경모는 그들 조부 간의 교분을 손바닥 들여다보듯 잘 알고 있었다. 그는 다음과 같이 말하였다.

> 문헌공은 만년에 효람 기광과 탁계(托契)하여 매번 절사(節使)의 행차에 의지해 편지로 소식을 전하고 시로 심정을 말했으며 기공도 그와 같이 했다. 그 편지에 이르기를 "다른 땅의 동조(同調)", 또는 "광세(曠世)의 기우(奇遇)"라 했으니, 참으로 『역』에 이른바 "기(氣)가 같은 것끼리 서로 구하는 것"이다. 나는 이미 왕복

39_"前兩接手書, 俱已裝潢成軸, 付小孫樹馨收貯. 玆拜讀華藻, 亦並付珍弆. 此孫尙能讀書, 俾知兩老人如是之神交, 亦將來佳話也." "況敎以前後拙筆, 付諸令孫, 使之藏篋而傳家, 此何等至意盛眷耶! 賤孫祖榮, 年方弱冠, 粗解文墨. 亦使此兒, 擎收盛跡, 以修永世之好也." "令尊大人以一代詞宗領袖東國, 與中華作者相頡頏, 此所謂極盛難爲繼也. 而吾兄善讀父書, 傳其家學, 如超宗之有鳳毛, 叔党之稱小坡, 其難者二. 故昀與尊大人談恒爽然意消, 與吾兄談亦爽然意消. 奉別以後, 群紀兼懷, 蓋非無故而然矣. 昨接手書, 兼承朋錫, 海天寥廓, 遠想邈然. 雋品高門, 諒不久即登淸要, 惟冀使車西上, 更一睹淸光, 作競日談耳. 敬因羽便, 附候興居. 臨楮縷縷不備." (淸)紀曉嵐 著, 馬松源 編, 『紀曉嵐全書』 卷十一, pp. 372-373.

40_"家大人"耳溪遺稿"抄錄爲四卷以呈, 而僕之所著大貫二卷, 兀文四卷, 玩易大旨一卷, 亦爲付送, 以質得失于高明之見耳. 玆因從子之行, 遙寄尺素, 庸敍阻懷, 帷希雅照." (朝鮮)洪羲浚, 『傳舊』之"與紀茂林樹蕤書".

> 한 편지와 시장(詩章) 등을 거두어 「두남신교집(斗南神交集)」을 엮은 바 있다. 이제 또 손수 쓰신 시문의 부본을 거두어 표구하여 첩으로 만드니, 두 노인이 이처럼 신교(神交)했음을 후인들이 알아 장래에 아름다운 이야기로 삼을 수 있기를 바란다.[41]

여기에서 그들은 이러한 감정을 그들의 자손에게 계승시켜 중·조 문화교류사의 미담으로 만들고자 하였다.

그들은 서로에 대한 경의와 사모의 감정을 표현하고 시가를 주고받기만 한 것은 아니었다. 학술적인 문제의 토론 역시 그들 편지의 주요 관심사였다. 그들은 당시 양국의 가장 중요한 문인이자 문단의 영수였기 때문에 문장에 대한 그들의 의견 교환은 중요한 내용 중 하나이다. 홍양호는 첫 번째 편지에서 "대저 문장은 천하의 공리입니다. 옛 성인께서 말씀하시어 도를 밝혀 가르침을 후세인들에게 내려 주셨습니다. 그러나 삼대 이후 도술이 나뉘고, 문호가 갈렸습니다. 초나라 사람의 「이소(離騷)」, 한나라 사람의 부(賦)만이 모두 그 극에 나아갔습니다. 시는 중당 시기에, 문장은 성송 시기에 유독 그 묘함에 이르렀으니, 각각 한대의 장기를 이루었다고 하겠습니다. 그러나 명나라 300년 사이에 미처 그 명성을 잇는 사람이 없었습니다. 사람들이 걱정하며 말하기를, "문장은 세대와 더불어 오르락내리락한다"라고 하니, 어찌 그러하겠습니까!(夫文章, 天下之公理也. 古聖人立言明道, 垂敎後人. 而三代以降, 道術分裂, 門戶歧異. 惟楚人之騷, 漢人之賦, 皆造其極.

41_"文獻公於晚年, 托契于曉嵐紀公, 每憑節使之行, 書以寄信, 詩以道情, 而紀公亦如之. 其書有曰, '異地之同調.' 又曰: '曠世之奇遇.' 信乎『易』所謂同氣相求者也. 餘既收弆往復書牘及詩章, 匯成『鬥南神交集』, 又收手書詩文之副本裝褙成帖, 俾使後人知兩老人如是之神交, 作將來佳話也." (朝鮮)洪敬謨, "鬥南神交帖", 『耘石外史』後編.

詩至於中唐, 文至於盛宋, 獨臻其妙, 可謂各擅一代之長技. 而逮夫有明三百年之間, 無人乎繼其響者. 人有恆言曰: 文章與世級升降, 豈其然歟!)"라고 하였는데 그는 기효남이 다른 사람을 통해 보낸 "시집서(詩集序)"와 "문집서(文集序)"를 받았기 때문에 이와 같은 견해를 표출하였던 것이다.

홍양호가 토론한 시문은 그 원류가 모두 중국 역대의 시문으로 이는 조선의 고시문이 완전히 중국의 고대 시문을 본받고 있었음을 잘 보여 준다. 때문에 사용되는 문자도 한문이고, 시서(詩書)도 중국의 것을 읽었다. 그 학문의 근저에는 바로 중국의 학문이 있었는데 이는 조선 학인과 청인들이 교류하는 데 안정된 기초가 되었다. 조선과 청의 학인들은 같은 책을 읽고 서로 유사한 문제를 토론하였으며, 그들을 이끄는 것 역시 유교사상이었는데 이는 그들의 교류를 견고하게 하는 전제조건이 되었다. 비록 1백여 년간 서로 소원하였지만 줄곧 같은 문화적 분위기 속에 있었기 때문에 그들은 매우 쉽게 서로 소통할 수 있었다. 기효남은 청조 학계의 영수로, 조선인들의 시각에서 보자면 존숭의 대상이자 그들 학계의 영수이기도 하였다. 홍양호는 조선 정조 시기의 대학자이자 문인으로, 그의 기효남에 대한 추숭은 어떤 측면에서 보면 당시 조선의 학계가 청조 학계에 대해 가지고 있는 인식과 추숭에 반응한 것이기도 하다. 홍대용 시기와 비교해 봤을 때 당시 중국과 조선 간에는 이미 완전히 반감이 없고 전혀 낯설지 않아 훨씬 쉽게 소통할 수 있었고 훨씬 쉽게 공감대를 형성할 수 있었다.

끝으로 그는 기효남이 자신에 대해 한 평가를 구양수(歐陽修)가 소순(蘇洵)에게 한 평가에 비견하여 "소명윤(소동파의 아버지)은 사천 촉 땅의 이름 없는 선비였습니다. 구양수의 무거운 한 마디를 얻어 부자(소명윤과 소동파)가 마침내 천하에 명성을 얻었습니다. 자기를 알아주는 이를 만나고 못 만나는 것은 자못 천명이 있을 것입니다. 아첨하지 않는 자라면 어찌 감히 옛 현인에게 비견하겠습니까! 당신께서는 오늘날의 구양수입니다. 아첨하지 않는 자가 당신의 붓에 명성을 의탁하니, 진실로 당대의 만남입니다. 어찌 일신의 영광이겠습니까. 아니면 해동의 학자들이 서로 풍문을 가지고 스스로 힘쓰는 것이니, 어찌 해동 학자일 뿐이겠습니까. 아니면 천하 사방의 선비들이 모두 그대가 선비를 좋아하는 것이 진실로 먼 곳의 사람에게까지 미친다고 하니, 또한 장차 성덕과 굉규에 빛이 있을 것입니다(蘇明允, 即川蜀一布衣也. 得歐陽子一言之重, 父子遂擅名天下. 知己之遇不遇, 殆有命焉. 如不佞者, 何敢比擬於昔賢! 而合下即今之歐陽子也. 不佞之託名於合下之筆, 誠曠世一遇也. 豈惟一身之光榮, 抑海東學者, 胥將聞風而自勵. 豈惟海東學者而已, 抑天下四方之士, 皆稱合下好士之誠至及於遐遠僻陋之人, 則亦將有光于盛德宏規矣.)"라고 하였는데, 이는 그가 기윤의 평가에 매우 흥분하여 소순[자는 명윤(明允)]에 대한 구양수의 지지에 비유하여 이를 매우 영광스럽게 여겼음을 잘 보여 준다. 더불어 이는 비단 그 자신만의 영광이 아니라 조선 학자 전체의 영광이며 천하 사방의 학자들의 영광으로 볼 정도로 추숭과 감격의 마음이 지극히 컸다.

기효남은 편지에 다음과 같이 이야기하였다.

"선생께서 바다 모퉁이에서 태어나서 홀로 특별히 옛 것을 따라 지으셨으니, 어찌 호걸의 선비가 유속에 빠지지 않고 이학(異學)에 미혹되지 않는 것이 아니겠습니까. 그러나 누추한 유생이 문을 닫고 옛 것만을 배워 각각들은 바만 높일 뿐이니, 문병(글의 권세)를 가진 자는 마땅히 이 도계(道計)를 진흥시켜야 할 것입니다. 선생께서 몸소 국상이 되셨고 또 유종이 되셨으니, 원컨대 이러한 뜻을 삼가서 동국의 학자들을 이끄소서. 높은 곳에 올라 외치는 것은 반드시 모두 메아리가 있는 법이니, 오래도록 서로 전하고 익혀 문장의 정맥으로 하여금 따로 창해의 밖에 하나의 가지를 있게 할 것이니, 어찌 성대한 일이 아니겠습니까!(先生生於海隅, 獨挺然追古作者, 豈非豪傑之士不汨於流俗, 不惑于異學者哉! 然韋布寒儒, 閉門學古, 各尊所聞而已. 有主持文柄之責者, 則當爲振興斯道計. 先生身爲國相, 又爲儒宗, 願謹持此義, 以導東國之學者. 登高之呼, 必皆響應, 久而互相傳習, 使文章正脈, 別存一支於滄海之外, 豈非盛事歟!)".

편지에서 표현하고자 하는 것은 두 가지 층위의 의미가 있다. 첫 번째는, 홍양호를 "호걸지사"라고 하여 고풍을 발양하고 문장의 정도를 획득하였음을 칭송한 것이다. 두 번째는, 홍양호가 조선의 대유학자이자 재상격인 인물이기 때문에 그가 "이러한 의(義)를 삼가 유지하여 동국(東國)의 학자들을 이끌어" 문장 정맥(正脈)의 한 가닥을 해외에서 보존해 주기를 희망한 것이다. 기윤은 홍양호(洪良浩)가 조선 국내에서 비단 정치적인 영역에서 뿐만 아니라 학술적으로도 매우 중요한 위치를 가지고 있다는 것을 잘 알고 있었기 때문에 그에게 희망을 걸었던 것이다. 이는 양국 최고위 관료들 간의 대화이기 때문에 여기에는 외교적 수사가 들어가 있을 수 있고 화려한 표현을 사용하여 그들이 가지고 있는 진정한 의미를 감추었을 수도 있지만 이 안에서 그러한 혐의를 도출해 내기는 힘들다. 이후에 주고받았던 편지에서도 여전히 이런 뜻을 여러 차례 표현하여 홍양호의 문장을 매우 추숭하고 있다. 홍양호도 여러 차례 기효남에게 그의 시문집을 자신에게 보내 공부할 수 있도록 해줄 것을 요청하였다. 여기에서 이것이 결코 외교적인 수사가 아닌 진실된 감정이었다는 것을 알 수 있다.

문장 말고 소학에 대한 토론도 하였다. 홍양호는 『육서경위(六書經緯)』를 저술하자 조선 사신에게 이를 기효남에게 전하도록 하였다. 홍양호는 네 번째 편지에서 다음과 같은 겸양의 말을 전하였다.

"모자란 제가 일찍이 육서(六書)의 학문이 폐해져 전해지지 않는 것이 안타까워 망령되게 좁은 견해로 여러 가지를 모아 책을 지어 『육서경위』라 하였습니다. 점획(點畫)으로 주석한 것이 여러 차례 끊기고 나뉘어 천착의 폐단이 없지 않으니, 아직 감히 자신하지 못합니다. 삼가 한 책을 써서 바치니 취할 만한 것이 있으면 서고에 두시고 하나의 문자를 갖추어 문생들에게 보여 주십시오. 이 해외의 관견을 중국의 서사에 전할 수 있게 한다면 큰 다행이 아니겠습니까. 망령되어 성의(盛誼)를 믿고서 당돌하게 여기까지 이르렀으니, 부디 참람됨을 용서하여 어리석음을 웃어 주시길 바라겠습니다(不佞嘗恨六書之學闕而不傳, 妄以謏見, 裒輯成書, 名之曰『六書經緯』. 而點畫批註, 支分縷析, 不無穿鑿之弊, 未敢自信. 謹寫一冊仰呈, 若有可取, 則置之書廚, 以備一種文字, 布示門生. 俾此海外管見, 得傳于中國書肆, 則庸詎非大幸歟! 妄恃盛誼, 唐突至此, 庶幾恕其僭而笑其愚也.)".

기효남은 극도로 높게 평가하며 다음과 같이 말하였다. "이 한 편이 있어 비로소 서계(書契)가 맺어진 큼을 알게 되었습니다. 그 중 더욱 이치에 합당한 것은 완전히 만들어 낸 설이 아니며 견강부회한 설이 아니라는 것에 있습니다. 왕안석의 『자설(字說)』은 지금은 전해지지 않고 오직 『주례신의』 중에 산견되는데, 그가 주석하지 않았던 『고공기』를 가지고 송인들이 그 『자설』을 모아 보충하여 만들었습니다. 이 편은 기재된 것이 더욱 상세하니, 반복하여 살펴보면 아울러 취할 만한 것이 없는 것은 아닙니다. 송인들이 서로 만들어 낸 것은 한편으로는 원우 시기(송나라 철종)의 문호들의 것이고, 한편으로는 반드시 완전히 만들어 내고자 하였던 설이니, 결국은 견강부회하여 만들어 낸 설을 만들어 서로 삐거덕거리는 것을 면치 못하였습니다. 잘한 것은 내버려 두고 오로지 못하는 것만을 다스리니, 마침내 후세의 시비가 되었습니다. 선생의 이 책은 그것의 장점만 있고 그것의 단점은 없습니다. 이것은 기질과 학문의 순수하고 섞임의 차이로 말미암는 것이니, 진실로 선생께서 기른 바가 깊은 것입니다(有此一編, 始知書契所系之大. 其尤當理者, 在不全爲之說, 亦不強爲之說. 荊公『字說』, 今無傳本. 惟『周禮新義』中散見之, 以其未注『考工記』, 宋人采其『字說』, 補成之. 此一篇所載尤詳, 反復觀之, 亦非並無可取. 宋人所以交攻之者, 一以元佑之門戶; 一以必欲全爲之說. 遂不免強爲之說, 致相軋者. 置所長而專攻所短, 遂爲後世之口寔. 先生此書, 有其長而無其短. 此由氣質學問粹駁不同, 信先生之所養深也.)".[42]

소학(小學)은 건가고거학(乾嘉考據學)의 중요한 연구 분야로 수많은 뛰어난 학자가 배출되었고 그 성취도 매우 컸지만 기효남은 홍양호의 『육서경위』에 대해 이와 같이 높은 평가를 하였다. 편지의 내용 중에 그는 또 이 책을 왕염손(王念孫, 1744~1832)에게 보도록 하였음을 언급하였다. "어제 살펴보니, 도량이 깊음에 감탄하였습니다. 당신께서 좋아하는 것에만 아부하는 이가 아니라는 것을 알겠습니다(昨以示之, 渠深佩服. 知弟非阿所好矣)." 기효남은 "이 편이 있어 비로소 서계에 달린 위대함을 알 수 있습니다(有此一編, 始知書契所系之大)"라고 생각했고, 작자의 학문 연구 태도를 더욱 높게 추숭하여 "옛 사람과 같기를 구하지 않으며 또한 옛 사람과 다르기를 구하지 않는다. 참으로 가진 것으로 인하여 그 당연함을 깨닫는다(不求同于古人, 亦不求異于古人. 因所固有, 而得其當然)"라고 하였다. 실사구시의 태도를 견지하는 것은 건가학파가 매우 중요하게 여기고 있는 부분이기 때문에 기윤의 극찬을 받은 것이다. 기윤은 자기만 이 책을 칭송하는데 그치지 않고 이를 당시 문자, 음운, 훈고 방면에서 최고의 성취를 올린 왕염손에게 보여주어 그에게도 큰 칭송을 받았다. 이는 그들의 학술적인 교류가 당시의 여러 핵심적인 학문적 문제를 건드리고 있음을 잘 보여 준다.

42_洪良浩, "與紀尙書書·丁巳·附答書", 『耳溪洪良浩全書』 卷十六, p. 331.

당시 또 다른 핵심적인 학술 문제는 바로 서학(西學)이었다. 홍양호는 네 번째 편지에서 특별히 "별폭(別幅)"을 이용하여 의문을 제기하였다.[43] 우선 그는 서양의 역법에 대해서 "가장 정밀하다"라고 떠받들었다. 그렇지만 "주천(周天)의 원리는 희화(羲和)의 범위를 넘어서지 않으며, 추보(推步)의 기술은 전부 황제(黃帝)의 구고(句股)를 사용한 것이다. 이는 우리 유학의 서여(緖餘)이다"라고 하여 그 사용되는 기본 원리가 모두 중국 고인의 학술에서 나왔다고 여겼다. 이어 상제가 세상을 창조했다는 천주교의 교리를 "참월되고 불경하다"라고 질책하였고 그들이 조상에 대한 제사를 모시지 않고 상제를 모실 것을 주장하는 것에 대해 "인도(人道)가 소멸"되었다는 증거라고 비평하였다. 또 북경에서 본 천주당을 이야기하면서 "황궤(荒詭)하고 기사(奇衺)하여 볼 만한 것이 못 된다"라고 하였지만 그 관상의기(觀象儀器)에 대해서는 "극도로 정밀하고 또 교묘하여 거의 인간의 손으로 만들었다고 할 수 없다. 가히 그 기술은 거의 신의 경지라 할 만하다"라고 하며 추앙하였다. 우주 학설에 대해 토론함에 『홍범오행(洪範五行)』, 복희팔괘(伏羲八卦)에 대해서가 아니라 "다만 12중설, 한대, 온대, 열대 등의 말, 해, 달, 별 등의 크기와 넓이와 공전과 같은 것은 우리들이 말하지 않은 것들입니다. 그것들은 모두 기구를 가지고 상을 측량하고, 배를 타고서 바다 끝까지 간 것들이고, 그 말들은 모두 증거가 있으니, 이교(異敎)라 해서 폐할 수는 없습니다. 참으로 무궁한 물리여서 불가사의한 것들입니다(第其十二重天, 寒熱溫三帶之語, 日月星大小廣輪, 即是吾儒之所未言. 而彼皆操器而測象, 乘舟而窮海者, 其言皆有依據, 則不可以異教而廢之. 真是物理之無窮, 不可思

43_紀昀과 洪良浩가 西學에 관한 토론은 黃時鑒이 전면적이고 심도 있게 분석했다. 黃時鑒, "紀昀與西學: 從一篇佚文談起"(『文史』總第46輯, 1999年第1輯), pp.223-235 참조.

議者也.)"라고 하며 기효남이 여기에 해석을 덧붙여 줄 수 있기를 희망하였고 더불어 중국에서 출판된 서양 서적을 얻을 수 있기를 희망하였다. 이 편지는 홍양호의 서양 학설에 대해 일종의 모순된 심리 상태를 잘 체현하고 있다. 한편으로는 반감을 가지고 있으면서도 동시에 호기심을 가지고 확실하게 해두고 싶은 부분도 있는 것이다. 기효남은 답신에서 특별히 그 해석의 어려움을 토로하였다.

> 다른 편지에서 말씀하신 서양의 선교사들은 구만 리를 항해하여 온 이들입니다. 앞서 온 사람들이 죽더라도 계속하여 이르러 왔는데, 그 뜻은 반드시 그 가르침을 중국에 시행하는 것이니, 이를 멀고 먼 곳에서 행해질 이치가 없는 데서 구해야 할 것입니다. 그것들이 필리핀에서 행해질 수 있었던 것은 필리핀인들이 오직 이익만을 좋아했기 때문에 유혹된 것입니다. 중국은 성현이 가르침이 본래 밝아 누가 부모의 신주를 훼손하고 조상의 제사를 끊고 천주를 부모 조상으로 삼으려 하겠습니까? 이것은 그들의 법의 첫 번째 뜻이면서 바로 그들 법의 첫 번째 장애입니다. 그러므로 사람들이 '서양인은 영리하면서도 약다'는 것이니 당신께서 바로 '그것들은 반드시 되지 않는다'라고 한 것입니다. 그들은 참으로 큰 어리석음일 뿐입니다. 그들의 책이 중국에 들어온 것들은 비각에 모두 있습니다. 산법 서책 이외에는 모두 모두 물리쳤고, 목록에 남아 있는 것은 이미 『사고전서총목』에 들어가 있고 인쇄본이 새로 나온 것은 선생께서 아직 보지 못했을 것이라 사료되어 지금 몇 편을 초록해서 보냅니다. 그 법이 옛 법에서 나온 것들은 선생께서 보신 것으로 환하여 속지 않을 것이니, 또한 그 『사고전서총목』「주비」조에서 나란히 초록하여 보냅니다. 이 이치 중에 따로 서로 같은 것들을 살펴보십시오."(別簡所言西洋教事, 此輩九萬里航海而來. 前者甫死, 替者續至, 其志必欲行其教於中國, 而究之萬萬無行理. 彼所以能行于呂宋者. 呂宋人, 惟利是嗜, 故爲所餌. 中國則聖賢之教素明, 誰肯毁父母之神主, 絕祖宗之祭祀, 以天主爲父母祖宗哉! 此是彼法第一義, 即是彼法第一礙. 故人曰西洋人巧黠, 弟直謂其謀所必不成. 真一大愚而已

矣. 其書入中國者, 秘閣皆有. 除其演算法書外, 餘皆辟駁. 而存目已列入『四庫總目』, 印本新出, 先生諒尚未見, 今抄錄數篇呈閱. 至其法出於古法, 先生所見, 灼然不誣, 亦發其凡於『四庫總目·周髀』條下, 一併抄錄呈閱. 見此理中外相同也.)[44]

당시 기효남은 서학에 능통한 소수의 사람 중 한 명으로 청 사람들도 이에 대해 칭송하였다. 어떤 사람은 "기윤공은 건가 시기에 서양의 격치의 학문을 하였으나 아직 모두 이루지는 못하였는데, 이것들이 아직 중국에 들어오기 전에 공께서 당시에 이미 알고 계셨으니, 빼어난 식견과 큰 재능이 아니면 이와 같이 할 수 없다고 하겠고… 『제요(提要)』에서 말한 것을 종합하여 살펴보면, 기윤공께서 일찍이 백여 년 전에 이미 아셨다. 그 식견이 남들보다 뛰어나니, 어찌 훌륭한 이가 아니겠는가!"(紀文達公昀生當乾嘉之時, 泰西格致之學, 尙未發明盡致, 亦未流及中土, 而文達公當時已知之, 謂非卓識宏才, 不能如是…綜觀『提要』所云, 紀文達公早已知之于百餘年前, 其識見過人, 豈不偉歟!")[45]라고 하였다. 기효남이 말한 서양 종교의 폐단은 핵심을 관통한 것으로 이는 당시 천주교를 중국에 전파하는 데 최대의 장애 요인이었다. 기효남은 『사고총목』의 가장 중요한 찬수관으로, 여기에 당시 서양 서적에 대한 상세한 소개가 있었는데 그는 관련된 항목을 초록하여 홍양호에게 보냄으로써 그의 의혹을 해소시켜 주고자 하였다.

따라서 "정"의 표현 외에도 학문적 문제에 대한 탐구와 토론이 그들이 주고받은 서신의 중요한 내용이었음을 알 수 있다. 문장에 대한 견해, 소학에 대한 토론, 서학에 대한 인식은 모두 당시에 가장 중요한 학술적 문제였

44_洪良浩, "與紀尙書書·丁巳·別幅·附答書", 『耳溪洪良浩全書』 卷十六, p. 332.
45_(淸)劉聲木, "論紀昀", 『萇楚齋隨筆』 卷二(北京: 中華書局, 1989), p. 42.

다. 당시 중국과 조선 두 나라 학계의 영수로서 그들의 교류는 양국 학계가 집중하는 핵심적인 문제를 정확하게 체현하였으며 그들의 관점은 뜻밖에 매우 유사하여 거의 어떤 거리 차도 존재하지 않았는데, 이는 양국 학술계의 유사성을 반영한 것이며, 이에 따라 건가 시기 중국과 조선의 학술사상은 다시 함께 유사한 세계로 나아갔던 것이다.

3. 예물의 왕래와 그 문화적 함의

기효남과 홍양호의 교류에서 피할 수 없는 문제 중 하나는 바로 그들이 서로 예물을 주고받았다는 점이다. 이는 건가학인 사이에서는 비교적 보편적인 문제였다. 왜냐하면 쌍방이 서신을 왕래하고 시부를 주고받음과 동시에 서로 예물을 교환하는 것 역시 매우 중요한 활동이었기 때문이다. 그들은 왜 예물을 교환해야 했으며, 어떤 예물을 교환하였던 것일까? 또 이 예물들은 어떤 문화적 함의를 가지고 있으며, 어떤 사상적 의미를 내포하고 있었던 것일까? 이는 모두 탐구하고 토론해 볼만한 가치가 있는 문제들이다.

그들이 보낸 선물이 무엇이었는지를 확실하게 하는 것은 이 문제를 논하기 위한 기초이다. 그들의 편지에는 언제나 이를 언급하는 내용이 있다. 홍양호는 기효남에게 예물을 보내면서 심지어 시를 짓거나 명문(銘文)을 만들어 이를 기념하기도 했다. 그들이 서로 주고받은 예물 중에는 시문이나 서적도 있는데, 이에 대해서는 이미 앞에서 서로 시문을 화답하거나 기효남이 홍양호의 시문집에 서문을 써 주었다고 언급하였다. 이는 비록 글월을 통한 것이나 역시 일종의 예물이라고 할 수 있지만, 여기서 논하고자 하는 주된 내용은 물질적인 부분이기 때문에 이에 대한 내용은 더 이상 언급하지 않겠다.

서로 주고받은 예물 중에 첫 번째 종류는 토산품으로 이는 주로 홍양호가 기효남에게 보낸 것이다. 홍양호는 편지에서 몇 차례 "보잘 것 없는 토산품으로 작은 성의를 표시합니다" 혹은 "보잘 것 없는 토산품으로 감히 보답을 바라지 않으며 그저 영원히 잘 지내기를 바랍니다"[46]라고 언급하였다. 비록 홍양호의 서신에 구체적인 목록이 있는 것은 아니지만 당시 조선의 "토산품"이란 주로 종이, 인삼, 부채 등이었다. 남한산성에서 맹약을 맺은 이후에 조선은 매년 청조에 세공을 바쳐야 했는데 입관 이후 청조는 자주 조선에 세공을 감면하였고 28가지의 조공품 중에 다른 것은 모두 감면하였다. 예를 들어 황금 1백 량은 1693년에 전부 감면하였고, 쌀 1만 석은 1728년에 40포로 감면하였다. 그런데 유독 양질의 큰 종이와 작은 종이는 1654년의 1천 권과 1천5백 권을 각각 2천 권과 3천 권으로 증가시켰다.[47] 여기에서 청나라 사람들이 조선의 종이를 좋아했다는 사실을 알 수 있다. 인삼은 더욱 확실한 조선의 토산품으로 명청 시기의 "팔포(八包)" 무역은 바로 조선 사신이 8포의 인삼을 지참하고 북경에 올 수 있는 것을 지칭하며 이는 당시의 중요한 무역 방식[48]이 되었다. 따라서 홍양호가 언급한 "보잘 것 없는 토산품"이란 분명히 이런 물건들이었을 것이지만 목록이 없기 때문에 더 이상의 구체적인 이야기를 할 수는 없다.

두 번째 종류는 문방구 및 공예품으로 이는 주로 기효남이 홍양호에게

46_洪良浩, "與紀尙書書", "與紀尙書書·辛酉", "與紀尙書書", 『耳溪洪良浩全書』 卷十六, p. 330, p. 334, p. 332.

47_孫衛國, 『大明旗號與小中華意識』, pp. 386-387.

48_張存武, 『淸韓宗藩貿易, 1637~1894』(南港: 中央硏究院近代史硏究所, 1978).

보낸 것이다. 기효남은 홍양호에게 보낸 3통의 편지에서 모두 보낸 예물을 언급하고 있다. 사실 홍양호가 귀국하기 전에 기효남은 특별히 그에게 선덕연(宣德硯) 1개와 옥여의(玉如意) 1개를 보냈다. 홍양호는 매우 기뻐하며 귀국한 후 『선덕연가(宣德硯歌)』와 『옥여의가(玉如意歌)』라는 2수의 장시를 지어 이 일을 상세하게 기재하였다. 정사년(1797), 기효남이 홍양호에게 보낸 두 번째 편지에서 그가 보낸 예물을 언급하며 "이에 정동지(鄭同知)의 편으로 상수와연(上水蛙硯) 1방[위에 졸명(拙銘)이 있음], 백마노소배(白瑪瑙搔背) 1건, 낭요(郎窯)[강희제 때의 어요(禦窯)로 지금 1백 년 된 것임], 수중승(水中丞) 1건, 갈운첨다주(葛雲瞻茶注) 1건[의흥(宜興) 때의 명공임]을 부치고, 각각 소시(小詩)를 이었습니다. 선생께서 궤석에 두시고 때로 한 번씩 만져보시면 또한 멀리 상상해 보실 수 있을 것입니다"[49]라고 하였다. 그는 특별히 여러 수의 시를 지어 제목을 『以水柱硯, 水中丞, 搔背, 注贈朝鮮國相洪良浩, 各系小詩』라고 하고 시와 편지, 예물을 모두 조선 사신을 통해 홍양호에게 전달했고 홍양호는 매우 감동하였다. 무오년(1798), 기효남은 홍양호에게 세 번째 예물을 보내며 편지 말미에 덧붙여 말하길, "유우녹제부신개단연(鈕祐祿制府新開端硯) 1갑, 명나라 때 정군방묵(程君房墨) 2원 1갑, 진주단사상연산(辰州丹砂床硏山) 1갑, 강희인모호로다병다반(康熙印模壺盧茶甁茶盤) 1갑, 한동위두(漢銅威鬥) 1개를 증정하였다"[50]고

49_"玆因鄭同知歸軺之便, 附上水蚌(蛙)硯一方, 上有拙銘. 白瑪瑙搔背一件, 郎窯(康熙中禦窯, 今百年矣)水中丞一件, 葛雲瞻茶注一件(宜興之名工), 各系以小詩. 先生置之幾右, 時一摩挲, 亦足關遠想也." (淸)紀曉嵐, "再與朝鮮洪耳溪書", 『紀曉嵐全書』 卷十一, p. 157.

50_"外附呈鈕祜祿制府新開端硯一匣, 有拙銘. 明程君房墨二圓一匣(萬曆天啟間人), 辰州丹砂床硏山一匣, 康熙印模壺盧茶甁茶盤一匣, 漢銅威鬥一件." 洪良浩, "與紀尙書書·丁巳·附答書", 『耳溪洪良浩全書』 卷十六, p. 333.

하였다. 이 예물들을 비교하여 명확히 설명하기 위해 표로 만들면 〈표 7-2〉와 같다.

〈표 7-2〉에서 알 수 있듯이 기효남은 홍양호에게 3번의 예물을 보냈고 모든 예물에는 시 혹은 명문이 있어 묘사가 더해졌다. 첫 번째는 홍양호가 북경을 떠날 때로 기효남이 증정한 선덕연과 옥여의로 홍양호는 2수의 장시인 『선덕연가』와 『옥여의가』를 지었는데 이는 그가 "두 물건은 모두 진귀한 문방구입니다. 이러 후의에 화답할 길이 없으니 이에 장편 2수를 지어 이를 사행을 통해 부칩니다"[51]라고 하였다. 『선덕연가』에서는 이 보물의 내력을 설명한 후에 "공께서 은혜롭게 나에게 정중하게 대해 주시니 , 밤새 생각해도 아득히 끌리네. 아아! 천년의 알아주는 이가 지금 아울러 있는데, 산해가 멀고멀어 볼 수 없네(公乎惠我何鄭重, 中夜思之空嬋媛. 嗚呼! 千載知音今並世, 山海迢迢獨不見.)"라고 하였고 『옥여의가』에서는 북경에서 기효남을 만난 상황을 자세하게 진술한 후 "전송하실 때 이 특별한 뜻으로 나에게 9인이나 되는 바구니를 주시네. 옥은 군자의 덕에 비할 수 있으니, 군자가 소중히 여겨 보존함에는 다름이 없네. 당신의 뜻이 나의 뜻과 같으니, 길이 나를 따라도 이롭지 않은 것이 없네"[52]라고 하였다. 2수의 장시는 사실을 기록한 것이지만 더 나아가 시를 통해 감정을 의탁한 것이다. 편지

51_洪良浩, "燕雲續稿·宣德硯歌", 『耳溪洪良浩全書』 卷八, p. 165. "小序"와 『耳溪集』의 기록은 상당히 다르다.『耳溪集』曰: "紀公既贈以詩文二序, 又贐以宣德硯一, 玉如意一. 硯則四旁刻山水人物, 欵識書臣劉松年. 頂鑿墨池, 唇刻雲月及臥牛之形.(刳其腹, 刻御前之印四字. 下有曉嵐小識, 稱宣德舊物.)外匣用降眞香, 上貼鏤玉珵. 如意則以降眞爲幹, 長矩二尺, 頭腰尾皆貼雕玉. 俱文房之珍也, 乃作長篇(以謝之)."

52_"臨分贈此別有意, 勉我九仞加一簣. 玉兮可比君子德, 君子存誠貴無二. 如意兮如我意, 長隨我兮無不利." 洪良浩, "燕雲續稿·玉如意歌", 『耳溪洪良浩全書』 卷八, p. 166.

표 7-2 | 기효남이 홍양호에게 준 예물

예물 명칭	묘사한 시문	특징
宣德硯 一件	洪良浩 『宣德硯歌』	벼루는 그 배를 깎아 어전지인(御前之印) 4자가 있고, 아래에는 효남의 작은 표식이 있고, 선덕구물(宣德舊物)이라 한다. 사방에는 산수와 인물을 새겼고, 관식서신류송년(款識書臣劉松年), 꼭대기에는 묵지(墨池)를 뚫었다. 구름, 달 및 와우의 모양을 훌륭하게 새겼다. 외갑은 강진향(降眞香)을 썼고, 위로 누옥정(鏤玉珵)을 붙였다.
玉如意 一件	洪良浩 『玉如意歌』	"여의는 강진(降真)으로 뼈대를 삼았는데, 길이가 2척이고, 머리, 허리, 꼬리 등에 모두 조옥(雕玉)을 붙였다."
水蛀(蛙)硯 一方	紀曉嵐 『以水柱硯水中丞搔背茶注贈朝鮮國相洪良浩各系小詩』	아래의 5개는 정사(1797)에 기효남이 주었다.
白瑪瑙搔背 一件		
郎窯水中丞 一件		
葛雲瞻茶注 一件		
鈕佑祿制府新開端硯 一匣	附紀曉嵐自撰銘文	
明程君房墨二圓 一匣	洪良浩 『程君房墨銘』	아래의 4개는 무오(1798)에 받은 것이다. "묵정 정군방이 제작한 것으로 모양이 둥글고 두꺼우며, 둘레가 2~3촌이다. 양면에 모두 그림이 있다."
辰州丹砂床硏山 一匣	洪良浩 『丹砂硏山銘』	"연산은 진주단(辰州丹) 사석(砂石)으로 5봉을 만든 것이다. 색이 푸르면서 무늬가 있고, 붉은 모래점이 봉우리 사이에 붙어 있다. 높이가 3촌 남짓이고, 길이가 5~6촌이며 화상(樺床)보다 편리하다."
康熙印模壺盧茶瓶茶盤 一匣	洪良浩 『葫蘆茶注銘』	"호로다주가 한 개, 호로완 한 개. 강희시인모자야(康熙時印摹者也). 다주와 완은 모두 호로(갈대 종류)로 만들었다. 다주의 색은 누렇고, 사방 귀퉁이가 모나 있다. 인(印)은 자천신복(自天申福) 4자로 되어 있고, 뚜껑으로 덮었는데, 조그마한 덩굴이 달려 있다. 완은 색이 누렇고 둥글다. 구름 무늬로 그림이 그려져 있다. 모두 화상(樺床)보다 편리하고, 상은 대보다 편리한데, 대는 또한 화조(樺雕)로 새겼으니, 기묘하게 제작되었다."
漢銅威䦉 一件	洪良浩 『威䦉銘』 『別紙』	앞서 주신 한위두는 과연 수천 년된 오래된 물건이니, 특별한 기물이라 하겠다. 다만 그 기물이 형태가 울두(다리미)와 비슷하나 불을 지필 수는 없다. 한(漢)의 위두는 「왕망전」에 보인다. 거처할 때에는 자리 곁에 두고, 나갈 때는 쓰고서 앞서 이끄니, 승리하고 무리에게 위엄을 보이는 것과 같은 것이다. 그러나 지금 이것이 전래된 것이 없으니, 바로 한나라 때에는 본래 이러한 기물이 있었으나 일찍이 불을 올려 옷을 따뜻하게 한 적은 없었다. 후세에 범동으로 기물을 만들어 옛 제도를 보존한 것인가? 아니면 그것으로 술이나 차를 채워 마치 당관과 같은 것이었는가? 부디 가르침을 빕니다.

에서 "지난 번에 수도에 갔을 때에, 전별품으로 2가지를 주셨는데, 모두 진귀한 문방구였습니다. 뜻을 다하여 정중히 대해 주시니, 감복하여 비할 데가 없습니다. 떠날 때에 은혜를 드러내지 못하였다가 돌아온 뒤에 장편을 지으니, 나중에라도 살펴 주시길 바라겠습니다. 감히 이것을 손수 써서 바치니, 가르침을 내려 주시길 바랍니다"[53]라고 하였고, 그는 직접 시 한 부를 초록하여 기효남에게 보냈다. 홍양호의 시와 편지를 받아 본 기효남 역시 매우 감동하였다.

두 번째는 정사년(1797) 정월, 기효남이 조선 사신 정동지[대용(大容)]을 통해 보낸 것으로 아마도 홍양호가 보낸 2수의 장시를 받은 편에 보낸 것일 것이다. 이때 기효남은 편지를 쓰는 데 그치지 않고 예물을 덧붙이고 거기다 각 예물에는 각각 1수의 시를 지었고 그 이름을 "以水柱(蛀)硯, 水中丞, 搔背, 茶注贈朝鮮國相洪良浩, 各系小詩"라고 하였다. 시의 내용은 다음과 같다.

보랏빛 구름이 바위를 가르고, 수주혈(水蛀穴)은 좁과 같네.
칼끝이 비록 평평해지려 하나 너의 모습이 옛 것을 본뜬 것임을 귀하게 여기게.
큰 배가 물속에서 쉽게 모습을 드러내고, 오무린 입이 먼지로 더러워지지 않네.
오랜 시간이 걸려 맑은 샘이 되었으니, 군자가 단속해야 함을 깨달았네.
손톱을 가리켜 마고(麻姑)를 닮았다 하여 빌려 등의 가려운 곳을 긁네.
날카로운 저 말씀들은 마음대로 하여도 내 손바닥이네.
옷 하나 입는 데도 수고로운데 편지에 수고롭지 않을 수 있겠는가.

53_"向者赴京時, 伏承贐行二物, 俱是文房珍品, 致意鄭重, 感佩無比. 而臨行未及仰暴謝悃, 歸後賦得長篇, 要作傳後之資. 敢此手寫以呈, 望垂斧敎焉." 洪良浩, "與紀尙書書", 『耳溪洪良浩全書』 卷十六, p. 330.

향기로운 차에 때로 한 번 대어 보니, 또한 번욕(煩溽)을 씻어낼 만하네.[54]

4가지 물품을 나누어 각각 1수의 시를 써 각 물품의 특징을 묘사하고 더불어 모종의 상징에 기탁하여 의의를 내포하였다. 이듬해 기효남은 홍양호에게 세 번째 예물을 보냈고 이번에도 문방구였는데 홍양호는 다시 이 예물 각각에 한 편씩의 명문을 써서 깊은 존경을 표현했다. 홍양호가 편지에서 특별히 "앞서 연산(硏山), 위두(威鬥), 호로(葫蘆), 정묵(程墨) 등의 4종의 보배를 받았는데, 세상에 드문 진귀한 것들이었습니다. 치우친 나라에서 이것들을 얻었으니 후세에 전하여 보여 줄 만한 것들입니다. 그러므로 각 물품마다 하나의 명(銘)을 붙여 현자의 하사를 아름답게 여겼습니다. 단연(端硯)은 이미 성명(盛銘)을 새기셨기에 쓸데없는 것을 감히 덧붙이지 못했습니다. 여러 문방구를 여러 차례 멀리서 보내 주셨으니 감사의 마음을 어떻게 해야 할지요!"[55]라고 언급한 데서 알 수 있듯이 홍양호는 기효남이 보낸 문방구를 매우 중요하게 여겼다.

홍양호가 저술한 『위두명(威鬥銘)』, 『호로다주명(葫蘆茶注銘)』, 『단사연산명(丹砂硏山銘)』, 『정군방묵명(程君房墨銘)』 등은 모두 그 모양을 묘사함으로써 그 기능을 표현하고 마지막에는 정감에 기탁하고 있다. 위두에 대해서는 더욱 짙은 홍미를 보이고 있어 별도의 종이에 특별히 논하며 "앞

54_"紫雲割下岩, 水蛀穴如囊. 鋒芒雖欲平, 貴爾形模古. 哆腹水易容, 縮口塵不染. 久貯仍淸泉, 君子悟防檢. 指爪肖麻姑, 藉以搔背癢. 銛利彼說能, 操縱仍吾掌. 勞披一品衣, 能無勞案牘. 香茗時一澆, 亦足滌煩溽."(淸)紀曉嵐 著, 馬松源 編, 『紀曉嵐全書』 卷十一, p. 156.

55_"前惠硏山, 威鬥, 葫蘆, 程墨等四種寶, 系希世之珍. 偏方得此, 可以傳示來後, 故一物各成一銘, 用賁賢者之貺. 端硯則旣鐫盛銘, 故不敢附贅. 而文房諸友, 屢蒙遠寄, 何等感戢!" 洪良浩, "與紀尙書書", 『耳溪洪良浩全書』 卷十六, p. 333.

서 주신 한위두는 과연 수천 년된 오래된 물건이니, 특별한 기물이라 하겠습니다. 다만 그 기물이 형태가 울두(다리미)와 비슷하나 불을 지필 수는 없습니다. 한위두는 『왕망전(王莽傳)』에 보입니다. 거처할 때에는 자리 곁에 두고, 나갈 때는 쓰고서 앞서 이끄니, 승리하고 무리에게 위엄을 보이는 것과 같은 것입니다. 그러나 지금 이것이 전래된 것이 없으니, 바로 한나라 때에는 본래 이러한 기물이 있었으나 일찍이 불을 올려 옷을 따뜻하게 한 적은 없었던 것입니다. 후세에 범동(範銅)으로 기물을 만들어 옛 제도를 보존한 것입니까? 아니면 그것으로 술이나 차를 채워 마치 당관(鐺罐)과 같은 것이었습니까? 부디 가르침을 빕니다(前惠漢威鬥, 果是數千年古物, 則可謂稀異之器. 而但其爲器形似熨斗, 不可以貯火. 漢之威鬥, 見於『王莽傳』. 而居則置諸座側, 出則負以前導, 有若壓勝威眾者. 然今此傳來者無, 乃漢世本有此器, 而未嘗貯火以暖衣, 後世乃以範銅爲器, 以存古制耶? 抑用以盛酒茶, 如鐺罐之屬耶? 幸乞指教)"[56]라고 하였는데 여기서 말하는 위두란 바로 인두이다. 전하는 바에 따르면 상(商)나라 주왕 시기에 일종의 형구로 쓰이다가 한대에 이르러 일종의 상징물이 되었다. 『한서(漢書)』『왕망전』에 의하면 "위두는 5석(石)의 동으로 만드니, 북두와 같고, 길이는 2척 5촌으로, 승리를 이끌고 무리에게 위엄을 보이려는 것이다(威鬥者, 以五石銅爲之, 若北斗, 長二尺五寸, 欲以厭勝眾兵.)"라고 하였는데, 이후 대신이 죽으면 순장품으로 하사되는 물건으로 변화하였다. 홍양호는 이것이 『왕망전』에 나온다는 사실을 알고 있었지만 어디에 사용하는지는 명확히 알지 못해 이를 물어본 것이다. 사실 이는 일종의 골동품에 불과했다.

정군방(程君房)은 만력 년간 신안(新安) 사람으로 먹을 제조하는데 매우

56_洪良浩, "與紀尚書書", 『耳溪洪良浩全書』 卷十六, p. 332.

뛰어났다. 그가 만든 먹은 광택이 나고 정갈하였으며 정밀하게 세공되었고 모양과 무늬가 매우 변화무쌍하여 명·청 시기 문인들이 매우 좋아했다. 그는 『정씨묵원(程氏墨苑)』에서 먹의 품급을 6급 약 5백여 종류로 나누고 있으며, 명·청 시기에 가장 중요한 먹 제조 전문가였다. 따라서 기효남이 보낸 정군방묵 또한 매우 구하기 힘든 진귀한 물건이었다. 그 외 호노다주, 단사연산 등도 모두 보기 드문 물건이었으므로 홍양호에게 상당히 귀중하게 받아들여졌다.

위의 내용을 통해 알 수 있듯이 그들 두 사람이 보낸 예물은 각각 다르다. 홍양호가 보낸 것은 "토산품"이라 문화적 함의는 적지만 청나라 사람들이 좋아하는 물건이었다. 기효남이 홍양호에게 보낸 물건은 모두 문방구 혹은 희귀한 공예품으로 사람들이 매우 좋아하는 것이고 더 나아가 그들의 창작욕을 촉발시킬 수 있는 것으로, 더욱 많은 문화적 함의를 나타내고 있다. 그들은 시사(詩詞)와 명문(銘文)의 자구를 통해 서로에 대한 경모의 감정을 표현하였다.

4. 홍양호의 북학사상과 기윤과의 교류관계

홍양호는 기효남과의 교류를 매우 중요하게 생각했고 기효남 역시 홍양호와의 우정을 매우 소중하게 생각하였다. 그들이 개인으로서 서로 가졌던 경모의 감정 외에 더욱 중요한 배경은 바로 청과 조선과의 관계 변화였다. 더욱이 조선의 '북학'사상은 홍대용, 박제가, 박지원 등과 같은 인물들의 호소를 거친 이후 점점 양반들, 예를 들면 홍양호와 같은 인물들의 공감을 받았다. 홍양호는 첫 번째 연행을 다녀온 후에 귀국하자마자 바로 국왕인 정조에게 상소하여 북학 계열의 일련의 정책들을 실시할 것을 요청하였고 공감을 받았다. 이 일이 있은 이후 '북학'사상은 실제적 행동으로 변화하였다. 홍양호와 기효남의 교류 또한 이러한 '북학'적 행동의 한 종류를 체현한 것이라 할 수 있다.

앞서 언급한 바와 같이 홍양호는 1차 연행에서 건륭 47년(1782)에 북경에 도착해 다음해 2월 귀국하여 5월에 한양에 도착하였다. 7월 정미(18)일, 정조에게 상소를 올려 말하길, "신이 그 동안에 외람되게도 전대(專對)하는 사명(使命)을 띠고 연경과 계주(薊州) 사이를 왕래해 보건대 산천과 성읍은 모두가 요임금과 우임금 때의 고적(古跡)이었지만, 의관과 문물은 옛날의 것이 아니었기에 둘러보고서 자다가도 한탄스러웠고, 더욱이 황왕(皇王)의 훌륭한 시절을 보게 되지 못했음이 한스러웠습니다. 그러나 땅은 곧 옛 중화의 것이고 사람은 곧 선왕들의 백성이어서, 흘러온 풍습과 남아 있는 세속은 그래도 징거(徵據)할 만한 것이 있었고, 이용과 후생의 기구에 있어서도 모두 법도가 있는 것이었습니다. 이는 대개 주관(周官)이 옛 제도가 백대토록 서로 전해지면서, 비록 여러 차례 병화의 변이 있어 화이(華夷)가 번갈아 들게 되었지만, 민생과 국가의 큰 사용하는 것에 있어서는 고금의 변함이 없는 법이어서, 마침내 어느 외국이 어찌할 수 있는 바가 아니었던 것입니다"[57]라고 하였는데, 이는 '북학파'의 대표적인 인물인 박제가의 지론과 별반 차이가 없는 것이었다. 20년 전에 박제가가 논하길,

> 지금의 청나라라는 진실로 오랑캐이다. 오랑캐가 중국을 차지하는 것이 이익이라는 사실을 잘 알기 때문에 빼앗아 차지했다. 그런데 우리나라는 빼앗은 주체가 오

57_『正祖實錄』卷十六, 正祖七年七月丁未, p. 384.

랑캐인 것만 알고 빼앗김을 당한 대상이 중국이라는 사실은 모른다. … 이제 당당 한 하나의 국가로서 천하에 대의를 펼치려고 하는 상황에서 중국의 법 하나도 배우려 하지 않고, 중국의 한자 한 사람도 사귀려 들지 않는다. 그 결과로 우리 백성을 고생만 실컷 시키고 아무런 공도 거두지 못하고, 궁핍에 찌들어 굶다가 저절로 쓰러지게 만들었다. 그럼에도 1백 곱절이나 되는 이익을 버리고 아무것도 하지 않았다. 중국을 차지한 오랑캐를 물리치기는커녕 우리나라 안에 있는 오랑캐 풍속도 다 바꾸지 못할까 봐 나는 걱정한다. 따라서 오늘날 사람들이 오랑캐를 물리치고자 한다면 차라리 누가 오랑캐인지를 먼저 분간해야 한다. 중국을 높이고자 한다면 차라리 저들의 법을 완전히 시행하여 더욱 중국을 높게 하는 것이 낫다. 다시 명나라를 위하여 원수를 갚고 우리가 당한 치욕을 씻고자 한다면, 20년 동안 힘써 중국을 배운 다음에 함께 머리를 맞대고 논의해도 늦지는 않을 것이다.[58]

청조가 중국을 침탈한 상황에서 이러한 종류의 관점은 조선의 입장에서 보았을 때 상당히 중요한 것이 될 수 있다. 왜냐하면 청이 통치하는 지역은 여전히 중국이고, "중화의 성곽, 궁실, 인민은 모두 여전히 그대로 존재"하며, 중국의 씨족 역시 예전과 마찬가지이고, 중국의 법도 또한 예전과 마찬가지이기 때문이다. 청조가 중국에 들어와 주인 노릇을 하고 있는 것은 청이 중국을 "이용하여 충분히 오랫동안 누리"는 법을 알았기 때문으로 이에 "빼앗아 점거"하고 있는 것이다. 청조가 차지하고 있는 것이 중국이기

58_"今淸固胡矣, 胡知中國之可利, 故至於奪而有之, 我國以其奪之胡也, 而不知所奪之爲中國…今也, 以堂堂千乘之國, 欲伸大義於天下, 而不學中國之一法, 不交中國之一士, 使吾民勞苦而無功, 窮餓而自廢, 棄百倍之利而莫之行, 吾恐中國之夷未可攘, 而東國之夷未盡變也. 故今之人欲攘夷也, 莫如先知夷之爲誰; 欲尊中國也, 莫如盡行其法之爲逾尊也; 若復爲前明復仇雪恥之事, 力學中國二十年後, 共議之未晚也." (朝鮮)朴齊家, 「楚亭全書·尊周論」(下)(李佑成 編, 『棲碧外史海外蒐佚本』, 서울: 아세아문화사, 1992), pp. 560-562.

때문에 이들을 이적으로 볼 수가 없는 것이다. 그들이 이미 중국이 되었고 중화와 중국을 존숭한다고 하는데, 이적을 물리친다고 하는 것은 청나라 사람을 물리치는 것이 된다. 현재 청과 중국이라는 두 존재는 이미 일체화 되었으므로 이를 존숭하면서 동시에 물리치는 것은 불가능하다고 하면서 "이적이 중화를 어지럽힘을 분히 여겨서 중화의 숭배할 만한 실정, 그것마저 물리친다는 일은 듣지 못하였다(未聞憤夷狄之猾夏, 並與中國可尊之實而攘之也)"라고 말하였다.

그러므로 박지원이 보기에는 전통적인 존왕양이의 관념은 완전히 취할 수 없는 것이었다. "존왕양이"에 우선하는 것은 바로 "중화의 유법을 완전하게 배우는 것"으로, 먼저 조선 스스로를 변화시켜야 하며, 조선이 중국을 학습하여 강해진 다음에 다시 존양의 사안을 논하여도 늦지 않다는 것이다. 그러므로 박지원은 조선이 가법(家法)처럼 여기고 있던 존주관에 대해 비평을 가하였고 존주파 인사들은 "중국 땅을 밟아 본 적도 없고 중국 사람을 만나본 적도 없는 사람"에 불과한데 오히려 큰 소리로 존주를 외치고 제멋대로 청나라 사람들을 비평하며, 눈과 귀가 완전히 틀어 막혔고 학문도 재주도 없다고 생각하였다. 그는 "학문이 중국을 버린 것인가? 아닌가?"라고 질문하면서 중국 이외에는 별다른 학문이 없는데, 존주파의 무리는 존주를 하면서도 다음과 같이 여긴다고 보았다. "지금의 중국은 옛날의 중국이 아니다"라고 하며, 그 산천은 비린내 노린내 천지라고 나무라고, 그 인민은 개나 양이라고 욕을 하고, 그 언어는 오랑캐 말이라고 모함하면서, 중국 고유의 훌륭한 법과 아름다운 제도마저 배척해 버리고 만다."[59] 조선의

59_"今之中國, 非古之中國也, 其山川則罪之以腥羶, 其人民則辱之以犬羊, 其言語則誣之以侏離, 並與其中國固有之良法美制而攘斥之." (朝鮮)樸趾源, "北學議序", 「燕岩集」 卷六, 『影印

전통적인 존주파에 대해 매우 엄격한 비판을 가하면서 그는 실학파에서 가장 걸출한 대표적 인물이 되었다. 박지원과 박제가라는 대표적인 북학파의 출현으로 전통적인 존주 관념은 폐기되었으며 조선 왕조를 부강하게 만들기 위해서 마땅히 적극적으로 청조에게서 배워야 한다는 쪽으로 주장이 변화했는데 이는 청조가 조선이 학습할 수 있는 유일한 통로였기 때문이다. 이러한 종류의 관념상의 변화는 조선 왕조의 입장에서 볼 때, 청조를 인정하게 되는 하나의 표지라고 말할 수 있다.

하지만 가령 홍대용, 박지원, 박제가 등 북학파의 인물들이 북학을 주장했다고 하더라도 그들은 관료의 자제이거나 혹은 중인에 불과하였다. 그렇지만 홍양호는 당시의 최고위직에 있는 관료이고 정조의 중신이었으므로 그 또한 이러한 견해에 공감하고 있다는 것은 원래의 존주파적 관점이 완전히 변화하여 북학사상이 이미 조선 사대부에게 보편적으로 받아들여지고 있음을 나타내는 매우 중요한 지표라 할 수 있다. 그는 이어서 "신이 일찍이 간편(簡編)한 내용에서 조금이나마 한두 가지를 연구하여 헤아린 것이 있었기는 해도, 귀로 듣게 된 것이 눈으로 보게 된 것만은 못한 법인데, 이제 와서 몸으로 그 땅을 밟아 보니 대개 놀랍게도 믿을 만한 것이 있었습니다. 대저 풍습을 관찰하고 세속을 물어봄은 사신의 직책인 것이기에, 삼가 국가의 계책에 도움이 되고 민생의 사용에 절실한 것들을 취택하여 여섯 가지 조목으로 나누어 아래 구절에 열거하였으니, 오직 성명께서 살펴보아 주소서"[60]라고 하며, 한 차례 연행으로 인해 홍양호는 귀국한 후에 바로 정조에게 6개 항목을 상소하여 청조를 배워 이를 통해 조선의 낙

標點韓國文集叢刊』 第252冊, (서울: 민족문화추진회, 2000), p. 109.

60_『正祖實錄』 卷十六, 正祖七年七月丁未, p. 384.

후된 면모를 변화시킬 것을 희망하였다. 그 사상은 북학파의 박제가와 서로 동일한 것으로 그가 이러한 사상을 받아들이게 된 원인 또한 박제가와 동일하다.

그는 북경에 감으로써 청조의 진정한 상황을 목격하였고 이로 인하여 조선의 상황을 변화시킬 수 있는 여섯 항목의 조치를 건의하였는데 그것은 바로 거제(車制), 벽법(甓法), 목려양(牧驢羊), 금동기(禁銅器), 파모자(罷帽子), 이화어(肄華語)이다.

첫 번째 조항인 거제(車制)는 중국 역사상의 수레 제도와 그 연원, 장점 등을 설명한 후 다음과 같이 말하였다. "오늘날 수레를 운행하려고 한다면 그 방법을 중국에서 취해 오는 것이 좋으니, 먼저 여러 군문(軍門) 및 양서(兩西)의 감영·병영과 의주(義州) 등의 장소에서 수레 장인을 연경에 보내어 모든 수레의 제작을 모사(摸寫)해다가 각각 몇 량씩을 만들도록 하고, 먼저 내다 사용하여 각자가 편리함을 보도록 한다면, 각 고을들이 본받게 되고 여타의 도에서도 본받게 되며 부호들도 본받게 되어, 몇 해가 지나지 않아서 온 나라에 퍼지게 되어, 이익이 넓어짐이 이루 말할 수 없게 될 것입니다. … 그러므로 일단 수레 제도를 시행하게 된다면 국가는 부요해지기를 기약하지 않아도 자연히 부유해지며, 민생들이 풍족해지기를 기약하지 않아도 풍족해지고, 군사가 강해지기를 기약하지 않아도 자연히 강해지는 법입니다."

두 번째 조항인 벽법(甓法)은 벽돌의 연혁, 제조법, 용도 등을 소개한 후 중국의 부유함과 벽돌 사용의 관계를 언급하였다. "그렇다면 벽돌 사용이 용이함은 더욱 더 수레 사용과도 비교가 안 되는 것이니, 신은 청컨대 또한 군문으로 하여금 연경의 사행에 사람을 딸려 보내 제작하는 방법을 가져다가 그 법대로 제조하도록 하여, 먼저 궁성(宮城)부터 시작하여 헐어지는 대로 개축하게 하고, 이어 제작하는 방법을 여러 도에 반포하여 모든 관방(關防)과 주군(州郡)의 성 가운데 마땅히 보수해야 할 데와 성이 없어서 새로 쌓아야 할 데에 모두 벽돌을 쓰도록 하되, 쌓아 가는 방법은 한결같이 중화의 제도대로 하도록 한다면, 나라를 굳건하게 만들고 변방 방어를 튼튼하게 하는 방도에 있어서 어찌 대단하게 되지 않겠습니까? 공사의 가옥이나 민생들이 일용하는 자재로 삼는 것은 곧 그 다음의 일입니다."

세 번째 조항인 목려양(牧驢羊)에 관해서는 다음과 같이 말하였다. "진실로 연경의 저잣거리에서 많이 사다가 목장에 놓아기르며 종자가 번식한 것을 가져다가 국가의 사용에 대비한다면, 타고 다닐 것이 여유가 있게 되고 융마(戎馬)도 자연히 족하게 될 것이며, 혹시라도 수레 제도를 시행하게 되어 타고 다니거나 싣고 다니기에 사용한다면 소와 말의 절반을 담당하게 되어, 상인과 행려들이 펴지게 되고 민생들이 복리를 입게 될 것입니다. 대저 목축 행정은 비용이 적고 이익이 원대해야 하는 법이니, 당나귀와 양을 기름은 곧 소와 말을 기르게 되는 것으로써, 소와 말이 번성하면 백성들이 부유해지고 군사가 강해지게 될 것입니다."

네 번째 조항인 동기(銅器)의 사용을 금지하는 이유는 중국에서 사용하지 않기 때문이다. 다섯 번째 조항인 파모자(罷帽子)에 대해서는 "특히 모자 한 가지는 가장 쓸데없이 허비하는 것으로써, 국가의 재정을 손상시켜 빠져 나가게 하는 것으로 이보다 더한 것이 없으니 시급히 그 구멍을 막지 않을 수 없습니다"라고 하였고, 여섯 번째 조항 이화어(肄華語)는 중국어에 능통한 인재를 많이 배양하여 이로써 양국의 교류를 편리하게 할 것을 요구하였다. 정조는 이 상주문의 내용을 조정 대신들에게 토론하도록 하였다. 비변사에서 말하길,

수레 제도를 창시하여 시행하는 일에 있어서는, 수레 사용은 진실로 민생과 국가에 관계가 있는 것이니, 각 군문으로 하여금 따로 기교가 있는 사람을 가려 놓았다가 절사(節使)가 연경에 가게 될 때에 데리고 가도록 하여, 갖가지 수레 제도를 하나하나 모사해다가 그대로 본받아 만들게 하기 바랍니다. 흙벽돌을 구워 내는 일에 있어서는, 벽돌을 굽자는 의논이 그 전부터 있었지만 시험해 보지 못했습니다. 청컨대 군문으로 하여금 연경에서 제도를 가져오되 구워 내는 방법을 자세히 탐지해 오도록 하여, 수용하게 될 수 있게 하기를 바랍니다. 당나귀와 양을 목축하는 일에 있어서는, 먼저 만부(灣府)로 하여금 약간의 당나귀와 양을 무역해 오도록 하여, 당나귀는 널찍하고 조용한 목장에다 방목하도록 하고, 염소는 관서의 각 고을에 나누어 주며 저들에게 키우는 방법을 본받아 널리 번식시키는 방도를 마련해야 합니다. 구리 그릇의 사용을 금지하는 일에 있어서는, 돈 주조에 사용해야 할 것을 보충하기 위함인데, 영구히 사용을 금하게 된다면 소란이 생기게 될 우려가 없지 않으니, 그대로 두기 바랍니다. 모자 무역을 금단하는 일에 있어서는, 사행의 비용이 오로지 모자의 세수(稅收)에 의존하고 있으니, 대신할 세수를 다시 설정하기까지 기다렸다가 다시 논의하여 확실하게 정하여 처결하기 바랍니다. 화어를 학습하는 일에 있어서는, 두 나라가 심정을 통해 가기는 오로지 언어에 달려 있으니, 거듭 사역원의 옛 법제를 엄격하게 하고 삼학(三學)의 강규(講規)도 닦아서 복구하도록 하고, 문신을 신칙하여 화어를 익히게 하고, 상서에게도 몽학(蒙學)을 익히도록 권고하여, 그 전처럼 포기하는 일이 없게 하기 바랍니다.[61]

가령 홍대용, 박제가, 박지원 등과 같은 인물들의 호소가 단지 일부 사대부들의 호응만을 불러 일으켰다고 한다면 홍양호의 상소는 국왕인 정조의 재가를 거쳐 비변사에 의해 안배되어 마침내 전국에 널리 퍼지게 되었다. 때문에 홍양호는 '북학'사상을 실천하여 여러 가지 행동으로 옮겼다고

61_『正祖實錄』卷十六, 正祖七年七月丁未, p. 384.

말할 수 있다. 비록 홍대용 등 인물들에 비해서 30여 년 정도 늦기는 했지만 사회에 끼친 영향력의 측면에서 말하자면 홍양호의 호소에 이르러서야 제대로 된 실효를 거두었다. 이 상소문은 그가 처음 사신으로 갔다가 돌아와서 올린 것으로 12년이라는 세월이 지난 다음 이미 많은 조치들이 시행되었고 조선 사회에는 그 영향이 나타났다. 때문에 2차 사행의 기간 동안 그가 더욱 적극적으로 청조의 학인들과 교류하려고 했던 것은 모종의 측면에서 해석이 가능하다. 그가 왜 기윤에게 그렇게까지 적극적으로 교류를 시도하였는지에 관해서, 중국 문단의 최고위 인사와 교류함으로써 조선에 더 큰 변화를 가지고 올 수 있고 조선 근대에 이용후생의 학문의 직접적인 추진을 진정으로 시행할 수 있게 되었으므로 이는 매우 중요한 위치를 차지하고 있다.

그 외, 몇 가지 다른 요소들이 있다. 앞서 여러 차례 언급하였다시피 기효남과 홍양호는 문단의 영수이자 조정의 중신이고 또 당시 두 사람의 상황도 유사하다. 두 사람 모두 나이가 들수록 지위가 점점 올라갔고 점점 중용되었다. 가경 4년(1799) 정월 3일 건륭제가 사망하고 18일 화신(和珅)이 자결하였다. 그 후 기효남의 지휘는 점점 더 높아져서 다시 예부 상서와 병부 상서를 맡았고 협판대학사의 지위에 오르는 등 1805년 사망할 때까지 계속 중용되었다. 가경 10년(1805) 2월 14일 기효남이 사망하자 가경 황제는 친히 『어제문』을 썼을 뿐 아니라 『어사비문(御賜碑文)』도 썼는데 평가가 지극히 높다.

1800년에 조선에서 정조가 사망하고 순조가 왕위를 계승하였는데, 그 때 홍양호는 정조의 고명대신으로서 정조가 죽고 순조가 왕위를 계승하는 변고의 과정 중에 가장 중요한 문인인 대제학으로서 일련의 주요 문서들의 초안을 작성하였다. 예를 들어 『정조대왕시장(正祖大王諡狀)』, 『순조등극

조서(純祖登極詔書)』, 『태후수렴반교문(太后垂簾頒教文)』과 조선 사신들이 지참한 『고부주문(告訃奏文)』, 『청시자문(請諡諮文)』, 『청승습주문(請承襲奏文)』 등은 모두 홍양호의 손에서 나온 것으로 당시 가장 중요한 문서를 모두 기초하였던 것이다.[62]

그러므로 당시 조선 국내에서 그는 지고무상의 문인으로 아마도 바로 이 이유 때문에 홍양호는 더욱 기윤과의 우정을 소중하게 생각하였을 것이다. 왜냐하면 조선 국내에서는 연령으로 보나 지위로 보나 학식으로 보나 이렇게 잘 맞는 인물을 찾을 수가 없었기 때문이다. 1802년 정월 15일에 홍양호가 사망하였다. 『순조실록』에서는 "문장이 아순(雅馴)하고 전칙(典則)이 있었으니 같은 시기의 관각의 신하들 가운데 그보다 나은 이가 드물었다. 정묘(正廟) 때에 조정의 의논이 대국(大國)에 전화(錢貨)를 요청하니 홍양호가 기백으로서 상소하여 간쟁하였다. 뒤에 저들에게 저지를 당하게 되니 세상에서 문인이 소활한데도 높은 식견이 있다고 칭찬하였다"라고 그를 평가하였다.[63]

이상을 종합하면, 홍양호는 첫 번째 중국 방문에서 '북학'사상을 받아들였고, 귀국 후에 바로 정조에게 상소하여 6개 항목의 '북학'정책을 실시할 것을 요청하였고 결국 조선의 '북학'사상을 행동으로 전환시켰다. 이러한 북학사상의 인도 아래 홍양호는 두 번째 중국 방문에서 기효남을 알게 되었다. 비록 북경 체류 기간 중에 그들은 별다른 밀접한 교류가 없었지만 홍양호가 자신의 시문을 기효남에게 보내 평가를 받고자 하였고 기효남은 시와 문 각각에 서문을 쓰고 그 시문에 대해 매우 높은 평가를 내림으로써 향

62_『純祖實錄』 卷一, 純祖繼位年七月甲申, 八月癸醜, p. 326, p. 332.
63_『純祖實錄』 卷四, 純祖二年正月丁亥, p. 422.

후 그들의 교류에 기초를 단단하게 다졌다. 귀국 후에 서신을 왕래하고, 시부(詩賦)를 주고받고, 감정을 표현하고, 학술을 탐구하고 토론하는 것은 그들 말년에 주목할 가치가 있는 하나의 중요한 사안이 되었다. 당시 청과 조선 두 나라 문단의 영수이자 조정의 중신으로서 그들의 우정은 매우 큰 의의가 있으며 그들은 서로 동일한 학술적 문제에 대해서 토론하고, 관점을 교류하여 중국과 조선 양국 학문이 이미 같은 세계를 향해 함께 나아가고 있음을 보여 주었다.

참고문헌

『正祖實錄』
『純祖實錄』
林基中 編. 2001.『燕行錄全集』. 서울: 동국대학교출판부.
(朝鮮)朴齊家 著. 李佑成 編. 1992.「楚亭全書·尊周論」(下)『棲碧外史海外蒐佚本』. 서울: 아세아문화사.
(朝鮮)徐瀅修. 1999.「明皋全集」.『影印標點韓國文集叢刊』第261冊. 서울: 민족문화추진위원회.
(朝鮮)柳得恭. 1999.「泠齋集」.『影印標點韓國文集叢刊』第260冊. 서울: 민족문화추진회.
(朝鮮)洪敬謨. ____.『耘石外史』後編. (출판지/출판연도 미상)
(朝鮮)洪大容. 2000.「湛軒書」.『影印標點韓國文集叢刊』第248冊. 서울: 민족문화추진위원회.
(朝鮮)洪良浩. 1982.『耳溪洪良浩全書』. 서울: 민족문화사.
__________. 2000.「耳溪集」.『影印標點韓國文集叢刊』第241冊. 서울: 민족문화추진위원회.
(淸)紀曉嵐 著. 馬松源 編. 2000.『紀曉嵐全書』. 北京: 中國戲劇出版社.
(淸)昭槤. 1980.『嘯亭雜錄·雜錄』. 北京: 中華書局.
(淸)劉聲木. 1989.『萇楚齋隨筆』. 北京: 中華書局.
(日)夫馬進. 2008.“1765年洪大容的中國京師行與1764年朝鮮通信使”.『復旦學報』第4期.
賀治起. 吳慶榮 編. 1993.『紀曉嵐年譜』. 北京: 書目文獻出版社.
黃時鑒. 1999.“紀昀與西學: 從一篇佚文談起”.『文史』總第46輯.
____. 1998.『東西交流史論稿』. 上海: 上海古籍出版社.
金柄瑠. 1994.“影響. 接受與互補: 19世紀中朝文人的文學交往”.『延邊大學學報』第2期.
_____. 1991.“朝鮮北學派對淸代文學的批評與接受”.『延邊大學學報』第3期.
牛林傑, 李學堂. 2007.“17~18世紀中韓文人之間的跨文化交流與文化誤讀”.『韓國研究論叢』第15輯.
李敦球. 1998.“論18世紀後期朝鮮進步文人的中國外交使行”.『世界歷史』第3期.
劉爲. 2001.“朝鮮赴淸使團的文化交流活動”.『中國邊疆史地研究』第3期.
(韓)樸現圭. 2003.“朝鮮使臣與北京琉璃廠”.『文獻』第1期.
祁慶富, 金成南. 2004.“淸代北京的朝鮮使館”.『淸史研究』第3期.
孫衛國. 2007.『大明旗號與小中華意識: 朝鮮王朝尊周思明問題研究. 1637~1800』. 北京: 商務印書館.
_____. 2007.“淸乾嘉時期中朝士人之學術交誼: 以朝鮮'韓客巾衍集'之西傳淸朝及其關涉之士人交往爲中心”.『中國文化研究所學報』第47期.
_____. 2006.“朝鮮燕行士人與淸朝儒生: 以洪大容與嚴誠. 潘庭筠. 陸飛交往爲中心”. 楊龍主編.『東北亞社會經濟文化與區域合作』. 天津: 南開大學出版社.

王振忠. 2011. "朝鮮燕行使者與18世紀北京的琉璃廠". 『安徽史學』 第5期.
王政堯, 赫曉琳. 1998. "簡論'燕行錄'與淸代中朝文化交流". 『韓國學論文集』 第7輯.
溫兆海. 2006. "淸代中朝文化交流的歷史視閾: 以乾嘉時期爲中心". 『東疆學刊』 第4期.
楊雨蕾. 2011. 『燕行與中朝文化關係』. 上海: 上海辭書出版社.
張存武. 1978. 『淸韓宗藩貿易. 1637~1894』. 南港: 中央硏究院近代史硏究所.
張升. 2007. "朝鮮文獻與四庫學硏究". 『社會科學硏究』 第1期.
張維屛. 1998. 『紀昀與乾嘉學術』. 臺北: 臺灣大學文史叢刊.
周積明. 1994. 『紀昀評傳』. 南京: 南京大學出版社.
朱七星. 1995. "淸代考據學與金正喜的實學思想". 『延邊大學學報』 第2期.
과천문화원 편. 2007. 『秋史와 韓中交流』. 과천: 과천문화원.
과천시, 과천문화원, 추사연구회. 2009. 『金正喜와 韓中墨緣』. 과천: 과천문화원.
진재교. 2003. "18세기 朝鮮朝와 淸朝 學人의 학술교류: 洪良浩와 紀昀을 中心으로". 『古典文學硏究』 23호.
藤塚鄰 著. 藤塚明直 編. 1975. 『淸朝文化の東傳 - 嘉慶. 道光學壇と李朝の金阮堂』. 東京: 國書刊行會.
藤塚鄰另. 1947. 『日鮮淸の文化交流』. 東京: 中文館書店.

8장

추사 김정희의 연행과 학술 교류를 통해서 본 19세기 초 한중 학술·문화 공동체

김준석

1. 들어가며: 동주 이용희의 추사론

지난 1970년대에 처음 출간되고 1995년에 개정판이 출간된 『우리나라의 옛 그림』에서 동주 이용희(東洲 李用熙, 1917~1997)는 책의 한 장을 할애하여 추사 김정희(秋史 金正喜, 1786~1856)의 서도와 그림에 대해서 이야기한 바 있다.[1] 여기에서 동주는 문인화가로서 김정희의 업적과 위상을 평가하고 그가 당시의 조선 미술계에 끼친 영향을 설명하고 있다. 평소 추사의 예술 세계에 대한 높은 식견으로 이름이 높았던 동주인지라 조선 회화사를 다룬 책의 상당 부분을 그에 할애한 것은 당연해 보인다. 다만 그의 글을 직접 살펴보면 추사의 예술 세계에 대한 동주의 평가가 찬사 일색만은 아님을 쉽게 알 수 있다.

1_이동주, 『우리나라의 옛 그림』(학고재, 1995).

먼저 동주는 추사의 중국 편향에 대해 그다지 호의적이지 않다. 중국 문화에 관한 식견에서 조선 내에서 누구도 자신을 능가할 수 없다는 자부심을 가진 추사가 '내 청나라 서울에 가서 여러 사람과 같이 사귀도다'는 글의 첫 머리에 "내 낳은 곳은 미개한 나라 진실로 촌스러우니, 중국의 인사와 교제하기에 부끄러움이 많고나"라고 쓴 바 있는데, 이를 두고 동주는 "외교의 투가 설령 있다 하지만 오늘날 보면 심히 맹랑하다"고 평하고 있다. 동주는 추사의 서체와 금석문에 대한 관심, 그의 서화의 독특한 스타일 등이 모두 청조의 문물을 최고로 치면서 이를 모방하고자 한 추사의 성향으로부터 비롯되었음을 지적한다. 동주는 또한 추사의 부친 김노경(金魯敬)을 탄핵한 상소에 등장한 '요자(妖子)'라는 표현을 놓고 이는 평소에 추사의 중국 편향을 못마땅하게 여긴 당대인들이 그를 지칭하기 위해 쓴 표현임에 틀림없다고 언급하기도 한다.[2]

추사의 중국 편향이 추사 개인 차원의 문제에 머물렀다면 동주는 이를 그리 심각하게 여기지 않았을 것이다. 문제는 추사의 중국 취향이 추사 당대와 그의 사후, 즉 19세기 중반과 후반에 동주가 "완당(阮堂) 바람"이라 이름 붙인 사조를 형성하는 데까지 이어졌다는 점이다. 그리고 이 사조로 인해 18세기 후반과 19세기 초반 조선에 막 자리 잡으려던 화풍에 있어서의 새로운 움직임이 좌절을 겪어야 했다는 점이다. 추사가 자신의 이름을 본격적으로 알리기 시작할 무렵 조선 화단에서는 중국의 화법을 모방하고 답습하는데 그치지 않고, 자생적이고 '조선적인' 화풍을 정립하려는 일련의 노력들이 이루지고 있었다. 동주는 겸재 정선(謙齋 鄭敾, 1676~1759)의 '진

2_이동주, 앞의 책, p. 321.

경산수(眞景山水)'와 영·정조와 순조 시대에 유행했던 이른바 '속화(俗畵)'에 의해 확립된 화풍을 이러한 자생적 화풍의 대표적인 성과로 본다. 하지만 "완당 바람"의 등장은 조선 화단에 막 자리 잡기 시작한 이러한 새로운 기운을 꺾는 데 결정적인 역할을 한다. 동주는 다음과 같이 지적한다.

> 완당이 태어난 정조 때는 마침 우리나라에서 처음으로 이른바 진경산수와 속화라는 일종의 새 화풍이 꽃봉오리같이 피어오르던 때였다. 옛 그림이 만일 그대로 그러한 풍조를 타고 갔더라면, 혹은 새로운 기법 새로운 화법 위에 선 새로운 근대미를 그림 속에서 찾았을지도 몰랐다. 그림이 그림의 본도인 회화적 현실감에 되돌아가서 테마를 구하게 되어야 현실의 감각에서 출발하여 현실을 넘는 회화미의 새로운 탐색도 가능할 것으로 생각된다. 적어도 화보나 남본(藍本)의 세계에 잡히거나 또 아예 바탕이 없는 중국의 이념미를 이 풍토에서 모방하는 매너리즘을 피할 기회는 있음직하였다. 그런데 그것이 다 옛 그림에서 허사가 된 셈이다.[3]

물론 완당이 자생적 화풍의 쇠락을 직접 의도한 것은 아니었다. 하지만 결과적으로 그렇게 되었을 뿐이라 하더라도 추사의 예술적 유산이 조선 화단에 (적어도 동주의 관점에서) 긍정적이지 못한 영향을 끼쳤음은 의심할 여지가 없다. 그렇다면 '우리나라의 옛 그림'의 역사에서 추사의 위치는 부정적으로 평가되어야 하는가? 아이러니한 사실은 동주가 그 모든 아쉬움에도 불구하고 추사의 성취가 진정으로 탁월했다는 점을 부인하지 못한다는 것이다. 즉 그의 서체나 화법이 중국의 영향을 크게 받았고 조선의 자생적인 화풍이 뿌리 내릴 수 있는 기회를 앗아가는 데 기여했다는 사실과는 별개

3_이동주, 앞의 책, p. 352.

로, 추사 예술 세계의 높은 성과를 그 자체로 인정할 수밖에 없었던 것이다.

추사 예술 세계의 두드러진 특징은 서법에서나 화법에서 기술적인 측면이 과도하게 부각되는 것을 경계하고, 대신 학식이 높고 수양이 깊은 사대부가 자신의 '심의(心意)'를 최대한 꾸밈없이 자연스럽게, 한대(漢代) 예서(隸書)체에서 보이는 '고졸(古拙)'한 느낌을 그대로 간직하는 방식으로 표출하는 것을 예술의 최고 경지로 보는 데 있었다. 하지만 '무혜경(無蹊逕)의 경지', '문자향(文字香)'과 '서권기(書卷氣)'로 표현되는 추사의 이와 같이 세련된 고차원의 예술 세계는 또한 "고도의 교양과 날카로운 감상안을 지닌 사람만이 지닐 수 있는 이념미(理念美)"를 표현하는 데 중점을 둔 "철저하게 귀족 취미"였다는 특징을 지녔다. 극히 일부의 사람들을 제외하고 널리 확산되기 어려운 종류의 예술이었던 것이다. 따라서 그 영향력은 그야말로 '바람'에 그칠 뿐 하나의 일반적인 화풍이나 사조로 정립되기는 어려웠다고 할 수 있다. 동주의 표현에 따르면 추사는 "모르는 사이에 도저히 올라갈 수 없는 고봉(高峯)을 뭇사람들에게 가리키고 있는" 형국이었다.[4]

결국 동주는 추사의 예술 세계에 대해서 '양가적'인 감정을 가졌던 것으로 보인다. 그의 예술이 중국 문화에 대한 편향에서 비롯된 점, 관념적인 문인화 전통에 기초한 일대 유행을 일으킴으로써 자생적인 화풍을 정립하려는 기존의 노력을 좌초시킨 점, 현실과 세상과 유리된 채 시대의 조류와 어긋나는 방향으로 조선의 예술 사조를 이끌었다는 점은 두고두고 아쉬움의 이유가 된다. 하지만 이 모든 한계에도 불구하고 추사가 이룬 더할 나위 없이 높은 성취는 그의 예술 세계에 대한, 그리고 그의 학문 세계와 삶에

4_이동주, 앞의 책, p. 353.

대한 관심을 멈출 수 없게 한다. 어쩌면, 어떤 한 명의 인물이 시대적 조류와 동떨어져서 모든 이들이 우러러마지 않는 예술적 성취를 거둘 수 있었다는 사실 자체가 동주를 비롯한 연구자들의 추사에 대한 관심과 매혹의 가장 중요한 이유가 되고 있는 듯하다.

다음 글은 중국 연행이 추사 김정희의 학문 세계와 예술 세계에 미친 영향을 다룬다. 연행은 추사의 중국 문화와 문물의 우월성에 대한 믿음을 크게 고양시켰고, 추사는 평생토록 그러한 믿음을 포기하지 않았다. 추사의 학문 세계와 예술 세계는 그야말로 중국 문화·문물에 대한 숭배의 감정에 기초했다. 글씨와 그림에서도 추사는 철두철미하게 중국의 서법과 문인화 전통을 지향했다. 추사체의 경우 그 서체의 독자성은 부인할 수 없으되, 그러한 독특한 서체를 만들고자 한 추사의 근본적인 의도가 흔히 이야기되듯이 중국과는 다른 자생적인 '무엇'을 가지고자 하는 데 있었다고 말하기 어렵다. 추사는 비록 몸은 조선에 있지만 정신적, 문화적으로는 자신이 중국에 속해 있다고 믿었고, 실제로 중국의 문인, 지식인, 예술인들과 활발한 교류를 평생 멈추지 않았다. 추사에게 중국의 문화는 보편 문화 그 자체였다. 추사는 자신을 그러한 보편적 학술·문화 공동체의 일원으로 여겼던 것으로 보인다. 추사체의 의의는 보편적 공동체를 지향하는 추사가 그 공동체의 기준과 규범, 이상형 내에서 자신의 독자적인 위치를 자리매김하려 하는 가운데 발전해 나온 서체라는 데 있다. 그 결과 오늘날의 시각에서 보아도 그 탁월한 조형미와 예술성에 감탄을 금치 못하게 하는 서체가 가능하게 된 것이다. 그리고 동주가 지적했듯이 미학적으로는 탁월하되 '시대적 소명'과는 잘 부합하지 않는 예술 세계가 탄생하게 된 것이다. 추사가 그의 나이 24세 되던 해(1809)에 떠난 연행은 이 모든 것의 출발점이었다.

2. 연행과 중국-조선 학술·문화 공동체의 형성

김정희의 생애는 크게 두 시기로 구분될 수 있다. 55세 되던 1840년 제주도로 귀양을 가기 이전 시기와 귀양을 간 이후부터 경기도 과천에서 71세로 세상을 떠난 1856년까지의 시기를 나눌 수 있는데, 이는 제주도 귀양 이후 서체와 그림에서 추사의 예술 세계가 무르익고 만개하게 된데 따른 것이다.[5] 하지만 추사의 삶에서 1840년 못지않게 중요한 해가 있었으니 24세의 추사가 부친 김노경(金魯敬)의 자제군관(子弟軍官) 자격으로 연행을 떠난 1809년이다. 이 연행을 계기로 추사는 평생에 걸쳐 지속하게 될 중국의 학자, 문인들과의 교류를 시작하게 된다. 사실 추사는 연행 훨씬 이전부터 이에 대한 동경을 키워 오고 있었다. 특히 15세 무렵부터 네 차례에 걸쳐 중국을 여행한 경험이 있는 초정 박제가(楚亭 朴齊家, 1750~1805)에 사숙하면서 그 동경은 더욱 커졌다. 그리하여 연경에 도착했을 때 추사는 어린 나이였음에도 불구하고 이전에 연행 길에 오른 그 누구보다도 청조 학문과 예술의 최신 동향에 대해 상당한 지식과 정보를 갖추고 있었다.

이는 연경에서 교류한 청나라 인사들로부터 그의 학식에 대한 찬사를 이끌어 내는 중요한 이유가 되었다. 특히 추사가 연경에 30~40여 일 체류하면서 만난 이들 중 이후 추사의 삶에 가장 큰 영향을 끼친 담계 옹방강

5_더 자세한 구분법에 의하면 ① 태어나면서부터 연경에 다녀오는 24세까지의 수업기, ②연경을 다녀온 25세부터 과거에 합격하는 35세까지의 학예 연찬기, ③ 관직에 나아가는 35세부터 제주도로 귀양 가는 55세까지 20년간의 중년 활동기, ④ 55세부터 63세까지 제주도에서 귀양살이하는 9년간의 유배기, ⑤ 제주도 귀양에서 풀려난 뒤 세상을 떠나는 71세까지의 만년기의 다섯 시기로 추사의 생애를 구분해 볼 수 있다. 유홍준, 『김정희』(학고재, 2006), p. 306.

(覃溪 翁方綱, 1733~1818)은 추사의 영민함에 크게 매료된 것으로 보인다. 금석학의 대가이자 서예가, 청동명문과 석각 분야의 권위자, 수집가이자 장서가였던 옹방강은 50년 연하의 추사를 자신의 서재인 석묵서루(石墨書樓)에서 만나 귀한 책과 비첩들을 보여 주면서 호의를 베풀었다. 추사는 조선에 돌아간 이후에도 옹방강이 세상을 떠난 1818년까지 서신을 통한 교류를 계속했다.

추사와 중국 학자들과의 학술·문화 교류에 관한 대작을 저술한 후지츠카 치카시(藤塚鄰)에 따르면, 추사는 옹방강 이외에도 당대의 고증학자인 운대 완원(芸臺 阮元, 1764~1849)을 비롯하여 주학년(朱鶴年), 이임송(李林松,), 홍점전(洪占銓) 등 연경의 명사들과 교류했다. 추사는 조선으로 돌아온 후 이들 대다수와 서신을 주고받았다. 사실 연경에서의 짧은 체류는 추사의 평생에 걸친 중국 학술·문화 공동체와의 교류를 촉발시킨 하나의 계기에 불과했고, 진정으로 내실 있는 학문적, 예술적 교류는 연행 이후의 서신 왕래를 통해 이루어졌다고 보는 것이 적절하다. 당시 서신 왕래를 통한 학문 교류는 청대 학자들과 지식인들 사이에서는 매우 일반화된 현상이었다. 이 시대 중국 학술·문화 공동체에서 서신은 그것을 보낸 이와 받는 이 사이의 사적인 교류에 그치지 않고, 여러 명이 서로 돌려 보고 필사하여 토론하는 대상이었다.[6] 이러한 관행은 특히 청대 고증학자들 사이에서 두드러졌는데, 중국 학자들 사이에서 추사의 서신은 그러한 대우를 받았던 것 같다. 그 결과 연행 길에서 직접 조우한 학자, 문인들 이외에도 서신을 통해 새로운 이들과 교류하게 되었는데, 오숭량(吳嵩梁), 섭지선(葉志詵,

6_벤자민 엘먼 지음, 양휘웅 옮김, 『성리학에서 고증학으로』(예문서원, 2004), pp. 394-396.

1779~ 1863), 이장욱(李璋煜), 왕희손(汪喜孫) 등이 대표적인 인물들이다.

이들 중 특히 추사와 긴밀한 관계를 유지한 인물들 중 하나인 섭지선과의 교류를 예로 들어보자. 섭지선은 추사와 금석학에 대한 관심을 공유했고, 십 수 년에 걸쳐서 많은 문적, 탁본, 기물 등을 추사에게 보내 줌으로써 추사가 중국 학술·문화 공동체의 일원이 되게 하는데 지대한 공헌한 인물이다.[7] 한 번은 섭지선이 평소 추사가 간절히 갖길 원하던 옹방강의 『제경부기(諸經附記)』, 『소재필기(蘇齋筆記)』의 필사본을 보내 주었는데, 이와 관련하여 한 서신에서 그는 다음과 같이 쓰고 있다.

> 저는 늘 부본 2통을 써서 손수 교감을 하여 하나는 귀하께 보내 보관케 하고 하나는 저의 책 상자에 간직합니다. 요사이 글씨 쓰는 사람 2인을 집으로 불렀는데 『역부기(易附記)』는 아직 다 베끼지 못하였고 『소재필기』 16권은 우선 『제경부기』보다 앞서 베꼈습니다. … 『제경부기』 전체는 올해 가을과 겨울 3차례 모두 베껴서 사신 편으로 모두 부쳐드리도록 해서 결코 각하의 간곡한 바람을 헛되게 하지 않겠습니다.[8]

서찰에 따르면 섭지선은 추사에게 최대한 빠른 시일 내에 그가 원하는 책의 필사본을 전달하기 위해 2인의 필경사를 고용했던 것으로 보인다. 이로부터 우리는 섭지선이 추사와의 교류에 얼마나 많은 관심과 노력을 기울

7_후지츠카 치카시 지음, 윤철규·이충구·김규선 옮김, 『추사 김정희 연구(청조문화 동전의 연구)』(과천문화원, 2008), p. 532.

8_"詵每書綠副二分 手自校勘 一寄尊儲 一藏敝笥 邇來家延書手二人 易附記尙未寫全 筆記十六卷 先經寫就 … 至經設全帙 趁今歲秋冬三次使便 儘寫儘寄 斷不虛閣下吨懇之願也," 후지츠카 치카시, 앞의 책, p. 544에서 재인용.

였는지 알 수 있다. 또 "각하의 간곡한 바람" 운운한 것으로 보아 추사 역시 꽤나 여러 차례에 걸쳐 섭지선을 채근했던 것 같다. 이러한 교류가 중국 학자가 조선의 학자에게 일방적인 호의를 베푸는 식은 아니었다. 같은 편지에 따르면 추사 역시 섭지선에게 많은 물품과 책을 보내 주었다. 섭지선은 완당이 보내 준 선물에 대해 "거듭 진귀한 물건을 주시어 은혜가 진실로 많습니다. 일남의 각종 진품은 더욱이 극진한 문방의 이채이니 친구들이 부러워하지 않는 사람이 없고, 한편으로 마음에 고상한 우의로 새겨지기도 합니다"라고 고마움을 표시하는 한편, 추사에게 서적과 비문의 탁본을 보내 줄 것을 부탁하기도 했다. "『동국사감(東國史鑒)』 간행본, 『계원필경(桂園筆耕)』 간행본, 『기전고(箕田考)』 간행본을 모두 찾아서 보내 주시고 석각(石刻) 역시 구해 널리 찾아서 다시 보내 주시기를 간절히 기원합니다."[9]

추사와 중국 학술·문화 공동체 구성원들 사이의 교류에서 한 가지 주목할 점은 그 교류의 양상이 이방인인 추사가 단순히 관찰자 혹은 참관인의 위치에서 선진 문물의 동향을 리뷰하고 수용하는데 그치지 않았다는 사실이다. 후지츠카는 자신의 박사 학위 논문 제목을 "청조 문화의 동전(東傳)에 관한 연구"로 붙였는데, '동전'이라는 단어는 추사와 중국 학술·문화 공동체의 관계의 전모를 모두 드러내지 못하고 있다는 느낌이 든다. 추사의 중국 학문, 중국 문화의 수용이 지식의 단순한 '전달' 혹은 '전파'에 그치지 않고, 그 학술·문화 공동체의 구성원들과 의미 있는 '상호작용'을 하는 데까지 이르렀기 때문이다. 이러한 상호작용은 고증학 분야에서 특히 두드

9_"疊叨珍貺 拜惠良多 日南各妙品 尤極文房異采 友朋無不羨託 且有分銘高誼者 … 東國史鑒刊本桂園筆耕刊本箕田考刊本 並代爲覓寄 石刻亦求廣搜再惠 至禱至禱," 藤塚鄰, 후지츠카 치카시, 앞의 책, p. 545에서 재인용.

러졌다. 추사의 청대 고증학에 대한 관심은 단순한 호기심의 차원 혹은 필요한 것만을 선택적으로 학습하고 받아들이는 수준을 훨씬 넘어 해박한 지식과 정보력을 바탕으로 그 학문의 내적 논리에 깊숙이 개입하는 수준에 이르렀다. 한 예를 들면, 섭지선과 마찬가지로 추사와 직접 조우하지는 못했지만 다른 이의 소개로 알게 되어 긴밀한 학술 교류를 지속한 인물인 이장욱이 한 서신에서 단옥재(段玉裁)와 유태공(劉台拱)의 경술(經術)이 옹방강의 그것보다 우위에 있다는 언급을 한 적이 있는데, 추사는 이를 분명한 어조로 반박했다. 그리고 그 과정에서 자신의 해박한 고증학 지식을 과시한다.

> 지난 날 제 아우에게 주신 편지를 본 바 "단무당(段茂堂), 유단림(劉端臨)의 경술(經術)이 담계(覃溪)의 위에 있다"라는 글이 있었습니다. 단 씨의 『설문주(說文注)』, 『한독고(漢讀考)』 등의 책과 유 씨의 이미 간행된 적은 몇 편은 저도 또한 읽은 적이 있으므로 저도 두 선생의 책에 대해서는 역시 흠송하는 바입니다.
>
> 지금 일우(一隅)만을 들어 아뢰는 것은 단씨 『설문주』의 '구(茍)'자 주에 이르기를 "혹자가 『예경(禮經)』의 '구경(茍敬)'을 바꾸어 '구(苟)'로 삼고자 하나 이것은 틀린 것이다"라 했는데, '구경(茍敬)'의 '구(茍)'를 들어 '구(苟)'로 삼는다는 것은 혹시 담계를 지적하여 말한 것입니까? 담계의 이 설도 또한 확실히 옛 의미가 이렇다는 것이 아니라 '구차(苟且)'의 '구(苟)'에 비교한다면 도리에 가깝다 할 것입니다.
>
> 더구나 '경(敬)'자는 본시 '구(茍)'자를 따라 생긴 것으로 그 의가 '구차'의 '구'에 비교하면 더욱 근거가 있다고 보겠으니 그 틀렸다고 이른 것은 아무래도 꼭 그렇다고는 못할 것입니다. 단 씨가 『맹자』의 '물정심(勿正心)'이란 '정심(正心)' 두 글자를 '망(忘)'자의 잘못으로 하였고, 좌씨(左氏)의 '인진부(人盡夫)'의 '부(夫)'자를 '천(天)'자의 잘못으로 하였는데 이 두 조항도 또한 담계의 '구(茍)'자의 변정과 무엇이 다르겠습니까? '구(茍)'자가 틀린 것이 되고 '망(忘)'자와 '천(天)'자는 틀리지 않았다는 것은 또한 무슨 근거가 있습니까? 그 통하지 않는 것을 억지로 통하게

하려고 하는 것은 마찬가지인데 하나는 틀리고 하나는 틀리지 않았다는 것은 실로 감히 이해하지 못하겠습니다. …

오늘의 급선무는 단지 옛 것을 보존하는 일만이 최상이 되는데 담옹(覃翁) 또한 옛 것을 보존하는 학문이고 단(段), 유(劉) 또한 옛 것을 보존하는 학문입니다. 담옹은 옛 것을 보존하되 옛 것에만 고착되지 아니하고, 단, 유는 옛 것을 보존하되 옛 것에 고착되었다고 하겠으니 담옹의 옛 것에 고착되지 않는 것도 역시 논의할 만한 것이 있고, 단, 유의 옛 것에 고착되는 것도 역시 논의할 것이 있다고 하겠습니다.[10]

추사가 이와 같이 옹방강의 학문을 옹호한 데에는 그와의 개인적인 인연이 중요한 역할을 한 것으로 보인다. 또 추사의 다소 제한적인 논거만으로 옹방강의 학문적 위치에 대한 이장욱의 주장을 적절히 반박할 수 있었는지 의심스러운 부분도 있다. 하지만 이 서신에서 주목해야 할 것은 추사의 그러한 반박이 올바른 근거 위에 서 있느냐의 여부가 아니라 추사가 옹방강의 학문을 옹호하면서 문자학, 음운학 등을 통해 '경전의 리얼리티'를 되살리고자 한 고증학 방법론에 입각하여 자신의 논지를 전개하고 있다는 점이다.[11] 단편적이기는 하나 위 인용문에서 우리는 추사가 '문자'와 '언어'

10_"向見尊書之與家仲者 有云 段茂堂劉端臨之經術 在覃溪之上 段氏之說文注 漢讀考等書 劉氏之寥寥數篇之旣刻者 不佞亦嘗 一讀過矣 不佞於兩先生之書 亦所欽誦也 段氏說文注苟字汪云 或慾禮經之苟則繆矣 以苟敬之苟爲苟者 抑或指覃溪設耶 覃溪此說 亦非確爲古義如此也 苟且之敬 恐苟之當之 其義尙可據 較之苟且之苟 尤爲有據 其云繆矣者 恐未必然 段氏與孟子勿正心字正心二字爲忘字訛 左氏人盡夫之夫字爲天字之訛 此兩條 亦何以異於覃溪苟字之辨 苟字爲繆 忘與天字不繆者 亦有河据歟 其不通者 强欲通之一也 一繆一不繆 實未敢解也 … 無論如彼如此 今日急務 只是存古爲上 覃溪亦存古之學也 段劉存古之學 覃溪亦存古而不泥於古 段劉存古而不泥於古 覃翁之不泥於古者 亦有可議處 段劉之泥於古者 亦有可議處,"『국역 완당전집』 5권, pp. 130-131.

를 강조하는 고증학 방법론에 따라 그와 다른 견해를 가진 중국 학자에 대해 자신의 입장을 분명하게 주장하고 있음을 알 수 있다.[12] 이는 분명 고증학에 상당한 정도로 정통하지 않고서는 결코 가능하지 않은 일이었고, 일방적인 '전파'와 '수용'을 넘어서는 것이었다.

추사의 고증학에 관한 학식은 그가 권돈인(權敦仁)의 이름으로 왕희손에게 보낸 서찰에서도 잘 확인된다. 1836년 추사의 절친한 친구인 권돈인이 연행 길에 올랐다가 귀국한 후 연경에서 조우한 왕희손 앞으로 장문의 서찰을 보냈다. 왕희손은 이를 『해외묵연(海外墨緣)』이라는 제목을 붙여 책자로 장정했다. 후에 후지츠카는 이 권돈인 서찰의 초고를 발견하고 이것이 사실은 김정희가 쓴 것임을 밝혀냈다.[13] 추사가 중국에 보낸 서찰은 오직 두 개만이 남아 전하는데, 그중 하나가 방금 인용한 이장욱에게 보낸 서찰이고, 다른 하나가 왕희손에게 권돈인의 이름으로 보낸 이 서찰이다. 그런데 다른 이의 이름을 차명한 이 서찰에서 우리는 천문과 산술, 음운학, 상서금고문, 남북서파론 등의 분야에 걸친 추사의 고증학에 대한 엄청나게 전문화된 지식을 확인할 수 있다. 추사는 여러 주요 저술을 논평하고 비판

11_저명한 고증학자 대진(戴震, 1723~1777)은 "經은 道로 향하는 길을 제공한다. 도를 밝히는 것은 말이다. 말이 어떻게 구성되었는지는 소학(小學)과 문자를 통해서만 파악될 수 있다. 문자의 연구를 통해서 우리는 언어에 통할 수 있다. 언어를 통해서 우리는 고대 성현들의 마음과 의지를 꿰뚫어볼 수 있다(經之至者道也 所以明道自其辭也 所以成詞者未有能外小學文字者也 由文字以通乎語 由語言以通乎古聖賢之心)"고 주장한 바 있다. 벤자민 엘먼, 앞의 책, p. 93에서 재인용.

12_추사는 또한 "사폐변(私蔽辯)", "태극즉북극변(太極卽北極辨)", "이문변(理文辨)", "예당설(禮堂說)" 등 고증학에 관한 글을 남기고 있는데, 이 글들을 보면 그가 고증학의 최신 학설에 얼마나 익숙했는지, 또 이들을 얼마나 잘 나름대로 이해하고 있었는지를 알 수 있다.

13_후지츠카 치카시, 앞의 책, pp. 771-772.

하는데, 여기에는 이미 잘 알려진 고증학의 대가들의 저술들뿐 아니라 신진 학자들의 저술도 포함되었다.[14] 정확히 무슨 이유에서 추사가 권돈인의 이름을 빌려 자신의 학문적 견해를 담은 서찰을 왕희손에게 보냈는지, 혹은 보냈어야 했는지 알려져 있지는 않다. 추측해 보건대 아마도 추사의 고증학에 대한 학식을 잘 알고 있던 권돈인이 추사에게 대필을 부탁했던 것으로 보이고, 추사는 친우의 부탁을 기꺼운 마음으로 받아들였을 것이다. 어쩌면 중국 학자들과 교류를 원하는 추사가 먼저 권돈인에게 서찰을 쓰게 해달라고 부탁했을지도 모르겠다. 어떤 경우이건 중국 학술·문화 공동체와의 심도 있는 교류를 간절히 바라 마지않던 추사의 열정을 확인할 수 있다.

3. 추사 고증학 수용의 특수한 성격

후지츠카 박사 학위 논문의 제목은 또 다른 의미에서 고증학 분야에서

14_『국역 완당전집』 5권, p. 135-149. 후지츠카가 정리한 바에 따르면, 추사는 이 서찰에서 『황청경해(皇淸經解)』, 『고문상서소증(古文尙書疏證)』, 『사서석지(四書釋地)』, 『역도명변(易圖明辨)』, 『연경실집(揅經室集)』, 『춘추삭윤표(春秋朔閏表)』, 『춘추대사표(春秋大事表)』, 『십삼경주소교감기(十三經注疏校勘記)』, 『주례한독고(周禮漢讀考)』, 『누광시고(婁光詩稿)』, 『상우기(尙友記)』 등의 경전과 서적에 관해서 이야기하고 있고, 고염무(顧炎武), 강영(江永), 염약거(閻若璩), 호위(胡渭), 고동고(顧棟高), 혜동(惠棟), 심동(沈彤), 전대흔(錢大昕), 왕명성(王鳴盛), 노문초(盧文弨), 왕염손(王念孫), 왕인지(王引之), 옹방강, 능정감(凌廷堪), 완원, 단옥재, 강유고(江有誥), 요문전(姚文田), 진수기(陳壽祺), 왕불(汪紱), 주택운(朱澤澐), 왕무굉(王懋竑), 방포(方苞), 요내(姚鼐), 장혜언(張惠言), 주사수(朱仕琇), 운경(惲敬) 등의 유명 학자들의 저술을 논하고 비판한다. 신진학자들 중에서는 나사림(羅士林), 서유임(徐有壬), 심협후(沈俠候), 유봉록(劉逢祿), 위원(魏源), 유영종(柳榮宗), 유보남(劉寶楠), 호승공(胡承珙), 호배휘(胡培翬), 장제량(張際亮), 양송(楊松) 등을 언급하고 있다.

추사와 중국 학술·문화 공동체와의 교류 양상에 관해 오해를 불러일으킬 소지를 가진다. "청조 문화의 동전(東傳)"이라는 제목은 청대 고증학이 추사를 거쳐 조선의 학자, 지식인층 전반에 '확산'되었다는 의미로 읽힌다. 하지만 실제로 이 교류는 사실상 추사 한 사람에 의해 이끌어졌다. 19세기 전반 고증학의 '동전'과 관련하여 중국과 조선 사이의 교류는 조선 측에서는 거의 전적으로 추사 한 사람에 의해 독점되었다고 해도 과언이 아니다. 여기에는 다음과 같은 이유가 존재한다.

당시 조선 내에서는 고증학적 지식의 넓고 깊음에서 추사를 능가할 사람이 없었다. 소수의 학자가 관심을 가지긴 했지만 추사의 학식에 비할 바는 아니었다. 일찍이 전해종은 "청대 학술과 완당"이라는 글에서 "완당의 동시대인이나 후인들의 서술에 완당의 경학에 대한 언급이 많지 않은데, 이는 완당의 광범, 신속한 청대 학술 수용에 대하여 다른 학자들이 이에 대응하기 어려웠던 것으로 보인다"고 지적했다.[15] 그의 폭과 속도를 다른 학자들이 따라잡을 수 없었다는 것이다. 하지만 추사와 동시대 조선 학자들 사이의 격차는 새로운 학문 동향에 대한 그들의 상대적인 '무관심'에서 비롯된 것이기도 하다.

주지하다시피 당시 조선 학계에서는 '송명이학(宋明理學)'이 지배적인 담론의 위치를 차지하고 있었다. 후마 스스무(夫馬進)는 1826년 동지겸사은사(冬至兼謝恩使)의 부사(副使)로 연경을 방문한 조선 유학자 신재식(申在植, 1770~?)이 중국 학자들과 교유한 내용을 담은 『필담(筆譚)』이라는 작은 책자를 발굴하여 소개한 바 있다. 신재식은 조선의 전형적인 "송학(宋

15_전해종, "淸代學術과 阮堂," 『대동문화연구』 1권(1964).

學)의 문도(門徒)"였고, 그가 상대한 중국 학자들은 왕희손, 이장욱, 엽지선 등 추사와도 서신 교류를 계속해 온 "한학(漢學)의 무리들"이었다. 왕희손, 이장욱 등은 이 조선 학자가 청조의 학문 동향에 전혀 무지하다는 것을 알고는 적지 않게 놀란 것으로 보인다. 신재식이 거명한 유학자는 주자(朱子) 외에는 중국 내에서는 거의 이름이 알려지지 않은 16세기 조선 유학자 김인후(金麟厚)뿐이었다. 신재식은 송학과 한학이 각각 장점을 가지므로 이를 동시에 존중해야 함을 지적하는 왕희손, 이장욱 등에게 "조선의 학자는 모두 주자를 학문의 올바른 방향을 정하는 지남철로 삼고 있기 때문에 공자 이후에는 오직 주자 한 사람만이 있을 뿐이다"라고 주장했다.[16] 물론 신재식은 평소 청조의 학문 동향에 큰 관심이 없는, 조선 내에서도 그리 이름이 높지 않은 유학자에 불과했다. 그럼에도 불구하고 후마는 신재식이 "고염무의 저작조차 모르며, 하물며 염약거나 대진의 저작 등은 전혀 몰랐다"는 것은 놀랄 만한 일이고, 이는 양국 문화 사이에 "깊은 단절"이 있었음을 보여 주는 결정적인 증거라고 지적한다.[17]

이러한 상황을 단지 조선 학자들의 우물 안 개구리 식 '편협함'의 결과로 볼 수 있을까? 확실히 그렇게 볼 수 있는 측면이 있기는 하다. 하지만 우리는 청대의 고증학이 매우 특수한 종류의 학문이었다는 점 역시 고려할 필요가 있다. 고증학은 어떤 학문이었는가? 앞서 잠시 언급했듯이 고증학은 "송명 시대 이학(理學), 도학(道學), 심학(心學)의 형이상학적 베일을 벗기고," 훈고학 방법론에 입각하여 고대 경전을 재해석, 재규명하려는 학문

16_"東邦之學者皆以朱子爲南車 竊以爲孔夫子以後 有朱子一人而已矣", 후마 스스무, 『연행사와 통신사』(신서원, 2008), p. 133에서 재인용.

17_후마 스스무, 앞의 책, p. 141.

이라 할 수 있다. 이를 위해 송대(宋代)의 자료보다는 경전이 편찬된 시기에 가까운 한대(漢代)의 자료가 더 중시되었고, 문자학, 음운학, 금석학 등 여러 전문화된 '기술'이 동원되었다. 따라서 고증학은 '보편화'될 수 있는 학문은 아니었다. 오직 훈고학적 방법에 익숙한, 상대적으로 제한된 수의 학자들만이 업으로 삼을 수 있는 종류의 학문이었다. 이러한 경향은 시간이 지날수록 강화되어 실용적인 경세의 학을 추구했던 초기의 관심은 사라지고 학자들은 더욱 전문화되었다. 이들 학술 전문가 집단은 서원, 지방과 국가의 편찬 사업 등의 학술 사업에 고용되었는데, 『사고전서(四庫全書)』 편찬 사업이 대표적이다. 19세기 초반이 되면 학자들은 정치적이고 도덕적인 문제에 관심을 가지기보다는 일반인이 보기에 사소하고 불가해한 문제에만 초점을 맞추는 경향을 보이기 시작했다.[18] 이러한 경향은 추사가 가장 왕성하게 고증학을 받아들이던 19세기 전반에 절정에 달했고, 중국 학계 내에서도 고증학이 애초의 존재이유를 상실하고 "고증을 위한 고증, 경학을 위한 경학"이 되어 가고 있다는 비판이 제기되었다.[19]

18_벤자민 엘먼, 앞의 책, pp. 231-304.

19_양계초 지음, 전인영 옮김, 『중국 근대의 지식인: 양계초의 청대학술개론』(혜안, 2005), pp. 158-162. 방동수(方東樹, 1772~1851)는 〈漢學商兌〉에서 19세기 전반기 당시의 고증학 학풍을 다음과 같이 비판하고 있다: "한학자들은 모두 모든 말을 뒷받침할 근거를 가졌고, 모든 글자를 뒷받침하는 연구를 하였다. 그러나 그들은 그저 종이 위에서 고대인들과 훈고, 음성적인 요소, 전주, 문헌의 오류 등을 다툰다. 그들은 다양한 책으로부터 부수적인 증거를 제시하여, 그 증거가 수백 수천 가지이다. 그러나 그것을 자신들의 태도와 행동에 적용하거나, 백성과 국가로 확장시킨다면, 전혀 보탬이 되지 않는다. 그저 사람들을 미혹시키고 변덕스럽게 하여 어떤 것에도 유용하지 못하게 할 뿐이다. 이처럼 한학자들이 '실제의 사실에서 진리를 추구할지(實事求是)'는 모르겠지만, 사실상 그들은 가장 극단적인 형태의 공허한 행동을 하고 있는 것이다(漢學諸人 言言有據 字字有考 只向紙上與古人爭訓詁形聲 傳注駁雜 援據羣積證左 數百千條 反之身己心行 維之民人家國 了無益處 徒使人狘惑失守 不得

바로 이러한 이유 때문에 조선의 정통 유학자들뿐만 아니라, 중국의 학술 동향과 문물의 수용에 적극적이었던 북학파의 박제가나 정통 성리학의 한계를 극복하고자 했던 정약용 등도 고증학에 특별한 관심을 보이지 않았다. 동시대인들 중 고증학에 부분적으로나마 호의적인 입장을 취했던 몇 안 되는 이들 중 하나인 성해응(成海應, 1760~1839)과 같은 이는 "고증학자들이 경서(經書)의 본 모습을 되찾아 성인의 본 모습을 이해하려고 시도한 것은 분명 높이 평가할 만하나 이들이 고증으로 일관하고 지엽 말단의 문제에 관한 논쟁에 치중하는 것은 결코 조선의 학자들이 서둘러 본받을 일은 아니"라고 주장했다. 기본적으로 성리학자였지만 고증학에 관해서도 상당한 지식을 지녔던 홍석주(洪奭周, 1774~1842) 역시 "자잘한 글자나 시대의 고증에 매달려 평생의 정력을 허비하는 고증학"이야말로 비실용적인 학문이라 비판했다.[20]

결국 19세기 전반의 조선 학계에서 오직 추사만이 고증학에 전적인 지지를 보냈다. 특히 추사는 고증학 방법론의 근간이라 할 훈고학 방법론을 자신의 학문 방법론으로 적극 포용했다.[21] 그는 건가(乾嘉) 시대의 고증학이 지엽말단적인 이슈에 매몰되었다는 당대의 비판에 대해서도 그다지 개의치 않았던 것으로 보인다. 추사는 그저 그의 특별한 지식욕과 특유의 정보력으로 복잡다단한 고증학적 지식을 섭렵하고 흡수했다. 이런 점에서 조선 학계에서 추사의 위치는 독보적이었고, 또 예외적이었다. 따라서 조선

所用 然則雖實事求是 而乃虛之至者也!)." 벤자민 엘먼, 앞의 책, p. 452에서 재인용.

20_김문식, "朝鮮後期 京畿學人의 漢宋折衷論," 『朝鮮後期 經學의 展開와 그 性格』(성균관대학교 대동문화연구원, 1998), pp. 288-289.

21_고재욱, "金正喜의 實學思想과 淸代 考證學," 『태동고전연구』 10집(1991), p. 5.

학계에서 고증학에 대한 관심이 부재했던 것을 두고 당대 학자들의 지적 게으름을 탓할 것이 아니라 추사가 가졌던 지적 호기심의 특수한 성격에 대해 이야기하는 것이 더 적절해 보인다. 동주가 추사의 그림을 두고 "모르는 사이에 도저히 올라갈 수 없는 고봉을 뭇사람들에게 가리키고 있는 형국이 되었다"고 지적한 것이 고증학의 경우에도 적용된다고 할 수 있다. 바로 이러한 상황이, 즉 조선 내에서 고증학에 관한 의미 있는 학문적 교류를 할 수 있는 기회가 사실상 부재했다는 사실이, 추사로 하여금 서신을 통한 중국 학술·문화 공동체와의 교류에 매진하게 만든 중요한 요인이 되었다는 추론 역시 가능하다.

그렇다면 추사의 이러한 독특한 학문적 관심은 어떻게 설명될 수 있을까? 무엇이 그로 하여금 당대 학계의 흐름에서 동떨어져 자신만의 학문 세계를 추구하도록 만들었는가? 아마도 가장 중요한 요인은 추사 자신의 독특한 성향 내지는 기질에서 찾을 수 있을 것이다. 그는 누구에게도 뒤지지 않을 지식욕을 소유하고 있었을 뿐만 아니라 자기 자신의 학문적 능력에 대해 큰 확신을 지니고 있었던 것으로 보인다. 북학파의 영향으로 중국 문화에 대한 동경을 키워 오던 추사는 연행을 계기로 고증학의 세계에 입문한 이후 거의 '맹목적'이다 싶을 정도로 새로운 지식을 흡수하기 시작했다. 추사는 이 '학예(學藝)의 연찬(硏鑽)'에서 그러한 지식이 동시대 조선 학계에 어떻게 받아들여질지, 조선 학계의 상황에서 그 지식이 어떤 의미를 가질지 그리 고민하지 않았던 것으로 보인다. 추사는 열정적으로 그리고 자신에 차서 '지식을 위한 지식,' '학문을 위한 학문'을 추구했다고 할 수 있다.

추사는 또한 그러한 새로운 지식이 기존의 성리학적 의리론과 어떻게 관련되는지, 선대 북학파의 경세적이고 이용후생적인 관심과 어떤 연관성을 갖는지에 대해서도 크게 신경 쓰지 않았던 것 같다. 이는 부분적으로 추사의 출신 배경과 관련이 있는 것으로 보인다. 우선 추사는 19세기 전반 서울과 그 근방에서 활동하던 학자-관료들로 이루어진 '경화사족(京華士族)'의 일원이었다. 이들 경화사족은 영·정조 대에 도시적 발전을 이룩한 서울의 개방적인 분위기 속에서 정통 주자학을 고집하던 지방-향촌의 '산림학자(山林學者)'들과는 달리 주자학 외의 사상을 수용하는 데 적극적이었다. 이 경화사족 내에서도 추사 일가는 성공한 관료이자 세도가로서 주자학과 일정한 거리를 두고 북학의 성과와 중국 문물을 수용하는데 가장 적극적이었던 집단에 속했다. 추사의 부친 김노경이 이 집단의 대표적인 인물이었고, 추사와 일생 동안 절친한 벗으로 정승의 자리에까지 올랐던 권돈인(權敦仁), 조인영(趙寅永) 등도 유사한 성향을 지녔다. 하지만 이들 집단은 학문적으로는 자유로웠을지 몰라도 기득권층의 일원으로서 정치적으로는 보수적인 입장을 취했다. 따라서 이들은 북학파의 경세적인 관심은 공유하지 않은 채 "호고적(好古的)인 박학(博學)"의 관점에서 중국의 문물을 받아들였다.[22]

추사는 당시 조선 학계에서 고증학에 대한 학문적 관심이 부재한 상황에 실제로 어떤 생각을 가지고 있었는가? 이를 추측할 수 있게 해주는 실마리를 앞서 언급한 추사가 이장욱에게 보낸 서찰의 말미에 청산 김선신(淸山 金善臣)에 관해 언급한 부분에서 찾을 수 있다. 이는 이장욱이 추사의 부친 김노경과 함께 연경을 방문한 김선신을 만나본 후 느낀 불쾌한 감정을 추사에게 털어 놓은데 따른 것인데, 이장욱은 추사에게 보내는 서찰에서 새로운 학문의 성과에 무지한 채 성리학의 우수성만을 주장하는 김선신의 아집을 개탄하면서 다음과 같이 이야기하고 있다.

22_유봉학, 『조선후기 학계와 지식인』(신구문화사, 1998), pp. 120-122, pp. 132-133.

> 저는 감히 송나라 유학자를 배척한 적이 없습니다. 그러나 청산은 감히 한(漢)나라 유학자를 배척하고 있습니다. 청산의 학문과 재주, 그리고 능력은 남에게 전해지지 않을 것을 걱정할 것이 없습니다. 그러나 이번의 여러 글은 단연코 지금을 믿고서 후세에 전해질 수 없을 것입니다. 격하게 하는 말에 있어서 방자함을 면치 못합니다.[23]

이에 대해 추사는 김선신의 "배우지 못하고 예의가 없음(不學非禮)"에 대해 사과하면서 다음과 같이 말했다.

> 청산은 본시 공령의 사람이라 애초에 경술에 공력을 들인 적이 없으므로 그 말이 다 재량이 없습니다. 비록 송나라 이후의 문호(門戶)라도 족히 말할 만한 것이 못되어 아무리 저와 같은 열등한 자에게도 이러한 등급의 설을 가지고 와서는 설득할 수 있었던 적이 없었는데 뜻밖에도 중조(中朝)의 제공(諸公) 앞에 높여서 낮추지 않는 것이 이와 같았습니다. 오직 제공께서 이해하실 따름이고 또 자세히 변론하지 말고 할 것조차 없습니다. 이른바 한나라 학문을 논하는 등의 글은 동인지 서인지 분간 못하고 엎치락뒤치락하여 창피하니 더욱 열어 인도하여 주시기 바랍니다. 이 사람이 자못 슬기로운데 다만 견문이 넓지 못하니 열어 깨우쳐 줄 수 있을 듯합니다.[24]

이러한 추사의 발언을 어떻게 이해해야 할까? 일단 불쾌감을 표시하는

23_"月汀未賞敢斥宋儒 而淸山則敢斥漢儒矣 淸山學問才力 不患不爲傳人 然此番諸書 斷不可信今而傳後也 有激而言 不免恣肆耳," 후지츠카 치카시, 앞의 책, p. 607에서 재인용.

24_"淸山是功令中人 始未嘗下工於經術 其言皆沒裁量 雖宋以後門戶 便不足言 雖如不佞之最下劣者 未嘗以此等說來售也 不料於中朝諸公 抗厲諸公之恕之而己 又無庸近近置辨不己也 所謂論漢學等文 不解東西 顚倒昌披 幸亦便加陣開導 此人頗慧 特見聞未廣 庶可開悟," 후지츠카 치카시, 앞의 책, pp. 618-619에서 재인용.

상대방에게 최대한 예의를 갖추기 위해 그의 주장에 호응하는 모습을 보여 주어야 했다는 점을 감안할 필요가 있다. 하지만 그러한 점을 고려하더라도 김선신에 대한 추사의 평가에는 조금 과한 측면이 있는 것이 사실이다. 추사는 김선신의 언행에 진심으로 당황해 하고 진심으로 미안한 감정을 느낀 것 같다. 또 추사는 이장욱에게 자신은 김선신과 같은 부류가 아님을 입증하고 싶어 하는 듯이 보인다. 추사 자신도 김선신 류의 주장에 결코 '설득'되지 않는다는 것이다. 추사는 자신의 진정한 지적 고향은 '중조(中朝)'의 학술·문화 공동체임을 애써 강조하고 있다. 추사는 조선의 다른 학자들과 확연히 구분되는 자신의 예외적인 학문적 정체성을 긍정하고 있다.

이러한 추사의 태도는 고증학 논쟁과 직접 관련되지 않은 또 다른 사례에서도 확인된다. 추사가 1809년 연경을 방문했을 당시 옹방강으로부터 송탁화도사비(宋拓化度寺碑)의 모각본을 선물 받았다.[25] 이 화도사비의 비문은 구양순(歐陽詢)체로 씌어져 있었는데, 이 서체는 당시 조선인들에게는 상당히 낯선 서체였던 것 같다. 연경에서 귀국한 후 추사는 구양순체의 탁월함을 옹호하는 옹방강의 견해에 적극 동조하면서 다음과 같이 쓰고 있다.

> 우리나라 사람들이 구법(歐法)을 가장 소중히 여겨 신라 때부터 고려 중엽까지 모두 발해의 유법(遺法)을 정성껏 따랐는데 고려 말부터 본국 초에 와서는 오직 송설(松雪, 趙孟頫)만을 익혀 점차 서가의 고법(古法)을 잃어서 구서(歐書)가 어떤 것인지조차 몰랐다.
>
> 그 뒤에 또 다시 스스로 기치를 높이 내세워 저마다 진체(晉體)니 종(鍾), 왕(王)이니 하며 어릴 때부터 익히는 것이 모두 악의론(樂毅論), 황정경(黃庭經), 유교

25_후지츠카 치카시, 앞의 책, pp. 158-159.

경(遺敎經)뿐이고 그밖에 것은 바로 무시하고 거들떠보지도 않으며, 지금 익히고 있는 악의론, 황정경, 유교경이 어떤 본인지도 몰랐다. 악의론 진본은 당나라 때에도 보기 어려웠고 황정경은 왕우군의 글씨가 아니며 유교경의 경우는 당나라 때 사경생의 글씨이다. 그래서 조자고(趙子固)가 이르기를 "해서(楷書)에서 법을 취하려면 화도사(化度寺), 구성궁(九成宮), 안가묘당(顔家廟堂) 세 비석뿐이다"라고 했다. 조자고가 살았던 때는 지금부터 600~700년 전이 되는데 이 세 비석으로 해서의 정법을 삼았다면 조자고가 어찌 악의론, 황정경에 대해 이와 같이 정의해야 할 줄 몰랐겠는가. 악의론 등은 와전과 유실을 근거삼기 어렵지만 이 세 비는 아직도 원석으로 남아 있어서 진대(晉代)의 서법을 소급해 갈 수 있다. 이것은 당을 통해 진으로 들어가는 정로이며 이를 놔두고선 달리 갈 곳이 없다.

근래에 우리나라 한 서가(書家)가 '만호제력(萬豪齊力)'이라는 말로 사람들을 현혹하는데 현완(懸腕)도 강구하지 않고 엽(擫), 압(壓), 구(鉤), 게(揭)의 칠자법(七字法)도 강구하지 않고 구궁간가(九宮間架)도 강구하지 않은 채 '민호제력'만으로 서법을 완료하고자 하니 본질에 대한 접근이 안 되고 있음을 보여 주고 있을 뿐이다. '만호제력'을 거론했다면 왜 '장심색농(漿深色濃)'을 더 거론하지 않는 것인가. 나도 모르게 붓을 놓고 한바탕 웃을 뿐이다.[26]

"나도 모르게 붓을 놓고 한바탕 웃을 뿐이다(不覺放筆一笑)." 서체에 관

26_"東人最重歐法 自羅代至於麗中葉 皆恪遵渤海遺式矣 麗末曁本朝初 傳習松雪 轉失書家舊法 不知歐書之爲何樣 其後又高自標置 家家晉體 戶戶鍾王 童而習之者 皆樂毅論黃庭經遺敎經 外是卑而不顧 未知其所習樂毅黃庭遺敎意是何本耶 樂毅眞本 己自唐代難得 黃庭非右軍書 如遺敎 卽唐時經生書也 是以趙子固云 入道於楷 僅化度九成廟堂三碑 趙之距今 己六七百年矣 六七百年之前 僅以此三碑 爲楷法章程 子固豈不知有習樂毅黃庭如是立說也 樂毅諸法書 訛失難據 惟此三碑 尙存原石 可以溯源晉人 此由唐入晉之正軌 舍是無適也 近又東人一書家 拈出萬豪齊力一語 迷誤諸人 不講擫壓鉤揭 不講九宮間架 以此萬豪齊力一語 欲了書法 多見其不知量也 旣拈萬豪齊力一語 又何不便拈其上句之漿深色濃耶 不覺放筆一笑," 후지츠카 치카시, 앞의 책, pp. 158-159에서 재인용.

한 글이기는 하지만 이 인용문에서 우리는 동시대의 다른 조선인들이 알지 못하는 어떤 '진실'을 홀로 알아내고 즐거워하는 추사의 모습을 엿볼 수 있다. 그는 한 마디로 중국의 선진 문물을 받아들이고 체화하는 데 있어서 조선의 다른 누구도 자신의 눈높이에 근접하지 못했다는 사실을 전혀 개의치 않았던 것으로 보인다. 개의치 않았을 뿐만 아니라 오히려 그런 상황에 상당한 자부심을 느꼈던 것 같다. 추사에게 그러한 자부심이 있었기에 주변의 상황에 신경을 쓰거나 인정을 바라지 않고, '홀로 외로이' 중국 인사들과 서신 교류를 계속할 수 있었을 것이다.

추사의 고증학 수용과 관련하여 던질 필요가 있는 또 한 가지 질문은 그가 고증학 분야에서 어떤 독자적인 성과를 내는 데 성공했는지 여부다. 당대 중국의 학문 동향에 정통하여 그 안에서 벌어지는 논쟁에 참여할 수 있을 정도의 학문적 성취를 쌓았다는 것은 앞에서 이미 확인된 바다. 그렇다면 추사의 고증학과 관련된 학문적 수준은 하나의 독자적인 '학설'을 내세울 정도에 이르렀는가? 추사는 고증학에서 '일가(一家)'를 이루었는가?

유감스럽게도 이 질문에 대해서는 '그렇지 않다'라고 답할 수밖에 없다. 추사는 주로 당대에 성행하던 고증학 학풍을 받아들였는데, 특히 옹방강과 완원의 학설을 자신의 입장으로 삼았다.[27] 옹방강과 완원은 경학과 관련하

27_한 가지 아쉬운 점은 이 두 사람 중 옹방강은 고증학 중 금석학 분야에서는 권위자였지만 고증학의 본령(本領)이라 할 경학(經學) 분야에서는 그다지 높은 평가를 받지 못한 인물이었다는 사실이다. 양계초(梁啓超)는 그의 『청대학술개론(淸代學術槪論)』에서 "옹방강, 황이(黃易) 일파는 오로지 금석 감별에만 힘썼는데 그 고증은 경학과 사학만을 보조한 것은 아니었다"고 지적한 바 있다. 양계초, 『중국 근대의 지식인: 양계초의 청대학술개론』, 전인영 옮김(혜안, 2005), p. 133. 1829년에는 완원에 의해 청나라 주요 고증학자들의 경학에 관한 저작을 모은 『황청경해(皇淸經解)』 총 1,400여 권이 완간되었는데, 추사는 완원의 아들 완상생(阮常生)에게 부탁하여 당시로서는 상상도 할 수 없을 만큼 빠른 시일인 1831~1832

여 '한송절충론(漢宋折衷論)'의 입장을 취하고 있었고, 추사는 두 학자의 입장을 거의 가감 없이 수용했다. 이는 특히 그의 "실사구시설(實事求是說)"에서 잘 드러나는데, 이 짧은 논설의 목적은 흔히 오해되듯이 '경세치용(經世致用)', '이용후생'의 실학적 의미에서 실사구시를 주장하는 데 있는 것이 아니라 한학과 송학, 훈고학과 성리학의 양립론을 주장하는 데 있었다.[28] 이 글에서 추사는 다음과 같이 '한송절충론'을 주장한다.

> 대체로 성현의 도는 몸소 실천하면서 공론(空論)을 숭상하지 않는 데에 있으니, 진실한 것은 의당 강구하고 헛된 것은 의거하지 말아야지, 만일 그윽하고 어두운 속에서 이를 찾거나 텅 비고 광활한 곳에 이를 방치한다면 시비를 분변하지 못하여 본의(本意)를 완전히 잃게 될 것이다. 그러므로 학문하는 방도는 굳이 한(漢)·송(宋)의 한계를 나눌 필요가 없고, 굳이 정현(鄭玄)·왕숙(王肅)과 정자(程子)·주자(朱子)의 장단점을 비교할 필요가 없으며, 굳이 주희(朱熹)·육구연(陸九淵)과 설선(薛瑄)·왕수인(王守仁)의 문호를 다툴 필요가 없이 다만 심기(心氣)를 침착하게 갖고 널리 배우고 독실히 실천하면서 '사실에 의거하여 진리를 찾는다'는 한 마디 말만을 오로지 주장하여 해나가는 것이 옳을 것이다.[29]

년 사이에 이를 입수할 수 있었다. 추사의 경학에 관한 지식은 이 전집을 통해 더욱 빠르게 발전할 수 있었다. 다만 추사는 이 『황청경해』에 옹방강의 저술이 빠져 있음을 알고 이에 대한 유감을 표시하는 서신을 완상생에 보냈다. 이에 완상생은 "옹담계 선생은 금석학에 깊어서 근래 제일인자라 하겠으나 경설에 관한 서적에 있어서는 그의 장점이 아닙니다. 그러므로 경설 속에 기록하지 않았습니다(翁覃溪先生 深於金石之學 爲近之第一人 至於說經之書 非其所長 是以經解中 未之緣也)"라고 답변했다. 후지츠카 치카시, 앞의 책, p. 718에서 재인용.

28_안외순, "秋史 金正喜와 실학사상의 관계에 관한 재고찰," 『東洋古典硏究』 21집(2004), pp. 66-67.

29_"夫聖賢之道 在于躬行 不尙空論 實者當求 虛者無據 若索之杳宜之中 放乎空闊之際 是非莫辨 本意全失矣 故爲學之道 不必分漢宋之界 不必較鄭王程朱之短長 不必爭朱陸薛王之門

그런데 옹방강은 일찍이(1816년 1월 25일) 추사에게 보낸 편지에서 다음과 같이 '한송절충론'을 주장한 바 있다.

> 의리(義理)의 학문이 있고 고정(考訂)의 학문이 있으니 고정의 학문은 한학(漢學)이며 의리의 학문은 송학(宋學)입니다만 사실 큰 길을 가는데 있어서는 한 가지일 뿐입니다. 천만세동안 공맹(孔孟)의 심전(心傳)을 우러러 받들며 스스로 반드시 정주(程朱)를 삼가 지키는 것을 지남(指南)의 과정으로 여기며 선비들은 머리를 묶고 이를 받아 읽으며 정주 대유(大儒)의 논의를 익혀 왔습니다. 그러나 그 후에 여러 전적들을 두루 섭렵하고 견문이 날로 넓어지면서 마침내 송유(宋儒)를 얕잡아보기도 하고 심지어 정주를 배반하기까지 하니, 이는 사림(士林)의 병폐입니다. 그러나 의리가 송유에 와서 더욱 정밀해졌으며, 그래서 송대(宋代)의 제유(諸儒)들은 스스로 의리를 보는 것이 분명하다고 믿어 이따금 옛 훈고(訓詁)를 멸시했습니다.[30]

또한 추사의 "실사구시설"은 완원의 『의유림전서(擬儒林傳書)』에 나오는 내용을 각색하여 쓰기도 했다. 이와 같이 추사가 경학과 관련하여 독자적인 학설을 발전시키기보다는 연경에서 만난 두 학자의 견해를 거의 그대로 받아들인 데에는 두 가지 정도의 이유가 있는 것으로 보인다. 첫째, 변방의 학자가, 특히 조선 내에서 학자들 사이에 의미 있는 지적 교류가 사실

戶 但平心靜氣 博學篤行 專主實事求是一語 行之可矣". 『국역 완당전집』 1권, p. 63.

30_"有義理之學 有考訂之學 考訂之學 漢學也 義理之學 宋學也 其實適於大路則一而已矣 千萬世仰瞻孔孟心傳 自必恪守程朱爲指南之定程 士人束髮受讀 習程朱大儒之論 及其後博涉群籍 見聞日廣 遂有薄視宋儒者 甚且有倍畔程朱者 士林之弊也 然而義理之宋儒日益精密矣 而宋時儒者 自恃見理之明 往往或蔑視古之訓詁". "옹방강이 추사에게 보낸 두 건의 간찰," 김규선 옮김, 『추사연구』 1권(2004), p. 183.

상 불가능한 상황에서, 부지런히 중국의 학문 동향을 수용하는 수준을 넘어 독자적인 영역을 개척하기란 여간 어려운 일이 아니었을 것이다. 둘째, 대다수 조선 학자들이 '송명이학'의 전통을 거의 무조건적으로 고수하고, 추사 자신 또한 그러한 전통으로부터 완전히 자유롭지 못한 상황에서 자신의 정신적 스승과도 같은 두 학자가 주장한 성리학적 전통과 고증학적 전통의 절충과 결합을 자신의 학문적 입장으로 삼은 것은 아주 자연스러워 보인다. 아마도 추사가 이와는 다른 학설을 지지하거나 주장할 이유를 찾기란 어려웠을 것이다.[31]

추사는 고증학에서 자신이 '일가'를 이루지 못한 것에 대해 아쉬움 내지는 안타까움을 느꼈을까? 고증학을 수용하여 그에 정통한 지식을 쌓는 것을 넘어 중국의 학술·문화 공동체에 내어 놓을 수 있는 자신만의 독자적인 학설을 세우는 것이 과연 추사가 궁극적으로 목표한 바였을까? 이 질문에 정확한 판단을 내리기는 어렵다. 1840년 추사는 이후 9년이나 계속될 제주도 귀양길에 오르게 되는데, 이로써 이전처럼 빈번하게 중국의 고증학자들과 교류할 기회를 박탈당하게 되기 때문이다. 대신 오랜 유배 기간 동안 추사는 서예에 몰두하는데, 그는 여기에서 자신만의 독자적인 스타일을 만들어 내는 데 성공한다. 추사체가 제주도 유배지에서 탄생한 것이다.

31_물론 추사가 옹방강이나 완원의 입장을 그대로 추종한 것은 아니다. 추사는 대진(戴震)과 능정감(凌廷堪)의 저술을 즐겨 읽었으며, 옹방강의 주장과 이들의 입장이 충돌하는 경우 이들의 주장을 지지하기도 했다. 정재훈, "청조 학술과 조선 성리학," 『추사와 그의 시대』(돌베개, 2002), pp. 155-156.

4. 제주도 귀향과 추사체의 탄생

추사의 청대 고증학 수용은 독자적인 학문 세계의 성립으로까지 이어지지 못했다. 반면, 서체 혹은 서예 분야에서 추사는 추사체라 불리게 된 자신만의 독자적인 서체를 확립하는 데 성공한다. 하지만 흔히 생각되듯 추사체가 '조선적'인, '한국적'인 서체를 만들려는 추사의 열망에서 비롯된 것은 아니다. 추사체는 추사가 그렇게도 숭배해 마지않던 중국 학술·공동체가 제시한 서체의 규범과 이상을 그 극단으로 추구한 결과 탄생했다. 서체에서의 독자성 역시 청조 학술·문화의 성과를 수용한 바탕 위에서 이루어졌던 것이다. 특히 금석학에 대한 추사의 특별한 관심이 독자적인 서체 개발의 출발점이었다.

앞서 잠시 언급했듯이 추사는 1809년의 연행 길에서 옹방강, 완원 등으로부터 고증학 연구에서 금석학이 차지하는 중요성과 고대 금석문에서 발견되는 서체와 서법이 서도(書道)의 본령이 되어야 한다는, 당대 청대 고증학자들 사이에서 널리 인정된 견해에 관해 알게 되었다. 원래 고증학자들이 금석학에 관심을 갖기 시작한 것은 금석 문자를 해독하는 과정에서 고대의 경전에 없는 '사적(事蹟)'이 많이 나타나 사료가 크게 증가했기 때문이다. 전대흔(錢大昕)은 "청동이나 석재에 새긴 글만이 수백, 수천 년 전부터 생존한 것이다. 금석문을 통해 우리는 고대의 참모습을 볼 수 있다. 이러한 형태의 저작들과 이 저작 안에 묘사된 사실들은 신뢰할 수 있으며, 입증할 수 있다"라고 주장했다.[32] 하지만 시간이 지나면서 이러한 관심은 점

32_"獨金石銘勒 出于千百載以前 猶見古人眞面目 其文其事 信而有徵 故可寶也". 벤자민 엘먼, 앞의 책, p. 377.

차 금석 자체에 대한 관심과 고대 금석에서 발견되는 서체에 대한 관심으로 변화했다. 그리고 이러한 경향은 중국에서 고증학이 애초의 문제의식을 상실하고 '학문을 위한 학문'으로 '화석화'되어 가던 18세기 말과 19세기 초에 절정에 달했다. 그 결과 다수의 금석학자들은 다른 이들이 미처 발견하지 못한 진귀한 금석문을 수집하는 데 열을 올리는가 하면,[33] 고대의 청동명문(靑銅銘文)과 석각(石刻)에서 발견된 '전서체(篆書體)'와 '예서체(隸書體)'를 부활시켰다. 특히 서체와 관련하여 이른바 '비학파(碑學派)'들은 자신들의 서체가 고대 사람들이 사용하던 원본의 서체와 더 가깝다는 고증학적 주장을 권위의 근거로 내세웠다.

추사체는 바로 이와 같은 중국 지식인들의 금석문과 고대의 서체에 대한 관심을 계승하는 과정에서 등장했다. 추사는 1809년 연행에서 김정희는 연행에서 옹방강과 완원으로부터 서체에 관한 견해를 전수받았다. 특히 추사는 완원의 '남북서파론(南北書派論)', 즉 한대(漢代)의 예서체가 "여운과 절제미(留有餘不盡之美)"의 측면에서 장식성이 가미된 후한 이후의 서체보다 격이 높다는 서체론을 자신의 지론으로 삼았다. 완원에 의하면 한대의 서체는 '고졸(古拙)'함과 '방경(方勁, 흐르지 않고 굳음)'함을 그 특징으로 지녔는데, 한대 이후 이 서체는 북비(北碑)를 통해 보존되었고, 이것이 구양순과 저수량(褚遂良)으로 이어졌다. 반면, 왕희지(王羲之)로 대표되는 남파(南派)의 서체는 곱고 매끈한 아름다움을 지녔다는 특징을 가졌다.[34] 추사는

33_앞서 인용한 섭지선의 서찰에서 섭지선이 김정희에게 '석각'의 탁본을 보내 줄 것을 요구한 것에서 알 수 있듯이 당시 많은 중국 학자들이 조선의 금석문을 수집하길 원했다.

34_정혜린, "추사의 예술을 다시 본다: 서예론에 대한 재검토," 『추사연구』 3권(2006), pp. 65-66.

다음과 같이 쓰고 있다.

> 서법은 예천명(醴泉銘, *歐陽詢)이 아니면 손을 들여 놓을 수가 없다. 이미 조이재(趙彛齋) 때로부터 예천명을 해법의 규얼로 삼았으니 그때 어찌 우군서(右軍書)의 황정경, 악의론이 없었으라마는 다 돌고 돌아 번와(飜訛)되어 준칙을 삼을 수가 없으니 원(原) 석탑(石榻)에서 진적을 취하는 것만 같지 못하다. 때문에 부득불 머리를 숙이고 예천, 화도(化度) 등 비(碑)에 나아가게 되었던 것이다. 화도는 지금 원석은 없고 송탑으로부터 범씨서루본 같은 것은 동인(東人)이 더욱 얻어 볼 수가 없는 것이나 오히려 예천의 원석 탑본이 그대로 남아 있으니 설사 많이 낡고 부스러졌다 해도 이것이 아니면 종·색(鍾·索)의 옛 법을 거슬러 올라갈 수 없다. 어찌하여 이를 버리고 딴 것을 구한단 말이냐. … 예서(隸書)는 바로 서법의 조가(祖家)이다. 만약 서도에 마음을 두고자 하면 예서를 몰라서는 안 된다. 그 법은 반드시 방경(方勁)과 고졸(古拙)을 상(上)으로 삼아야 하는데 그 졸한 곳은 또 쉽게 얻어지는 것이 아니다. 한예(漢隸)의 묘는 오로지 졸한 곳에 있다.[35]

추사는 이러한 서체론을 바탕으로 당시 조선 서예계의 '후진성'을 여러 차례에 걸쳐 혹독하게 비판했다.

> 나는 젊어서부터 글씨에 뜻을 두었다. 이십사세 적에 중국 연경에 들어가 여러 명석(名碩)들을 만나보고 그 제론(緖論)을 들어본 바 발등법이 머리를 세우는 제일

35_"書法非醴泉銘 無以入手 己自趙彛齋時 以醴泉銘爲楷法圭臬 其時豈無右軍書之黃庭樂毅論也 皆轉轉飜訛 不可準則 不如原石搨取之眞蹟 所以不得俛首就醴泉化度等碑也 化度今無原石 如宋搨范氏書樓本 非東人所可得見 尙有醴泉之原石拓本無恙 設有殘泐過甚 非此 無以上溯鍾索舊規 何以舍是他求也 … 隸書是書法祖家 若欲留心書道 不可不知隸矣 隸法 必以方勁古拙爲上 其拙處 又未可易得 漢隸之妙 專在拙處". 『국역 완당전집』 7권, pp. 337-338.

> 의 의가 되며, 지법, 필법, 묵법으로부터 분항, 포백, 과파, 점획의 법까지도 우리나라 사람들이 익히는 것과는 너무도 달랐다. 한위(漢魏) 이하 금석(金石)의 문자가 수천 종이 되어 종색(鐘索) 이상을 소급하고자 하면 반드시 북비(北碑)를 많이 보아야만 비로소 그 조계(祖系)의 원류의 소자출(所自出)을 알 수 있다. … 근일에 우리나라에서 일컫는 이른바 진체(晉體)니 촉체(蜀體)니 하는 것은 다 이런 것이 있다는 것조차도 모르며 곧 중국에서 이미 울 밖에 버려진 것들을 가져다가 신물과 같이 보고 규얼(圭臬)과 같이 받들며 썩은 쥐를 가지고서 봉새를 쪼으려 든다는 격이니 어찌 가소롭지 아니한가.[36]

추사는 당대 조선의 제일 명필로 꼽히던 원교 이광사(圓嶠 李匡師, 1705~ 1777)와 석봉 한호(石棒 韓濩, 1543~1605)의 서체를 신랄하게 비판하기도 했다.

> 이 어찌 원교의 허물이랴. 그 천품이 남달리 초월하여 그 재주는 지녔으나 그 학(學)이 없는 것이요, 또 그 허물이 아니니다. 고금의 법서(法書)와 선본(善本)을 얻어 보지 못하고 또 대방가(大方家)에게 나아가 취정을 못하고 다만 초이(超異)한 천품만 가지고서 그 고답적인 오견(傲見)만 세우며 재량을 할 줄 모르니 이는 숙계 이래의 사람으로서 변하지 못하는 바이다. 그의 '옛 것을 배우지 아니하고 정(貞)에 인연하여 도를 버리는 자들에게 뜻을 전한 것'은 사뭇 자신을 두고 이른 말인 것도 같다. 만약 선본을 얻어 보고 또 유도(有道)에게 나아갔던들 그 천품으로써 이에 국한되고 말았겠는가.[37]

36_"余自少有意於書卄四入燕 見諸名碩 聞其緒論 撥鐙 爲立頭第一義 指法筆法墨法 至於分行布白戈波點畫之法 與東人所習大異 漢魏以下 金石文字 爲累千種 欲溯鐘索 必見北碑 始知其祖系源流之所自 … 近日我東所稱書家 所謂晉體蜀 皆不知有此 卽取中國所己棄之笆籬外者 視之如神物 奉之如圭臬 欲以腐鼠嚇鳳 寧不可笑". 『국역 완당전집』 8권, pp. 391-392.

37_"然此豈圓嶠之過也 其天品超異 有其才以無其學 無其學 又非其過也 不得見古今法書善本

석봉첩은 참 아깝구료. 대개 이 글씨가 극히 높은 곳이 있는 반면 극히 속된 곳도 있으며, 그 공들이고 힘들인 것으로 말하면, 산을 넘어뜨리고 바다를 거꾸로 돌릴 만 하지만, 동기창(董其昌)의 면면 약존에 못 미치니, 이러한 경지에 있어서는 모르는 자와 더불어 말할 수는 없는 것이외다. 그러한 공력으로써 왜 형산(衡山)이나 지지(枝指)에게 무릎을 굽히지 않고 우뚝이 바로 산음(山陰)에 접할 망상을 일으켰는지, 이 역시 동쪽 사람들의 공연히 높은 척하는 습기(習氣)이외다. 문장이나 서화를 막론하고 먼저 이 습기를 버린 뒤라야만 나가는 길이 마도(魔道)로 치닫지 않게 될 것입니다.[38]

이상의 인용문에서 알 수 있듯이 추사는 당시 조선에서 널리 받아들여지는 서체론이 '중국적 스탠더드'에 크게 미치지 못하다는 점을 비판의 주된 논거로 삼았다. 이광사의 경우 글씨에 관한 한 대단한 자질을 지녔지만 당대의 중국에서 널리 받아들여지는 서체론에 무지한 채 "고답적인 오견(傲見)"만을 앞세운 결과, 시대의 조류에 뒤떨어진 글씨를 쓰게 되었다는 것이고, 조선 시대를 통틀어 가장 '모범적이고 표준적'인 서체를 제시했다고 인정받는 한호에 대해서는 그런 무지함을 지적할 수 없겠지만(석봉은 16세기 후반 사람이다), 그럼에도 불구하고 그의 글씨 곳곳에 드러나는 '속됨'은 안타까움을 자아낸다는 것이다. 결국 이는 중국의 보편 문화에서 제시되는

又不得就正大方之家 但以天品之超異 騁其貢高之傲見 不知裁量 此叔季以來所不能免也 其三致意於不學古而緣情棄道者 殆似自道也 若使得善本 又就有道 以其天品豈局於是而已也". 『국역 완당전집』 6권, p. 244.

38_"石峰帖可惜 大概此書 有極高處 又有極俗處 其工到力到 可以摧山到海 猶不及董香光緜緜若存 此等境地 不可與不知者言耳 以其工力 何不屈膝於衡山枝指 嵬然作直接山陰之妄想耶 亦東人空然貢高之習氣 無論文章書畫 先袪此習氣 然後乃可門徑之不魔耳". 『국역 완당전집』 4권, p. 21.

서체의 규범과 이상에 관해 알지 못한 채 중국에서는 이미 "울 밖에 버려진 것들"을 가져다가 떠받드는 조선 서예계의 '후진성'의 문제로 귀착된다.

이러한 추사의 비판은 조금 과하다는 느낌을 피하기 어렵다. 또 추사의 비판은 또한 공정한 비판이라 하기도 어렵다. 추사는 서체에 관한 중국 학술·문화 공동체의 최신 견해를 알지 못하는 것이 왜 잘못되었는지, 어떤 점에서 문제인지 밝히지 않는다. 추사는 중국 학술·문화 공동체의 표준이 보편적 스탠더드임을 전제한 상태에서 그것에 무지한 조선 서예계를 비판하고, 중국에는 자신의 서체만이 그러한 보편성을 구현하고 있음을 주장한다. 당대인들이 왜 추사를 '요자'라 불렀는지, 그들이 추사의 '오만함'에 대해 얼마만큼 불편해 했을지 짐작할 수 있게 해주는 대목이다.

하지만 여기서 한 가지 주목할 점은 이와 같이 서체에 관해 남긴 글들에서 확인되는 추사의 '오만함'은 그가 고증학과 관련하여 남긴 글들에서는 좀처럼 찾아보기 어렵다는 사실이다. 추사는 고증학의 수용과 관련해서는 조선 학계의 '후진성'을 비판하는 데 큰 관심을 두지 않았던 것으로 보인다. 또한 그는 조선 내에서 자신 외에 중국의 선진 학문에 정통한 이가 없다는 사실에 개의치 않아 하는 듯한 모습을 보였다. 하지만 서체의 문제에 있어서 추사는 사뭇 다른 태도를 취한다. '동인(東人)', 즉 조선인의 서체에 대해 추사는 누가 봐도 다소 지나치다는 인상을 줄 정도로 비판의 날을 세우고 있다. 이러한 차이를 어떻게 설명할 수 있을까?

조심스럽게 추측할 수 있는 한 가지는 추사의 신랄한 비판은 그가 고증학과는 달리 적어도 서체에 있어서만큼은 상당히 강한 '확신' 혹은 '자신감'을 가지고 있었다는 반증으로 해석될 수 있지 않을까 하는 것이다. 즉 서도에서만큼은 자신만의 무엇인가를 강하게 내세울 수 있다는 자신감, 또 이것이 동시대인에게 어느 정도 인정받을 수 있다는 '확신'이 조선 서예계에 대한 호된 비판, 과도한 비판을 낳았다고 추측해 볼 수 있다. 제주도 유배 생활은 추사가 그 이전부터 서체에 대해 갖고 있던 이러한 자신감이 독자적인 서체의 개발로 이어지는 계기가 되었다.

다시 강조하거니와 추사체의 출발점은 당대 중국에서 유행하던 서체론, 특히 고대의 금석문에서 발견되는 전서체, 예서체에 대한 관심에 있었다. 그 시작 단계에서 추사의 서체론은 그의 고증학에 대한 관심과 크게 다르지 않았다. 즉 중국 학술·문화 공동체의 성과를 사실상 '무조건' 수용하는 데 있었다. 마치 선진 문명의 최신 유행은 그것이 선진적인 것이고 최신의 것이기 때문에 그 자체로서 가치가 있다는 식이었다. 추사체의 시작은 '독자적'인 것과는 거리가 멀었다. 하지만 추사는 그렇게 받아들인 중국의 서체와 서체론을 유배 생활을 거치면서 그 논리적 귀결로까지 발전시켰다. 이러한 상황은 추사의 고증학 수용과는 다른 성격을 지녔다. 앞서 지적했듯 추사의 훈고학적 고증학에 관한 학문적 지식은 동시대 중국 학자들과 의미 있는 학술 교류를 가능하게 할 만큼 넓고도 깊었다. 하지만 그것은 예컨대 '추사 고증학'을 운위할 만큼의 독자적인 성취로 이어지지는 못했다.

어쩌면 추사가 1840년에 제주도로 유배를 가는 대신 예정되었던 대로 두 번째 연행에 오르고, 또 그가 그 이전에 해왔듯이 중국의 학자들과 부지런한 교류를 지속하고 중국의 최신 학술 서적들을 수집할 기회를 계속 가질 수 있었다면 그런 성취가 가능했을지도 모른다. 하지만 추사는 유배 길에 올랐고, 이제 그렇게 할 수 있는 기회는 그의 일생에서 다시 찾아오지 않았다. 그가 비록 제주도 유배지에서도 이상적(李尙迪, 1804~1865)의 도움으로 중국에서 출간된 지 얼마 지나지 않은 『황조경세문편(皇朝經世文編)』 120여 권을 손에 넣을 정도로 중국 학계의 동향에 대한 정보를 끊임없이 수집하기는 했지만 사정은 크게 달라지지 않는다.[39] 그러한 상황에서 아마도 글씨에 대한 관심의 집중은 추사가 정신적 고향으로 여겼던 중국 학술·문화 공동체 내에서 자신의 입지를 정립하기 위해 택할 수 있는 유일한 방도였을 것이다. 그리고 추사는 유배 이전부터 서체에 관해 강한 자기 확신, 서도에 있어서만큼은 '일가'를 이룰 수 있다는 자신감을 지니고 있었다. 이러한 요인들에 유배 생활의 특수한 성격이 결합되어 독자적인 추사체가 탄생하게 된 것이다.

서도에서 추사의 독자성은 그의 서체론에서도 잘 나타난다. 예컨대 추사는 청조의 서예가들처럼 전서체와 예서체의 '고졸함'과 '방경함'에 대해 이야기하는 데 그치지 않고, 예서의 '정신'과 '뜻'과 '흥(興)'에 대해 이야기했다. 인격의 수양이 되어 있지 않으면, 또 인격 수양의 결과 자연스럽게 발현되어 나오는 흥이 없으면 결코 좋은 글씨를 쓰기 어렵다는 것이다. 너무 힘주지 않고 무심한 듯 쓰는 글씨가 좋은 글씨이며, 이러한 경지에 오르기 위해서는 평소에 꾸준한 인격의 수양이 이루어져 한다. 추사는 이러한 인격 수양은 결국 치열한 학문 연마로부터 나온다고 보았다. 이른바 '문자향(文字香)', '서권기(書卷氣)'인데, 이러한 정신과 인격 수양에 대한 강조는 옹방강이나 완원의 서체론에서는 찾아볼 수 없는, 오직 추사의 서체론에만 등장하는 대목이다.[40]

법은 사람마다 전수받을 수 있지만, 정신(精神)과 흥회(興會)는 사람마다 이룩해

39_사실 중국 학술·문화계와 교류하고자 하는 추사의 열망은 제주도 유배 시절에도 전혀 줄어들지 않았다. 세한도의 기원에 관한 박철상의 최근 연구에 따르면 추사가 이 걸작을 그린 가장 중요한 이유는 중국 학술·문화 공동체와의 끈을 이어가려는 추사의 열망에 있었다. 박철상, 『세한도: 천 년의 믿음, 그림으로 태어나다』(문학동네, 2010).

40_정혜린, "추사의 예술을 다시 본다: 서예론에 대한 재검토," pp. 75-76.

야 되는 것이다. 정신이 없는 것은 서법이 볼만하다 해도 오래 완색하지 못하며, 흥회가 없는 것은 자체가 아름다워도 자장이란 말밖에 못 듣는다. 기세가 가슴 속에 있어서 글자 속과 줄 사이에 흘러나와 혹은 웅장하고 혹은 풍부하여 막을 수 없어야 한다. 만약 점, 획의 면에서 기세를 논한다면 오히려 한 층이 가로막힌 것이다.[41]

가슴 속에 오천 권의 문자가 있어야만 비로소 붓을 들 수 있다. 서품(書品)이나 화품(畵品)이 다 한 등급으로 뛰어나야 하니 그렇지 않으면 다 속장(俗匠) 마계(魔界)일 따름이다.[42]

결국, 추사는 글씨에서 '일가'를 이루는 데 성공했다. 애초에 중국의 선진적인 서체론을 보다 충실히 반영한 글씨체를 개발하려는 동기에서 비롯되기는 했지만 9년 동안의 유배 생활이라는 독특한 환경을 거치면서 추사체라는 개성 넘치는 서체가 등장할 수 있었다. 혹자는 추사의 애초의 동기가 오늘날의 기준에서 보면 그다지 바람직하다고 할 수 없는 선진 문물에 대한 '무조건적인 동경,' '무비판적인 긍정'에 있었다는 사실에 실망감을 느낄지도 모르겠다. 하지만 여기서 기억해야 할 한 가지는 당시 중국 문화는 적어도 추사에게는 보편 문화였고, 추사는 자신의 지적, 예술적 추구가 보편 문화의 관점에서 인정받을 수 있기를 원했다는 점이다. 추사는 자신의 서체가 보편적인 호소력을 지니기를 원했다. 그러한 지향이 없었다면 추사

41_"法可以人人傳 精神興會 則人人所自致 無精神者 書法雖可觀 不能耐久索翫 無興會者 字體雖佳 僅稱字匠 氣勢在胷中 流露於字裏行間 或雄壯或紆徐 不可阻過 若僅在點畫上論氣勢 尙隔一層". 『국역 완당전집』 8권, p. 391.

42_"胷中有五天字 始可以下筆 書品畵品 皆超出一等 不然 只俗匠魔界而已耳". 『국역 완당전집』 8권, p. 402.

체는 결코 오늘날 우리가 아는 추사체일 수 없었을 것이다. 추사는 이와 같은 보편 문화에의 동경으로부터 독창적인 무엇인가를, 단순히 독창적일 뿐만 아니라 보편적인 호소력을 지닌 무엇인가를 만들어 내었다. 이는 여전히 압도적인 선진 문물과 마주하고 있는 한국의 학계·문화계가 아직 성취하지 못한 것이다.

5. 마치며

서론에서 추사의 그림과 관련하여 동주 이용희가 그의 예술적 성취에 대해 느꼈던 양가적인 감정에 대해 지적한 바 있다. 중국의 문인화 전통에서 유래한 관념적인 화풍의 추사 그림은 당시 조선에서 막 피어나던 자생적인 화풍의 싹을 꺾는 데 일조했다. 동주는 그럼에도 불구하고 추사가 외래의 것을 받아들여 그것을 온전히 자기의 것으로 만들고 높은 미학적 성취를 이루었음을 부인하지 않는다.

비슷한 이야기를 추사의 고증학 연구와 글씨의 경우에도 할 수 있다. 두 분야 모두에서 추사는 동시대 조선인들이 도저히 엄두도 내지 못할 수준의 성취에 성공했다. 하지만 두 분야 모두에서 추사의 애초의 의도는 중국 학술·문화 공동체의 선진 스탠더드를 수용하는 데 있었다. 동시대인들에게 이러한 중국적 스탠더드는 낯설고 범접하기조차 어려운 것이었고, 오직 추사만이 그 의미를 온전히 이해하고 체화할 수 있었다. 이는 추사의 고증학 수용의 경우에 특히 그러했는데, 훈고학적 방법론을 중심으로 하는 청조 고증학은 중국 문물의 수용에 적극적이었던 박제가나 정통 성리학의 한계를 극복하고자 했던 정약용 등 당대의 '진보적' 지식인들에게조차 낯선 분야였다. 글씨의 경우에도 이광사 등이 중국에서는 이미 상식화된 서체론에 무지함을 나무라는 추사의 비판이 의미 없게 느껴질 정도로 조선의 서예계는 중국과는 다른 길을 가고 있었다. 다만, 글씨의 경우 서체의 미학적 가치에 대한 판단이 많은 지식을 요구하지 않는 특성으로 인해 추사가 자기 자신만의 서체를 본격적으로 갖기 시작한 이후로는 동시대인들의 인정을 받기가 훨씬 용이했고, 추사도 이 점을 잘 인식하고 있었던 것으로 보인다. 하지만 고증학의 경우 추사의 '개인 취미' 수준을 벗어나지 못했던 것으로 보인다.

이러한 점을 고려할 때 추사는 19세기 초 중국-조선 학술·문화 질서에서 매우 독특한 위치를 차지했다고 할 수 있다. 추사가 중국 문물에 대한 동경을 품게 된 시기는 중국의 선진 문물을 배우고 수입하려는 북학파 등의 노력이 절정에 달했던 시기였다. 추사는 이러한 지적 분위기 속에서 연행을 간절히 소망하게 된다. 하지만 북학파 등의 연행이 '경제치용', '이용후생' 등 실용적인 목적에서 이루어졌다면, 추사는 연행을 청조의 최신 학문과 예술을 배우고 청조의 지식인들과 지적 교류를 할 수 있는 통로를 개척하는 기회로 삼았다.

물론 추사가 경세치용, 이용후생이나 세상 돌아가는 상황 등에 전혀 관심을 기울이지 않았다는 것은 아니다. 하지만 그의 주된 관심사는 그가 살던 당시의 중국에서 성행하던 학문인 고증학과 서체론, 화론 등 예술론의 내적 논리에 보다 정통하게 되는 데 있었다. 특히 애초에 성리학의 관념주의를 극복하고 좀 더 실용적인 학문을 구현하려는 목적에서 비롯된 청조 고증학의 경우 추사 당대에는 그러한 목적을 잃어버리고 '학문을 위한 학문'이 되어 버린 상황이었지만 추사는 이에 개의치 않고 그와 같이 경세적인 관심을 포기한 고증학을 받아들였다.

오늘날의 시각에서 볼 때 추사의 중국 문물 수용은 '맹목적'이었다. 추사는 일생 동안 청조 문화의 숭배자로 남았고, 중국 학술·문화 공동체와의 교류를 삶의 중요한 목표로 삼았다. 이에 대해서는 찬반과 호오의 감정이 엇갈릴 수 있다. 하지만 그런 그가 19세기 전반 조선 학술·문화계에서 특별하고도 탁월한 존재였다는 점은 부인하기 어렵다. 추사의 특별함은 이러한 전반적인 무관심의 분위기 속에서 중국 학술·문화계와의 심도 있는 교류를 홀로 외로이 감당할 만큼 지적으로 용감하고 부지런했다는 데 있다. 추사의 탁월함은 그와 같이 지적, 문화적으로 고립된 가운데에서도 외래 문물을 받아들인 바탕 위에서 자신의 독자적인 영역 개척에 성공했다는 데 있다.

참고문헌

고재욱. 1991. "金正喜의 實學思想과 淸代考證學." 『태동고전연구』 10집.

김문식. 1998. "朝鮮後期 京畿學人의 漢宋折衷論." 『朝鮮後期 經學의 展開와 그 性格』. 성균관대학교 대동문화연구원.

김정희. 『국역 완당전집』 1권, 2권. 솔 출판사.

박철상. 2010. 『세한도』. 문학동네.

안외순. 2004. "추사 김정희와 실학사상의 관계에 대한 재고찰." 『동양고전연구』 21집

양계초. 2005. 『중국근대의 지식인(청대학술개론)』. 전인영 옮김. 혜안.

옹방강. 2004. "옹방강이 추사에게 보낸 두 건의 간찰." 김규선 옮김. 『추사연구』 1집.

이동주. 1995. 『우리나라의 옛 그림』. 학고재.

유봉학. 1998. 『조선후기 학계와 지식인』. 신구문화사.

유홍준. 2006. 『김정희』. 학고재.

전해종. 1963. "淸代學術과 阮堂." 『대동문화연구』 1집.

정병삼 외. 2002. 『추사와 그의 시대』. 돌베개.

정재훈. 2002. "청조 학술과 조선 성리학." 『추사와 그의 시대』. 돌베개.

정혜린.. "추사의 예술을 다시 본다: 서예론에 대한 재검토." 『추사연구』 3집.

후마 스스무(夫馬進). 2008. 『연행사와 통신사』. 정태섭 옮김. 신서원.

후지츠카 치카시(藤塚鄰). 2009. 『추사 김정희 연구(청조문화 東傳의 연구)』, 윤철규, 이충구, 김규선 옮김. 과천문화원.

벤자민 엘먼. 2004. 『성리학에서 고증학으로』. 양휘웅 옮김. 예문서원.

9장

19세기 전반기 연행사절의 중국관

김경선의 『연원직지』를 중심으로 *

김현철

1. 들어가며

병자호란 패배 이후 명을 대신하여 청이 동아시아 국제질서의 새로운 지배 국가로 부상하였다. 이후 조선의 대외정책은 청과의 관계를 어떻게 설정하며, 청의 간섭과 압력으로부터 조선의 국가 안보와 정치외교상 자주를 어떻게 확보하는가가 커다란 과제였다. 전통적인 조공제도의 틀 내에서 조청 간 관계가 안정적으로 유지되면서 북경을 다녀오는 조선의 연행사절

* 이 논문은 필자가 2012년 11월 24일, 서울대 국제문제연구소와 동북아역사재단이 공동 주최한 2012 한중국제학술회의 『사행의 국제정치 - 조천·연행록을 통해 본 한중 관계와 동아시아 지역질서』에서 "19세기 전반기 연행사절과 김경선의 중국관"이라는 제목 하에 발표한 논문을 수정하여 한국정치외교사학회, 『한국정치외교사논총』 36집 1호(2014년 8월 발행)에 "19세기 전반기 연행사절의 중국관: 김경선(金景善)의 『연원직지(燕轅直指)』를 중심으로"라는 제목으로 게재된 것입니다.

은 정례적인 외교사절의 역할을 수행하였다. 그 과정에서 조선과 청 양국의 관료, 지식인들의 세계관과 국제정치관 간의 조우, 갈등, 충돌 및 융합 현장을 체험하게 된다. 이들 연행사절의 행적과 활동을 기록한 연행록은 조선 지식인의 중국관을 비롯하여 당시 국제정치관을 반영하고 있다는 점에서 한중 관계의 역사적 변천을 살펴볼 수 있는 주요 자료가 된다.

대외적으로 외국과의 교류가 제한된 조선 시대에 지식인과 관료들이 외부의 세계에 접할 수 있고, 직접 방문하여 눈으로 확인하고 이국적 경험을 체험할 수 있다는 점에서 연행사절은 바깥 사상과 세계관의 변화를 초래할 수 있는 충격이자 기회로서 여겨졌다.

19세기 청대의 북경은 정치 중심지이어서 중화 제국의 지배자가 이민족을 직접 만나며, 그 반대로 이민족이 중화 제국의 지배자를 직접 만나는 정치적 교류의 장으로서 역할을 하였다. 특히 18세기에 이어 청조의 가경연간(嘉慶年間, 1796~1820)과 도광연간(道光年間, 1821~1850)에 이어지는 19세기 전반기에도 북경이 선진 문물의 교류 창구였으며, 외국 정보의 수집 장소였다. 이 기간 연행사절로 중국을 방문한 조선의 지식인들은 북경에서 중국을 보고 서양의 과학기술과 동아시아 각국의 사정을 살펴볼 수 있었다.[1]

이러한 19세기 전반기에 쓰인 연행록의 대표적인 것으로서 김경선(金景善)의 『연원직지(燕轅直指)』[2]를 들 수 있다. 『연원직지』는[3] 김경선이

1_정혜중(2005), pp. 142-143. 19세기 전반기 한중 관계와 연행사절에 대한 기존 연구는 상대적으로 적은 편이다. 청대 조선의 연행사절들에 대한 설명은 명지대 국제한국학연구소(2003)를, 청사 연구에 대한 국내외의 주요 연구 방향과 흐름 및 연행록 연구 동향에 대한 기존 분석으로 차혜원(2010)을, 명·청 시기 한중 간 교류 및 연행록에 대한 최근 한·중·일에서의 논의에 대해서는 동국대 연행학연구소(2012)를 참조하기 바람.

2_김경선[1788(정조 12년)~1853(철종 4년)]의 자(字)는 여행(汝行), 본관은 청풍(淸風)으로

1832년 서장관으로서 연행사절로 북경에 가면서 작성한 것이다.[4] 김경선은 『연원직지』에서 18세기 연행일기의 대표작인 노가재 김창업(金昌業)의 『노가재연행일기(老稼齋燕行日記)』(1712, 숙종 38년), 담헌 홍대용(洪大容)의 『담헌연기(湛軒燕記)』(1756, 영조 41년), 연암 박지원(朴趾源)의 『열하일기(熱河日記)』(1780, 정조 4년)의 주요 내용을 비교 검토하였다.[5] 『연원직지』는 이러한 연행록들을 종합적으로 수용하여 19세기 전반기 김경선 자신의 시각에서 정리 및 확인하여 뒷날 사행하는 사람들의 지침서가 되고자 시도했다.[6] 그러므로 김경선의 『연원직지』는 한중 관계 및 중국(청)의 변화에 대한 공식 기술과 개인적 시각도 반영되었으며, 19세기 조선의 지식인이 중국(청)을 어떻게 인식하였는가를 보여 주는 대표적 기록물이다.[7]

김경선이 연행사절로 북경에 다녀온 1830년대의 조선이 처한 시대적

김식, 김육(金堉)의 후손이며, 기풍(基豊)의 아들이다. 그의 집안은 노론의 중심 가계로서 김윤식이 삼종손이다. 김경선은 1851년 5월 23일(철종 2년) 진주사로 다시 청나라에 다녀왔다.

3_『연원직지』는 1832년(순조 32년) 10월 동지사 겸 사은사 서경보(徐耕輔), 부사 윤치겸(尹致謙)을 수행하여 김경선이 서장관으로서 6월 20일부터 출발하기 전까지의 준비 상황과 10월 20일 서울을 출발하여 이듬해인 1833년 4월 2일 서울에 돌아올 때까지 보고 듣고 관찰한 일을 기록한 연행일기로서, 6권 6책의 필사본이다.

4_김경선은 『연원직지』의 서문에서 김창업, 홍대용, 박지원의 3대 연행록에서 편년체, 기사체, 전기체의 장점을 참고하고 절충하여서 이 글을 지었다고 밝히고 있다.

5_최소자(2009)는 김창업, 홍대용, 박지원의 중국관을 정치경제 및 사회문화적 인식의 측면에서 비교하고 있다. 최소자·정혜중·송미령(2007)은 김창업의 『노가재연행일기』, 홍대용의 『담헌연기』, 박지원의 『열하일기』의 주요 내용을 발췌하여 현대문으로 번역함으로써 자료집으로서의 가치가 있다.

6_전일우(2006), p. 252. 18~19세기에 김경선 앞뒤 시기에 걸쳐 연행사절에 갔던 홍대용, 박지원, 김정희, 박규수 등 조선 지식인들의 중국관과 국제정세관은 서울대 국제문제연구소·동북아역사재단(2012) 및 이 책의 관련 장절을 참조하기 바람.

7_정혜중(2005), p. 146.

상황은 18세기 말 정조의 개혁정치가 19세기 초에 현실정치에서 계승되지 못하고, 사상적으로도 박지원 등 북학파와 일련의 실학자들의 개혁 구상이 실행에 옮겨지지 못하고 세도정치의 폐단과 정치적, 경제적 불안이 지속되는 위기의 시대였다. 이러한 시대를 맞이하여 1820~1830년대 조선의 권문세도가, 관료 및 지식인들이 청의 정세 변화를 어떻게 파악하였으며, 이전 북학파로 대변되는 청 문물의 수용론에 대해 어떤 입장을 보였는가를 재조명함으로써, 당시 조선의 개혁과 대외 개방정책의 성공 가능성을 다시 재평가할 수 있을 것이다.

이에 이 글에서는 김경선의 『연원직지』가 18세기 기존 연행록들을 참조하여 청(중국)에 대한 태도와 이해에 어떠한 변화가 있었으며, 연행의 경험들을 바탕으로 국내 개혁의 필요성과 그 방향을 어떻게 설명하였는가를 살펴보고자 한다.

2. 19세기 전반기 조·청 관계와 연행사절의 활동

1) 조공체제 운영의 변화와 청의 정세 파악

조선 후기 병자호란 이후부터 19세기 후반까지 200년이 넘는 기간 동안 조청 간 교섭의 전개 양상은 다음과 같이 시기 구분되어 질 수 있다. 첫 번째 시기는 탐색기(1637~1683)로서 청이 조선을 강제로 항복시키고 중원을 공략한 시기이다, 이 시기에 조선과 청과의 교류는 제한적으로 이루어졌으며, 조선은 청을 적대시했다. 두 번째 시기는 전성기(1684~1791)로서 청은 강희제, 옹정제, 건륭제가 황제로 있으면서 정치적 안정과 번영을 구가한 시기이다. 이 시기 조청 간 관계는 우호적으로 바뀌고 문물 교류도 활발하게 전개되었다. 그리고 세 번째 시기는 쇠퇴기(1791~1866)로서, 청의 쇠퇴와 조선의 서학 금지를 계기로 양국 간 교류가 쇠퇴한 단계이다.[8]

위의 세 번째 시기, 즉 1791년 이후 시기부터 19세기 중반까지의 시기에 대해 조선의 대청 교섭이 쇠퇴하기보다는 오히려 조청 양국 간 교섭과 지식인의 교류가 더욱 활발하게 전개된 시기로 보는 시각이 있다. 그렇지만 각 시기마다 조선 후기 연행사들이 청을 바라보는 시선과 태도가 다음과 같이 차이가 난다. 인조에서 경종까지의 첫 번째 시기는 적대적 대응의 시기로서 청에 대한 적개심이 팽배하고 북벌이 시도되었다. 영조부터 정조까지의 두 번째 시기는 냉정한 탐색과 북학(北學)의 시기로서, 청의 실상 파악과 청 문물의 적극적 도입을 시도하였다. 그리고 순조에서 19세기 중반까지의 세 번째 시기는 북학이 대세로 굳어지고 국제정세의 변화에 대응하기 위해 적극적으로 청을 분석하였다. 그 결과 조선의 대청 교섭의 태도와 시선이 변화하여 세월이 경과할수록 적개심이 희석되어 청 문물을 수용하고, 연행을 통해 국제정세 파악의 교두보로 활용하는 방향으로 전개되었다.[9]

조공관계에 대한 연구에 의하면, 18세기 중반부터 19세기 중반까지 조청 양국은 번속국(藩屬國)과 종주국(宗主國)의 관계였다. 그리고 이 시기 조청 양국 간에 책봉 조공 관계가 장기간 유지된 것은 이를 통해 양국의 지배자들이 상호 간의 권력 유지를 보장받을 수 있었기 때문이었다.[10] 조청 관

8_이러한 시기 구분은 김문식, 『조선후기 지식인의 대외인식』(새문사, 2009), pp. 35-48에 실림. 안대회(2010), p. 92에서 재인용. 고대로부터 근대에 이르기까지 중국적 국제질서의 변천과 주변 민족들과의 관계에 대한 설명은 김한규(2005)를, 그리고 조청 간 한중 관계에 대한 개괄적 설명은 최소자(1997)를 참조하기 바람.

9_안대회(2010), pp. 91-93.

계를 보면 19세기 후반 조선이 외국과 조약을 체결하여 문호를 개방하기 이전까지 조선은 중국 중심의 전통적 국제질서 하에서 '사대자소(事大字小)'의 예(禮) 명분하에 종주국인 중국에 대하여 조공국의 의례적인 절차로서 정기적으로 조공을 바쳐 왔다.[11] 조청 관계를 동아시아의 조공체제의 측면에서 접근할 경우, 18세기는 조청 양국 간 조공제도를 통해 평화가 유지된 시기로 바라볼 수 있다. 국가 간 교섭과 공존 방식으로 조공제도를 바라볼 경우, 조청 양국은 상대적인 자율성을 갖고 있었다.[12]

19세기 이후 동아시아의 국제정세는 영국, 프랑스 등의 동아시아 지역에 대한 식민지 경영이 확대되는 등 서세동점의 추세가 확산되어 갔다. 특히 영국은 차와 아편 등을 통해 청을 잠식하고 자국 화폐를 통용케 하여 청의 경제질서를 문란시키고 있었다. 이에 대해 청은 차의 수입과 영국 화폐의 통용을 금지하고 아편 수입을 엄격히 단속함에 따라, 1840년 아편전쟁의 싹이 트고 있었다.[13] 특히 1840년 아편전쟁 패배 이후 청의 위상은 크게 흔들렸으며, 중화사상을 바탕으로 한 중화체제도 속방에 대한 열강의 침략으로 점점 허물어졌다.[14]

10_김한규(2002), p. 727. 동아시아의 사대질서의 운영과 명청 시대 조공국들과 조공 횟수에 대한 설명은 김용구(1997), pp. 69-111를 참조하기 바람.

11_동아시아의 사대질서 하에서 조·청 관계는 '외번(外蕃)은 그 내정과 외교 교제는 자주에 임한다'는 명제 하에 수직적인 동아시아 국제사회 구성원의 속성을 반영하는 것이었다[김용구(2002), p. 123]. 사대주의와 한·중 간 조공관계의 국제정치적, 역사적 의미에 대한 설명은 이용희·신일철(1977), 김용구(1997)를 참조하기 바람.

12_남궁곤(1999), pp. 220-222. 18세기 청의 건륭(乾隆)제 시기 이후 조청 간 조공제도는 커다란 변동 없이 유지되었다. 그 예로 1736년 이후부터 19세기 후반까지 세폐와 방물의 품목도 변동이 없었으며, 그 액수도 약 8만 냥 정도 유지되었다[김한규(2002), pp. 726-727].

13_이이화(1976), p. 10.

14_한규무(2002), p. 234.

이 시기 조선의 해안에도 영국 등 서양 상선들이 출현하여 여러 차례 표류하거나 통상을 요구하였다. 이에 대해 조선 정부는 쇄국정책을 전개하면서 청을 통한 교섭을 추진하였다. 따라서 김경선이 연행사절로 파견된 1830년대는 조청 관계가 비교적 일종의 한계 내에서 평화가 유지되었다고 볼 수 있다.

이러한 연행사절들이 청을 바라보는 데 있어 주요 관심사는 다음과 같다. 첫째, 중국을 중심으로 한 국제정세의 파악에 많은 관심을 드러냈다. 둘째, 청나라 학술의 변화와 지식인의 동향에 깊은 관심을 기울였으며, 고증학의 만연에 대한 비판도 제기되었다. 셋째, 서양 학문, 예를 들면 천주교의 수입이나 병폐에 대한 논의가 빈번해졌다.[15]

당시 연행 사신들에게 정세 파악은 기본적 임무였다. 청 건국 초기에는 청이 곧 망할 조짐을 보이는지를 파악하라고 요구되었으며, 19세기 순조 이후에는 청을 둘러싼 국제정세의 파악에 대한 요구가 두드러졌다. 건륭제 이후 청의 쇠퇴와 서양 세력의 점진이 조선의 위기와 맞물려서 청의 정세 파악이 사절단의 주요 관심사로 부각되었다.[16]

이와 관련, 19세기 초 김조순(金祖淳)은 1813년 사은 정사로 북경으로 떠나는 이상황(李相璜)을 배웅하면서, 청 국운의 쇠퇴 현상에 주목하며 연행사가 그 변화에 촉각을 세워야 한다고 언급하였다. 건륭제의 사망 이후 청 내부의 불안과 서양 세력의 침략 현상이 가시화되면서 김조순 등 조선의 지식인들은 이에 대한 불안감과 우려를 표명하였다. 김경선이 청에 가기 몇 년 전인 1828년 조인영(趙寅永)은 동지사로 연행하는 홍기섭(洪起燮)

15_안대회(2010), p. 112.
16_안대회(2010), pp. 112-113.

에게 청 정세의 급변 상태가 조선에 미칠 파장을 우려하면서 국제정세를 파악하여 대비할 것을 부탁하였다. 또한 유신환(兪莘煥)은 1831년 사은사로 북경으로 떠나는 홍석주(洪奭周)에게 보낸 글에서 중국 정세에 대한 우려를 크게 표명하였다.[17]

이와 같이 연행사절의 주요 임무로서 정세 파악의 중요성을 인식한 김경선은 박지원의 다음과 같은 언급을 인용하면서 청의 정세를 제대로 파악해야 함을 강조하였다.

> 그들의 환심을 사려면 반드시 대국의 명성과 교화를 극히 칭찬하여 먼저 그들의 마음을 안정시키며, 또 중국과 우리나라가 일체가 된 것처럼 근실히 보여 그 혐의를 피하되, 한쪽으로는 그들의 예약에 뜻을 붙이면서 그 전아함을 숭배하는 듯이 할 것이요, 한쪽으로는 역대의 역사를 들출지언정 최근의 일에는 언급하지 말 것이다. 그리고 뜻을 굽혀 배우기를 청원하되, 그들로 하여금 마음 놓고 이야기할 기회를 준 다음, 거짓으로 모르는 척하여 그의 마음을 울적하게 만든다. 그러고 본다면 그의 눈썹 사이에서 진실인지 허위인지가 저절로 나타나며, 웃고 지껄이는 사이에 그의 정실을 탐지할 수 있을 것이다.[18]

『연원직지(燕轅直指)』에서 이러한 언급은 김경선 등 조선의 연행사절들이 청의 정세를 파악하기 위한 구체적 방법들을 제시한 것으로 볼 수 있다.

김경선 등 연행사절이 관찰한 바로는 북경 동쪽으로부터 심양에 이르기까지 모든 성보(城堡) 또는 돈대(墩臺)들이 모두 명대에 쌓은 것이며, 청

17_안대회(2010), pp. 113-116에서 인용.

18_『연원직지』 6권 「유관별록」, 〈眺覽交遊〉(민족문화추진회, 1982 재판), 『고전국역총서 104: 국역 연행록 선집 X』(서울: 민족문화문고간행회), pp. 243-244.

대에 들어서 이들 성곽을 증축하거나 보수하지 않고 그대로 내버려 두고 있었다. 이에 대해 사람들이 "중국이 정치가 쇠하고 재정이 고갈해서 생각이 성지(城池)에까지 미칠 여지가 없다"고 생각하였다. 이에 대해 김경선은 청이 성곽을 보수하지 않는 이유는 지금 청나라 사람들이 중원 땅 보기를 마치 잠깐 머물렀다 가는 여관쯤으로 생각하기 때문이라고 보았다. 김경선은 청의 만주족이 나중의 급한 일로 중원을 버리고 달아난 후에 다시 중원을 차지하기 위해 공격할 때, 튼튼한 성곽이 장애물이 되리라고 여겨서 일부러 보수 및 수리하지 않는다고 보았다. 그러나 그 결과는 튼튼한 성이나 깊은 해자도 없어서 오히려 스스로 장성을 헐어 버리는 결과가 되어서 그들, 즉 청 조정을 위태롭게 하는 것이 될 것이라고 전망하였다.[19]

2) 1830년대 초 조청 간 정치외교 현안과 김경선 등 연행사절의 활동

청에 파견된 연행사절의 임무는 세폐와 방물을 바치는 일 이외에 국왕의 사위(嗣位)와 왕세자 및 왕비의 책립(冊立)을 받는 일이었다. 청 황실의 경조사나 청 황제의 순수(巡狩)를 문안하거나 조선 왕실의 경조사를 보고하는 등의 의례적인 경우가 많았다. 또한 청 측의 호의에 대한 사은(謝恩)과 그 견책(譴責)에 대한 진주(陳奏)를 위해 사신이 파견되는 경우도 있었다. 그 외 밀입국자나 표착자(漂着者)에 관한 문제도 사신의 내왕을 통해 처리되었다.[20]

당시 김경선의 연행사절이 직면한 정치외교적 현안으로서 다음 몇 가

19_『연원직지』 6권 「유관별록」, 〈城郭市肆〉, 『국역 연행록 선집 XI』, p. 147.

20_김한규(2002), p. 732.

지를 들 수 있다. 첫째, 영국 상선이 통상을 요구한 상황, 둘째, 표류한 유구(琉球, 오키나와) 사람들의 송환과 유구로 표류되어 청조에 인계되는 조선인 제주 상인의 상황과 평가이다. 셋째, 청조의 아편 문제에 대한 견해와 평가, 그리고 넷째 기타 조공국들과 러시아에 대한 관심도 이전보다 비중 있게 언급되었다는 점에서 19세기 조선이 처한 상황을 잘 보여 주고 있다.[21]

1832년 영국 상선 로드 암허스트 호가 황해도 몽금포 앞바다에 나타나 처음으로 통상을 요구하였다. 영국이 조선과의 통상을 시도했을 때, 조선과 청은 조선이 독립국이 아닌 조공국, 즉 속방이므로 스스로 통상할 수 없다고 대답하였다.[22]『연원직지』에서는 로드 암허스트 호의 통상 요구에 대해 홍주 목사와 수영 우후가 순영에 보고한 전말이 수록되어 있다. 여기에는 영국 상선에 관한 것 이외에 영국의 왕실, 거리 및 제도 등에 관한 사항이 포함되었다.[23]

이와 관련『연원직지』에서는 "영국 선원으로부터 영국과 청이 교역하는 데 있어 두 나라가 고루 크고 세력이 같으므로 영국이 조공을 바치지 않으며 영국의 사신이 북경에 가도 고두하지 않는다"라고 적혀 있다. 또한 영국 선원이 조선에 온 이유는 공적으로 무역 조약을 체결하기 위한 것이었으며, 영국과 조선 간 교역의 구체적 조건을 제시하였다. 그러나 서양인과의 교역을 금지하고 있는 조선 정부의 입장에서는 이를 수용할 수 없었다.

21_이이화(1976), p. 18; 정혜중(2005), p. 147. 김경선은 아편의 폐단과 이를 극복하기 위한 청 정부의 조치에도 주목하였다. 이에 대해서는『연원직지』 5권「유관록」하,『국역 연행록 선집 XI』, pp. 63-64를 참조하기 바람.

22_한규무(2002), p. 254.

23_『연원직지』 1권「출강록」 11월 24일자, 〈附 英吉利國漂船記〉,『국역 연행록 선집 X』, pp. 86-98.

당시 충청 감사의 장계를 보면, 그들의 주문과 예물을 반강제로라도 받은 것을 크게 경계하였다.[24] 당초 조선 정부에서는 후일 청의 질책을 염려하여 그 전말을 청에 주문(奏聞)하였으며, 청에서는 그 처치가 잘 되었다고 황제가 비단 80필을 표창하였다. 이에 대해 조선 정부는 사은을 표시하기 위해 동지사가 가는 편에 별도의 사신(재자관)을 파견할 정도였다.[25] 이와 같은 1832년 영국 상선의 통상 요구에 대해 김경선은 상세한 경위를 적었을 뿐, 별도의 논평을 하지 않았다.[26]

김경선의 연행사절은 조선에 표류하게 된 유구(琉球, 오키나와)인 2명을 북경에 보내기 위해 연행사절에 동행시켰다.[27] 이들 오키나와인들은 북경에 도착한 오키나와 사신을 따라 본국으로 돌아가기 전에 조선의 연행사절들에 인사하러 오기까지 했다.[28] 조선인들이 오키나와에 표류한 경우에는 오키나와 사신이 북경에 올 때 같이 데리고 와서 조선에 송환토록 조치하였다. 김경선 일행이 북경에 체류 시, "유구국 사신이 북경에 도착하면서 조선인 제주 상인 표류인 26명을 데려왔다"는 기록이 보인다.[29] 연행사절은 이들 조선인 표류인들과 만나 그동안의 상황을 청취하였으며, 이들과의 문답 기록도 남겼다.[30]

24_『연원직지』 1권 「출강록」 11월 24일자, 〈附 英吉利國漂船記〉, 『국역 연행록 선집 X』, pp. 86-88.

25_『연원직지』 5권 「回程錄」 2월 22일자, 『국역 연행록 선집 XI』, pp. 99-100.

26_이와 관련 김경선에게 별다른 문제의식은 찾아보기 힘들다고 평가하였다[남궁곤(1999), p. 228].

27_『연원직지』 1권 「출강록」 상 10월 20일자, 〈濟州漂人問答記〉, 『국역 연행록 선집 X』, p. 31.

28_『연원직지』 5권 「유관록」 하 2월 5일자, 『국역 연행록 선집 XI』, p. 75.

29_『연원직지』 3권 「유관록」 상 12월 23일자, 『국역 연행록 선집 X』, p. 284.

19세기 초 청조를 다녀온 연행사 기록 중에서 김경선의 『연원직지』는 1832년 12월 19일 북경에 도착하여 이듬해 2월 7일 북경을 떠날 때까지 48일간 북경 체류 시 교류하고 관찰한 내용을 상세하게 기록하였다.[31]

북경에 도착한 김경선 등 연행사절 일행들은 앞에서 언급한 연행사절의 역할을 충실히 수행하였다. 김경선 일행은 북경에 도착하자마자 12월 19일 예부에 가서 표와 자문을 바치고 고두하였다. 이러한 외교 의례와 절차들에 대해, 김경선은 『조천록(朝天錄)』의 기록을 상기하면서, 옛날과 지금의 제도가 다른 것을 알 수 있으며, 명 시기 때와 비교하여 조금 간편해진 것으로 평가하였다.[32] 북경에 도착한 이후 김경선 일행은 북경 황성에서 황제가 주최한 연회 및 1월 1일 조참례(朝參禮)에 참석하였다. 12월 23일 청 황제가 주최하는 빙희연에는 연행사절 중 정사와 부사가 참석하였다. 몇 달 간의 길고 긴 여정 끝에 북경에 도착한 연행사절의 주요 임무는 청 황제가 주최하는 연회에 참석하는 것이었다. 오랜 기다림 끝에 다음과 같이 청 황제로부터 조선 국왕에 대한 간단한 안부 인사를 전해 들었다.

30_『연원직지』 3권 「유관록」 상 12월 25일자, 〈濟州漂人問答記〉, 『국역 연행록 선집 X』, pp. 289-300. 이 〈제주표인문답기〉에서는 오키나와의 위치, 풍속, 제도 및 중국 남쪽의 풍물 등을 소개하였다.

31_1832년(순조 32년) 6월 20일 배명. 10월 20일 한성 출발. 12월 19일 북경 도착. 그 다음해인 1883년 2월 7일 북경 출발. 4월 2일 한성 도착. 연행사절의 주요 경로는 육로로는 '서울-평양-의주-압록강-봉황성-연산관-요동-심양-광녕-사하-산해관-통주-북경'이 일반적 코스이다. 이 경우 총 거리는 약 3,100리이며, 서울에서 북경까지 약 40~60일이 소요되었다. 돌아오는 귀로는 대개 50여 일 걸리며, 북경 체류 한 달을 포함하면 보통 총 5~6개월이 소요되었다[임기중(2002), p. 386].

32_『연원직지』 2권 「출강록」 상, 〈예부정표자기〉, 『국역 연행록 선집 X』, pp. 229-231.

황제가 지나갈 때 제독이 일어나서 조선 사신이 와 있다고 고하니, 황제가 교자 안에서 돌아보며 답하는 말이 있었다. 제독이 우리말로 전해 주기를, "그대 국왕은 평안한가?" 하였다.

거가(車駕)가 지나간 뒤에 예부의 관원 두 사람이 각각 정·부사의 손을 잡고 뒤따라가는데, 길을 잊을까 해서였다.[33]

북경에서 청은 각국 사신들 접대 시 조선과 유구(琉球, 오키나와)를 구별하였다. 연행사절들은 같은 조공국이지만 청이 조선을 안남국(베트남)이나 유구국과 구분하여 으뜸 조공국으로 대우하는 것에 대해 자랑스럽게 생각하였다. 김경선의 경우에도 조반(朝班)의 차서에 관해서 청이 조선을 첫머리로 삼았다고 기록하고 있다.[34]

12월 30일 황제가 주최하는 연종연(年終宴)에 연행사절 중 정사와 부사만이 참석하였다. 조선 사신들을 안내하는 예부 시랑이 순서를 바꾸어 유구국 사신을 먼저 오르게 한 죄로 중죄에 처하게 될 정도로 조공국가의 순위는 매우 중요하였다.[35] 그 후 1월 4일 황제가 참석한 연회 시 청 예부의 관원은 유구국 사신을 조선 사신 뒤의 멀리 떨어진 자리에 배정하였다. 또한 조선 사신 정사와 부사에게는 각각 독상으로 대접하고 다른 나라 사

33_『연원직지』 3권 「유관록」 상 12월 23일자, 〈瀛臺氷戱宴記〉, 『국역 연행록 선집 X』, p. 285. 청나라 제도에 매년 12월 23일 황제가 서원(西苑)안 영대(瀛臺)에서 잔치를 베풀었다. 이 잔치에 김경선의 연행사절의 전년인 1831년부터 참례하라는 황제의 유지가 있어서, 조선의 연행사 일행은 반드시 이 날짜에 앞서 20일 전에 북경에 도착하여 하마(下馬)하였다.

34_청이 조공국 반열의 차서에서 항상 조선을 수위로 삼은 것이 조선의 입장에서 보면 가장 치욕의 자리로 볼 수 있는데도 자랑스럽게 여긴 점은 당시 연행사절들의 사상적 한계이며 조선의 지배층과 지식층이 가진 한계로 지적되고 있다[임기중(2002), pp. 402-403].

35_『연원직지』 3권 「유관록」 상 12월 30일자, 『국역 연행록 선집 X』, pp. 321-323.

신에게는 두 사람마다 한 상으로 대접하였다. 이러한 청의 조치들에 대해 김경선 등 연행사절들은 청이 조선 사신을 우대하였다고 보았다.[36]

김경선의 북경 체류 시, 유구 사신이 머무는 유구관(琉球館)은 조선 사신들이 머무르는 옥하관(玉河館)에서 서쪽으로 수백 보 떨어진 곳에 위치하였다. 청이 오키나와 사신을 접대하는 절차는 조선 사신들에게 베푸는 것과 같았으나, 김경선이 보기에 유구 사신들의 행동이나 출입이 조선 사절들과 수행원들보다 근엄하고 공적인 업무에만 한정된 인상을 받았다. 그리고 유구의 조공 횟수는 3년 만에 한 번 조회하는 것으로 파악하였다.[37]

또한 김경선 등 연행사절은 몽골 사절들에 대해 관심을 보여, 청과 몽골의 관계를 다음과 같이 파악하였다.

> 명나라 중엽 때부터 이미 여러 차례 변방의 근심거리가 되었는데 청나라가 처음 일어날 때 자못 그들의 병력을 빌렸기 때문에 지금은 공을 믿어 교만하고 사납기가 당(唐)나라 때의 돌궐(突厥)·회흘(回紇)과 같았다. 그러나 황제가 그들의 공을 생각하고 또 그들이 강함을 두려워하여 여러 추장(酋長)을 친왕(親王)과 같이 대우하며 반드시 황녀(皇女)를 시집보낸다.[38]

그러나 조선 사신들의 몽골인에 대한 인상은 이들이 성격이 사납고 두려운 존재로 평가하였다. 그리고 청이 조선 사신들보다 몽골인을 더 우대하는 것에 불만을 갖고 있었다.[39]

36_『연원직지』 4권 「유관록」 중 1월 4일자, 『국역 연행록 선집 X』, pp. 337-338.
37_『연원직지』 3권 「유관록」 상 12월 23일자, 〈琉球館記〉, 『국역 연행록 선집 X』, p. 286.
38_『연원직지』 3권 「유관록」 상 12월 24일자, 〈蒙古館記〉, 『국역 연행록 선집 X』, pp. 287-288.

또한 김경선은 북경에 체류하는 러시아인들의 동정에도 관심을 보였다. 조선의 연행사절들과 수행원들이 러시아인들이 거주하는 곳을 방문하였으며, 특히 그 안에 천주당과 예수상을 자세히 관찰하였으며 그리스정교 양식의 내부 구조를 둘러보았다. 김경선은 러시아인들이 북경에 오는 이유에 대해 다음과 같이 설명하였다.

> 예로부터 중국에 조공하는 나라는 아니었으나 강희제 때에 스스로 친교를 맺으러 와서 한어와 한서를 배우고자 하니, 중국에서는 먼 지방을 편안케 해준다는 의리로써 사관(使館)을 주어 그들을 거처하게 하였다. 그러나 그 문금(門禁)을 엄하게 하여 출입을 할 수 없었으니, 그들의 왕래하는 인원의 수와 교대하여 돌아가는 연한이 응당 정식이 있지마는 알 수가 없다. 그렇지만 연경의 시장에서 사 가지고 온 석경(石鏡) 및 서피(鼠皮)가 그 나라 산물인 것이 많이 있으니, 그렇다면 그들이 와서 친교하는 것은 교역의 이익을 위함인 듯하다.[40]

김경선은 북경에서 라마승이 거주함을 알고 이들도 관찰의 대상으로 삼았다. 그는 라마승을 통해 티베트의 존재도 알게 되었으나, 라마승의 외모만으로 파악하여 높이 평가하지 않았다.[41] 북경에서 김경선은 조선에서 가져온 방물을 청 관아에 전달하면서, 청이 사신들에게 나누어 주는 비단 등 선물들의 규모도 자세히 살펴보았다. 김경선은 조공 예물을 보관하는 창고가 기대했던 것보다 작은 규모임에 놀라면서, 그 이유를 사치 풍조로

39_『연원직지』 3권 「유관록」 상 12월 24일자, 〈蒙古館記〉, 『국역 연행록 선집 X』, pp. 288-289.

40_『연원직지』 3권 「유관록」 상 12월 26일자, 〈鄂羅斯館記〉, 『국역 연행록 선집 X』, p. 304.

41_『연원직지』 6권 「유관별록」, 〈樓觀四廟〉, 『국역 연행록 선집 XI』, pp. 158-159.

인한 낭비 등으로 추정하였다.[42]

3. 청의 서양 문물 수용에 대한 평가와 '북학론'의 계승

『연원직지』는 19세기 조선 지식인들의 청조관을 종합한 연행록이다. 18세기 전기에는 청조 문화 자체에 대한 관심은 적으며, 한족 문인들과의 교류가 선호되었다. 이어서 18세기 중기 이후에는 서양의 과학기술에 관심을 보였으며, 홍대용의 경우 천주당을 방문하였다. 18세기 후반에는 청조 문화에 대한 관심이 고조되고, 박지원의 경우처럼 청조의 실용적 부분에 주목하였다. 김경선이 북경을 방문하는 19세기 초에는 청의 안정된 정치와 문화에 대해 높이 평가하면서, 세계정세의 변화 및 여러 외국 세력에 대해 관심을 보여 주었다.[43]

18세기 정조 시대에 북학파 학자들이 청 학문을 도입할 것을 주장하였으며, 순조 이후에 청 문물을 도입하자는 주장을 한 인물로 서영보(徐榮輔), 이시원(李是遠), 박규수(朴珪壽) 등을 들 수 있다. 서영보는 1813년 사은 정사로 북경으로 떠나는 이상황(李相璜)을 배웅하면서, 연행사가 가는 곳마다 파악하는 모든 제도와 물품과 현상을 조선에 들여와 기술 수준을 높이고, 군사를 강하게 하며, 질병을 치료하며, 기구를 진보시키는 방법을 배워 올 것을 부탁하였다.[44]

42_『연원직지』 4권 「유관록」 중 1월 9일자, 『국역 연행록 선집 X』, p. 365.

43_정혜중(2005), pp. 148-149. 박지원 및 김경선 등 18~19세기에 청에 연행사절로 갔던 조선 지식인들의 서양 인식에 대한 개괄적 설명은 원재연(2000), pp. 147-199을 참조하기 바람.

1) 천주교에 대한 이해

연행사절이 북경에서 알게 된 청조의 신학문은 서학(西學)이라고 할 수 있으며, 여기에는 서양의 천문, 역법, 수학, 측지(測地) 등 학문 등과 천주교가 포함된다. 특히 천주교의 경우 이미 중국에서 천주당(天主堂)을 중심으로 서양 선교사들이 활동하고 있어서, 조선의 연행사들도 천문 역법과 함께 천주교를 거론하였다. 18세기 후반에 들어서 한역서학서를 통해 천주교를 인식하는 지식인들이 등장하였다. 홍대용의 경우 북경 체류 시 여러 차례 천주당을 방문하고 선교사와 대화하면서 서양을 이해하려는 자세를 보여 주었다.[45]

김경선이 연행사절로 북경에 가기 전해인 1831년 로마 교황청에서는 천주교 조선교구를 창설할 정도로 신자 수와 지역이 늘어 갔다. 그러나 조선에서는 공식적으로 천주교가 금지된 상황이어서 천주교에 관련된 언급은 신중하게 접근하지 않으면 안 되었다.

『연원직지』에서는 천주교에 대해 하나의 학문이라는 점을 언급하면서도 중국과 조선의 사회 현실에서 문제시되어 금지되었다고 설명하고 있다.[46] 김경선은 천주교의 교리 자체를 어느 정도 이해하였으나, 보수적 입장을 견지하였다.[47]

김경선 등 조선의 연행사절들도 북경에 체류 시 천주당에 가서 구경하

44_안대회(2010), pp. 108-110에서 재인용함.

45_최소자(2009), pp. 30-32.

46_『연원직지』 3권 「유관록」 상 12월 22일자, 〈西天主堂記〉, 『국역 연행록 선집 X』, p. 260.

47_기존 연구에서는 이러한 김경선의 입장을 당시 개혁정신이나 과학정신에 대해 굳게 눈을 감았던 것으로 평가하였다[남궁곤(1999), pp. 228-229].

였다.[48] 김경선도 이전 연행기에서 천주당을 묘사한 내용을 확인해 볼 필요성을 느꼈다. 그리하여 김경선은 다음과 같이 기술하였듯이 천주당 내부의 모습 등 서양의 문물과 그림, 조각들을 관찰한 결과, 기존 연행록에서 기록한 내용을 확인하면서, 한 번쯤 구경하는 것은 괜찮다고 보았다.

> 서양의 기술은 지금 중국과 우리나라에서 금하고 있어서, 서로 접촉을 허락하지 않을 뿐만 아니라 음사(陰邪)가 심하다는 말을 듣고는 눈으로 보거나 발로 밟으려고도 하지 않는다. 다만 그 화법(畵法)과 여러 교묘한 기물은 참고삼아 한 번쯤 보아두는 것이 무방하다고 생각하며…[49]

이러한 김경선의 태도가 천주교에 부정적인 당시 조선 정부의 입장에서 벗어나는 것은 아니라고 보여진다. 다만 천주당을 방문한 김경선은 그곳에 있는 서양의 여러 물건들과 기술들에 놀라면서 당시 청에 수입된 서양의 법과 기술에 대한 높은 관심을 보여 주었다.[50]

48_『연원직지』 3권 「유관록」 상 12월 22일자, 〈西天主堂記〉, 『국역 연행록 선집 X』, p. 264.

49_『연원직지』 3권 「유관록」 상 12월 22일자, 〈西天主堂記〉, 『국역 연행록 선집 X』, p. 274. 이와 관련, 기존 연구에서는 19세기 초 조선에서 당시 천주당에 대한 부정적 태도가 일반적이었으며, 김경선의 입장도 이에 포함된다고 설명하고 있다[노대환(1999), p. 106]. 19세기 초 천주교와 서학에 대한 조선의 중앙 지식인의 태도에 대한 좀 더 자세한 설명은 노대환(1999), pp. 101-112을 참조하기 바람.

50_『연원직지』 3권 「유관록」 상 12월 22일자, 〈西天主堂記〉, 『국역 연행록 선집 X』, pp. 263-264.

2) 청의 발전상에 대한 이해와 수용의 필요성 강조

김경선은 1830년 문과 과거에 급제하였으며,[51] 정치적 당파로는 노론에 속하였다. 이러한 배경 하에 김경선이 서장관의 직책에서 쓴 기록이기 때문에, 『연원직지』에서 박지원 등 북학론의 주장을 직접 지지하기는 어려웠을 것이다. 그 대신 당시 북경과 그 노정에서 목격한 내용들을 자세히 언급함으로써, 독자들에게 청의 기술과 문물의 우수성과 수용의 필요성을 전달하였을 것으로 보인다. 그리고 『연원직지』에서 『열하일기』의 관련 내용을 인용함으로써, 자신도 이에 동의한다는 점을 간접적으로 시사하였다.

이러한 입장들을 보여 주는 예로서, 박지원은『열하일기』에서 "현실적으로 주(周)를 높이는 사상은 주를 높이는 데만 국한된 일이요, 이적(夷狄)의 문제는 이적에서만 쓸 일"이라고 보았다. 김경선은 『연원직지』에서 다음과 같이 『열하일기』의 내용을 인용함으로써, 사실상 당시 조선의 지식인들의 태도를 비판하였다.

> 천하를 위하는 자는 실로 인민에게 이롭고 국가에 도움이 될 일이라면, 그 법이 비록 이적에게서 나왔다 할지라도 이를 취하여 본받으려 하거늘, 하물며 삼대 이후의 성제(聖帝), 명왕과 한, 당, 송, 명의 고유적인 옛 것이 있음에랴? 성인이 춘추를 지으실 때 물론 중화를 높이고 오랑캐를 물리쳤으나, 그렇다고 이적이 중화를 어지럽히는 것을 분하게 여겨 중화의 가히 숭배할 진실 그것마저 물리친다는 말은 듣지 못했다.[52]

51_김경선은 1834(순조 34년) 4월 1일 의주 부윤(義州府尹), 1839년(헌종 5년) 4월 21일 이조 참의, 1850년(철종 1년) 6월 17일 의정부 우참찬, 1852년(철종 3년) 10월 1일 사헌부 대사헌에 임용되었다.

이어서 김경선은 북학론의 핵심 주장을 『열하일기』의 다음과 같은 언급을 빌어서 인용함으로써 그 자신이 이에 동의함을 보여 주었다.

> 그러므로 지금 사람들이 이적을 물리치려면 중화의 끼친 법을 모조리 배우고 먼저 우리나라의 유치한 문화를 변화시켜 밭 갈기, 누에치기, 그릇 굽기, 풀무 부는 것들로부터 공업, 상업에 이르기까지도 배우지 않음이 없으며, 남이 열을 한다면 우리는 백을 하여 먼저 우리 인민들에게 이롭게 한 다음에, 우리 인민으로 하여금 회초리를 마련해 두었다가 저들의 굳은 갑옷과 날카로운 무기를 매질할 수 있도록 한 연후에야 중국에는 아무런 장관이 없더라고 말할 수 있겠다.[53]

그러나 조선의 현실에서 이러한 북학론 입장을 박지원의 연행 당시에는 직접적으로 주장하기 힘들었다. 연암은 자신과 같은 사람을 하사(下士)라고 칭하고, 그렇지만, "그들의 장관은 기왓조각에 있고, 똥무더기에도 있다"고 말하였다. "깨어진 기왓장을 버리지 않았기 때문에 천하의 무늬가 이에 있다 할 수 있을 것"이라고 『열하일기』에서 밝힌 점이 『연원직지』에 그대로 원용되고 있다. 김경선은 앞의 사람들이 장관을 평한 것에 다시 부언할 것이 없다고 평가하였다.[54]

김경선이 박지원으로부터 계승되는 실학파 또는 북학파의 인적 계보에 직접 관계되지는 않는다. 그렇지만 이러한 원용은 현실을 직시하며 열려 있는 사고를 바탕으로 청의 발전된 문물과 기술, 제도들에 대해 실질적이고, 실용적인 수용의 자세를 보여 준 것이다.

52_『연원직지』 6권 「유관별록」, 〈眺覽交遊〉, 『국역 연행록 선집 XI』, pp. 238-239.
53_『연원직지』 6권 「유관별록」, 〈眺覽交遊〉, 『국역 연행록 선집 XI』, p. 239.
54_『연원직지』 6권 「유관별록」, 〈眺覽交遊〉, 『국역 연행록 선집 XI』, pp. 239-240.

김경선은 연행의 경험을 통해 청이 수용한 서양 문물과 제도, 기술의 효용성을 이해하고, 그것이 지니는 장점을 구체적으로 지적하였다. 그 대표적 사례로서, 김경선은 수레의 이점과 그 필요성을 『열하일기』를 원용하여 자세히 언급하고 있다.

> … 이러므로 중국의 재화가 넉넉하여 한곳에 막혀 있지 않고 이곳저곳으로 무역이 되는 것은 다 수레를 쓰는 이점 때문인 것이다. 이제 가까운 일을 들어보자. 우리나라 사행이 갈 때 백 가지 폐단을 없애고 내 수레에 내가 실어서 곧장 연경으로 갈 수 있을 터인데 무엇을 꺼려 그리하지 않는 것일까? … 사방 수천 리 밖에 안 되는 나라에서 백성의 산업이 이렇듯 빈곤한 것은 한 마디로 말해서 수레가 운행되지 않는 때문이다. 그러면 수레는 또 무엇 때문에 운행되지 않는가? 한마디로 말해서 사대부의 잘못이다.[55]

김경선은 중국에서 베 짜는 집과 목공의 제도며 기계 등이 복잡하고도 편리한 점에 주목하였다.[56] 또한 그는 장날에 그 지방 토산물이 아닌 물건도 입수 가능케 하는 중국의 운송 과정을 칭찬하였다.[57]

이와 같이 김경선은 청의 발전상에 놀라면서도 그 사치 풍조에는 비판적이었다. 특히 북경 시내의 유리창을 방문했을 때, 김경선은 이 좁은 길의 양쪽 여러 가게가 몇 천 개, 몇 백 개인지 모르겠으며, 그 화물의 공비(工費)가 몇 거만(巨萬)이 되는지 모르겠다고 적고 있다. 그는 "이 모두가 기묘하게 눈가림한 것들이고, 백성들이 일용으로 없어서는 안 될 것 등은 아니었

55_『연원직지』 6권 「유관별록」, 〈器用〉, 『국역 연행록 선집 XI』, p. 179.
56_『연원직지』 2권 「출강록」 12월 8일자, 『국역 연행록 선집 X』, p. 158.
57_『연원직지』 2권 「출강록」 12월 10일자, 『국역 연행록 선집 X』, p. 170.

으니, 중국의 사치 풍조를 참으로 개탄할 만하지만, 많은 물건은 교역의 이점이 있으니 또한 중국의 큼을 볼 수 있겠다"라고 평가하였다.[58]

김경선은 "중국에서 시장 점포가 제일 번화한 지역으로 북경을 꼽고, 그 다음에 심양, 통주(通州), 산해관"이라고 적고 있다. 김경선은 중국 내 이러한 상업 중심지의 상점들이 번화하고 물건들이 가득하며, 건물의 간판이나 문패에 금벽이 찬란한 모습이나 가구들도 사치가 극에 달한 모습에 놀라면서, 중국의 습속도 옛날 같지 않다고 지적하였다.[59]

4. 19세기 초 중국관의 유형과 김경선의 대청 인식

1) 화이론과 청(중국)을 바라보는 시각의 변화

18세기를 중심으로 조선 후기 연행사절들의 중국관은 크게 명분적인 중화주의자와 현실 긍정적인 개혁주의자로 구분할 수 있으나, 전통적으로 화이질서라는 관념의 한계를 벗어나지 못한 것으로 평가되고 있다. 첫째, 연행록에 나타난 전통적 화이론은 크게 중국이라는 나라의 거대함에서 비롯되는 변방 의식과, 중국의 주변부 민족 중에서 조선 민족이 지닌 선민의식으로 요약된다. 청을 다녀온 당시 사절들은 우선 중국이 가진 웅장하고 풍부한 규모에 찬탄하였으나, 다른 변방 민족에 대해서는 경멸적이고 부정적 견해를 보여 주었다. 둘째, 소중화주의적 명분론에 의거하여, 연행록은

58_『연원직지』 3권 「유관록」 상 12월 22일자, 〈琉璃廠記〉, 『국역 연행록 선집 X』, p. 281.
59_『연원직지』 6권 「유관별록」, 〈성곽시사〉, 『국역 연행록 선집 XI』, pp. 147-148.

청에 대해 중국 정통 왕조라고 하는 인식을 바탕으로 하면서도, 만주족에 의한 지배라는 현실적인 조건을 구체적이고 비판적이며 객관적인 입장에서 보고자 하였다. 그리하여 조선 사절단들의 괴리감은 중국 문명에 대한 숭모와 현재 지배자가 호족이라는 측면에서 '한만 구별 의식'으로 표현되었다. 셋째, 연행사절들은 청의 통치에 대해서 기본적으로 비판적 태도를 가졌으나, 청의 선진 문물을 동경하고 찬탄하였다. 이 시기에 들어서 아무런 실천이 없는 북벌론을 주장하기보다는 현실을 긍정하고 청으로부터 배우자는 입장도 나타났다.[60]

조선 연행사들은 청조에 조공을 바치러 온 나라의 문사들이었지만 사행 목적의 공식 절차 이외에는 주종관계의 열등의식이나 속박은 전혀 드러내지 않았다. 이들은 항상 강한 주체의식과 높은 긍지를 가지고 비판적 입장에서 청의 관리들과 사서인들을 상대하였다. 또한 이들은 청을 조공의 대상국이라기보다는 탐구의 대상국으로 삼아 나갔다[61].

명이 멸망하였음에도 존명사상은 19세기 초 연행사절 김경선의 기록에서도 다음과 같이 계속 나타난다.

> 우리나라가 명나라를 섬긴 지 2백 년 동안 충성을 한결같이 하여 이름은 비록 속국이라 하나, 실상은 한 나라와 다름없고… 마침내 온 천하가 천붕, 지탁(地坼)의

60_남궁곤(1999), pp. 224-231.

61_임기중(2002), p. 388. 청의 지배층에게 조선은 경계의 대상국이었으나, 연행사절을 만나는 청의 관리들과 사서인들은 수준 높은 조선 문화의 실상을 이해하고 충격을 받는 경우가 많았다. 당시 청이 연행사절을 통해 조선을 어떻게 생각했는가에 대한 설명은 임기중(2002), pp. 401-418을 참조. 한편, 중국 사신들의 조선 사행록을 분석한 연구로서 김한규(2011)가, 명·청 시기 중국의 조선관을 정리한 것으로 박원호 외(2005)가 있다.

비운을 만나고 온 인민의 머리를 깎아서 모두 오랑캐를 만들었다. 한 모퉁이의 우리나라는 비록 이 수치를 면하였으나, 그 중국을 위하여 원수를 갚고 치욕을 씻으려 하는 마음이야 어찌 하루라도 잊을 수 있으랴.[62]

김경선은 박지원의 『열하일기』에서 조선 지식인들의 자세로서, 중국을 유람하는 사람의 다섯 가지 망령된 것으로서 다음과 같이 지적한 것을 원용하였다. "첫째, 외국의 토성(土性)으로서 도리어 중국의 구족(舊族)을 깔보는 것, 둘째, 중국과 겨룰 조그마한 장점이 없음에도 불구하고 작은 상투 하나로서 스스로 천하에 뽐내려 하는 것, 셋째, 그들에게 거만하게 구는 것, 넷째, 공령(功令)의 여습(餘習)으로 억지로 운치 없는 시문을 쓰면서 '중국에서는 문장을 보지 못하겠다'고 헐뜯는 것, 그리고 다섯째, 말끝마다 강개한 선비가 없음을 탄식하는 것" 등이었다.[63]

『연원직지』에서 이러한 박지원의 지적을 인용한 것은 그동안 조선의 연행사들이 청의 실체를 제대로 파악하지 못했으며, 그 원인은 바로 연행사절들의 잘못된 태도에서 비롯된 것은 아닌가 하는 자기비판으로 볼 수 있다.

2) 한중 간 국경(변경) 지역에 대한 관심

18세기 청과 조선 간의 실질적인 정치 현안 중의 하나는 만주 지역에서 양국 간 경계 문제로서, 1712년 백두산정계비 설치 문제와 월경자(越境者) 문제였다. 청조는 한인이나 조선인 등이 두만강과 압록강 이북 만주 지역

62_『연원직지』 6권 「유관별록」, 〈眺覽交遊〉, 『국역 연행록 선집 XI』, p. 238.
63_『연원직지』 6권 「유관별록」, 〈眺覽交遊〉, 『국역 연행록 선집 XI』, pp. 240-242.

으로 이주하여 위협 세력이 될 것을 우려하였다. 18세기 후반 이후 청의 봉금정책이 강화되었으며, 청조는 이 지역의 민간 거주 및 개간, 인삼 채집, 산림 체벌 및 광산을 금지시켰다.[64]

의주로부터 산해관에 이르기까지 연행사 행로가 동북 3성 지역을 통과함에 따라, 연행록에서는 한중 간 국경 수비 및 경계 지역의 상황에 대해 언급되고 있다. 1830년대는 조청 관계가 안정되고, 근대적 국경 관념 내지 제도가 본격적으로 형성되기 이전이지만, 김경선에게 압록강, 두만강 이북 지역에 대한 견해와 고구려, 발해 관련 유적지, 성곽 등에 대한 감회가 엿보인다. 김경선은 국경 변문의 경비가 해이해지고, 변질되었음을 안타까워하면서 그 문제점을 지적하였다. 그 예로 11월 22일 온정평, 책문을 통과할 때, 국경 문의 여닫음이 원래 절차가 있는데 근래에 해이해졌다고 지적하였다. 사신이 돌아오는 길에 책문을 나올 때는 별다른 검문 절차가 없으며, 사서(史書), 궁각(弓角) 등 반출 금지 품목도 뇌물만 주면 통과되었다. 그리고 연행사절의 이동 시 수레 이용에 따른 사치와 낭비의 사례도 지적되었다.[65]

김경선은 11월 24일 책문-건자포에 이르는 여정에서 안시성주 양만춘과 당 태종의 일화에 대해 의구심을 표명하였으며, 봉황성이 안시성이 아니라는 의견을 개진하였다. 그는 "요동이 본래 조선의 옛 땅으로서, 숙신, 예맥, 동이 등의 여러 종족들이 모두 위만조선에 복종하여 속한 것을 알지 못하고, 또한 오라(烏喇), 영고탑(寧古塔), 후춘(後春) 등의 땅이 본래 고구려의 옛 강토인 줄을 알지 못하기 때문이다"라고 보았다.[66]

64_최소자(2009), pp. 9-12. 당시 월경자 등 한중 간 국경 문제에 대한 설명은 이화자(2011)를 참조하기 바람.

65_『연원직지』 1권 「출강록」 11월 22일자, 『국역 연행록 선집 X』, pp. 65-68.

또한 김경선은 국경 지역에서 열리는 시장의 기능에 대해서 부정적으로 파악하였다. 중강 개시(開市)의 경우, 경기, 양서(兩西, 평안도와 함경도)에 비용만 많이 들고 청나라에만 좋은 일이라고 비판하였다.[67] 그리고 책문에 열리는 시장인 문시(門市)의 경우, 여기서 거두는 세금으로 공적 비용을 충당하게 된 후 기한이 지나치게 길어졌으며, 의주 사람들이 제집 앞같이 왕래하며 매매하는 현상을 우려하였다.[68]

연행사 일행은 12월 11일 중전소-팔리보-산해관-망해정-홍화점에 이르는 노정에서 '장대(壯臺)'에 이르러 그 경치에 감탄하였다. 김경선은 '장대'에 대해서는 『열하일기』에 나온 박지원의 느낌과 비교하여 설명하였다. 김경선은 『열하일기』에서 다음과 같이 "만리장성을 보지 못하면 중국이 큰 것을 알지 못하고, 산해관을 보지 못하면 중국의 제도를 알지 못하고, 관외 장대를 보지 못하면 장수의 위엄이 높음을 알지 못 한다"라고 한 말이 모두가 실제의 말이었다고 확인하였다.[69]

3) 병자호란의 패배와 명의 멸망에 대한 아쉬움

연행사 노정은 의주에서부터 심양을 거쳐 요동 지방과 산해관을 거치게 된다. 이 지역은 과거 고구려와 발해의 활동 무대이자, 명청 교체기의 전투가 벌어졌던 주요 지역이었다. 따라서 병자호란의 쓰라린 패배를 되새기

66_『연원직지』 1권 「출강록」 11월 24일자 〈鳳凰城記〉, 『국역 연행록 선집 X』, pp. 80-81.
67_『연원직지』 1권 「출강록」 11월 21일자, 〈中江記〉, 『국역 연행록 선집 X』, p. 61.
68_『연원직지』 1권 「출강록」 11월 22일자, 〈柵門記〉, 『국역 연행록 선집 X』, pp. 70-71.
69_『연원직지』 2권 「출강록」 12월 11일자, 〈將臺記〉, 『국역 연행록 선집 X』, p. 178.

며 명 왕조의 멸망을 아쉬워하는 감회가 자연스럽게 떠오르는 여정이었다.

초기 북벌론에 공감했던 연행사절들의 기록에 적힌 유적지를 들리면서, 김경선 역시 과거의 모습을 떠올리면서 비분강개하고 한탄하는 심정을 토로하였다. 먼저 병자호란과 관련되어, 국내에서 10월 26일 봉산-황주로 가는 노정에서 동선령 서쪽의 정방산성을 가리키면서, 병자호란 당시에 김자점이 도원수로 산성에 있으면서 화살 한 번 쏘아 보지도 못한 것을, 그리고 좋은 요새를 가지면서도 적을 막지 못한 것을 통탄하였다.[70]

김경선은 국경을 넘어 11월 21일 금석산에 이르러 『열하일기』의 구절을 인용하여, 조선의 도원수 강홍립이 청군과의 전투에서 싸우지 않고 항복하고, 명 장수가 요양으로 도망한 것을 회상하였다.[71] 11월 30일 〈혼하기〉에서는 효종이 왕자 시절 인질로 심양에 있을 때 정자를 지었으며, 병자호란 이후 치욕과 효종의 심정을 떠올려 보았다.[72]

또한 명청 교체기에 청, 조선, 명 3국 군대가 전투를 벌였던 지역에서 명군의 패퇴 원인을 분석하면서, 군사적 패배 과정을 자세히 언급하였다. 이러한 서술의 이면에는 당시 명조의 패망에 대한 아쉬움과 청군에 대한 설욕의 감정을 드러낸 것으로 볼 수 있다. 12월 7일 쌍양점-송산보-주가점 가는 길에 『연원직지』 〈송산보기〉에서는 청병이 송산을 포위했을 때 효종이 심양에 있었으므로, 볼모가 되어 청나라 진중에 머문 적이 있었던 상황을 언급하였다.[73]

70_『연원직지』 1권 「출강록」 10월 26일자, 『국역 연행록 선집 X』, p. 36.
71_『연원직지』 1권 「출강록」 11월 21일자, 〈金石山記〉, 『국역 연행록 선집 X』, pp. 63-64.
72_『연원직지』 1권 「출강록」 11월 30일자, 〈渾河記〉, 『국역 연행록 선집 X』, p. 118.
73_『연원직지』 2권 「출강록」 12월 7일자, 〈松山堡記〉, 『국역 연행록 선집 X』, pp. 151-152.

그리고 김경선은 12월 8일 주가점-연산역-영원위로 가는 때에 영원성 남쪽 10리쯤에 각화도가 조선이 명나라에 뱃길로 조회하러 갈 적에 배에서 내린 곳이라는 점을 상기시키고 있다. 지금은 훨씬 편해졌는데도 김경선은 "지금과 옛날이 다름, 즉 왕조가 바뀌었으니 불행하다고 하는 것이 옳을 것"이라는 의견을 피력했다.[74] 이러한 언급은 명 시기 연행사 길에 비해 현재가 평탄하게 가고 있어 여정의 고통이 적다고 해서 다행스럽게 여길 사항이 아니라는 생각을 드러낸 것이었다.

실제로 김경선은 만주 지역을 통과하면서 청의 병력 배치 현황을 유심히 관찰한 결과, 연행사절의 호위 병력조차 제대로 유지되지 못하는 취약성을 지적하였다. 『연원직지』에 의하면, 책문-요동-심양-광녕-산해관-북경까지 사신 행차 호위 병력이 현재 4, 5명에 불과하고 심양을 지난 후에는 한 명도 없었다. 인원을 줄이고 자기들끼리 나눠 먹은 결과라고 하면서, 갑군의 무장 상태가 형편없어 "중국의 군사 상태가 모두 이렇다면 또한 족히 두려울 것이 없겠다"고 평가할 정도였다.[75]

그러나 김경선은 설사 조선이 북벌의 마음을 가져도 당시 형세상 현실적으로 불가능하다고 보았다. 김경선은 청이 심양에 도읍한 뒤 조선에서 병영을 철옹에서 안주로 옮겼는데, 그 위치는 요충지이나 군비가 고갈되어 변란에 대처할 수 없다는 점을 전해 듣고 한탄하였다.[76] 그리고 11월 10일 선천-철산(차련관)-용천(양책관)으로 가는 여정에서도 1810년(순조 10년)에 쌓은 동림산성이 성만 있고 조선의 군사도, 식량도, 군기도 전혀 없는 실정

74_『연원직지』 2권 「출강록」 12월 8일자, 『국역 연행록 선집 X』, p. 159.
75_『연원직지』 1권 「출강록」 11월 22일자, 〈甬譯厖貝護行記〉, 『국역 연행록 선집 X』, p. 74.
76_『연원직지』 1권 「출강록」 11월 5일자, 『국역 연행록 선집 X』, p. 43.

을 지적하면서 안타까워하였다.[77]

5. 맺음말

이상에서 살펴본 바와 같이 19세기 전반기에 쓰인 김경선의 『연원직지』는 18세기의 김창업의 『노가재연행일기』, 홍대용의 『담헌연기』 및 박지원의 『열하일기』를 비교하여 참조하면서 자신의 시각으로 종합화하였다. 김경선은 1830년대 북경에 연행사절로 가서 국제정세의 최신 동향과 청과 주변국 간의 조공관계 운영의 현실을 상세히 살펴보았다. 북경의 청 황제가 베푸는 잔치에서 조선이 조공국으로 대접받는 순서를 오키나와보다 낮게 대우한 것 때문에 청의 관리가 처벌되고, 조선 사신들을 우대하는 것에 대해 자긍심을 느끼는 모습을 보여 주었다. 또한 김경선은 북경에 체류하는 몽골인, 라마승, 러시아인들에 대한 인식에서 여전히 소중화 문명국으로서의 자부심과 동시에 경계심도 보여 주었다.

김경선 등 연행사절은 한중 간 국경 및 만주 지역을 통과하면서 병자호란의 패배와 명의 멸망을 안타까워했다. 그는 청의 경계와 변방 군사력의 취약성을 관찰하면서, 심정적으로 북벌의 마음을 일시적으로 가져 보았으나, 조선의 낙후된 군사 시설과 제도, 그리고 청의 발전된 문물 등 국력의 현격한 격차를 보면서 현실적으로 북벌이 불가능하다고 보았다.

북경에 체류하면서 김경선은 천주당, 국자감, 유리창 등을 방문하면서,

77_『연원직지』 1권 「출강록」 11월 10일자, 『국역 연행록 선집 X』, p. 46.

과거 18세기 연행록에서 언급된 사항들을 확인하였으며, 청의 발전된 문물과 기술, 제도의 도입 필요성을 절감하였다. 그러나 조선에 귀국한 후 김경선은 노론으로서 자신의 정치적 입지 및 서장관으로의 역할 수행 때문에 '북학'을 계승 발전시켜야 한다는 점을 명시적으로 주장하거나 부각시키지는 않았다. 『연원직지』의 후반부에서는 박지원의 『열하일기』를 원용함으로써 당시 조선 지식인의 중국관을 비판하고 조선도 청의 문물을 받아들여 경제, 사회 발전을 추구해야 한다는 논지를 전개하였다. 박지원과 김경선이 살았던 시대적 배경과 국내외 환경이 다른 점을 고려할 때, 향후 두 사람의 비교 연구를 통해 조선이 직면한 대내외적 과제, 그리고 이에 대한 김경선의 정치적 입장과 한계가 좀 더 분명하게 드러나리라고 본다.

이와 같이 『연원직지』에 나타난 애매함, 또는 양면성에 비추어 볼 때, 김경선의 정치적 입장을 당시 조선 후기 박지원의 실학 또는 북학론을 실행에 옮기려는 개혁정치가로 규정짓기에는 어려움이 많다. 그렇지만, 그의 중국관과 청 문물 수용론은 조선의 사상적 자긍심과 문화적 자부심을 유지하는 가운데, 국가 차원의 경제와 민의 생활을 윤택하게 하는 기술과 제도, 관례들을 청으로부터 수용하자는 '북학론'의 범주에 포함시킬 수 있다. 19세기 전반기의 시대적 제약 하에 김경선의 『연원직지』는 이전까지 북학파의 개혁 논의가 단절되지 않고 19세기 후반 동도서기론 등 서양 문물과 기술의 수용을 통한 부국강병 구상으로 이어지는 과정에서 지식인들의 현실적 중국관과 개혁 구상의 한 단면을 잘 보여 주고 있다.

참고문헌

김경선(金景善). 『연원직지(燕轅直指)』. 서(序), 1권(卷之一)「출강록(出彊錄)」~ 4권(卷之四)「유관록(留館錄) 중(中)」. 민족문화추진회. 1982 재판. 『고전국역총서 104: 국역 연행록 선집 X』. 서울: 민족문화문고간행회.

_____. 『연원직지(燕轅直指)』. 5권(卷之五)「유관록(留館錄) 하(下)」~ 6권(卷之六)「유관별록(留館別錄)」. 민족문화추진회. 1982 재판. 『고전국역총서 105: 국역 연행록 선집 XI』. 서울: 민족문화문고간행회.

김용구. 1997. 『세계관 충돌의 국제정치학: 동양 예와 서양 공법』. 서울: 나남출판.

김용구. 2002. 『외교사란 무엇인가』. 인천: 도서출판 원.

김한규. 2002. 『한중관계사 II』. 서울: 도서출판 아르케.

_____. 2005. 『천하국가(天下國家) - 전통시대 동아시아 세계질서』. 서울: 소나무.

_____. 2011. 『사조선록(使朝鮮錄) 연구 - 송(宋), 명(明), 청(淸) 시대 조선 사행록(使行錄)의 사료적 가치』. 서울: 서강대 출판부.

김현철. 2012. "19세기 전반기 연행사절과 김경선의 중국관." 서울대 국제문제연구소·동북아역사재단 공동 주최 2012 한중국제학술회의. 『사행의 국제정치 - 조천·연행록을 통해 본 한중관계와 동아시아 지역질서』, pp. 301-323. 서울. 2012년 11월.

김형종 외. 2010. 『중국의 청사편찬과 청사연구』. 서울: 동북아역사재단.

남궁곤. 1999. "동아시아 평화체제에 관한 연구: 조선사행록을 통해 본 18세기 조공체제." 한국정치학회. 『한국정치학회보』 33집 3호.

_____. 2006. "조선사행록을 통해본 18세기 동아시아 평화체제로서의 조공체제", 조규익 외 편. 2006. 『연행록연구총서 7: 정치·경제·외교』. 서울: 도서출판 학고방.

노대환. 1999. "19세기 동도서기론 형성과정 연구." 서울대 대학원 국사학과 박사학위논문.

동국대 연행학연구소(燕行學硏究所) 주관 2012년 국제학술대회자료집. 『동아시아의 소통과 교류』. 서울: 동국대 세미나실. 2012년 8월 .

명지대 국제한국학연구소. 2003. 『국제한국학연구: 연행학자들의 길』. 창간호(2003년 하반기).

박원호 외. 2005. 『15~19세기 중국인의 조선인식』. 서울: 고구려연구재단.

방향숙 외. 2005. 『한중 외교관계와 조공책봉』. 서울: 고구려연구재단.

안대회. 2010. "조선 후기 연행(燕行)을 보는 세 가지 시선 : 연행사를 보내는 송서(送序)를 중심으로." 『한국실학연구』 19호(2010년 6월).

원재연. 2000. "조선후기 서양인식의 변천과 대외개방론." 서울대 대학원 국사학과 박사학위논문.

_____. 2008. "조선 후기 연행사의 북경내 활동공간 연구." 『2007년도 동북아역사재단 연구결과보고서』.

유정선. 2008. "19세기 중국 사행가사에 반영된 기행체험과 이국취향 〈서행록〉과〈연행가〉를 중심으로." 한국고전연구학회. 『한국고전연구』 17집(2008년 6월).
서울대 국제문제연구소·동북아역사재단 공동 주최 2012 한중국제학술회의. 『사행의 국제정치 - 조천·연행록을 통해 본 한중관계와 동아시아 지역질서』. 서울. 2012년 11월.
이민아. 2008. "효명세자·헌종대(孝明世子·憲宗代) 궁궐(宮闕) 영건(營建)의 정치사적 의의." 서울대 국사학과. 『한국사론』 54집(2008년 6월).
이용희·신일철 대담. 1997. "2. 사대주의(事大主義) - 그 현대적(現代的) 해석(解釋)을 중심으로." 이용희. 『한국민족주의』. 서울: 서문당.
이이화. 1976. "김경선(金景善)의 『연원직지(燕轅直指)』 해제." 민족문화추진회. 『연행록선집 X』. 서울: 경인문화사.
이화자. 2011. 『한중국경사 연구』. 서울: 일지사.
임기중. 2002. 『연행록연구』. 서울: 일지사.
전일우. 2005. "『연원직지(燕轅直指)』의 사행문학적 성격." 숭실대 국어국문학과 박사학위논문.
_____. 2006. "사행록 『연원직지(燕轅直指)』 연구(研究) - 『연원직지(燕轅直指)』와 역사 문헌적 고증을 중심으로." 숭실대 한국전통문예연구소. 『연행록연구총서 2: 문학』. 서울: 도서출판 학고방.
정혜중. 2005. "19세기초 조선사행 김경선의 북경체험과 외국정보 이해." 중국사학회. 『중국사연구』 37집(2005년 8월).
정후수. 2010. "19세기 연행 노정의 몇 가지 의문." 한성대학교. 『한성어문학』 29집.
조규익 외 편. 2006. 『연행록연구총서 6: 역사』. 서울: 도서출판 학고방.
조규익 외 편. 2006. 『연행록연구총서 7: 정치·경제·외교』. 서울: 도서출판 학고방.
조재곤. 1993. "19세기 초반 효명세자(孝明世子)〈익종(翼宗)〉의 개혁정치와 그 성격." 국민대 대학원. 『북악논총』 11집(1993년 5월).
차혜원. 2010. "청대 초·중기 정치문화사의 쟁점 분석 - '청조체제론'과 '연행론' 연구동향을 중심으로." 김형종 외 저. 『중국의 청사 편찬과 청사 연구』. 서울: 동북아역사재단.
최소자. 1997. 『명청시대 중·한 관계사 연구』. 서울: 이화여대 출판부.
_____. 2005. "조선 후기 진보적 지식인들의 중국 방문과 교유." 명청사학회. 『명청사연구』 23집(2005년 4월).
_____. 2009. "18세기 김창업, 홍대용, 박지원의 중국인식." 명청사학회. 『명청사연구』 32집(2009년 10월).
최소자·정혜중·송미령 엮음. 2007. 『18세기 연행록과 중국사회』. 서울: 혜안.
한규무. 2002. "19세기 청·조선간 종속관계의 변화와 그 성격." 하정식·유장근 엮음. 『근대 동아시아 국제관계의 변모』. 서울: 도서출판 혜안.

10장

환재 박규수와 시무(時務)의 국제정치학

중국관과 한중 관계 요인을 중심으로 *

김성배

냉철한 눈으로 시무를 바라보고, 빈 마음으로 고서를 읽는다(冷眼看時務, 虛心讀古書). – 박규수, 「세모기인(歲暮寄人)」

1. 국제정치학자이자 외교관으로서의 환재

전통적 유교 지식인이 흔히 그렇듯이 환재는 매우 다양한 분야에서 활동하고 업적을 남긴 인물이다. 그는 유학자이자 문인이었으며 출사한 이후로는 시대를 앞서 나간 개혁적 관료로서 활동했다. 또한, 그는 북학파의 계보를 이어 개화사상의 단초를 놓은 사상가로서 평가되기도 한다. 이 글은 이러한 환재가 보여 주었던 다양한 활동 중에서도 국제정치학자이자 외교

* 이 논문은 『한국정치학회보』 46집 2호(2012년 6월 발행)에 게재되었습니다.

관으로서 환재의 모습에 주목하고자 한다. 이는 그가 살고 활동했던 시기가 한국 외교사에 있어서 매우 특징적이고 전환적인 시기였기 때문이다.

환재가 당면했던 시기는 한편으로서는 동아시아 국제질서의 근본적 재편기였으며 다른 한편으로는 문명사적 전환기였다. 한국은 역사적으로 원-명-청 교체 등 수많은 동아시아 국제정치 권력의 재편을 겪은 바 있으나 19세기 중후반은 2차례의 중영 전쟁으로 중국이 근대 국제질서에 편입되고 동아시아의 책봉 조공 질서가 해체되는 등 이전과는 차원을 달리하는 근본적 변화가 일어난 시기이다. 더욱이 19세기 중후반은 만국공법과 부국강병으로 대표되는 서양의 근대적 문명 표준이 동아시아의 전통적, 유교적 문명 표준을 제압하고 대체해 나갔던 문명사적 전환기였다. 따라서 환재가 당시의 국제정세와 문명 표준 간의 경쟁을 어떻게 판단하고 대응하려 했는가에 따라서 그의 사상 전반에 영향을 받을 수밖에 없었을 것이며 바로 이것이 국제정치학자이자 외교관으로서의 환재에 주목하는 이유이다.

국제정치학자이자 외교관으로서 환재의 면모를 파악하기 위해서는 우선 그가 당시 조선에서 가장 중요한 국제정치적 비중을 차지했던 중국을 어떻게 보고 한중 관계를 어떻게 관리하려고 했는가를 보아야 할 것이다. 동시에 이러한 전제 하에 끊임없이 근대적 조약 체결을 요구했던 서양 제국과 일본에 어떻게 대응하려고 했는가를 드러내야 할 것이다. 실제로 환재는 어디까지나 한중 관계의 맥락 속에서 서양 제국들의 개항 요구나 한일 수교 문제에 대한 대응을 고민했다

환재에 관해서는 뛰어난 연구 업적들이 많이 나와 있다. 그러나 기존 연구들은 환재의 전반적 '사상'이나 '대외관'을 다루거나 주로 서양 제국들과 일본의 개항 요구에 대한 대응에 초점을 맞추고 있으며 한중 관계와 서양 제국과의 관계 전체를 망라하는 환재 '국제정치론'의 전체상을 포착하지

는 못하고 있다. 이것이 환재에 대한 상반된 평가가 나오는 이유가 아닐까 한다. 손형부, 송병기, 김용구 등 다수 학자들은 환재가 이미 1860년대부터 개화사상을 형성하고 대미 수교를 구상하고 있었다고 주장하는 반면, 김명호는 환재의 사상에 전통적 요소가 강하게 투영되어 있으며 적어도 신미양요까지는 해방론적인 인식에서 벗어나지 않았다고 반론을 제기한다.[1] 환재의 외교 노선에 대한 평가는 한국 근대외교사에서 핵심적 논쟁으로서 사료를 토대로 정밀하게 검증되어야 할 것이다. 다만 필자가 강조하고 싶은 것은 설사 환재가 이미 1860년대부터 서양 제국과의 수교 가능성을 배제하지 않고 있었다고 하더라도 한중 관계가 대외정책의 최우선순위였을 것이라는 점이다. 당시 환재가 대미 수교가 필요하다고 인식했으나 단지 척사론이 비등했던 국내정치 상황 때문에 이를 보류했다고 보는 것은 지나치게 단순한 해석이다. 환재는 국내정치 상황과 더불어 한중 관계를 고려했을 것이다. 당시의 한중 관계를 고려할 때 조선이 독자적으로 대미 수교를 추진한다는 것은 상상하기 어렵다. 반대로 환재가 신미양요 시기까지 서양 제국과의 수교를 거부하는 입장을 보인 것이 명백하다고 하더라도 이

1_손형부는 박규수를 개화사상의 선구자로 평가하며 1861년 1차 연행을 계기로 환재의 청국관과 서양관이 크게 일변하여 개국론자로 변모했다고 주장한다. 손형부, 『박규수의 개화사상연구』(서울: 일조각, 1997). 송병기도 환재가 병인양요 시기에 대미 개국을 구상하였다고 본다. 송병기, 『한국, 미국과의 첫 만남 - 대미개국사론』(서울: 고즈윈, 2001). 김용구도 환재가 양요 시기에 이미 미국과 평화적인 관계의 수립을 희망했다는 입장이다. 김용구, 『세계관 충돌과 한말외교사, 1866~1882』(서울: 문학과 지성사, 2001). 반면, 김명호는 환재의 해방론적인 한계가 두 차례의 양요에서도 확인되며 그의 사상에 전통적 요소가 강하게 투영되어 있는 것을 강조한다. 김명호, 『환재 박규수 연구』(서울: 창비, 2008). 한편, 이완재는 박규수를 개화사상가로 단정 짓는 데는 무리가 있으며 화이관에 있어서조차 실학파에 비해 현저히 후퇴한 것으로 평가한다. 이완재, 『박규수 연구』(서울: 집문당, 1999).

는 그가 해방론에서 한 치도 벗어나지 못해서가 아니라 우선 한중 관계에 활용해서 국제정치적 위기에 대처하려고 했기 때문이라고 추정할 수 있다. 어떤 면에서도 당시 조선에서 가장 지배적인 국제정치 요인은 중국이었다.

한편, 기존 연구들이 환재의 문명관과 대외정책의 정합성에 지나치게 집착하는 경향이 있다는 것도 지적하고 싶다. 환재는 서양 문명에 대한 유교 문명의 우월함을 의심하지 않았지만 서양 공법체계에의 편입은 어느 정도 불가피한 것으로 인식했다. 환재에게서 발견할 수 있는 문명관과 대외정책 사이의 긴장이야말로 국제정치 권력의 재편기와 문명사적 전환기를 살아가는 지식인들에게 나타나는 전형적 패턴 중의 하나이다. 이러한 긴장은 성스러운 지식으로서 유교의 특권적 지위가 부인되고 과거제가 폐지된 이후에 비로소 해소되게 된다.

이 글은 환재의 국제정치학을 드러내기 위해 주로 그가 출사한 이후 시기에 초점을 맞추어 두 차례의 연행(1861, 1872)과 두 차례의 양요 시기, 그리고 한일 서계 문제 관련 기록들을 분석하고자 한다. 환재의 초기 저작들도 필요한 선에서 적절히 취급할 것이다. 환재의 국제정치학을 본격적으로 드러내 보이려는 본 연구의 취지에 비추어 연행 시 행적이 집중적으로 분석될 필요가 있으나 환재가 연행록을 남기지 않아 아쉬움이 있다. 19세기 후반 박규수의 연행도 기본적으로는 북학파의 연행 전통의 연장선상에 있는 것이라고 할 수 있다. 연행을 통해 세계의 중심인 중국으로부터 신지식과 문물을 수용하고 유교 문명의 본거지 학자들과 교류하고자 했던 것이다. 실제로 환재는 조부 연암(1780)은 물론, 홍양후(담헌의 손자, 1827), 김영작(1858), 신석우(1860) 등 친우들의 연행으로부터 많은 영향을 받았다. 그런데 환재가 연행을 자청하고 나선 데에는 선배들의 뒤를 잇고자 하는 개인적 열망 외에 아편전쟁, 북경사변 등 서세동점의 세계정세를 직접 체험하고 조망해 보고자 하는 시대적 열망도 작용하였다. 『해국도지』, 『영환지략』 등 신서를 통해 취득한 지식을 세계사적 격변의 중심에 놓여 있는 중국 현지에 가서 직접 확인하고 싶었던 것이다. 실제로 북경사변 소식이 알려지면서 조야에는 위기의식이 급속히 확산되었으며 험지로의 사행을 회피하는 분위기였으나 환재는 연행을 자원했던 것이다.[2] 환재의 연행이 월사, 연암, 초정, 추사 등 선배들의 연행과 다른 특징 중의 하나는 전 세계에서 사절을 보내던 부상기나 융성기가 아니라 쇠퇴기에 바라본 중국이라는 점이다. 또한, 서양 세력이라는 완전히 이질적 요소의 침투로 인해 청에 대한 감정이 선배들보다 훨씬 복잡할 수밖에 없었다. 이제 환재의 국제정치학을 청, 중국에 대한 인식으로부터 재구성해 보도록 하자.

2. 환재의 중국관과 한중 관계

1) 문명으로서의 중국

환재는 개화사상의 선구자라는 평가를 받고 있으나 초기에는 의외로 선명한 화이관을 가지고 있었던 것으로 보인다. 사실 조선의 주자학자들은 학파를 막론하고 화이를 준별하는 사고를 가지고 있던 것이 보통이었다. 다만 북학파는 북벌을 하려면 우선 북학을 하지 않으면 안 된다는 차원에서 청을 있는 그대로 파악할 것을 주장했던 것이다. 이 과정에서 북학파는

2_「與董硏秋」(6), 『瓛齋叢書(六)』(서울: 성균관대학교 대동문화연구원, 1996), p. 725.

인종주의적 화이관 대신 문화주의적 화이관을 채택하여 청의 기원은 '이(夷)'이지만 청에서 발달한 문물은 '화(華)'가 될 수도 있다고 보았던 것이다. 담헌(湛軒)처럼 '화'와 '이'의 구분이 없다는 '화이일야(華夷一也)'의 세계관까지 나아간 것은 다소 예외에 속한다.

환재는 연행을 떠나는 홍양후에게 보낸 편지에서 청의 선진 문물을 탐구하는 데 힘쓰되, 만주족과 한족을 구별해야 하며, 몽고의 누습에 물들지 않은 한족 고유의 부인 복식을 관찰하고, 고증학 일변도 분위기에서 구하기 힘들어진 주자학 서적을 구해 와야 할 것이라고 지적하였다.[3] 특히, 환재의 저작 중 상당히 많은 분량을 차지하는『거가잡복고(居家雜服攷)』(1832)는 우암과 연암의 의관 제도 개혁론을 계승한 것으로서 고대의 복제를 이상화하였으며 조선에서 부인의 복식이 오랑캐의 복식(胡服)을 따르고 있는 것을 개탄하였다. 그의 화이관이 위정척사론의 화이관과 다른 것은 '화'와 '이'가 고정적이거나 절대적이지 않으며 '화'가 '이'로 변할 수 있다는 차원에서이다.

화이관과 표리를 이루는 것이 존명사상이다. 환재는 배청이나 반청을 추구한 것은 아니지만 비교적 선명한 존명의식을 가지고 있었다. 그가 21세 때 저술한『상고도회문의례(尙古圖會文儀禮)』(1827)는 한나라 이래 역대의 저명한 인물과 사건에 관한 기록들을 발췌하고 일일이 안설을 붙인 것인데 명 말에 순국한 손승종을 추모하고 대보단의 축성을 기리는 등 존명주의를 보여 준다.[4] 그는 명 태조 홍무가 고려조에 내린 칙서에 감홍하여

3_「與洪一能良厚書」(1826), 『瓛齋叢書(五)』(서울: 성균관대학교 대동문화연구원, 1996), pp. 309-310.

4_김명호, 『환재 박규수 연구』(서울: 창비, 2008), p. 170.

명이 망한 것을 슬퍼하고 은혜를 잊지 않는 마음을 표현하고자 발문을 짓기도 하였다. 동 발문에서 그는 자신을 심지어 "좌해(左海)에 사는 유신(遺臣)"이라고 칭하면서 명나라 신하로 자처하기도 하였다.[5] 환재는 연행 시 북경의 자수사(慈壽寺)와 장춘사(長椿寺)를 찾아 명의 효정태후(孝定太后)와 효순태후(孝純太后)에게 참배했으며 특히 효정태후의 영정이 낡은 것을 안타까워하고 후일 평안감사 시절에 백금 오십 냥을 보내 영정을 보수하기조차 하였다.[6] 그는 홍양우에 보낸 편지에서도 "화인(華人)의 마음이 아직도 명나라 황실에 있음을 볼 수 있었다"고 당시의 인상을 기술하고 있다.[7]

화이관 및 존명사상과 밀접한 연관이 있는 것이 소중화 의식이다. 명이 망한 이후에도 조선은 유교 문명을 고수하고 있기 때문에 소중화라고 할 수 있다는 것이다. 환재는 1차 연행 시 악사 양(樂師 襄), 공자의 고사, 기자동래설(箕子東來說) 등을 들어 조선이 중화 문명의 일원으로서 유구한 역사를 가지고 있다는 자부심을 드러내었다. 소중화인 조선이 중화 문명을 지키기 위해 의관 제도를 개혁해야 한다는 지론도 연행 시까지 의연 유지되고 있다.[8]

물론 환재의 화이관과 존명사상 그리고 소중화 의식은 청을 이적시하고 조선만이 중화 문명의 유일한 계승자라고 주장한 북벌론 계통의 소중화론과 동일시 될 수는 없다. 환재는 북학파의 전통을 계승하여 청을 중화 문

5_「恭錄高麗史辛庶人傳所載洪武聖諭跋」(1848), 『瓛齋叢書(六)』(서울: 성균관대학교 대동문화연구원, 1996), p. 217.

6_김명호, "1861년 열하문안사행과 박규수", 『한국문화』(서울: 서울대 규장각 한국학연구원, 1999), p. 19.

7_「與洪一能」(1826), 『瓛齋叢書(六)』(서울: 성균관대학교 대동문화연구원, 1996), p. 620.

8_김명호, 같은 글, pp. 19-21.

명의 일원으로 간주하였다. 그는 함풍제로부터 특별 포상을 받은 사실을 문안 사행의 주요 성과로 보고했으며 정사 조휘림도 철종에게 복명하는 자리에서 함풍제가 조선을 '예의지방'으로 칭찬했다는 것을 강조했다.[9] 이는 청을 사실상 중화 문명의 계승자로 인정했으며 청과의 사대관계를 중시했다는 것을 의미하며, 청을 이적시하는 위정척사론과는 구분되는 사고이다. 서세동점의 상황에서 청은 조선과 함께 유교 문명을 수호해야 하는 공동운명체로 인식되었던 것이다.

한편, 비단 환재뿐만 아니라 연행을 다녀온 대부분의 조선 유학자들이 마찬가지이지만 한중 유교 지식인들 사이의 초국가적 네트워크를 형성하려고 했다는 점도 주목된다. 환재가 1, 2차 연행에서 주로 접촉한 인사들도 만주족 고관들이 아니라 심병성(沈秉成), 동문환(董文煥), 왕증(王拯), 황운곡(黃雲鵠), 왕헌(王軒), 풍지기(馮志沂) 등 한족 출신 관료들이었다. 그들은 비록 청 조정에 출사한 관료들이었지만 이른바 성인의 도를 신봉하는 유학자들로서 환재와 유교적 연대감을 형성하였다. 환재는 북경사변 등으로 인해 위기에 처한 청, 나아가 조선을 지키는 길은 청과 조선의 유학자들이 유교적 가치를 높이고 전파하는 것이라고 보았다.[10] '인신무외교(人臣無外交)'라는 말에 대한 환재의 비판도 문맥상 척화론에 대한 비판이라기보다는 중국의 유학자들과의 네트워크를 적극적으로 구축하려는 의지로 해석된다.[11] 공간적 격리와 국경을 넘어 지식인들 사이에 네트워크를 구축하고 연대를 형성하는 일은 교통 통신 수단이 획기적으로 발달한 현대에서도 쉽지 않은

9_『日省錄』(철종 12년 6월 19일).

10_"努力崇明德 衛道去螟蟊", 「顧祠會飮賦贈沈仲復諸公」, 『瓛齋集』(3).

11_「與沈仲復秉成」, 『瓛齋先生集』, 『瓛齋叢書(六)』, p. 667.

일인데 당시 이것이 가능했던 것은 문화적 동질감 때문일 것이다.

환재의 화이관과 존명사상, 그리고 청에 대한 인식에서 확인할 수 있는 것은 중국을 단지 하나의 국가로서 인식하기보다는 문명으로 이해하고 있다는 점이다. 청에 국한하여 말하자면 비록 만주족이 중국 황실을 장악하여 의관 제도를 바꾸기는 했지만 역대 어느 왕조 못지않게 유교를 숭상하는 이상 중화 문명의 계승자로 인정할 수 있으며, 그런 의미에서 중국으로 받아들일 수 있다는 인식이다. 그는 청이 아편전쟁과 북경사변으로 위기에 처한 것도 중국의 위기가 아니라 유교 문명의 위기로 받아들였다.[12] 환재는 중국을 영토적, 지리적 개념이 아니라 문명으로 이해함으로써 존명배청주의나 위정척사론 식의 협소한 중국관에서 벗어나 중국을 보다 유연하게 인식하는 것이 가능했다. 중국을 단지 영토적 국가로서가 아니라 거시적 문명사적 차원에서 바라보는 것은 근대 국제체제에 익숙한 우리들에게는 분명 결여되어 있는 발상법이다. 환재는 오늘날처럼 중국을 하나의 민족국가로 바라보기보다는 자신의 문명 표준을 추구하고 있는 하나의 세계로 인식했던 것이다.

중국을 문명으로서 이해하는 것으로부터 환재가 제시하는 대중 전략은 가히 전복적이다. 그는 장차 중국의 스승국으로서의 조선이라는 비전을 가지고 청과의 관계를 형성해 나가고자 했다. 조선만이 명의 멸망 이후에도 유교적 전통을 보존하고 있기에 장차 조선이 중국 황제의 스승이 될 수도 있다는 낙관적 믿음을 가졌던 것이다.[13] 이는 환재의 조부 연암이 열하를

12_"모두 우리 유교가 액운에 들었다고 하는데 천하가 도탄에 빠졌으니 누가 능히 구원할 것인가"["皆言斯文厄陽九 天下胥溺誰能援", 「辛酉孟春將出彊留別諸公」, 『瓛齋集(三)』(1861)].

13_"惟我東方道學之盛, 文物之備, 非唯有辭於今日之天下, 亦可爲異時大國之師而惟玆", 『居

방문했을 때 티베트의 판첸라마가 청 건륭제의 스승으로 떠받들어지고 있는 것을 보고 조선이 중국을 잘 도모하여 언젠가 치욕을 씻고 새로 황제를 세우면 중국 황제의 스승의 나라가 되거나 못해도 제후 중의 가장 큰 나라가 될 수도 있을 것이라고 술회한 소회와 상당히 유사하다.[14] 중국은 동아시아 공통의 문명적 유산으로서 우리가 만들어 가는 것이라는 발상법이다. 말하자면 중국은 이미 주어져 있는 실체가 아니라 정의되는 것이다.

2) 강대국(Power)으로서의 중국

중국은 역사적으로 항상 한국에게 가치와 선호를 떠나 강대국으로서의 이미지가 있다. 사실 한중 양국의 정치 이념이 일치했던 것은 조선과 명이 병존했던 시기에 국한되며 역사상 대부분의 시기에 한중 관계를 규율했던 것은 유교적 명분이라기보다는 사대자소(事大字小)라고 하는 사실상 힘의 우열에 기초한 규범이었다. 중원을 장악한 천자로부터 책봉을 받고 조공을 함으로써 한반도를 지배하는 국왕으로서의 통치권을 정당화하고 종묘사직을 보전할 수 있는 평화를 보장받았던 것이다. 따라서 한국의 지배층은 항상 중원의 세력 판도 변화에 민감했으며 사신 파견 등을 통해 관련 정보를 얻기 위해 노력했다. 조선의 건국 자체가 원명 간 세력 전이를 정밀하게 읽고 대응한 결과이기도 했거니와 힘에 굴복하여 청과 책봉 조공 관계를 맺고 최종적으로 중원에서 명청 교체가 일어난 이후에도 청의 국력 추이를

家雜服攷』, 『瓛齋叢書(四)』, pp. 77-78.

14_"率天下諸侯, 薦人於天進可爲大國師, 退不失伯舅之國矣", 「玉匣夜話」, 『국역 열하일기 II』(서울: 민족문화추진회, 1967), p. 588.

예의주시했던 것이다.

그런데 환재 시기의 특징은 조선이 상대하였던 중국이 세계 제국으로서 천하를 호령하였던 중국이 아니라 내우외환 속에 쇠퇴하는 중국이었다는 사실이다. 조부 연암 등 환재의 선배들이 보았던 청은 동아시아는 물론 서역의 양이까지 조공을 오던 강력한 세계 제국이었다. 반면, 환재 시대에 존재했던 중국, 환재가 연행사행에서 목도했던 중국은 1, 2차 아편전쟁에서 패하여 북경이 함락당하고 황제가 열하로 피신했던, 쇠퇴하는 세계 제국으로서의 중국이었다. 따라서 청의 현재와 미래를 어떻게 평가할 것이냐는 문제는 조선의 전략적 선택에 있어서 대단히 핵심적 고려 요소였다고 할 것이다. 청의 국력에 대한 환재의 평가는 두 차례 연행 시 기록을 통해서 추론해 볼 수 있다.

환재의 첫 번째 연행은 1861년 1월 18일부터 동년 6월 19일까지였는데 열하 문안 사절의 자격이었다.[15] 제2차 중영전쟁으로 1860년 북경이 함락되고 청의 함풍제가 열하로 몽진한 것이 알려지면서 조선 조정은 문안 사절을 파견하기로 한 것이다. 환재는 열하의 행재소까지 오는 것을 면한다는 칙유를 받고 50여 일간 북경에 머물며 폐허로 변한 원명원, 창춘원 등지를 둘러보고 정세를 탐문하는 한편, 명승고적을 관광하거나 중국 인사들과 교유하는 등으로 소일하였다.[16] 환재의 제자 운양 김윤식은 스승의 사행에 받치는 증서를 작성했는데 여기서 열하 문안 사절 파견의 편의(便宜)로

15_환재는 연행록을 남기기 않음으로써 자세한 행적이나 소감을 아는 데에는 한계가 있으며 詩文, 서찰, 보고문, 정부 기록 등을 통해 간접적으로 파악할 수밖에 없다. 『瓛齋集』, 『稗林』「熱河副使朴珪壽抵人書」, 『龍湖閒錄』「別使先來便錄紙」, 『日省錄』, 『承政院日記』 등을 참고할 수 있다.

16_환재가 접촉한 인사들로는 沈秉成, 董文煥, 王拯, 黃雲鵠, 王軒, 馮志沂 등이 있다.

다섯 가지를 들고 있다. 첫째, 우리나라는 당, 송, 원, 명을 거치면서 어려울 때마다 위문을 했는데 청과의 사대관계도 2백 년이 지났는데 청이 곤란한 지경에 위문 사절을 파견하지 않을 수 없다는 것이다. 둘째, 조선과 청은 압록강을 마주한 순치의 관계로서 청의 불행이 남의 일이 아니기 때문이다. 셋째, 조선은 다행히 대국의 도움으로 서양의 침입을 받지 않았으나 장차 조선에도 미칠 것이기 때문에 양이의 허실을 정확히 파악해 둘 필요가 있다는 것이다. 넷째, 청이 비록 일시적으로 곤란을 겪고 있으나 위기를 극복한 후에는 우리가 어려울 때 배신하지 않은 것을 높이 사서 외교적으로 우대하고 유사시에는 군사적 지원도 받을 수 있을 것이다.[17] 다섯째, 청의 흥망성쇠를 교훈 삼아 전철을 밟지 않도록 스스로를 경계해야 한다는 것이다.[18] 대개 중국의 정세를 파악하고 청과의 사대관계를 돈독히 하여 후일 외교적, 군사적 지원을 기대하는 전략적 고려가 작용하고 있음을 알 수 있다. 이는 비록 김윤식이 작성한 것이나 조선 조정이나 환재의 생각과도 크게 다르지 않았을 것이다.

청의 정세와 국력에 대한 환재의 평가는 연행 시 비변사로 보낸 보고 편지에 대략적으로 나타나 있다. 그는 "염군의 난, 태평천국의 난 등 중국 각성에 비도가 창궐하고 있으며 이들이 날로 세력을 확장하여 북경을 침략할 기회를 노리고 있다"고 보고하였다. 또한, 서양 오랑캐의 뜻은 영토를 획득하는 데 있지 않고 통상과 포교에 있는데 서양이 북경을 함락한 후에

17_연행사 일행의 귀국 복명에서 함풍제로부터 특별 은전을 받은 것과 조선이 "예의지방"이라는 칭찬을 들었다는 사실을 강조한 것은 열하 문안 사행의 가장 중요한 목적 중의 하나가 달성되었다는 것을 과시한 셈이다.

18_「奉送瓛齋朴先生珪壽赴熱河序」, 『雲養續集』 2권, pp. 3-7.

도 약탈로 인한 소요는 없으며 포교가 허용되었어도 기독교의 전파가 부진한 실정임을 알리고 있다. 한편, 청의 신임 받는 중신으로 공친왕(恭親王), 계량(桂良), 증국번(曾國藩), 승보(勝保), 원갑삼(袁甲三) 등이 있으나 간신들이 득세하여 관리의 임명에 뇌물이 횡행하고 조정의 기강이 해이해졌다는 것, 특히 군량이 부족하여 사기가 떨어지고 민심이 흩어졌다는 것 등을 지적하였다. 그래서 시세를 보면 조석을 보전하지 못할 것 같으면서도("顧其時勢 則若不保朝夕"), 외양을 보면 안연하여 소요가 없으며 여관이나 시장과 전과 다르지 않으니 가히 대국의 풍모를 보는 듯하다("可見大國之風")고 평가하고 있다.[19] 청의 정세를 불안하게 보면서도 강대국으로서 쉽게 망할 것으로 보지는 않고 있는 것이다. 특히, 서양 오랑캐로 인한 위협보다는 내부의 반란과 내정의 혼란을 더 큰 위협으로 보고 있는 인상이다.

환재는 2차 연행 시에는 중국의 정세와 국력을 보다 긍정적으로 평가하게 된다. 2차 연행은 1872년 8월부터 1873년 1월 사이에 이루어졌는데 동치제의 혼인을 축하하는 진하 겸 사은사절(進賀兼謝恩使行)의 정사 자격이었다. 환재의 2차 연행에 즈음하여 청은 태평천국과 염군의 난을 진압하고 서태후와 공친왕의 주도 아래 양무운동을 본격적으로 추진하고 있는 상황이었다. 환재는 2개월여(9.6~11.8) 북경에 체류하는 동안 예부 상서 만청려(萬靑藜) 등 약 80명에 달하는 청국 인사들과 접촉하였다. 특히 1870년 사죄 사절로 프랑스에 갔다가 1872년 여름에 귀국한 숭후를 만나려고 했다가 뜻을 이루지 못했지만 그의 형 숭실을 만나 간접적으로 서양 정세에 관한 소식을 듣게 되었다. 환재는 1973년 1월 귀국 복명하는 자리에서 중

19_「熱河副使朴珪壽抵人書」, 『瓛齋叢書(五)』(서울: 성균관대학교 대동문화연구원, 1996), pp. 617-623.

국의 정세를 다음과 같이 보고하였다.

> 서양 각국은 상호 공격하여 전쟁이 그치지 않는 것이 습속입니다. 지금도 보불전쟁이 일어나 중국에 머무르는 자들은 교역과 매매에 힘쓸 여력이 없어 전행 방자하던 기운이 줄어든 듯합니다. 대저 서양 오랑캐가 북경이 들어온 지 여러 해가 지났는데 당초에는 서양 물건의 매매가 심하였는데 최근에는 중국인들이 서양 물건이 눈을 현혹시킬 뿐 실용에는 맞지 않는다는 것을 깨달아 교역이 심하지 않으니 양인들이 실리하였습니다. 전에 강남에서 용병할 때에는 중국이 양포를 많이 구매해 전쟁에 사용하여 서양인들이 이익을 보았는데 최근에는 중국도 양포를 모방 제조하여 그들의 포를 구매하지 않으니 양인들이 또한 실리하였습니다. 전에는 중국 상인들이 화륜선을 임대하여 사용하여 양인들이 이익을 보았는데 지금은 중국도 화륜선을 모방 제조하여 다시 임대하지 않으니 그들이 다시 실리하였습니다. 전에는 양인들이 아편으로 이익을 보았는데 지금은 중국도 이를 재배하여 제조해서 그들이 또한 실리하였습니다. 서양 오랑캐들은 통상 교역을 할 목적으로 도처에 건물을 지어 비용이 막대하였는데 지금은 하는 일마다 이익이 없고 비용을 충당할 방법이 없어 점차 퇴거하는 형세라고 합니다.[20]

환재는 서양 제국들이 상호 간 잦은 전쟁으로 국력을 소진하고 있으며 동치중흥 이후 양무운동의 성과로 힘입어 중국의 국력이 회복되었다고 평가하고 있는 것이다. 또한 그는 강남 도처의 비도들이 이미 평정된 지 수년이 지났다고 전하여 청의 최대 위협이었던 내부의 반란이 해소된 것으로 보았다. 다만 서쪽 신강 지역의 무슬림의 반란이 다시 발생하여 중국의 큰 걱정거리가 되고 있다고 지적하였다.[21] 1차 연행 시와 비교해 볼 때 서양

20_『承政院日記』(고종 9년 12월 26일).

제국들과 내부 반란 세력의 위협이 크게 감소하였고 청의 경제적, 군사적 경쟁력이 상당히 회복된 것으로 평가하고 있는 것이다. 따라서 세계 제국으로서 청의 힘이 과거에 비해 현격하게 감소했음에도 불구하고 강대국으로서의 위상은 의연 유지되고 있는 것으로 판단하였던 것이다. 청의 국력에 대한 상대적으로 후한 평가는 환재의 제자 김윤식에게서도 발견된다. 김윤식은 1881년 영선 사행을 회고하면서 중국의 규모에 대한 인상을 다음과 같이 기술하였다.

> 북경에 이르기까지 내가 보고 지나친 길은 대개 황량한 지역에 지나지 않았다. 그런데 단지 촌란이라고 하는 곳이 1만 호, 3천 호의 규모였다. 중국인들에게 들으니 남쪽에는 촌란이 수만 호에 이르는 곳이 많다고 하였다. 또한 강소성, 복건성, 광동성 등은 행인들이 서로 어깨를 부딪칠 정도로 번성하다고 한다. 일본의 대도시와 성곽들은 중국의 일개 촌락에 지나지 않는다고 하는 말이 과언은 아니었다. 서양인들이 말하기를 일본은 중국의 두 개 성에 해당하고 조선은 일개 성에 해당한다고 한다. 이는 영토와 인구만 가지고 말하는 것인데 인물과 재화에 있어서는 조선은 일본의 십분의 일 혹은 백분의 일에 불과하다.[22]

청은 국력에서 조선과는 아예 견줄 수조차 없을 정도로 거대한 나라였으며, 일본과 비교해도 수배에 해당하는 초대국이었던 것이다. 재정 규모로 볼 때도 천진기기국 동국 한 곳의 1년 예산이 은자 60만 량인데 조선 중앙정부 전체의 1년 예산이 수백만 량에 지나지 않는 상황이고 보면 청의 국력이 얼마나 크게 감지되었을지 짐작할만하다.[23] 어찌 되었던 청은 영국,

---

21_『承政院日記』(고종 9년 12월 26일).

22_『續陰晴史(上)』(서울: 국사편찬위원회, 1971), p.156.

프랑스, 독일, 러시아 등 다수의 유럽 제국들과 전쟁을 치르면서도 의연 유지되고 있던 동아시아의 힘의 실체였다.

3. 환재의 외교와 중국 요인

1) 천하(天下)에서 국제정치로

환재는 예학에 치중하였던 초기에는 서양 세력에 대한 큰 관심을 보이지 않다가 제1차 아편전쟁 이후 본격적인 위기감을 가지고 연구하기 시작하였다. 환재의 문명관은 북학파의 전통을 의연히 계승하면서도 서양 문명에 대한 깊은 고민이 녹아 있다는 점이 특징이다. 환재의 시대는 문자 그대로 서세동점의 시기로서 서양 세력이 천주교와 서학이라는 잠재적 도전에 그치지 않고 아편전쟁과 양요라는 실체적 위협으로 다가왔기 때문이다. 북학파 선배들의 고민이 주로 청을 어떻게 받아들여야 하느냐의 문제였다면 환재의 고민은 서양 문명을 어떻게 이해해야 하느냐는 것이었으며, 나아가 청과 구미 열강의 대결로 표출된 동서 문명의 우열을 어떻게 조망할 것인가의 문제였다.

서세동점의 정세를 맞아 조선의 유학자들이 대부분 그랬듯이 환재의 서양 문명에 대한 인식도 출발점은 척사론적인 것이었다. 앞에서도 검토하였듯이 지인 홍양우에게 보낸 편지와 초기 저작인 『거가잡복고』에서 확인

23_『陰晴史』(서울: 국사편찬위원회, 1960), pp.27-28.

할 수 있듯이 환재도 비교적 선명한 화이관을 가지고 있었다. 청에 대해서도 화와 이를 구별하여 보려고 했던 만큼 서양 문명의 본질을 사교로 인식하고 척사 차원에서 대응하려고 했던 것은 당연한 일이었다. 그런데, 환재의 대응에서 나타나는 특징은 단순한 척사론에 머무르지 않고 해방론으로 나아갔다는 점이다. 아편전쟁 직후에 저술된 위원의 『해국도지』(1843)에서 제기된 해방론은 단순히 해안선을 방어해야 한다는 주장이 아니라 서양의 침투를 막기 위해서는 먼저 그들을 알아야 한다는 차원에서 서양 사정을 상세히 소개하고 서양 세력에 대응하는 다양한 방법을 제시한 것이었다. 따라서 천하의 밖에 존재하는 세계를 야만의 땅으로서 논외의 대상으로 간주했던, 말하자면 의미 있는 국가적 실체로 인정하지 않던 전통적 중국 중심적 세계관으로부터의 이탈이었다. 전통적 천하관에서 국제정치는 존재하지 않으며 모든 정치 공동체 간의 관계가 예(禮)의 규범에 입각한 국내정치질서의 연장이었다. 천자의 덕이 미치는 지역을 의미하는 천하(天下)와 그 외의 지역이 상정되었을 뿐이며 오늘날의 국가를 연상시키는 '국(國)'이나 '방(邦)'이라고 할 때도 제후의 나라나 번방을 지칭하는 것으로서 원리상 천하의 범주 내에 속하는 것이었다. 현실적으로는 천자의 영향력이 미치지 않는 지역이 있었지만 이는 야만의 땅으로서 논외의 대상에 불과했으며 의미 있는 국가적 실체가 아니었다. '안'과 구분되는 '밖'에 존재하는 정치적 실체에 대한 불인정이야말로 중국적 세계관의 핵심이었다. 역으로 힘을 가진 정치적 실체로서 타자에 대한 인정으로부터 국제정치학은 시작된다.

환재의 「벽위신편평어」(1848)는 아편전쟁 기간 중 양광총독 임칙여가 간행한 『사주지(四洲志)』와 이를 토대로 위원이 저술한 『해국도지』(1843)의 영향을 받은 상태에서 작성한 것으로 알려진다. 환재는 친후 윤종의로부터 그가 저술한 『벽위신편(闢衛新編)』에 대한 발문을 지어 달라는 부탁을 받고 「벽위신편평어」를 작성하였는데 여기서 서양 세력을 국제정치적 타자로 인식하는 해방론적 사고를 보여 주고 있다. 윤종의는 『벽위신편』에서 "사교를 없애는 방법은 마음을 바꾸게 하는 것이 상책이고 외구를 방어하는 요체는 적정을 캐내는 것이 가장 급하다(誅邪之法 革心爲上 禦寇之要 鉤情最急)"라고 주장하였다.[24] 환재는 이러한 윤종의의 척사론을 평가하면서도 적을 상대하는 방법에서 명쾌하지 못한 점이 있으며 이는 윤종의가 그들의 책(其書)을 직접 보지 못하고 전문(傳聞)에 의존하여 저술하였기 때문이라고 지적하였다.[25] 여기서 환재가 그들의 책이라고 한 것은 직접적으로는 서양인의 책을 편역한 『사주지』를 지칭하는 것으로 보이는데 동시에 『해국도지』의 독해 필요성도 시사한다고 할 것이다. 환재가 제시하는 척사의 방법은 매우 능동적이다. 환재는 우선 『사주지』와 『해국도지』를 통해 습득한 지식을 바탕으로 천주교의 탄생 배경, 교리, 포교의 목적 등을 상세히 소개하고 나서 이에 대응하는 방법을 제시한다. 천주교의 확산을 막기 위해서는 이를 무조건 금지하기보다 서학서를 번역하여 연구하고 이를 비판하는 서적을 간행하여 백성을 교화시켜야 한다는 능동적, 개방적 대응 방법을 제기하였다.[26]

이러한 환재의 사고에서 확인할 수 있는 것은 해방론의 영향, 즉 국제정치적 실체로서 서양 세력과 서양 문명에 대한 인정의 태도이다. 환재에게 서양 문명의 실체는 천주교라는 사교와 천문 역법과 같은 과학기술 및

24_「벽위신편평어」의 작성 경위와 윤종의의 『벽위신편』에 대해서는 손형부, "〈벽위신편평어〉와 〈지세의명병서〉에 나타난 박규수의 서양론", 『역사학보』(127집)을 참고하였다.

25_「闢衛新編評語」(1848), 『朴瓛齋文』, 『瓛齋叢書(五)』, p. 349.

26_「闢衛新編評語」(1848), 『朴瓛齋文』, 『瓛齋叢書(五)』, pp. 349-362.

그로 인해 발달한 선박과 무기 등으로 구성되어 있다. 그는 천주교가 유교에 비해 열등한 사교에 불과하다고 간주하면서도 서양 과학기술의 정교함은 인정하는 입장을 가지고 있었다. 다만, 서양의 과학기술에 대해서는 그 우수성을 인정하면서도 그것의 기원이 중화 문명에 있다는 이중적 인식을 보여 준다. 서양이 천주를 신봉하는 탓에 천문 관측에 정밀해 진 것은 사실이나 매문정(梅文鼎)이 지적했듯이 주나라 때 서양에 유입된 것일지 모르며 더욱이 역산에 총명하다고 해서 대도를 알 수는 없는 것이라는 인식인 것이다.[27] 환재는 세계 지리 파악을 위한 지구의에다 천문 관측을 위한 혼천의 기능을 가미하여 지세의(地勢儀)를 제작하기도 했으며 이를 위해 부득불 『해국도지』를 통해 알게 된 서양의 지리학을 적극 활용하였다. 그러나 지원설(地圓說)이 고대 중국에서 기원한 것이라는 청대 고증학자들의 '서법중원설'을 채택하였으며 자신의 지세의 제작이 송대 주자의 구상을 발전시킨 것으로 간주하였다.[28] 그러나 환재가 서양의 과학기술에 대해 그 기원이 중국에 있다는 사실을 장황하게 설명하고 있는 것 자체가 사실은 서양 세력의 힘과 우수성을 의식하고 있다는 반증이라고 할 것이다.

서양 문명에 대한 환재의 실체적 인식은 언젠가 서양 문명이 유교 문명에 포섭될 수 있으며 서양인들이 동도에 귀의하는 날이 올지도 모른다는 낙관적 전망으로 이어진다. 나아가 서양 오랑캐가 유교 문명에 귀의한다면 이를 기꺼이 받아들일 수 있다는 자신감을 표명하였다.[29] 심지어 제2차 중영전쟁이 청국의 완전한 패배로 끝난 후 실시된 1차 연행 시에 남긴 시에서

27_「闢衛新編評語」(1848) 참조.

28_「地勢儀銘」, 『朴瓛齋文』, 『瓛齋叢書(五)』, pp. 340-348.

29_「地勢儀銘」, 『朴瓛齋文』, 『瓛齋叢書(五)』, p. 358.

도 유교 문명이 일대 위기에 봉착했지만 과거 남북조 시대에 성행했던 불교가 쇠퇴한 것처럼 서교도 사라질 것이며 언젠가는 유교 문명에 귀의할 것으로 전망하였다. 전통적 화이론의 담론을 빌자면 서양 오랑캐조차도 유교 문명의 영향을 받아 이에서 화로 일변할 수 있다는 것이다("歸我同文夷一變").[30]

그러나 국제정치적 타자 인식이 서세동점의 문명 표준에 대한 냉철한 인식으로 이어지지는 않는다. 환재는 분명 서양을 금수로 간주한 화서 이항로나 인도와 금수지도를 구분한 중암 김평묵 등의 위정척사론에 견주어 서양 문명에 대해 개방적 입장을 보여 주는 것은 사실이다. 그는 적어도 서양의 과학기술의 우수성은 인정했으며 이가 화로 변할 수 있다는 논리로 서양이 유교 문명으로 귀의할 가능성을 열어 놓았다. 이는 서양 제국과의 수교를 야만에 대한 굴복이 아니라 중화 문명의 포용성으로 정당화할 수 있는 여지를 남기고 있다. 그러나 그는 서양 문명의 본질이 서교에 있다는 일종의 척사론적 문명본질론에서 완전히 벗어나지 못하고 있다. 그는 서양 문명의 정수가 천주교에 있다고 보고 천주교 교리의 문제점과 침략성을 비판하는 데 집중하였다. 천주교는 천주는 하늘을 주재하는 신으로서 하늘이자 동시에 주재자인 유교의 상제와는 매우 다른 미개한 종교라고 지적하였다. 또한, 서양 제국의 역사를 보면 종교가 침략의 도구로 쓰이고 있으며 천주교를 동양에 포교하는 목적도 침략을 위한 준비라고 비판하고 있다.[31] 서양 문명의 핵심이 천주교라는 사교에 있다는 인식은 다분히 유교적 발상으로서 유교가 불교, 라마교 등 이단설과 투쟁해 온 맥락에서 서세동점을 인식하고 있으며 이를 근대의 전파라는 관점에서 이해하지 못하는 한계를

30_「辛酉孟春將出疆留別諸公」, 『瓛齋集(三)』(1861).

31_「闢衛新編評語」(1848), 『朴瓛齋文』, 『瓛齋叢書(五)』, pp. 352-353.

보여 주는 것이다.

환재가 작성한 외교 문서에는 비단 해방론을 제기한 『해국도지』뿐만 아니라 근대 국제법 체제를 소개한 『만국공법』을 참고하였을 만한 대목이 상당히 나온다.[32] 환재가 비록 『만국공법』을 보지는 못했으나 이에 대한 초보적 이해를 토대로 서양 제국과의 수교가 불가피할 것으로 판단했을 수는 있다. 그러나 그렇다고 하더라도 이것이 곧바로 서양의 문명 표준을 받아들인다는 의미는 아닌 것이다. 사실 중국이 『만국공법』을 발간한 의도 자체가 서양 사정을 파악하고 적절히 대응하기 위함이지 서양의 근대 국제 체제를 문명 표준으로 받아들인다는 것과는 무관했다. 『만국공법』 서문은 "천하의 대세를 보면 중국을 수선지구(首善之區)로 하여 사해가 회동하고 만국이 내왕하여 미치지 않는 곳이 없으니 이들 외부 제국들은 춘추시의 열국들이다"고 기술하고 있다. 중화관에는 하등 변화가 없으며 만국공법 질서를 춘추전국 질서에 비유하고 있다. 그런데 주지하듯이 중국적 전통에서 춘추전국 질서는 궁극적으로 평정되고 극복되어야 하는 질서에 불과하다. 시세가 어쩔 수 없어 만국공법 체제를 수용하기는 하지만 결코 문명 표준으로는 간주할 수 없다는 사고를 읽을 수 있다.[33]

환재는 천주교와 서양의 과학기술에 대해서는 민감하게 반응하면서도 실질적으로 서양이 동양을 제압할 수 있었던 힘의 배경이 되는 근대 정치·경제 제도에 대해서는 상대적으로 무관심했다. 그는 서양 문명의 본질이 서교에 있다는 척사적 발상을 유지했으며 서양의 부국강병의 배경이 되었

32_"甚不欲別國任意欺侮陵虐云者, 此實四海萬國之小同然也", 「美國封函轉遞咨」, 『瓛齋集』; "彼以好來 我以好應, 彼以禮來我以禮接, 卽人情之固然而有國之通禮也", 「美國兵船滋擾咨」 등.

33_『萬國公法』(서울: 아세아문화사, 1980), p. 7.

던 자본주의와 국민국가 형성에 대한 이해가 부족했다. 19세기 중후반의 문명사적 전환기를 동서 문명의 경쟁이라는 공간적 차원에서만 받아들이고 전통에서 근대로의 이행이라는 시간적 차원의 이해가 결여되었던 것이 환재의 근본적 한계였다고 할 것이다. 환재는 해방론 수용을 계기로 전통적 천하관에서 벗어나 국제정치적 타자 인식을 보여 주었다. 그러나 여전히 19세기 중후반 천하의 대세를 국가 간 대립이 아니라 문명 간 경쟁으로 파악하고 있다는 점에서 진정한 의미의 국제정치는 시작되지 않았다고 할 것이다.

2) 대미 외교와 중국

환재는 1861년 1차 연행에서 돌아온 이후 조선의 핵심 외교 현안에서 중심적 역할을 수행하게 된다. 1866년 7월 평안감사로서 제너럴셔먼 호 사건 처리를 진두지휘하였으며 제너럴셔먼 호 사건 진상 조사와 생존자 확인을 위해 1867년 파견된 와츄세트 호와 1868년 내항한 셰난도어 호에 대한 조선 조정의 외교적 대응에서 주도적 역할을 수행하였다. 또한, 1871년 신미양요를 전후해서도 조선 정부의 외교 문서 작성을 도맡아 하다시피 했다. 그리고 1872년 2차 연행을 다녀온 이후에는 당시 최대 외교 현안이었던 일본의 서계 접수 문제에서 이를 거부할 것을 요구하는 대원군과 대립하였다. 1874년 이후에는 우의정을 사임하고 후진 양성에 전념했으나 서계 문제와 조일 수교 문제에 대해 적극적 입장을 개진하였다.

그런데 전술했듯이 한국의 근대 외교사와 환재 연구에서 핵심 논쟁 중의 하나는 당시 환재가 어떤 외교 노선을 취했는가 하는 점이다. 종래의 지배적인 견해는 환재가 이미 양요 시기에 대미 수교를 구상하고 있었다는 것이다. 그리고 이를 뒷받침하는 대표적 근거로서 환재가 병인년 말에 작성한 「의황해도관찰사답미국인조회(擬黃海道觀察使答美國人照會)」와 후일 환재가 지은 외교 문서들에 붙인 운양 김윤식의 「안설(按設)」, 그리고 1871년 환재가 아우 박선수에게 보낸 서신을 들고 있다. 우선, 환재는 상기 조회문의 마지막 부분에서 다음과 같이 기술하고 있다.

> 귀국의 풍속이 예양(禮讓)을 숭상하는 합성명방(合省名邦)임은 중국이 아는 바이다. 귀국의 조회 안에 '종전의 화호(和好)에 비추어 상호 상해하는 일이 없도록 하자'는 말에 대해서는 추호의 의심과 우려가 없다.[34]

상기 조회문에 나타난 미국에 대한 호의적 시각과 우호에 대한 다짐이 대미 수교의 의지로 해석되었던 것이다. 환재의 양요 시기 대미 수교 구상을 입증하는 또 다른 사료로 제시되는 아우 박선수에게 보내는 편지는 다음과 같이 기술되어 있다. "걸핏하면 예의지방이라고 하는데 나는 이런 주장을 본래 고루하다고 생각한다. 천하 만고에 어찌 나라를 다스리면서 예의가 없는 경우가 있으랴! 이는 중국인들이 오랑캐 중에도 이것이 있음을 가상히 여기고 예의지방이라 칭찬한 것에 불과하다. 이는 부끄럽게 여길 말이요, 천하에 대해 으스댈 것이 못된다."[35] 당시 조정에서 예의지방이라는 말이 척화를 주장하는 명분으로 흔히 사용되었던 것에 비추어 예의지방론에 대한 비판은 척화론으로부터의 탈피를 시사하는 것으로 해석될 여지가 있는 것이다.

34_「擬黃海道觀察使答美國人照會」,『瓛齋先生集』,『瓛齋叢書(六)』, p. 433.
35_「與溫卿」,『瓛齋先生集』,『瓛齋叢書(六)』, pp. 556-557.

환재의 제자인 김윤식의 안설은 환재의 대미 수교 구상을 입증하는 더욱 직접적인 근거로 제시된다. 김윤식은 1911년 『환재집』을 편찬하면서 환재가 작성한 7편의 외교 문서를 묶고 안설을 붙였는데 "병인년에 미국 선박이 조난을 당한 후로 미국 사절이 누차 협상과 화호를 맺을 것을 간청하였다. 온 나라가 소란스러워 하며 모두가 척화가 고원(高遠)하다고 여겼다. 조정의 중론이 이와 같았기 때문에 선생이 비록 홍문관 대제학을 주관하고 있었음에도 불구하고 자신의 견해를 홀로 세우지 못했던 것이다. 외교 문서의 왕복에 있어서는 이치에 근거하여 상술하고 언사를 완곡하게 하여 국가의 체면을 잃지 않게 한 것일 따름이니 문호를 닫고 화호를 물리치는 것은 선생의 뜻이 아니라 부득이해서였을 뿐이다"라고 기술하고 있다.[36] 환재가 국내정치적 상황 때문에 부득이하게 수교를 거절했을 뿐이라는 것이다. 더욱이 김윤식은 환재의 말을 다음과 같이 직접 전하고 있는데 환재의 대표적 제자로서 누구보다 환재에 대한 소상히 알고 있는 김윤식이 전한 발언인 만큼 이를 무시하기는 힘들다.

> 당시 나는 선생을 모시고 있었는데 선생께서 큰 탄식을 하시며 말씀하셨다. … "내가 듣기에 미국은 지구상의 여러 나라들 가운데 가장 공평해서 난리를 없애고 분쟁을 해결하기를 잘 해결한다고 했다. 또한 육대륙에서 가장 부유하기 때문에 강토를 넓히려는 욕심이 없으니 저들이 비록 말이 없더라도 우리가 마땅히 사전에 교분을 맺고 맹약을 두텁게 해야 했다. 그렇게 했다면 혹 고립되는 근심을 면할 수도 있었으나 도리어 밀쳐서 물리치고 말았으니 이것이 어찌 나라를 도모하는 방법이겠는가?" 이에 비추어 보면 당시 자문으로 보낸 글들은 선생의 뜻이 아니

36_「書矚齋集洋舶咨後」, 『金允植全集(下)』(서울: 아세아문화사, 1980), p .385.

었던 것이다.[37]

이와 같이 환재가 이미 양요 시기에 대미 수교 구상을 가지고 있었다는 종래의 주장에 대해 김명호는, 이전에는 주목받지 못한 다수의 환재가 왕래한 서신을 발굴하고 환재집 외교 문서와 관련 자료에 대한 정밀한 검토를 근거로 환재가 미국을 대화와 합리적 설득으로 능동적으로 대처하려 한 것은 사실이지만 대미 수교까지 염두에 두고 있었다는 것은 확대 해석이라고 반론을 제기하였다. 환재가 작성한 조회문에 나타난 미국에 대한 우호적 시각과 화호 의지는 어디까지나 수사적 차원이었다고 해석한다. 환재가 아우 박선수에게 보낸 편지에 대해서도 예의 자체의 상대화를 바로 대미 수교로 연결 짓는 것은 비약이라고 보았다. 덧붙여 환재가 다양한 계기에 드러낸 존명사상이나 소중화 의식, 그리고 유교 문명 우위론에 비추어 만국평등관을 채택하고 대미 수교를 추진하였을 것으로 추정되지는 않는다고 지적하였다. 김윤식의 안설에 대해서는 신미양요 이후 40년이나 지난 시점에 쓰인 글이라는 점에서 신뢰성을 의문을 제기한다. 김윤식이 환재를 모실 때 직접 들었다는 말에 대해서도 당시(1865~1873)는 김윤식이 수원에 있던 건릉의 참봉으로 재직한 뒤 양근의 향리에 돌아가 지내던 시기라는 점에서 일치하지 않는다고 지적하였다.

이상의 환재 연구의 핵심 논쟁에 대해서 충분한 사료적 검토를 거치지 않고 별도의 해석을 하기는 부담스러운 것이 사실이다. 그러나 국제정치학자이자 외교관으로서 환재의 국제정치학을 재구성해 보려는 본 연구의 취

37_「書瓛齋集洋舶咨後」, p. 385.

지에 비추어 조심스러운 해석을 시도해 볼 수는 있을 것이다.

첫째, 당시 환재의 대미 외교 노선을 이해하기 위해서는 중국 요인에 대한 고려가 필요하다. 환재는 대미 외교를 전개하는 데 있어 당연히 당시 조선의 대외관계에서 가장 큰 비중을 차지하고 있던 조청 관계를 먼저 고려하였을 것이다. 당시의 정세를 고려할 때 청이 전통적 속방관계의 유지를 희망하고 있는데 조선이 독자적으로 서양 제국과의 수교를 추진하는 것은 쉽지 않은 일이다. 주지하듯이 미국이 청의 총리아문에 조선과의 수교를 주선해 줄 것을 요청하고 조선 정부에 대해서도 직접적으로 수교를 요구할 때, 청과 조선이 이를 거절하는 논리로 동일하게 내세웠던 것은 "조선은 중국의 속방이지만 내치외교는 자주"라는 논리였다. 만약 청이 조선이 자신의 의사와는 무관하게 미국과 수교를 해도 어쩔 수 없다고 간주하였다면 미국 공사 로우의 집요한 조선에 대한 친서 전달 요구를 끝내 거부하지는 않았을 것이다. 더욱이 청의 총리아문은 황제에게 올리는 주문에서 조선이 미국에게 중국에 올리는 회자문의 등본을 제공한 사실을 문제 삼기도 했다. 따라서 청이 먼저 조선에게 서양 제국과의 수교를 권유하지 않는 한 조선에서 먼저 이를 추진하기는 어려웠을 것이다. 환재는 비단 국내정치적 상황 때문에 대미 수교론을 공개적으로 주장하지 못했을 뿐만 아니라 대중관계를 고려하여 신중한 입장을 취했을 가능성이 있다는 것이다. 역으로 후일 청의 권유에 따라 조선이 대일 수교와 대미 수교를 추진한 사실이 이를 반증한다. 환재는 미국에 대한 우호적 시각을 보여 주었지만 어디까지나 중국이라는 창을 통해서였다. 앞에서 인용했듯이 "귀국의 풍속이 예양(禮讓)을 숭상하는 합성명방(合省名邦)임은 **중국이 아는 바**이다(굵은 자는 필자)." 따라서 김명호의 지적처럼 미국에 대한 우호적 시각 자체가 대미 수교 구상을 입증하는 것은 아니지만 굳이 대미 수교를 거부할 이유도 없는 것이다. 그보다 결정적인 것은 중국이라는 변수였다.

환재도 일단은 청과의 전통적 속방관계를 활용하여 서양 세력의 침투를 막아 보려 한 것으로 보인다. 환재는 자신이 작성한 중국 정부에 보내는 회자문 「미국봉함전체자(美國封函轉遞咨)」에서 "무릇 인신은 의리상 외교를 해서는 안 되는 법이다. … 그 나라 사람 중에 혹시 호의를 품지 않고 와서 능멸하려고 한다면 이를 막아 제거하는 것도 역시 천조를 지키는 번방의 직분이다"라고 하여 전통적 책봉 조공 관계를 서양제국과의 수교를 거부하는 명분으로 내세웠다.[38] 이는 말할 것도 없이 단순한 명분론이 아니라 중국을 활용하여 서양 세력의 침투를 막아보려는 전략적 고려의 소산이다. 그런데 만약 당시 청이 조선의 회자문에도 불구하고 공연히 전단을 만들지 말고 미국과 통교할 것을 권유했다면 사정은 완전히 달라졌을 것이다. 환재의 생각이 어디까지 미쳤을 것인지 단정하기는 어렵다. 그러나 기왕에 강대국인 청조차 서양 세력과의 전쟁을 통해 강제 개항된 마당에 조선만이 언제까지나 의수(議守), 의전(議戰)으로 버틸 수 있을 것이라고 자신하기는 어려웠을 것이다. 그러기 위해서는 하나의 전제조건이 필요할 것이다. 청이 사대자소의 예에 따라 끝까지 조선에 대한 외교적, 군사적 지원을 제공해야 한다는 것이다. 이러한 확신이 없는 한 환재는 위안이 제시한 의관(議款)도 고려하지 않을 수 없을 것이다. 환재가 양요 시기에도 대미 수교를 적어도 검토는 했을 것이라는 뜻이다.

둘째, 환재가 대미 외교 시 제시한 담론에는 강대국 중심의 국제정치 현실에 대한 인식이 반영되어 있다. 이와 관련 논쟁의 핵심은 환재가 아우

38_「美國封函轉遞咨」, 『瓛齋先生集』, 『瓛齋叢書(六)』, p. 454.

박선수에게 보낸 서신에서 제기한 예의지방론 비판을 어떤 맥락에서 이해할 것인가이다. 김명호가 지적한 것처럼 전후 맥락을 배제하고 이를 미국 등 서양 제국도 예의지방으로 인정한 것이며 결과적으로 만국공법 체제를 수용한 것으로 해석하는 것은 분명 문제가 있다. 환재는 서신에서 본격적으로 예의지방론을 비판하기 전에 미국의 군함 1척이 공친왕을 면담하러 천진에 다녀온 것으로 추정하면서 다음과 같이 말하고 있다. "소위 예의지방이 먼 지역의 한 오랑캐에게 수모를 당하는 것이 이 지경에 이르니 이 무슨 일인가!(所謂禮義之邦, 見侮於遠夷一 至於此, 此何事也)"[39] 이는 문맥상으로 볼 때 중화 문명과는 거리가 먼 오랑캐가 예의지방인 조선을 배제하고 중국과 직접 협상하는 지경에 이르니 보통 수모가 아니다 라는 의미로 해석된다. 그런데 환재는 바로 이어 예의지방론 자체가 원래는 중국이 오랑캐를 가상히 여겨 부르는 말로 부끄럽게 여겨야 하는 것이라고 지적하였다. 이는 양이가 중국을 상대로 조선의 운명을 상판하는 엄연한 국제정치적 현실을 직시하지 못하고 오로지 조선만이 천하의 유일한 예의지방이라는 명분론에 빠져 예의만 잘 지키면 척양이 가능할 것처럼 주장하고 있던 조정을 간접 비판한 것으로 해석된다. 이는 예의지방론을 양반론에 견주어 무식의 소치로 비판하는 다음 문구에서도 확인된다. "조금 지위와 문벌이 있는 자들은 걸핏하면 양반, 양반이라고 일컫는데 이는 가장 부끄러운 말이며 최고로 무식한 말이다. 지금 스스로 예의지방이라고 자칭하는 것은 예의가 무엇인지 모르는 말투이다."[40] 정리하자면 환재가 예의지방론을 비판한 것은 전통적 사대질서에서 벗어나 만국 평등을 지향하자는 의미로 해

39_「與溫卿」, 『瓛齋先生集』, 『瓛齋叢書(六)』, p. 556.
40_「與溫卿」, p. 557.

석하는 것은 분명히 무리가 있다. 그러나 김명호의 주장대로 환재가 단지 미국과의 일체의 협상을 거부한 정부의 행태에 대한 불만을 표시한 것만도 아니다. 서양 세력들과 중국 사이의 강대국 정치에 의해 조선의 운명이 좌우되고 있는 국제정치 현실을 직시할 필요성을 제기한 것이다.

한편, 중국과 국제정치 요인에 관한 문제와는 별개로 환재의 대미 수교 구상의 핵심적 근거 자료인 김윤식의 안설을 김윤식 자신의 행적을 합리화하기 위한 위작으로 격하시키는 것은 과도하다는 인상이다. 양요 시기 환재의 외교 행보에 대한 김윤식의 해석은 차지하고 그가 고령이고 상황추수형 인간이라고 해도 스승의 발언을 억지로 지어냈다고 믿기는 힘들다. 정도의 차이는 있어도 환재가 대미 수교의 필요성을 거론했을 가능성이 있다. 문제는 시기인데 김윤식 스스로가 환재를 시좌(侍坐)할 때라고 한 만큼 그가 건릉의 참봉으로 재직하던 시기(1865~1868) 이후로 추정된다. 환재는 1874년 과거에서 김윤식의 시권을 알아볼 만큼 그와 가까웠던 사이였기 때문에 김윤식이 환재로부터 해당 발언을 들었다면 그 이전 어느 시점일 것이다.[41] 설사 환재의 언급이 신미양요 이후에 나온 것이라고 해도 지난 일을 회상하며 할 수 있는 발언이라서 전혀 납득할 수 없는 것은 아니다.

환재집 외교 문서에 표면적으로 나타난 환재의 대미 정책은 한편으로

41_송병기는 김윤식이 병인양요 시에도 환재를 잠시 모신 것 같기는 하지만 실질적으로 시좌할 수 있었던 시점은 김윤식이 건릉 참봉 직에서 물러난 1868년 이후, 환재가 평안감사를 그만두고 서울로 복귀한 1869년 4월 이후이며 해당 발언을 들은 것은 신미양요기로 추정한다. 송병기, 『한국, 미국과의 첫 만남 - 대미개국사론』(서울: 고즈윈, 2001). 이와는 다르게 김명호는 김윤식이 환재를 실제 시좌한 시기를 그가 서울로 이사한 1873년에서 과거에 급제하기 전인 1874년 사이였다고 추정하나 이 시기에 해당 발언을 했을 리는 없다고 주장한다. 김명호, 『초기 한미관계의 재조명 - 셔먼호 사건에서 신미양요까지』(서울: 역사비평사, 2005).

는 그의 제자 김윤식의 주장처럼 당시 강력한 척화론을 견지하였던 정부의 입장을 대변해야 하기 때문에 다른 한편으로는 한중 관계를 의식하여 상당히 굴절될 수밖에 없었을 것이다. 그러나 그 와중에서도 환재는 미국을 양이라고 무조건 배척하기보다는 예의와 보편적 관례에 따라 대응하려고 했다.[42] 여기에는 『해국도지』 등을 통해 획득한 지식을 토대로 미국에 대한 상대적 선호가 형성되었기 때문이다. 이는 본격적인 수교론을 개진한 것은 아니며 미국에 전단을 주지 않기 위한 것이었지만 후일을 대비하기 위한 신중한 포석으로 이해된다. 일단 '속방론'으로 미국의 수교 요구를 거절하였지만 종국에는 불가피할 수도 있기 때문이다. 환재는 과거 1차 연행 시 정부에 보낸 보고문에서 서양이 북경을 함락한 후에도 약탈로 인한 소요는 없으며 포교가 허용되었어도 기독교의 전파가 부진한 실정임을 알리고 있는데 이는 최악의 경우 서양 제국과 조약을 맺고 교류해도 치명적 문제가 발생하지는 않을 것이라는 점을 시사하는 것이다.[43] 그런데 서양 제국과 수교한다면 청이나 일본과 같이 전쟁을 통해 강화를 맺는 것보다는 우호로 수교하는 것이 보다 유리하기 때문에 가급적 우호적 관계를 유지하려고 했던 것이다. 『해국도지』에 의존하여 일단 해방에 주력하면서도 『만국공법』 체제에의 편입을 대비했던 것이다.

42_"貴國俗尙禮讓爲合省名邦", 「擬黃海道觀察使答美國人照會」, 『瓛齋集』; "甚不欲別國任意欺侮陵虐云者, 此實四海萬國之小同然也", 「美國封函轉遞咨」, 『瓛齋集』; "彼以好來 我以好應, 彼以禮來我以禮接, 卽人情之固然而有國之通禮也", 「美國兵船滋擾咨」, 『瓛齋集』; "天下萬古 安有爲國而無禮義者哉", 「與溫卿」, 『瓛齋集』.

43_「熱河副使朴珪壽抵人書」, 『稗林』; 「別使先來便錄紙」, 『龍湖間錄』.

3) 대일 외교와 중국

황현의 『매천야록』은 환재에 대해 "대원군 때는 척양(斥洋)을 주장하다가 갑술년(1874) 후에는 통왜(通倭)를 주장하였으니 앞뒤가 맞지 않고 시의에 영합하니 사람들이 의심하기 시작하였다"라고 전하고 있다.[44] 앞에서 검토한 것에서 알 수 있듯이 이는 세인의 과장된 평가를 전한 것이며 환재는 1860년대에도 척사적 해방론에만 머문 것이 아니라 만국공법 질서를 의식하는 외교 행보를 보였다. 그러나 『매천야록』 식의 평가가 나올 만큼 1872년 2차 연행을 다녀온 이후로 대외정책의 강도가 달라진 것은 분명하다. 그는 당시 왜양일체론에 따라 양이와 동일시되었던 일본의 서계 접수와 수교를 강력히 주장하였다.

환재는 1874년 8월 11일 어전 회의에서 우의정 자격으로 영의정 이유원과 함께 임의로 서계를 접수하지 않은 죄를 물어 왜관훈도 안동준을 문책할 것으로 주장하였다. 환재가 공개적인 서계 접수 입장을 취하자 고종 친정 이전 서계 접수 불가 정책을 취했던 대원군은 환재의 행동을 힐책하는 서신을 보냈으며 이로부터 양인 간에는 서계 문제 논쟁이 벌어지게 된다. 환재는 수차례 대원군에게 서신을 보냈는데 서계 접수는 극히 형식적인 문제로서 이를 거부하여 일본의 원한을 사는 것은 적을 하나 더 만드는 우매한 일에 불과하다는 것이 환재의 일관된 주장이었다. 그러나 환재가 우의정을 물러난 이후 조정의 분위기는 대원군의 영향 하에 서계 접수 불가로 기울었으며 마침내 환재도 원임대신 자격으로 참석한 1875년 6월 13

44_黃玹, 『梅泉野錄』(서울: 교문사, 1994), p. 13.

일 회의에서 서계 접수 불가로 결론이 나게 된다. 서계 접수의 거절이 강화도 사건으로 귀결된 것은 어찌 보면 당연한 일이었다. 강화도 사건 이후에도 조정은 일본과의 수교에 미온적 분위기였다. 그러나 환재 등이 수교를 강력이 주장하고 북양대신 이홍장으로부터 수교 압력이 들어오자 결국 환재가 추천한 전권대표 신헌에게 조약 체결을 명하게 된다.[45]

일본과의 수교는 서양과의 수교에 비해 상대적으로 정치적 저항감이 덜한 것이 사실이지만 왜양일체론이 지배적이었던 당시 사정을 감안하면 결코 쉽지 않은 선택이었다. 그럼에도 불구하고 환재의 대외정책이 대미외교 당시보다 보다 선명해진 데에는 환재 자신의 대외관과 국내외 정세의 변화가 다양하게 작용하였지만, 본 연구는 우선 국제정치와 중국 요인을 강조하고 싶다.

1870년대는 일본의 대외 진출이 두드러졌다. 일본은 1871년 중국과 주권국가로서 대등한 청일 수호 조규를 맺었으며 1874년에는 대만을 정벌하는 등 류큐국을 압박해 들어가고 있었다. 프랑스의 인도차이나 진출도 한층 본격화되어 1874년에는 제2차 사이공 조약을 체결하여 베트남에 대한 지배를 강화하였다. 그런 가운데 일본에서 정한론이 비등하여 마침내 1874년 청이 조선에 자문을 보내 일본의 조선 침략설 및 프랑스, 미국의 가세설을 알려 주고 경계하기에 이른다.[46] 당시 청 조정의 정책은 일본의 세력 확장에 대해 직접적으로 대결하는 것이 아니라 가급적 시간을 버는 방식으로 대응하는 것이었다. 강화도 사건이 발생했을 때도 조선이 일본과

45_이상 한일 서계 문제의 전개 과정에 대해서는 김용구, 『세계관 충돌과 한말외교사, 1866~1882』(서울: 문학과 지성사, 2001)가 상세하다.

46_『高宗實錄』(고종 13년 6월 24일).

수호 조약을 체결한다면 전쟁까지 이르는 사태는 방지할 수 있다고 판단하고 예부, 이유원, 칙사 등 각종 채널을 동원하여 수교 압력을 넣었던 것이다. 전술하였듯이 환재는 한중 관계를 최우선적으로 고려하였으며 청의 정책 변화에 민감하게 반응할 수밖에 없었을 것이다. 그는 1차 연행 시에도 상대적으로 많은 분량을 할애하여 베트남의 정세와 청과의 속방관계에 대해 보고하였는데 이는 서양 세력의 침략을 받고 있는 베트남의 운명이 청과의 관계에 의해 크게 좌우될 것이라는 판단이 작용한 것으로 보인다.[47]

1872년 2차 연행을 통해 중국의 양무운동 성과와 국제정세의 변화를 직접 목도한 환재의 대외관도 서양 제국 및 일본과의 조약 체결이 불가피하다는 방향으로 확립된 것으로 보인다. 전술했듯이 환재는 2차 연행을 통해 청이 서양 제국과 문호를 개방한 이후에도 커다란 문제점을 겪지 않았다는 평가를 내렸으며 청이 양무운동을 적극 추진한 결과 그동안 서양이 상품, 화포, 화륜선, 아편 등 네 가지 점에서 누렸던 이득을 잃었다고 고종에게 보고했다.[48] 이제 서양 제국과의 통상과 문호 개방은 의관(議款)이라는 해방론 차원을 넘어 부국강병을 위해서도 불가피한 것으로 인식된 것이다. 환재는 1876년 2월 14일 일본과의 조약 체결을 논의하기 위한 어전 회의에서 "만약 우리가 내수외양의 방책을 모두 실시하여 부국강병을 이루었다면(致國富兵强之效) 저 작은 섬나라가 어찌 감히 서울을 넘보며 방자하게 굴게 되기에 이르렀겠는가?"며 개탄하였다.[49] 환재가 대원군에 보낸 서신에서도 만국공법적 인식이 자주 발견된다. 환재는 일본이 천황을 칭하는

47_「熱河副使朴珪壽抵人書」, pp. 621-623.
48_『承政院日記』(고종 9년 12월 26일).
49_『承政院日記』(고종 13년 1월 20일).

것을 문제 삼는 대원군에 대해 "나라 안에서 스스로 칭하는 것이자 스스로 높이는 것이니 타국에 무슨 관계가 있겠습니까?"하고 반문하였다.[50] 나라 간에도 위계가 있는 것이 전통적 사대질서임에 비추어 타국의 내정에 관여하지 않는다는 근대 국제법 질서의 일단을 보는 듯하다. 또한, 환재는 국제(國制)의 변경이 과거 약조에 없는 것이라는 지적에 대해 "영원히 이웃나라 간에 우호를 맺어서 서로 편안하고 무사히 지내는 것이 약조의 큰 절목"이라고 하여 조약 자체에 절대적 의미를 부여하였다.[51]

물론 국내 정세의 변화도 환재의 외교 행보에 직접적 영향을 미쳤을 것이다. 1873년 고종의 친정으로 강력한 척화론자였던 대원군이 일선에서 물러남에 따라 개방적 대외관을 가지고 있었던 환재의 운신의 폭도 넓어졌으며 자기 목소리를 낼 수 있는 여건이 형성된 것이다. 특히, 새로 권력을 장악한 민 씨 척족 세력들은 대원군 세력을 약화시키고 자신들의 권력 기반을 강화하기 위하여 대원군과의 정책적 차별화를 추구하였고 이는 결과적으로 개방적 대외정책으로 이어졌다. 환재가 우의정에 발탁된 것은 그가 대원군 정권 하에서도 중요한 역할을 수행했으나 국제정세에 밝은 인물이라는 점이 고려되었을 것이다. 그러나 환재는 일선에서 물러나서도 대부분의 대신들이 대원군의 눈치를 볼 정도로 정치적 영향력이 막강했던 대원군을 상대로 자신의 주장을 강력히 개진한 만큼 단지 시류에 영합한 인물로 격하할 수는 없을 것이다.

한편, 환재는 대일 외교를 추진하는 과정에서도 한중 관계를 우선적으로 고려했으며 중국과의 속방관계를 전략적으로 활용하려고 했다. 우선 그

50_「答上大院君」,『瓛齋先生集』,『瓛齋叢書(六)』, p. 749.
51_「答上大院君」,『瓛齋先生集』,『瓛齋叢書(六)』, p. 762.

는 청으로부터 일본의 조선침략설에 관한 자문을 받은 이후 연행 시 교류했던 만청려(萬青藜)에게 서신을 보내 일본의 침략을 저지하기 위한 청의 지원을 요청했다. 즉, 청일 수호 조규에 있는 중국의 속방은 일본이 침략하지 않는다는 조항에 의거하여 일본의 침략을 저지해 줄 것을 부탁하였던 것이다.

> 듣자오니 일본과의 조약에 일본은 중국의 속방을 침략하지 않는다는 등의 조항이 있다고 합니다. 지금 북경 공관에 들어와 있는 일본인도 이것이 있을 것인즉 일과 사람을 관리하는 방식이 서양과 같을 것입니다. 그 조약을 근거로 힐책하고 타이르면 정부에 보고하지 않을 걱정이 없으니 만약 이렇게 되면 실로 비난으로 분쟁을 해결하는 하나의 방법입니다. 비록 노제께서는 예부의 직을 맡고 있지 않지만 중국 조정의 제 대신들에게 이 말을 전해주시면 그 방법이 마음을 움직여 여차여차 주선하지 않을 리가 없습니다.[52]

환재는 심지어 전권대신 신헌에게도 서신을 보내어 이 조항을 근거로 일본의 침략을 저지하도록 교섭하게 하였다. 강화도 조약 체결 당시 신헌의 수행원으로 조약 체결의 경위를 기록한 『심행잡기』에서 "중국 조정에서 개관과 통상의 입약을 허락할 때 특별히 속국의 방토를 침월하지 말라는 한 조목을 세웠으니 우리나라에 대한 배려가 지극히 깊고도 두터웠다. 저들은 우리를 침략하고 싶어 하면서도 중국 조정과의 맹약을 어기는 것을 꺼려했다. 그러므로 먼저 사신을 파견해서 우리를 시험했던 것이다"라고 하여 청일 수호 조규가 조선의 안전판이 되고 있다는 판단을 하고 있다.[53]

52_「與萬庸叟青藜」, 『瓛齋先生集』, 『瓛齋叢書(六)』, p. 737.
53_신헌 저, 김종학 역, 『심행일기』, "부록1: 심행잡기"(서울: 푸른역사, 2010), p. 317.

신미양요 시 미국의 수교 요구를 거절하기 위해 청조 속방관계를 활용한 것처럼 일본의 전쟁 위협에 대해서도 동일한 전략을 구사한 것이다. 환재는 이렇듯 중국과의 속방관계를 전략적으로 활용하려고 했음에도 불구하고 조일 수교 조규를 체결하는 과정에서 "조선국은 자주의 나라"라는 제1항에 대해서는 특별한 이의를 제기하지 않았다. 이는 아마도 속방과 자주라는 말이 모순되지 않는 전통적 사대관계에 익숙해 있기 때문으로 보인다.

환재는 1872년 2차 연행 이후 국제정세 및 중국의 양무운동의 성과를 보면서 서양 제국과의 수교, 즉 만국공법 체제로의 편입이 불가피하다는 것을 인식하고 부국강병 차원에서 능동적으로 대응하려고 했다. 그리고 그 과정에서 부득이 분쟁이 발생할 경우 청과의 전통적 사대관계를 활용하여 위기를 타개하려고 했다. 이는 1881년 제자 김윤식이 중국의 중재를 통해 대미 수교를 교섭하는 과정에서 속방 조항을 두고 양득이라고 칭한 것을 연상시킨다. 김윤식은 이홍장과 대미 조약 초안을 검토하면서 "(조선이 중국의 속방이라는 것을) 각국에 성명하고 조약에 명기에 놓으면 후일 우리나라 유사시 도와주지 않으면 천하의 웃음거리가 될 것이며, 각국은 중국이 우리나라를 담임하는 것을 보고 가볍게 보지 못할 것입니다. 또한 그 밑에 자주권의 보유를 기재하여 두면 각국과 외교하는 데 무해하여 평등권을 사용할 수 있을 것입니다. 자주권 상실의 걱정도 없고 사대의 의에도 반하지 않으니 가히 양득(兩得)이라고 하겠습니다"라고 고종에게 보고하였다.[54] 그러나, 청은 1882년 임오군란 이후 조선에 군대를 주둔시키며 실질적 지배권을 강화하고 내정과 외교에 간섭하는 등 전통적 속방관계를 벗어나는 정책

54_『陰晴史』, pp. 57-58.

을 추진하였다. 주지하듯이 유길준의 양절체제론이 등장하는 배경이 된다. 중국과의 속방관계가 다른 나라와의 외교관계에 하등 영향을 미쳐서는 안 된다는 차원에서였다. 근대 국제체제에 참여하는 과정에서 중국과의 전통적 사대관계가 도움이 된다고 보건 부담이 된다고 보건 이를 고려하지 않을 수 없었던 것은 19세기 중후반을 살아가는 조선의 외교관들에게는 공통된 고민이었다.

환재는 한중 관계에 있어서는 예의 국제질서, 즉 중국과의 전통적 속방관계를 의연 유지하고자 했다. 이는 한편으로는 전략적 고려의 소산이고 다른 한편으로는 문명론적 선호이기도 하다. 중국의 속방으로 남으면 내치와 외교는 자주이면서도 다른 강대국의 침략으로부터 보호받을 수 있으니 전략적으로 유리하다는 것이다. 중국과 조선이 순치관계에 있다는 지정학적 고려도 작용하였다. 문명론적으로 보면 천자국과 제후국 사이의 봉건관계는 천하의 태평과 정교의 올바름을 보장할 수 있는 이상적인 국제질서 모델이다. 사실 전통적 왕조 국가의 입장에서 보면 책봉 조공 관계는 비교적 용이하게 정권의 정당성과 나라의 안위를 보장받을 수 있는 체제이기 때문이다. 2백년간의 사대라는 의리론도 작용하였다. 그런데 서양 제국 및 일본과의 근대 조약 체결은 전통적 한중 관계에 어떤 식으로든 영향을 미칠 수밖에 없는 노릇이었다. 당연하지만 서양 제국 및 일본은 조선과의 관계에서 청의 부당한 간섭을 원치 않았기 때문이다. 이것이 대미 수교에서 소위 속방 조항이 논란이 된 배경이며 조일 수교 조규 1항이 청일전쟁의 명분으로 활용된 이유이다. 1880년대 들어 청이 전통적 속방관계를 근대적 속국관계로 바꾸기 위해 간섭을 강화하고 속방관계로 인해 서양 제국과의 자유로운 외교가 침해를 받으면서 중국과의 속방관계는 도리어 부담으로 작용하게 된다.

1870년대 대일 수교 과정에서 나타난 환재의 사고와 행적은 대미 외교 시기와 비교하여 적지 않은 변화를 보여 준다. 그는 2차 연행을 통해 청의 양무운동을 보면서 서세동점의 정세에서 조선이 생존하기 위해서는 단순한 해방론을 넘어 부국강병이 필요하다는 것을 절감한 것으로 보인다. 또한, 이른바 대원군과의 서계 논쟁에서 근대 국제법 체제에 대한 일정한 이해가 없으면 나올 수 없는 논리를 전개하고 있다. 신헌의 기록에서 "만국공법"이라는 용어가 등장하고 있다는 사실,[55] 그리고 조선의 관원들이 모든 조약의 복사본과 휘튼의 국제법 한역본을 가지고 있었다는 주일 영국 공사 팍스(H. S. Parkes)의 기록[56] 등을 감안하면 근대 국제법 체제에 대한 초보적 이해는 분명히 있었던 것으로 보인다. 자강과 균세 정책의 맹아가 형성되었다고 볼 수 있다는 말이다. 그러나 강화도 조약을 주도했던 환재-신헌-강위 라인이 온전히 자강과 균세의 국제정치 인식에 도달해 있었다면 일본이 제시한 조약 초안의 수정에 불철저한 태도를 보이지는 않았을 것이다. 당시 조선의 협상 팀은 조선의 주권을 명기한 1조의 민감성을 이해하지 못했을 뿐만 아니라 향후 타국과 통호할 일이 결코 없다고 관련 조항 삭제를 요구하였으며 실질적 문제보다 어명어보(御名御寶)의 사용 문제에 집착하였다. 물론 여기에는 당시 조정의 분위기와 정치적 맥락이 작용하였을 것으로 추정되지만 환재 등도 아직 근대 국제정치의 속성을 충분히 이해하지 못하고 있었던 것이다.

55_신헌 저, 김종학 역, 『심행일기』(서울: 푸른역사, 2010), p. 129.

56_Park Il-Keun, ed., *Anglo-American Diplomatic Materials Relating to Korea* (Seoul: Shin Mun Dang, 1982), p. 47.

4. 맺음말: 환재의 국제정치학

환재는 19세기 중후반의 동아시아 국제질서의 근본적 변환과 문명사적 전환기를 살아가면서 조선의 생존과 번영을 고민하고 실천하고자 했다. 이런 가운데 그는 전통적 유학 지식과 새로 취득한 식견을 토대로 서세동점의 정세 하에서 조선이 나아갈 길을 모색하였다. 이를 오늘날의 방식으로 표현하자면 환재 식 국제정치학을 추구하였던 것이다. 그것은 문명관과 전통적 한중 관계, 그리고 대서양 및 대일 관계 등을 아우르는 포괄적인 것이었다.

조선이 당면한 대내외적 과제를 두고 환재는 흔히 시무라는 표현을 즐겨 사용했다. 물론 이는 환재만의 독특한 개념은 아니고 조선의 유교 지식인들에게서 공통적으로 발견되는 말이다. 다만 명청 교체 이후 북벌론과 대명 의리론자들이 의리라는 개념을 중시했다면 북학파를 포함하여 집권 노론 낙론계는 시무라는 개념을 선호했다. 이는 의리라는 개념이 명분론적 측면이 강했다면 시무라는 개념은 시세 판단을 중시했던 차이에서 비롯되는 것이다. 물론, 집권 노론과 북학파도 의리라는 개념을 부정하지는 않으나 의리를 해석하는 데 있어서 그것을 고정적으로 보지 않고 시세에 따르는 것으로 본다는 차이가 있다. 시무는 후일 환재의 문인 출신들 중에서 김윤식, 어윤중, 김홍집 등 이른바 동도서기론자들이 선호하는 개념이 되었다. 환재 본인은 본격적으로 시무론을 제시하지 않았으나 김윤식의 '시무설'을 참고할 수 있다.

> 옛날에 사마휘가 유비에게 이르길 유생은 속사라서 시무를 모르니 시무를 아는 자는 오직 준걸뿐이라고 했다. 소위 시무라는 것은 무엇인가. 시무란 당시 마땅히

해야 하는 일이다(當時所當行之務也). 환자에게는 그에 해당하는 약이 있으니 비록 신묘한 약이라고 할지라도 모든 사람이 그것을 먹게 할 수는 없다. 유비가 살았던 당시에는 천하대세의 십중팔구는 조조에게 있었기 때문에 천하삼분의 기초는 오직 형주와 익주뿐이었다. 따라서 공명과 방통은 급급하게 이를 권하니 두려워 망설였으나 나중에는 끝내 능히 천하의 전력과 겨루었다. 이를 두고 천하의 준걸이라고 이를 것이다. … 지금 국세를 돌아보지 않고 멀리 서양을 모방한다면 재산과 땅도 없이 조조랑 전쟁을 하려는 것과 무엇이 다르겠는가.[57]

김윤식의 시무설은 다분히 개화설을 비판하기 위해 작성된 글이기는 하지만 시무 개념의 핵심이 자국의 국력과 시세에 대한 판단이라는 것을 알 수 있다. 오늘날 현실주의 국제정치론의 견지에서 보면 지극히 당연한 주장에 불과할 수도 있으나 명분과 의리를 중시했던 전통적 유학자들로서는 충분히 고민의 대상이 되는 문제이다. 이러한 시무의 국제정치학에 비추어 보자면 위정척사론은 서양 세력들과 중국, 일본 등 강대국들의 국력과 국제정치의 현실을 도외시한 우물 안 개구리에 불과할 뿐이며 문명개화론은 자국의 국세를 무시하고 서양을 모방하려고 하는 속사(俗士)에 다름 아닌 것이다.

환재는 서양 제국들과 중국 등 강대국들을 중심으로 전개되고 있던 동아시아 국제정세와 영토, 경제력, 군사력 모두에서 열세에 놓여 있던 조선의 국력에 대한 객관적 인식을 토대로 한중 관계를 안보의 요체로 삼아 국력을 키워 나가면서 서양 제국들 및 일본과도 우호적 외교관계를 형성하려고 했다. 적어도 1870년대까지의 동아시아 국제정세는 환재의 판단에서

57_「時務說, 送陸生鍾倫遊天津」(1892), 『金允植全集(下)』, pp. 19-21.

크게 벗어나지는 않는 것으로 보인다. 문제는 시무의 국제정치학이 상황추수적 측면이 지나치게 강하고 조선의 국력을 신장시키기 위한 비전이 부족하다는 점이다. 후일 김윤식, 어윤중, 김홍집 등 이른바 시무파 관료들이 친청에서 친일로 변신하게 된 점은 그들의 시세 판단이 예측이 아니라 사후적 선택이 되고 있음을 보여 준다.

환재의 국제정치학에서 매우 시사적인 것 중의 하나는 중국과 한중 관계에 대한 접근법이다. 환재는 문명사적 차원에서 중국을 이해했으며 한중 관계를 설정하고자 했다. 원과 청의 사례에서 볼 수 있듯이 이민족 왕조가 들어서더라도 중화 문명을 계승하는 한에서는 중국으로 인정할 수 있으며 그런 의미에서 중국은 특정 민족만의 영토적 국가가 아니라 문명으로서 이해되었다. 한중 관계는 중화 문명을 공유하는 천자국과 제후국의 관계로서 운명 공동체로 간주되었다. 전술했듯이 그는 스스로를 "좌해(左海)에 사는 유신(遺臣)"이라고 칭하면서 명나라 신하로 자처하기도 하였다. 동시에 조선만이 유교 문명을 온전히 보존한다면 중국 황제의 스승이 될 수도 있다고 보았다. 중화 문명, 나아가 중국 자체를 한인들 것만이 아니라 유교 문명권 공통의 유산으로 이해하고 정의하는 것은 대단히 시사적이다. 사실 중국이 민족국가로 존재한 것은 지난 1백 년에 지나지 않는다. 중국이 공격적 또는 방어적 민족국가가 아니라 21세기형 제국이 되는 것이 동아시아 전체의 이익에 부합할지도 모른다. 조선이 유교적 명분을 매개로 동아시아 국제질서에서 독특한 지위를 유지했던 것이나 티베트가 라마교를 매개로 청조에 대해 영향력을 행사하고 자신의 생존을 보장했던 방식은 오늘날에도 연구해 볼만한 가치가 있다.

참고문헌

『환재선생집(瓛齋先生集)』. 서울: 보성사, 1913.

『박규수전집(朴珪壽全集)』. 서울: 아세아문화사, 1978.

『환재총서(瓛齋叢書)』. 서울: 성균관대학교 대동문화연구원, 1996.

『상고도회문의례(尙古圖會文義例)』. 경기문화재단 소장. 『환재총서(瓛齋叢書)』 영인 수록.

『거가잡복고(居家雜服攷)』. 국립중앙도서관 소장. 『박규수전집(朴珪壽全集)』/『환재총서(瓛齋叢書)』 영인 수록.

『박환재문(朴瓛齋文)』. 일본 천리대 소장.『환재총서(瓛齋叢書)』 영인 수록.

김윤식(金允植). 『음청사(陰晴史)』. 서울: 국사편찬위원회, 1958.

김윤식(金允植). 『속음청사(續陰晴史)』. 서울: 국사편찬위원회, 1971.

김윤식(金允植). 『운양집(雲養集)』.

김윤식(金允植). 『운양속집(雲養續集)』.

김윤식(金允植). 『김윤식전집(金允植全集)』. 서울: 아세아문화사, 1980.

박지원(朴趾源). 『연암집(燕巖集)』. 박영철(朴榮喆) 편. 1932.

박지원(朴趾源). 『국역 열하일기』. 서울: 민족문화추진회, 1967.

신헌(申櫶). 『심행일기(沁行日記)』. 고려대 도서관, 국립중앙도서관 소장. 김종학 역. 『심행일기』. 서울: 푸른역사, 2010.

황현(黃玹). 『매천야록(梅泉野錄)』. 『완역 매천야록』. 서울: 교문사, 1994.

정위량(丁韙良). 『만국공법(萬國公法)』. 서울: 아세아문화사, 1980.

『일성록(日省錄)』.

『승정원일기(承政院日記)』.

『고종실록(高宗實錄)』.

『용호한록(龍湖閒錄)』. 서울: 국사편찬위원회, 1979.

『패림(稗林)』. 서울: 탐구당. 1972.

강재언. 1981. 『한국의 개화사상』. 정창렬 역. 서울: 비봉출판사.

김명호. 2005. 『초기 한미관계의 재조명』. 서울: 역사비평사.

김명호. 2008. 『환재 박규수 연구』. 서울: 창비.

김명호. 1996. "박규수의 '尙古圖會文義例'에 대하여." 이지형 교수 퇴임기념논총 『한국의 經學과 漢文學』. 서울: 태학사.

김명호. 1996. "박규수의 '지세의명병서'에 대하여." 『진단학보』 82. 진단학회.

김명호. 1999. "1861년 열하문안사행과 박규수." 『한국문화』. 서울: 서울대 규장각 한국학연구원.

김용구. 1997. 『세계관 충돌의 국제정치학』. 서울: 나남출판.

김용구. 2001. 『세계관 충돌과 한말외교사, 1866~1882』. 서울: 문학과 지성사.
손형부. 1997. 『박규수의 개화사상연구』. 서울: 일조각.
손형부. 1990. "〈벽위신편평어〉와 〈지세의명병서〉에 나타난 박규수의 서양론." 『역사학보』 제127집.
송병기. 2001. 『한국, 미국과의 첫 만남 - 대미개국사론』. 서울: 고즈윈.
송병기. 1996. "박규수의 대미개국론." 이기백 선생 고희기념 『한국사학논총』. 서울: 일조각.
이광린. 1992. "'海國圖志'의 한국 전래와 그 영향." 『한국개화사연구』 서울: 일조각.
이완재. 1989. 『초기개화사상연구』. 서울: 민족문화사.
이완재. 1999. 『박규수 연구』. 서울: 집문당.

金文子. 1980. "朴珪壽の實學." 『朝鮮史研究會論文集』 17. 東京: 龍溪書舍.
山内弘一. 1996. "朴珪壽の'禮義之邦'." 『上智史學』 41. 上智大學史學會.

Park Il-Keun, ed. 1982. *Anglo-American Diplomatic Materials Relating to Korea*. Seoul: Shin Mun Dang.

International Politics of Tributary Envoys

The Analysis of Cho'chŏnnok and Yŏnhaengnok 16C~19C

This book is composed of three parts and ten chapters. In Chapter 1, Zhaoguang Ge explores what we might gain by looking at Chinese history from the periphery rather than from the core. He criticizes the two conventional approaches to Chinese history: the Western impact-Chinese response-approach and China-centered approach as its counterpart. He claims that diplomatic correspondence and records of China's neighboring states, such as Korea, Vietnam, and Ryukyu, are worth receiving attention in order to better understand both Chinese history and East Asian History.

In chapter 2, Chaesung Chun explores how two well-known scholars in Chosŏn dynasty understood the relationship between Chosŏn and Ming in the 16th century. Hŏ Pong and Cho Hŏn took the role to lead the tributary delegation to Beijing in 1574, and have authored their observations in their own writings. It may be generally assumed that two neo-Confucians internalized all philosophical norms and world views imported from China, but their writings do not prove this superficial speculation. These literatis were highly critical of Ming scholars' conception of Confucianism, especially the doctrines of Wang Yangming, then prevalent in Ming. Both Hŏ Pong and Cho Hŏn have had realistic understandings of political relations between two dynasties and criticized Ming culture which they thought unorthodox. Based on pragmatic understandings of Ming culture, both scholars tried to contribute to the development of Chosŏn civilization.

In chapter 3, Hunmi Lee argues that the Chosŏn-Ming relations under the tribute system can be explained as strategic interactions between the powerful and the weak in asymmetric alliances. The rise of Japan and Jurchen in the late 16th and early 17th century changed the regional structure, and the bilateral alliance with Ming could not guarantee the Chosŏn its security. Her paper examines how tribute missions functioned as an institutional framework to maintain the Chosŏn-Ming alliance in times of crisis. The reliability perception was a key factor in this procedure.

In chapter 4, Bongjin Kim examines the view on *huayi* (the civilized-barbarian) of Hong Daeyong(1731~1783). It can be summed up two ideas such as '*hua* and *yi* is one' and 'the *Chunqiu* (Spring and Autumn Annals) of the outside China.' Hong's view may be characterized by its 'openness' that both *hua* and *yi* are transformable. He constituted, or rather, invented this view since he travelled in Qing China(Yŏnhaeng, November 1765 ~ April 1766). During his stay in China, he observed the fact that Chinese literati took it for granted that Qing dynasty had been transforming *yi* into *hua*, and integrating both of them into tianxia(All-under-Heaven). This fact stimulated him into self-reflection and to criticize the 'closed' *huayi*-consciousness of Chosŏn literati. As a result, he invented an 'open' view on *huayi*, based upon the universality/transferability of Confucian culture(civilization). It is true that his view contains new ideas worth noticing, but its 'openness' as such is not a new one. As is commonly known, the 'authentic' view on *huayi* of Chosŏn was, traditionally, an opened one. Chosŏn belonged to *yi* before having transformed herself into *hua* — the sphere of Confucian culture. In this sense, Hong's 'open' view on *huayi* was a kind of 'invention of the tradition.'

In chapter 5, Ha, Kwon, and Zheng revisit the complexity of the Chinese world order by focusing on the meetings of Emperor Qianlong, the sixth Panchen Lama, and the Chosŏn tributary envoys at the Rehe Palace in summer 1780. Despite the burgeoning literature on the Tianxia order in the Qing period, few researchers have paid attention to Chosŏn envoys' records to analyze Qing's foreign relations. With a particular focus on Pak Chiwŏn's Yŏrhailgi(The Jehol Diary), authors argue that in order to control Qing's neighboring Countries, Emperor Qianlong implemented three distinctive policies: conquering Zungar, cherishing Tibet, and maintaining the rule of Li with Chosŏn. Through the analysis, they propose a new framework to overcome oversimplified theories with respect to the Tianxia system in the field of East Asian studies.

In chapter 6, according to Sooam Kim, Pak Chega shows unique philosophical characteristics even among the affiliates of Northern School. In the time when Qing Dynasty was perceived as a barbarian state due to its occupation of the ruling position and when the main international political mandate in Chosŏn was to conquer the North(Qing Dynasty), Pak Chega went through a strategic anguish to find the way to practically spread the ideas about the necessity of Northern Learning – which is also known as the ideas of Northern School. In order to persuade the necessity of learning Qing culture, Pak Chega developed the logics of inversely utilizing the scholar bureaucrats' main ideas that were trapped in Neo-Confucianism and Confucian Justice that were adopted as civilizational theory and the theory of expedition to conquer the North. Pak Chega, using his grasp of tribunal system and East Asia's trade order that was operated centering around China, formulated a specific plan for Chosŏn to take part in the trade order. Pak also asserted that Chosŏn has to actively join the network of

Knowledge Order that was composed centering around China.

In chapter 7, Weiguo Sun shows that Hong Yangho came to China for the second time as "Embassy of Celebrating Winter Solstice and Expressing Gratitude" in December 1794. Influenced by the thoughts of "Northern Learning" established during his first trip to China, Hong interacted positively with the Qing people, in which his communication with Ji Yun is worth special mentioning. They did not talk when they first met. His son was sent to visit Ji Yun with the manuscript of Hong's poems and essays, and was given a warm reception. Ji highly praised Hong's anthology in the preface that he wrote, and this laid a solid foundation for their communication. Since then, they kept frequent correspondence, even exchanging gifts. They discussed academic problems and shared their ideas on essays, philology, Western learning, etc., which were related to the core issues in Chinese and Korean academics. They were both mandarins and leaders of literati in their respective countries at that time, but that did nothing to prevent them from expressing their heart-felt thoughts and sentiments. The academic exchange between them also embodied the influence of the Qianjia School on Korean academics.

In Chapter 8, Joonsuk Kim traces the career of Chu'sa Kim Jŏng-Hee(秋思 金正喜, 1786~1856), a nineteenth-century scholar-cum-bureaucrat, as student of Kaozheng xue(考證學) and calligrapher for the purpose of highlighting of the Korean-Chinese Scholarly-Cultural Community that flourished in the first half of the nineteenth century. Kim Jŏng-Hee, widely known as the originator of Chu'sa school of caligraphy(秋史體), was also a serious of student of Kaozehng xue, whose knowledge he acquired as he visited Beijing as a member of tribute mission to China in 1809. After 1809, he developed his interest in Kaozheng xue through constant and regular exchange of letters with many Chinese scholars, regarding himself as belonging to Chinese scholarly community. This correspondence came to an abrupt end as he was implicated in a courtly struggle and subsequently banished to Jeju Island in 1840. During his nine-year stay in Jeju, Kim Jŏng-Hee concentrated his energy on developing his own style of calligraphy, which became known as Chu'sa-che and later earned him a high reputation as one of the greatest calligraphers in East Asia. Unlike the common belief that the Chu'sa-che embodied calligraphic style indigenous to Korean culture, Kim Jŏng-Hee conceived it as something that had a broad appeal to the Chinese scholarly-cultural community.

In chapter 9, Hyunchul Kim shows that a classic example of documentation showing how intellectuals of Chosŏn perceived China in the first half of the nineteenth century was authored by

Kim Gyŏngsŏn. *Yŏnwŏnjikchi* was written when Kim Gyŏngsŏn traveled as documentation officer to Beijing in 1832 as a part of the Chosŏn mission to Imperial China. Kim Gyŏngsŏn was proud that envoys from Chosŏn were treated better by the Qing government than those from Ryukyu. His observations of envoys from Mongolia and Russia during his stay in Beijing displayed his pride and wariness for Chosŏn as a civilized nation of Small China. While in Beijing, Kim Gyŏngsŏn felt a strong need to introduce the advanced civilization, technology and system of the Qing dynasty. Through *Yŏnwŏnjikchi*, he thus criticized the views Chosŏn intellectuals possessed toward China at the time and argued that Chosŏn should seek economic and social growth by adopting Qing civilization.

In chapter 10, Sungbae Kim focuses on Pak Kyusu's perception of international politics in the context of Korean diplomatic history in the mid-late 19th century. Pak certainly had Sinocentrism at an early stage, but was transferred to the theory of the maritime defense under the influence of the Opium War and the book of *Haeguktoji*. His view on maritime defense is differentiated from the traditional anti-West argumentation, *Chok-Sa*, to the extent that it acknowledges the western power as international political entity. In addition, since the second stage, it has been found that he fundamentally understood the Western international law(萬國公

法), assumed openness toward the diplomatic relations with the Western countries. But he fails to keenly recognize the state nation as standards of civilization and an organizing principle of sovereignty. The major feature displayed in his international politics, is that he considers the traditional order of East Asia and the Western sovereign order at the same time. He identifies China not as a territorial state but as civilization of East Asia and stands up against the challenge of the Western power with a focus on the Sino-Korea relationship, based on cultural preference and strategic judgment. In this respect, the international politics of Pak, can be termed as an international politics of civilization and an international politics of *Si-mu* (時務) as he prefers to call.

ARI Monograph Series 25

International Politics of Tributary Envoys

The Analysis of Cho'chŏnnok and Yŏnhaengnok 16C~19C

First Published 2016
by The Asiatic Research Institute at Korea University
145 Anam-ro, Seongbuk-gu, Seoul 136-701, Korea
www.asiaticresearch.org

아연동북아총서 25

사행의 국제정치

16~19세기 조천·연행록 분석

1판1쇄 | 2016년 9월 24일

편저자 | 하영선·이헌미 외
펴낸이 | 이종화
펴낸 곳 | 아연출판부
등록 | 2000년 5월 24일 제6-376호
주소 | 서울시 성북구 안암로 145 고려대학교 아세아문제연구소(136-701)
전화 | 02-3290-1600 팩스 | 02-923-4661
홈페이지 | www.asiaticresearch.org

값 17,000원

ISBN 978-89-90769-86-2 94300
ISBN 978-89-90769-29-9 (세트)

이 도서의 국립중앙도서관 출판시도서목록(CIP)은 e-CIP 홈페이지(http://www.nl.go.kr/ecip)에서 이용하실 수 있습니다(CIP제어번호: CIP2016022552).